Science Stories 4th Edition Science Methods for Elementary and Middle School Teachers

예비교사와 현장교사를 위한

과학교육 이야기

Janice Koch 지음

김용진, 박현주, 백성혜, 손정우, 오원근, 오필석
윤혜경, 이기영, 이봉우, 정정인, 한재영 옮김

CENGAGE Learning™

북스힐

Science Stories
International Edition
4th Edition
Janice Koch

This edition first published in 2012 by Cengage Learning Korea Limited.

Science Stories, International Edition, 4th Edition by Janice Koch. ISBN: 9781439036266.

ISBN-13: 978-89-5526-797-6

Cengage Learning Korea Ltd.
Suite 1801 Seokyo Tower Building
353-1, 22 Seokyo-Dong, Mapo-Ku
Seoul 121-837, Korea
Tel: (82) 2 322 4926
Fax: (82) 2 322 4927

Cengage Learning is a leading provider of customized learning solutions with office locations around the globe, including Singapore, the United Kingdom, Australia, Mexico, Brazil, and Japan. Locate your local office at: **www.cengage.com/global**

Cengage Learning products are represented in Canada by Nelson Education, Ltd.

For product information, visit **www.cengageasia.com**

옮긴이 머리말

학교 현장에서 과학교육을 어떻게 해야 잘하는 것인가는 선생님들과 과학교육자들의 공통된 화두일 것이다. 이 문제를 해결하는 데 있어서 가장 중요한 것은 학교 현장의 상황 속에서 애정을 갖고 학생 중심의 과학교육활동을 실천하는 것이 중요하다고 생각한다.

그동안 우리나라에서 과학교육이 발전되어 온 지도 많은 세월이 흘렀다. 간학문적인 특성 속에서 여러 가지 어려움도 있었지만 최근에는 통섭, STEAM 등의 학문 융합이 강조되고 있어 과학교육의 필요성과 중요성도 더욱 높아졌다. 이러한 시대적 상황 속에서 많은 과학교육자들이 학교 현장에서 실제로 구현되는 과학교육의 현실을 얼마나 정확하게 파악하고, 또 이를 개선하기 위해서 얼마나 성의 있는 노력을 해왔는지 돌이켜 보는 것은 우리나라의 과학교육 발전을 위해 매우 필요한 반성적 고찰이 될 것이다. 이론적인 주장에 그치지 않고 학교 현장에서 실천하는 교육활동이 중요하다는 것은 두말할 나위가 없다. 따라서 과학교육의 발전을 위해서는 현직 선생님들과 예비 교사들의 역할이 매우 중요하며, 그들의 참다운 교육활동은 소중하고 존경받아야 한다. 이에 학교 현장에 조금이나마 도움이 되었으면 하는 마음에서 대학에 있는 연구자들이 서로 협력하여 이 책을 만들게 되었다. 더구나 이 번역 작업은 우리나라의 과학교육을 이끌어가는 대표적인 교수들 11인이 깊은 관심을 가지고 적극적으로 참여했다는 데 큰 의의가 있다.

이 책은 과학교육에 대한 기본적인 이론에서부터 시작하여 실제 수업 상황에서의 수업 전개 방안, 선생님과 연구자의 관점, 학생의 사고와 활동 등에 이르기까지 이상적이고 실질적인 과학교육의 사례를 전해주고 있다. 특히, 학생 중심의 과학 수업 활동, 일상생활과의 연계, 녹색 과학, ICT 활용 과학교육,

STEAM 융합 교육, 과학일지 작성, 탐구활동 평가 등 최근의 과학교육 흐름에서 강조되고 있는 내용들을 모두 포함하고 있다. 또한, 각 단원마다 제시되고 있는 참고자료들은 과학 교수 · 학습 활동과 연구 자료로서 매우 유용한 정보들이다. 따라서 학교 현장에 있는 과학 선생님들과 예비 교사들에게 과학교육 개선을 위한 실질적 모델을 제공할 뿐만 아니라 새로운 교수법을 모색하게 할 수 있는 내용들로 이루어져 있다고 확신한다.

이 책의 원서는 미국의 지역과 교육과정을 기반으로 쓰여 졌기 때문에 우리나라의 현실과 다소 맞지 않는 아쉬움도 있으며, 번역에 한계가 있는 부분도 있다. 그러나 교육대학교, 사범대학, 교육대학원 등에서 과학교육의 방법에 관하여 실제적이고 구체적으로 지도할 수 있는 적절한 교재가 없는 현실을 생각할 때, 이 책은 매우 유용하게 활용될 수 있으리라 생각한다. 이 책의 번역을 위해 지원해주신 (주)도서출판 북스힐의 조승식 사장님, 많은 수고와 애정을 보여주신 김동준 상무님과 편집부에게도 깊은 감사의 말씀을 드린다.

이번 번역 작업을 기초로 우리나라의 과학교육 현장에 더욱 적합한 교재의 개발을 위해 역자들이 노력할 것을 다짐하면서….

옮긴이 일동

머리말

초등학교와 중학교 교사를 위하여 과학을 가르치는 것은 도전적인 일이고 자신감도 필요하다. 그래서 이 책은 교사들을 초등학교와 중학교 과학으로 초대하고자 한다. 다른 한편으로는 교사들을 과학의 세계로 이끌어 주어 과학을 잘 가르치도록 격려하기 위한 것이다.

나는 예비 교사와 현직 교사들을 대상으로 한 과학 방법의 강좌에서 핵심 교재로 사용할 수 있도록 이 책을 집필했다. 그러나 이 책의 내용은 학교 과학 경험을 일상적인 교실 생활의 자연적인 부분으로서 이야기할 수 있는 자료를 찾고자 하는 노력으로부터 만들어졌다. 나의 경험으로 봤을 때, 많은 예비 교사들은 과학 지도를 어떻게 해야 하는지 걱정하고 있다. 또한 자신이 '과학적' 이라거나 학생들을 '과학자' 처럼 생각할 수 있도록 가르칠 수 없다고 생각한다. 우리 사회의 다양한 것들처럼, 예비 교사들도 문화적으로 과학자에 관한 고정 관념을 형성하여 왔다. 즉, 과학자는 하얀 실험복을 입고 시험관으로 이상하고 이해할 수 없는 일을 하는 천재라고 생각한다. 그렇지만, 지금까지 많은 책들은 이러한 선입견들을 설명하는 경우가 드물었다. 그리고 교사들이 학생들과 함께 활동할 때, 똑같이 이해하고 똑같은 인상이 심어지도록 고정 관념을 학생들에게 전달해준다.

이 책은 교사들에게 실제로 '과학자의 잠재성' 을 가지고 있다는 것을 보여줌으로써 고정 관념의 고리를 깨뜨리고자 하였다. 교사들이 자신의 과학적 속성을 발견해서, 자연 세계의 신비를 풀어내는 경이로움과 기쁨을 느끼고 학생들과 그러한 경험을 공유할 수 있을 것이다.

이 책의 특징

- 지역적으로 적절한 과학 경험뿐만 아니라 환경적인 과학 이야기를 강조하였다. 이 책을 통하여, 특별히 어린 학생들이 자연적인 환경의 품질에 관하여 생각하도록 돕는 과학 이야기나 교실 활동을 묘사하는 '녹색 과학(Green Science)'을 보게 될 것이다.
- 구성주의의 이론에 입각하여 사람들이 어떻게 배워야 하는지, 우리가 무엇을 알아야 하는지에 대한 내용을 전개하였다. 그것은 교사와 학생들이 그러한 큰 뜻을 해결할 때 나타날 수 있는 '포괄적인 아이디어'와 '지속적인 이해'의 중요성을 강조하였다(Donovan & Bransford, 2005).
- 과학 교실에서의 기술 통합이 매끄럽게 이어지면서, 이 책은 분리된 단일 단원이 아닌 각 단원에서 기술을 소개하였다. 책 전체를 통하여, 학생들이 인터넷으로 대화하고 정보를 얻으며 이해 정도를 점검한다. 학생들이 활발하게 수업 웹사이트, 온라인 시뮬레이션, 교사가 만든 블로그 등에 접속하여 참여하는 것을 볼 수 있다. 그리고 기술을 그 자체로서 끝내는 것이 아니라 학생들이 학습 과제에 참여하고 자신의 지식을 형성하도록 돕는 도구로서 계속해서 제시하였다.

(1) 과학 이야기: 과학 교수와 학습을 위한 도구로서의 담화

이 책을 처음 접하는 사람은 아마도 왜 그렇게 많은 이야기들이 있는지 이상하게 생각할 것이다. 20년 전에 내가 수도권의 대도시 대학에서 과학 방법의 강좌를 시작할 때, 어린 학생들과 함께 과학을 수행하는 나 자신의 경험 이야기로 강의를 시작했다. 나는 이 이야기가 학생들로 하여금 '과학'은 무엇이며, 교실에서 과학 경험을 어떻게 촉진시킬 수 있는지 그 방법을 이해하도록 도울 수 있다는 것을 알게 되었다.

그 무렵, 나는 다양한 지역의 학교들을 방문하여 교사들이 교실에서 과학 경험을 창출할 수 있도록 도왔고 과학 수업을 모형화 하는 데 몇 달을 보냈다. 나는 학생들과 교사로부터 많은 것들을 배우면서, 이들의 이야기가 나의 교사

교육 수업에 중요한 의미를 가진다는 것을 깨달았다. 그래서 이야기의 목록은 자연스럽게 확장되어 갔다.

(2) 과학 이야기는 어떻게 이루어지는가?

이야기는 독자들이 큰 그림을 볼 수 있도록 논의의 틀에서 설정되었다. 각 이야기나 이야기 세트에 이어서, '의미 확장하기' 부분에서 담화의 의미를 이끌어주고 반성을 자극한다. 이 의미 확장하기는 다섯 부분으로 이루어져 있다.

1. 이야기 속의 교수 방법

과학 교수법에 대한 논의는 과학 이야기에 나타난다. 이 부분에서 독자는 이야기 속에서 교사에 의해 모형화 된 기술에 숨어있는 논리를 이해하게 된다.

2. 이야기 속의 과학 아이디어

독자가 과학 이야기를 충분히 납득하기 위해 이해해야 하는 특정 과학 개념을 설명한 것이다.

3. 이야기 속의 과학교육과정기준

과학 이야기가 설명하는 특별한 국가기준교육과정을 묘사하였다. 이 책은 국가의 과학교육기준(NSES)뿐만 아니라 국가의 교육기술기준(NETS)도 도입하였다.

4. 심화 탐색

특정한 이야기 범위를 넘어선 것에 관하여 독자들이 생각할 수 있도록 질문을 제시하였다.

5. 심화 탐색을 위한 자료

이야기에 대한 아이디어를 확장하게 하는 인터넷 자료 및 출판 자료이다. 과학 이야기가 포함되어 있지 않은 단원에서는 단원의 끝에 자료가 제시되어 있다.

(3) 그 외 또 다른 특징

이 책은 과학 이야기 등의 생생한 이론적 배경과 국가교육과정표준과의 연결 외에도, 독자들이 효율적으로 자료를 사용할 수 있도록 중요한 도구를 제공하였다. 이러한 도구들은 다음과 같다.

■ 초점 질문

각 단원의 서두에서 독자는 몇 가지 초점 질문에 대해 생각해보아야 한다. 이 질문들은 단원의 내용에 대한 단순한 형식적 요약이 아니다. 오히려, 해당 단원의 논제에 대하여 사고하도록 독자들을 이끄는 방식으로 독자들과 연결되도록 노력하는 것이다.

■ 여백 노트

페이지 여백에 있는 짧은 문장은 본문에서 중요한 점을 강조한다. 독자가 생각할 수 있도록 신중히 계획된 것이다.

차례

잠재된 과학자

1부

나는 뉴욕에서 성장하면서 여름휴가는 주로 인근의 공원에서 보냈다. 공원에는 놀이터와 스프링클러 이외에 풀이 우거진 들판과 나무들이 있었다. 잔디밭에 누워 잔디와 클로버를 통과하는 곤충들의 여행을 관찰하였다. 때때로 개미들이 손을 타고 기어올라가는 경로를 따라 손가락, 손바닥, 손목을 탐험했다. 초록 잔디가 아닌걸 알고 익숙한 잔디밭을 찾기 위해 열심히 노력하는 개미를 보았을 때 놀랐다.

이 공원에는 다양한 매력이 있었다. 이른 가을, 나는 거대한 참나무뿐만 아니라 미국의 북동부에 있는 단풍나무에서 "앵무새 코 모양(polly noses)"의 날개 달린 씨앗들을 모았다. 종종 나는 담요에 누워 하늘의 구름을 바라보며 이야기를 만들어 냈다. 구름 형태는 매일매일 동물이나 용 모양으로 바뀌었다.

가족과 함께 식당에 가면 나는 항상 소금, 후추, 설탕, 케첩을 테이블 위에 있는 투명한 유리컵의 물에 넣어 섞곤 했다. 그러자 아버지는 음식들을 엉망으로 만든다고 말하셨다. 그러나 어머니는 아버지에게 딸이 탐구 중이기 때문에 괜찮다고 말하셨다. 그리고 나중에 커서 과학자가 될 것이라고 하였다.

이 이야기에서 알 수 있듯이, 나의 어머니는 자신이 과학자가 아니더라도 과학자가 하는 일에 대한 느낌을 갖고 나의 어릴 적 탐구를 "과학적"이라는 말로 코드화 했다. 아마 여러분이 생각하는 것보다 훨씬 과학적일 것이다.

2장은 여러분이 스스로의 과학적 자아를 탐구하고, 특히 과학과 과학자들에 대하여 여러분의 믿음을 형성하는 데 도움을 줄 경험, 개인적인 "과학 이론(Science baggage)"을 탐색하는 데 도움을 줄 것이다. 여러분은 이러한 경험들에 대하여 생각하는 것을 기록하는 것으로 과학 일지 작성을 시작할 수 있다.

많은 사람들은 오늘날의 초등학교와 중학교 청소년들이 TV를 보고, 비디오 게임을 하거나 온라인으로 친구들과 대화하느라 실내에서 대부분의 시간을 보내는 것을 염려하고 있다. 전자 활동에 몰두하는 청소년들은 가까운 공원의 잔디나 자기 집의 뒤뜰에 누워 자연을 경험하는 것은 생각조차 하지 않는다. 그렇기 때문에 우리는 이 책을 통하여 학생들에게 자연 세계에 대한 호기심을 심어주고, 그 호기심으로 자연에 대한 탐색과 이해를 추구하도록 자극하고자 한다.

1

과학 지도하기

어린 시절을 돌이켜 생각해보면, 여러분이 주변 세계에 대해 궁금해했던 것이 기억날지도 모른다. 예를 들면, 어떻게 비행기에 사람들이 타고 하늘을 날아다닐 수 있는지, 달걀을 깨뜨렸을 때 왜 작은 병아리를 찾을 수 없는지에 대해서 궁금했을 것이다. 어쩌면 하늘이 왜 파란지, 왜 어떤 지역의 나뭇잎은 가을에 색깔이 변하는지, 혹은 왜 추운 겨울이 지난 후 도로에 균열이 발생하는지도 궁금했을 것이다.

> **초점 질문**
>
> - 여러분은 어렸을 때, 자연에 있는 것들이 어떻게 작용하는 것인지 궁금하였는가? 또 여러분의 주변 세계를 탐험하는 것을 시도해보았는가?
> - 만약 여러분은 "과학자"라는 말을 들었을 때 무엇을 생각하게 되는가?
> - 여러분은 사람들이 과학적 개념을 이해하기 위해 배우는 것에 대해 어떻게 생각하는가? 그리고 왜 그렇게 많은 사람들이 과학적 개념들을 이해하는 데 어려워하는 것일까?

만약 여러분과 내가 우리 주변의 세계에 대해 그런 생각을 가진 적이 있다면, 그것은 학생들 또한 그렇게 생각을 하고 있다는 것을 의미한다. 실제로, 나는 우리가 일깨워주기를 기다리는 어린 과학자들이 있을 것이라고 믿는다. 학생들은 항상 주변에 대하여 호기심을 가지고 주변의 것들을 탐색하고 실험하는 본능을 가지고 있다. 이러한 방식으로 학생들은 스스로 중요한 발견을 해간다.

그렇지만 안타깝게도, 어렸을 때의 이러한 본능들은 학교 과학수업 등과 같은 나중의 경험에 의해 묻혀지는 일이 자주 발생한다. 여러분 중 누구나 지루하거나 답답한 과학 수업에 대한 기억을 갖고 있을 수 있다. 그러나 운이 좋았다면, 여러분에게 생각하고 탐색하도록 장려한 한 개 이상의 과학 수업을 기억할 수도 있다.

나는 학생들의 탐구 본능을 장려하고 교육하는 것이 초등학교와 중학교 과학 교육에서 해야 할 과제라고 믿는다.

이 책은 여러분의 학생들을 신진 과학자로 개발하고 발견하는 것을 도울 수 있도록 만들어져 있다. 그래서 과학과 과학 학습에 대한 여러분의 생각을 다시 한 번 검토하는 데 도움을 줄 것이다. 학생들이 묻는 세계에 대한 "왜" 그리고 "어떻게" 라는 모든 질문들이 과학 수업의 방향을 이끌고 과학 교수법을 풍부하게 하는 것을 볼 수 있을 것이다. 나는 여러분이 과학은 학생들과 교사 모두에게 매우 개인적이고 매력적인 경험이 될 수 있다는 것임을 깨닫길 바란다.

이 책은 개인적 경험에 대한 이야기가 많다. 나는 교사와 학생들이 함께 학습하는 데 과학이 어떻게 관여하는지를 볼 수 있도록 가능하면 여러분을 직접 수업에 데리고 갈 것이다. 그러나 그 전에, 여러분은 이 책을 최상으로 사용할 수 있는 주요 개념을 반드시 알아야 할 것이다.

과학은 무엇인가? 그리고 왜 가르쳐야 하는가?

과학이란 무엇인가?

과학은 자연 세계를 이해하는 하나의 방법이고, 사람들은 그에 대해 서로 다른 관점을 가진다. 여러분은 "과학"을 생각하면 무엇이 떠오르는가?

이 질문에 대한 반응은 다양하다. 단어 연상을 하는 많은 신임 교사들은 "시험관", "실험실" 또는 "하얀 실험복"을 떠올린다. 몇몇 사람들은 우주의 비밀을 이해하는 열쇠를 쥐고 있는 과목으로 생각한다. 이러한 점은 흥미롭기도 하고 신비롭기도 하다. 그러나 불행하게도, 너무 많은 사람들이 학교 과학을 암기해야 하는 것으로 기억한다.

> 수년 동안 옥수수의 특정 문제를 해결하고 그에 대한 반응을 찾으면서 즐거움을 만끽한 사람에게 보상을 하는 것은 불공평한 것 같다.
> – Barbara McClintock의 Physiology and Medicine 노벨상 수상식에서 (1983)

우리가 무엇을 생각한다 할지라도, 과학은 자연의 일부를 탐구하고 그것을 이해하기 위해 많은 노력을 기울인 사람들에 의해 창조된 지식의 영역이라는 것을 기억해야 한다. 이러한 의미에서 인간 사회는 과학적 탐구의 오랜 전통을 가진다. 문명이 발생한 뒤로 사람들은 자연을 연구하고 그것을 이해하기 위해 계속 시도해왔다.

과학은 과정, 일련의 아이디어, 사고방식이다.

과학의 본성을 이해하는 것은 과학이 무엇인지, 또 무엇이라는 것을 어떻게 알았는지에 대하여 모두 아는 것이다. 즉 과학의 본성을 이해한다는 것은 과학과 과학을 발견하는 방법의 두 가지 모두를 아는 것이다. 학교에서는 과학 자체의 독특한 본성이 아니라 과학의 특정 분야에서 아는 것만을 가르치는 경향이 있다.

모험심에 대해 글을 쓴 어떤 과학자에 따르면 "중심 아이디어는 세계를 관찰하는 것과 과학이라고 불리는 모든 것들은 테스트해야 한다는 필요성을 가지고, 자연에 반대되는 이론을 지속적으로 테스트하는 것을 포함한다."(Trefil, 2008, p.19)

과학 정의하기

과학의 가장 적절한 정의는 과정, 아이디어의 집합, 사고의 방식이라는 세 가지 다른 요소를 고려하여 나타내는 것이다.

과학적 방법

정의의 중간 부분인 "아이디어의 집합"은 아마도 여러분에게 친근할 것이다. 과학은 전형적으로 생물학, 화학, 물리학, 지질학, 지구과학의 이미지와 같이 학교에서 일반적으로 가르치는 과목으로 상상할 수 있다.

성인이 가지고 있는 과학적 지식에 대한 가장 큰 괴리는 DNA의 과학적 원리를 잊은 것이 아니라, 과학이 무엇에 대한 것인지를 모른다는 것이다. 예를 들면, 과학적 방법, 제한점, 혜택, 해로움, 위험 등이다.
– Alan Leshiner, American Association for the Advancement of Science

과정과 사고의 방식으로서의 과학은 이해하기가 어려울 수 있다. 그럼에도 이러한 정의는 과학을 "아이디어의 집합"으로 정의하는 것에 대하여 커다란 영향을 미친다. 자연을 탐구하면서, 과학자들은 자신들의 영역에 대해 더 배울 수 있도록 해주는 일련의 과정을 거친다. 이 과정은 때때로 과학적 방법으로 불린다. 실제로 많은 **과학적 방법**들이 존재하지만, 그 방법들은 공통 원리를 가지고 있다.

과정 과정으로서 과학은 우리가 자연 세계에 대한 정확한 정보를 갖도록 우리의 감각과 감각을 확장하여 도구처럼 사용할 수 있다는 것을 전제한다. 과학자들은 도구를 이용하여 자연에 대한 질문을 탐색함으로써 연구를 시작한다. 그 질문들은 명확할 필요가 없다. 이번 장의 서두에 언급한, 여러분이 어렸을 때 가졌던 궁금증들, 즉 많은 어린이들의 호기심이 실질적으로 과학적 질문을 이끌어 낼 수 있다.

어떤 한 사람이 1944년 노벨 물리학상을 받은 이시도어 라비(Isidor Rabi)에게 어떻게 과학자가 되었느냐고 질문했다. 라비는 매일 방과 후에 어머니께서는 자신의 하루 일상에 대하여 말하게 했다고 대답했다. 어머니는 라비가 그연 세계에 대한 개념들을 발견한다. 이 책에서는 이러한 개념들을 "과학적 아이디어"로도 언급한다. 간단히 말하면, 이는 자연 세계에 대한 이해이다. 대부분의 고등학교 과학 교과서에는 이러한 개념에 대한 이해들로 가득 차 있다.

과학 아이디어는 무엇인가?

과학 아이디어들은 자연 현상에 대한 정의와 설명들을 포함한다. 예를 들면, 과학에서 에너지는 일을 하기 위한 능력으로 정의된다. 과학 책은 질량을 가진 물체가 거리를 이동하는 과정으로서 일을 정의한다. 따라서 에너지는 물질을 이동시킬 수 있는 어떤 것이다. 과학자들은 자연에서의 작업을 통해 다른 종류의 일을 하는 데 필요한 에너지의 양을 계산한다. 제시한 예와 같이, 과학의 언어는 때때로 일상생활에서 사용되는 방식과 다르게 사용된다.

그러한 차이의 중요한 예가 이론이라는 용어이다. 국립과학아카데미(National Academy of Sciences)의 최근 보고에 의하면, 일상적인 언어에서 사용하는 이론은 종종 육감이나 추측을 말한다고 설명한다. 그러나 공식적인 과학에서 사용할 때, **이론**(theory)은 충분한 증거에 근거한 "자연의 어떤 측면에 대한 종합적인 설명"이다.

"이론"의 과학적 의미

예를 들면, 생명체가 시간이 지남에 따라 변화 과정을 겪음으로써 현재 양상을 보인다는 진화의 개념은 여전히 사실보다 이론으로 분류되어질 수 있다. 그러나 그 이론의 기본 구성 요소는 충분히 잘 검증되었기 때문에, 대부분의 과학자들은 그 이론들이 지구가 태양 주위를 돌고 있다는 것과 같은 한 번의 새로운 증거에 의해 결코 바뀌지 않을 것이라고 믿는다(National Academy of Sciences and Institute of Medicine, 2008, p.11).

이론과 과학적 개념들은 과정의 과학에서 분리할 수 없다. 과정 없이 개념이 있을 수 없고, 더 많은 질문을 추구할 개념이 없으면 추가적인 과정이 필요하지 않다.

과학의 아이디어 또는 개념에 대해 생각할 수 있는 한 가지 방법은 과학을 세 가지 주요 분야, 즉 생명과학, 지구과학, 물상으로 분류하는 것이다. 과학을 분류하는 또 다른 방법은 중요 개념적 범주로 구분한 것이다. 예를 들면, 과학은 인체 시스템과 태양계와 같은 계(System)를 이해하는 데 도움을 준다. 또한 과학은 동물과 식물의 생활 주기, 그리고 물질과 에너지 사이의 관계에서 우리가 흔히 볼 수 있는 것과 같은 패턴 변화와 상호작용을 이해하는 데 도움을 준다. 12장을 포함한 이 책의 많은 부분에서, 과학적 아이디어가 어떻게 계와 상호작용의 개념 범주, 그리고 전통적 분야인 생명, 지구과학, 물상과 연관되어 있는지 볼 수 있을 것이다.

과학적 사고방식

과학적 사고방식 사고방식으로서의 과학은 새로운 증거에 직면했을 때, 마음을 변화시키고자 하는 열정과 개방성뿐만 아니라, 진술을 지지하는 증거를 찾고자 하는 욕구를 포함한다. 이는 진정 과학적으로 사고하는 것을 의미한다. 과학자들은 종종 공동으로 작업하기 때문에, 과학적인 태도에는 다른 사람들과 협력하고자 하는 마음과 공동의 노력을 통한 이해의 발전을 포함한다.

이 책의 웹사이트는 여러분이 과학적 사고방식에 대해 더 많이 배울 수 있도록 해줄 것이다. 이 활동에서는 다른 모둠의 학생들이 가상 가족에 대한 증거를 받아 분석하며, 각 모둠에서 내린 결론을 비교한다. 학급에서나 몇몇 친구들과 이러한 활동을 해보는 것도 좋다.

과학을 지도하는 것의 가치

여러분의 마음 한쪽에는 중등학교에서 과학을 왜 가르치는지에 대하여 궁금할 수도 있다. 대답은 세 가지로 구분되는데, 이는 과학의 정의에 해당한다.

1. 우리가 과학 아이디어라고 부르는 아이디어의 집합은 기술 중심의 사회에서 점차적으로 중요해지고 있다. 많은 교육자, 문화 해설자, 그리고 산업의 지도자들은 과학이 무엇인지 아는 것은 모두에게 중요하다고 말한다. 오늘날의 많은 직업들은 과학 지식을 필요로 하고, 게다가 무엇을 먹을지 결정하는 것에서부터 어떤 자동차를 구입할지 등 우리의 일상적인 의사 결정들은 과학적 이해의 정도에 영향을 받는다. 현대 사회에서 과학을 배우는 시기가 너무 빠르다는 인식은 없기 때문에 초등학교와 중학교에서부터 과학을 배워야 한다. 대부분의 교육 과정에서 환경 과학의 개념들이 특히 중요하다. 좋은 과학 프로그램은 학생들이 지구의 천연자원 고갈을 이해하는 데 도움을 줄 것이다. **녹색 과학**(green science)이라는 과학 환경 연구는 지속 가능성, 먹이 그물, 자

원 분배, 기후 변화에 대한 연구 등이다.

2. 학생들이 과학적 과정을 통해서 얻을 수 있는 것은 과학보다 다른 많은 분야에서 유용하다. 많은 연구에 의하면, 어렸을 때 과학을 배우면 학생들의 비판적 사고, 추론, 문제 해결, 판단 등의 능력이 향상되는 것으로 나타났다(American Association for the Advancement of Science, 2001). 교실에서 과학적 활동에 참여한 초등학교와 중학교 학생들은 스스로가 생각하는 사람이라는 자신감을 형성하게 된다.

초등학교와 중학교에서 과학을 가르치는 이유는 무엇인가?

3. 과학적 사고 능력을 키우기 위하여, 학생들이 다양한 관점에서 문제를 탐색하는 능력을 향상시키도록 도와야 한다. 과학이 어떻게 움직이는지를 이해하는 것은 우리가 살고 있는 세상에 대하여 추론할 수 있는 결론과 증거의 본성을 알 수 있게 한다. 이러한 방법으로, 과학 학습은 학생들에게 생물과 화학뿐만 아니라, 영어, 역사, 사회, 그리고 삶에 있어서 가장 기본적인 것을 알 수 있도록 도와준다. 즉 "과학은 인류 문화에 특별한 부분이며 인류의 사고 능력을 보여준다(Duschl, et al, 2007, p.34)."

학생들은 어떻게 과학을 배우는가?

학습하는 방법을 배우는 것은 교사가 되는 것과 연관된 과제 중의 하나이다. 특히, 학생이 어떻게 과학을 배우는지 이해하는 것은 효과적으로 과학 을 지도하는 교사가 되는 데 중요하다. 이 난해하고 복잡한 주제는 가르치는 것에 있어서 가장 흥미로운 도전 중의 하나이다. 선택한 직업에 대한 준비로서, 여러분은 책이나 강의가 아니라 수업을 듣는 학급의 학생들에게서 학습하는 방식에 대해 배울 수 있는 기회를 얻을 수 있다.

이 책에 큰 영향을 준 것

첫째, 학습방법을 배운다는 것은 그 교과를 학습한 다른 전문가들의 사고에 내재된 기본 생각을 알 수 있도록 할 것이다. 많은 사람들은 학생이 학습하는 방법을 이해하기 위해 중요한 노력을 해왔다. 존 듀이(John Dewey), 장 피아제(Jean Piaget), 제롬 부르너(Jerome Bruner), 레프 비고츠키(Lev Vygotsky), 존 브랜스포드(John Bransford), 수잔 도노반(Suzanne Donovan)은 이 책에 영향을 준 학습 이론가, 학자, 철학자들이다. 완전히 일치하는 것은 아니지만 그들의 주요 생각에 기초하여 과학 교수에 대한 나의 모델을 개발했다. 이 모델은 구성주의라 불리는 지식과 학습 이론에 의해 특히 영향을 받았다.

구성주의 이론의 기초

구성주의(constructivism)의 기초는 모든 지식은 구성된다는 생각이다. 이것은 지식이 수동적으로 수용되지 않는다는 것을 의미한다. 오히려 학습자의 경험에 기초하여 활동적으로 구성된다.

새로운 생각을 가지는가? 아니면 구성하는가?

이는 간단한 개념 같지만 사실은 그렇지 않다. 학습자가 경험하고, 그 경험에 대해 생각하고 이미 구성된 것에 맞춰보고, 때때로 새로운 구성에 공식화되기도 하는 복잡하고 반복적인 과정이다. 그림 1.1은 우리의 마음이 작동하는 방식의 패턴을 보여준다.

피아제: 어린이의 정신적 성장 단계

피아제와 브루너 학습 과정을 이해하는 데 가장 중요한 기여를 한 사람은 스위스의 학자이자 과학자인 장 피아제이다. 1920년대 초, 피아제는 다양한 연령

그림 1.1
경험에서 의미 구성하기: 전형적인 의미 구성과정의 모형도

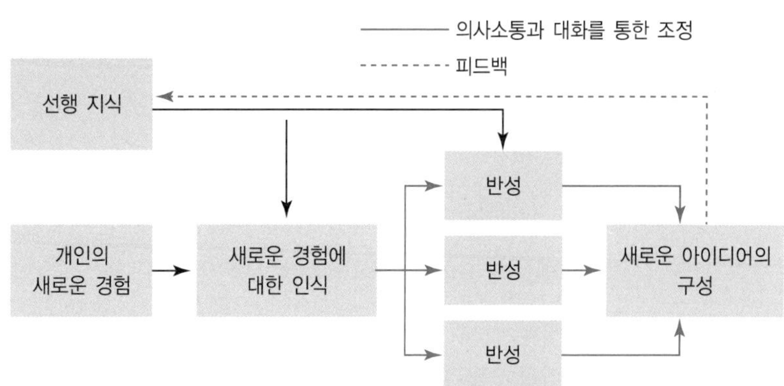

표 1.1 피아제의 인지 발달 단계

단계	연령	특징
감각 운동	18개월~2세	유아는 신체적 감각을 이용하여 환경에 대해 탐색한다. 물체의 영속성(물체가 눈에 보이지 않는다고 해도 지속적으로 존재할 수 있다는 사실)과 같은 기초 개념을 구성한다.
전조작	2~7세	어린이는 언어를 배우고, 물체를 그룹, 이름, 유형으로 분류한다. 이때부터 논리적 관계를 알게 된다.
구체적	7~11세	어린이는 단순한 분류에서부터 복잡한 분류 틀을 형성하고, 이것을 정신적 조작에 적용한다. 점차적으로, 사고가 구체적인 것으로부터 추상적인 것으로 진화한다.
형식적	11~15세	학습자는 추상적 결론을 내릴 수 있고 복합적이고 고차원적 과정에 익숙해진다.

의 아이들을 대상으로 많은 면담과 연구를 하였다. 그는 아이들이 성장하면서 겪는 인지 발달 단계를 설명하였다. 즉, 아이들은 발달의 특정 시점에서 다른 정신 구조가 발생하기 시작한다는 것이다. 피아제는 아이들이 다양하다는 것을 인지하였음에도 불구하고, 발달 단계에 해당하는 일반적인 연령을 제시하였다(표1.1). 예를 들면, 그는 18개월에서 2세까지의 대부분의 아이들은 감각 운동기이며, 2세~7세의 아이들은 전조작기라 믿었다. 그는 또한 단계에 따른 아이들의 발달은 생물학적으로 결정된다고 보았다.

우리에게 가장 중요한 점은 지식의 성장이 학습자에 의해 만들어진 개인 구성의 결과라는 피아제의 결론이다. 요약하면, 지식은 수동적으로 받아들이는 것이 아니라 학습자에 의해 활동적으로 쌓인다는 것이다. 즉, 수용의 과정이 아닌, 발명이나 창조의 과정이라는 것이다. 피아제가 인지한 바와 같이, 이것은 학습자에게 막대한 학습의 책임을 준 것이다.

피아제는 인지 발달 단계를 설명하면서, 아이들은 성숙의 각 단계마다 다른 학습의 준비가 되어있음을 보여주었다. 즉, 학습자가 구성하는 아이디어의 형태는 각 단계에 따라 다르다는 것이다. 피아제의 인지 발달 단계를 비판하는 비평가들은 아이들이 여러 단계를 동시에 가질 수 있고, 단계를 연령에 의해 명확하게 정의할 수 없다고 주장하였다.

브루너: 발견 학습

피아제의 지지자인 제롬 브루너(Jerome Bruner)는 각 인지 발달 단계에 해당하는 아이들이 스스로 아이디어를 찾을 수 있도록 가르쳐야 한다고 제안했다. 그의 업적은 **발견 학습**(discovery learning)으로 알려져 있는데, 그의 중요한 관점 중 하나가 피아제와 차이가 있다. 피아제는 특정한 학습 유형의 준비도는 아이들의 인지 발달 단계에 의존한다고 주장하는 반면, 브루너는 모든 수준의 아이들은 항상 개념을 학습할 준비가 되어있다고 보았다. 이에 따라, 브루너는 다양한 연령의 과학 주제 선정과 아동의 발달 단계에 따른 재구성의 중요성을 강조했다(Bruner, 1960). 이것은 학년이 올라감에 따라 더 광범위한 주제로 되돌아가는 나선형 교육과정이다. 교육자와 과학자는 과학 주제를 학생들의 삶에 관련 있고 의미 있는 것으로 인지하게 되었고, 과학 주제는 교육과정 계획에 중요한 부분이 되었다.

수년 동안, 피아제의 발달 단계와 브루너의 발견 학습은 과학 교수법의 기초가 되었다. 일반적인 이론가들의 견해는 다음과 같다.

- 아동은 능동적인 학습자이다.
- 아동은 세상에 대한 자신의 경험을 바탕으로 생각을 구성한다.
- 아동의 선행 지식은 새로운 개념을 통합하는 데 중요한 역할을 한다.

선행 지식

학생들의 선행 지식은 발전적 반성을 보장한다. 모든 학생들이 과거 경험에 기반을 둔 선행 지식을 가지고 수업에 임한다는 것을 인지해야 한다. 실제로, 학생들이 다양한 선행 지식을 가지고 교실에 오기 때문에 선행 지식의 유형은 다양하다. 학생들이 자신의 과거 경험을 토대로 새로운 경험에 대해 어떻게 생각하는지를 발견하는 것은 흥미롭다.

우리가 학생들에게 무엇인가를 가르치기 이전에도 학생들은 인식자이다

이러한 학습 방법을 이해하기 위해서는 우리가 학생들에게 무엇인가를 가르치기 이전부터 학생은 "인식자(knower)" 라는 관점이 필요하다. 어린 학생들은 우리를 만나기 전에 살았던 수년 동안 많은 경험을 했을 것이다. 학생들의 경험은 세상에 대한 자신의 생각을 구성하는 데 기초가 된다. 또한 학생들의 생각은 새로운 생각들과 연결짓는 틀이 된다. 학생들은 "이미 알고 있는 생각과 어떻게 연결되는가? 어디로 가야 하나?"하고 스스로에게 질문한다.

실제로, 학생들에 대해 알아야 하는 가장 중요한 것은 그들이 알고 있는 것이 무엇인가이다. 새로운 생각을 구성하는 데 도움을 주기 위해서는 학생들이 현재 가지고 있는 신념을 이해해야 한다. 학생들의 선행 지식을 이해하기 위해 학생과 대화를 나누는 것은 교사와 학생 모두에게 사고의 통찰력을 높여줄 것이다.

학생들은 특별한 환경에서 학습한다

비고츠키와 사회적 맥락 개별 학습자에 대해 상세하게 다룬 피아제의 이론은 학습자들의 사회적 맥락을 고려하지 않았다고 비판받았다. 세상에 대한 이해는 사회적 빈 공간이나 문화적 빈 공간에선 발생하지 않는다. 러시아 심리학자인 레프 비고츠키는 서로 의사소통하며 구성한 개인의 생각들에 사회적 맥락이 어떻게 영향을 미치는지 증명했다. 예를 들면, 수업 중의 교사와 학생들은 그들의 특정 환경에서 허용하는 사회적, 문화적 언어를 사용한다. 이 언어는 속어, 지역 방언 또는 은어를 포함할 수 있다. 수업 중 학생들이 한 이러한 생각들은 사회적 사용 용도와 의미에 부합한다. Brooks and Brooks(2001)는 "어느 세상을 알아가는 것은 세상에 대하여 고려하는 것이다. 세상을 고려하는 것은 유사한…… 문제의 해답을 찾기 위한 학습자의 의사소통에 의해 촉진되어진다(p.30)."라고 이야기한다.

학습 이론, 포괄적 사고(Big Idea), 메타인지 레오 리오니(Leo Lionni)(2005)의 동화책, 《Fish Is Fish》에서 작은 물고기인 미노우(minnow)는 숲의 가장자리 연못에서 올챙이를 만난다. 처음엔 그들 스스로를 모두 물고기라고 생각하지만 올챙이는 자라서 개구리가 되고 물 밖으로 올라가서 육지에서 산다. 작은 물고기는 역시 자라서 큰 물고기가 되어 친구를 그리워한다. 개구리는 물고기를 찾아가서 땅 위에서 보았던 멋진 것들을 설명해주었다. 새, 소, 남자, 여자, 그리고 어린이까지! 그러나 물고기는 날개와 깃털이 달린 물고기, 다리가 있고 모자와 코트를 착용한 물고기를 상상한다. 동화책은 물고기가 자기의 맥락에 따라 생각한 것을 그림으로 보여준다.

그 이야기가 진행되면서, 물고기는 친구인 개구리가 설명한 것을 보려고 물 밖의 육지로 뛰어오른다. 물고기가 육지 위에서 숨을 헐떡거리고 있을 때 개구리가 나타나 물고기를 연못에 밀어 넣었다. 물고기는 자신은 개구리가 될 수 없으며, "물고기는 물고기다." 라는 것을 이해하기 시작한다.

초기 이해에서 새로운 아이디어가 형성된다

학습 연구가들은 이 이야기를 기존의 이해와 경험에 기반한 새로운 이해의 형성 방법을 설명하기 위해 사용한다(Donovan & Bransford, 2005). 그 물고기처럼, 학생들은 자신들이 알고 있는 것을 사용하여 새로운 내용의 형태를 만든다. 때때로 어린이들이 알고 있는 것은 오개념의 근원이 되고, 새로운 학습의 장애물이 된다. 유년기의 오개념들은 직접 해결되지 않으면 성인의 과학 학습에도 장애물이 될 수 있다.

그러나 개구리는 어떠한가? 개구리는 물고기에게 세상에 대하여 이야기를 하면서, 새, 사람, 소는 그 어느 것도 물고기나 개구리처럼 보이지 않는다는 중요한 내용을 생략했기 때문에 좋은 선생님이 아니었다. 선행 지식의 역할에 덧붙여서, 학습 연구가들은 사실적 지식은 잘 이해되도록 개념 틀에 배치되어야 한다는 것을 발견했다. 개념 틀이란 개별의 사실들을 엮을 수 있는 **포괄적 사고**(big idea) 또는 우선적인 개념을 의미한다. 《Fish Is Fish》의 포괄적 사고는 서로 다른 종(어류, 양서류, 조류, 포유류)은 서로 다른 환경에서 살 수 있도록 다른 특성을 가지고 있다는 것이다.

"포괄적 사고": 개념 틀

또한 학습 연구가들은 학습자가 자기 자신의 생각들을 반영하여 개인적인 의미로 만들어야 한다고 믿는다. 즉, "무엇을 아는지 알고, 무엇을 이해하지 못하는지를 안다."는 것을 스스로 모니터링 하는 **메타인지**(metacognition)가 중요하다는 것이다(Donovan and Gransford, 2005).

메타인지: 현재의 이해를 모니터링 할 수 있는 능력

교수를 위한 시사점

선행 지식, 포괄적 사고, 메타인지는 모두 구성주의 및 사람들의 학습 방법을 이해하는 것과 연결되어 있다. 하지만 여러분은 학습 이론을 이해하는 것이 현대 과학 교육에서 왜 중요한지 궁금할 것이다. 연구진들은 교육의 전통적인 교수 방법은 학생들이 의미를 확고하게 한다거나 주의 깊게 이해를 형성하기에 불충분하다는 것을 발견했다. 우리가 받은 자극들이 의미를 전달하기에는 불충분하다는 것을 알게 된 것이었다. 예를 들면, 단순히 책을 읽는 것은 이해하는 데에 있어서 충분하지 않다. 개인은 의미를 구성하거나 재구성해야 한다(Perkins 1999).

따라서 이러한 교수에 대한 이해를 반영하여 가르치는 것을 연습할 수 있도록 교사 교육을 구성하는 것은 당연하다. 그렇게 하게 되면, 앎과 학습 이론을 교수 실행의 이론에 접목시킬 수 있다.

나딩스(Noddings)(1990), 브룩스와 브룩스(Brooks and Brooks)(2001) 등과 같은 많은 연구자들은 방법론적 도구로 구성주의를 활용한다. 사실, 구성주의 학습이론은 학생들이 학습에 능동적인 참여를 하는 수업의 형태로 변형하는 데 도움을 주었다. 여러분의 수업에 학습한 이론을 활용할 수 있도록 도와주는 것이 이 책의 목표이다.

구체적 경험 일반적인 수업 기술은 학생들이 구체적 활동이나 경험을 하도록 하는 것이다. 구체적 경험은 학생들이 실제 세상의 개체나 자료와 상호작용하는 것이다. 구체적 경험은 전형적으로 물리적인 조작에 의해 물질들을 탐구하기 때문에 "직접 해보는 경험(hands-on experiences)"으로 불린다. 예를 들면, 전기를 배우는 학생들은 건전지, 전구, 다른 유형의 전기 회로로 구성된 전선을 가지고 작업할 수 있다. 고대의 생명체와 화석에 대해 배우는 학생들은 공룡의 유적 탐험 박물관에 여행을 갈 수 있다.

구체적 경험을 통해 의미 형성하기

이러한 활동에 참여함으로서, 학생들은 자연 세계에 대한 생각을 개발하고, 피아제와 브루너에 의해 기술된 방법과 같이 자신들의 생각과 의미를 구성하기 시작한다. 따라서 "과학 학습"에 대해 생각했을 때, 구체적 경험으로부터 의미를 형성하는 과정을 마음 속에 그릴 수 있다. 또한, 비고츠키가 지적한 대로, 의미를 만드는 과정은 아동들의 사회적 상호작용에 영향을 받는다는 것을 의미한다. 그러므로 과학을 학습하는 학생들을 생각할 때, 그들이 동료 및 교사와 함께 구체적인 경험에 관여하는 것을 상상해보아야 한다.

체험 활동은 과학 수업에서 수십 년 동안 활용되어 왔다. 그러나 중요한 세 가지 요소는 종종 간과되고 있다.

"적합성" 찾기

1. 학생들의 삶에 연결. 학습자로서 우리는 이미 알고 있는 것에 새로운 경험들을 맞추려고 하기 때문에, 적절한 것을 찾을 수 있을 때 가장 쉽게 배울 수

학습 이론과 포괄적 사고

다음 시를 읽고 어떻게 포괄적 사고와 연결할 수 있는지에 대하여 생각해보자. 이것은 인도의 전통적인 전설로, 19세기 미국 시인 존 가드프리 식스(John Godfrey Saxe)가 발표한 시이다.

장님과 코끼리

배움에 목말라 있던 인도스탄 사람 6명이
장님임에도 불구하고 코끼리를 보러 갔다.
코끼리를 눈으로 볼 수는 없지만
각자의 관찰을 통해 만족할 수 있었다.

첫 번째 사람이 코끼리에게 다가가서
코끼리의 넓고 튼튼한 옆구리에 부딪혀 보았다.
그리고 큰소리로 말하길
"신이시여 축복해주소서!
코끼리는 진짜 벽과 같습니다."

두 번째 사람이 코끼리의 상아를 만져보고,
소리 지르기를,
"호! 이 매우 둥글고 매끈하며 뾰족한 것은 도대체 무엇이란 말인가?
나는 이제 분명히 알겠다.
이 코끼리는 마치 창과 같구나!"

세 번째 사람이 코끼리에게 다가갔고,
그의 손으로 코끼리의 코를 만지며,
대담하게 말하기를,
"이제야 알겠다. 코끼리는 마치 뱀과 같구나!"

네 번째 사람은 간절히 알고 싶은 마음에
무릎 꿇고 손을 뻗다가 그만
두툼한 다리를 만졌다.
"어! 이 엄청난 동물이 아주 단순하게 생겼네.
하하하! 나무와 완전히 똑같구나."

다섯 번째 사람은 우연히 코끼리의 큰 귀를 만지고선
"하하하하! 아무리 바보 맹추라도
누가 이 경이로운 코끼리가 부채와
닮았다는 사실을 부인할 수 있을까?"

여섯 번째 사람이 나서서 코끼리의 꼬리를 잡고선
"허허! 이 한심하고 무식한 장님들 보게,
로프처럼 생긴 짐승에게 무슨 헛소리들인가?"
라고 소리를 버럭 질렀다.

그리고 여섯 명의 사람들은 아주 오랫동안
서로 큰소리로 격렬히 논쟁하였다.
자신의 생각을 서로에게 한 치도 양보하지 않았다.
부분적으로는 그들 모두 어느 정도 옳았지만,
사실은 모두 틀렸다.

위의 유명한 전설은 우리가 원래 그대로의 모습을 보지 못한다는 것을 알려준다. 즉, 우리는 우리가 보고자 하는 것만을 본다. 학습 이론과의 연관성은 포괄적 사고 또는 중요한 개념들과 연결된다. 인도스탄의 여섯 사람은 코끼리의 모습을 그리는 데 있어서 자신들이 만진 부분에 의존하여 코끼리의 형상을 추론하고 있다. 즉, 탈상황적이고, 연결되지 않은 정보는 미로를 헤매게 할 수 있다. 여러분의 학생들에게 의미있는 과학 학습에 참여하도록 하기 위해서는 "포괄적 사고란 무엇인가?"에 대하여 질문해야 한다는 것을 명심하라.

있을 것이다. 만약 학생들이 학교 과학 경험을 그들의 삶과 완전히 관계없는 것으로 보게 된다면, 학생들이 배울 가능성은 없다. 학생들이 과학과 삶의 연

전통적인 과학 수업

여러분이 과학 수업에서 다음과 같은 읽기 자료를 받았다고 상상해보자.

The Montillation of Traxoline

Traxoline는 zionter의 새로운 형태이다. 그것은 Ceristanna에서 montil되었다. Ceristannians은 다량의 fevon을 gris-terlate하고, 그런 다음 montil traxoline에 brachter한다. 이것은 traxoline을 배우는 데 아주 중요하다. 이것은 우리의 가장 중요한 lukized snezlaus 중의 하나이다.

지금부터 다음 질문에 대한 올바른 답을 제시하시오.

1. traxoline는 무엇인가?
2. 어느 곳에 montil 하는가?
3. 어떻게 만드는가?
4. 왜 traxoline이 중요한가?

읽기 자료에 따라, 주어진 질문에 대하여 답을 올바르게 제시할 수 있을 것이다. 예를 들면, 질문 4의 답으로, "Traxoline은 중요한 lukized snezlaus 중의 하나이므로 중요하다."라고 답을 할 수 있다. 질문에 대한 답변으로 100점을 맞을 수도 있다. 그러나 여러분이 제시한 모든 답이 맞았다는 것은 무엇을 의미하는가? 내일이 되면 얼마나 많은 내용을 기억할 수 있을까?

위의 읽기 자료는 과학 수업의 교수법과 평가에 대한 은유로 종종 사용되어지는 것으로 미시간 대학교의 Judith Lanier에 의해 개발된 것이다. 물론, traxoline과 fevon이라는 물질은 존재하지 않는다. Ceristanna도 실제 지역의 이름이 아니다. 그러나 읽기 자료를 읽고 질문에 대한 답을 하는 과정에서, 여러분 자신에게 의미 없는 새로운 용어와 사실을 기억하기 위해 암기하는 것으로는 얻어지는 것이 거의 없다는 것을 알 수 있다.

결을 볼 수 있도록, 우리는 새로운 생각을 구성하는 데 기초가 되는 학생들의 선행 경험과 생각을 존중할 필요가 있다.

체험 대 내면화

2. 학생 경험의 적극적 반영. 유의미한 학습을 위하여 학생의 적극적인 참여의 과정에 토론과 반성이 반드시 포함되어야 한다. 직접 해보는 과학이 과학 교육 변화에 중요한 움직임이 되었을 때, 많은 유능한 교사들은 그러한 경험을 제공하였지만 학생들의 반성적 사고를 추구하는 데 소홀히 하면서 실질적인 과학 학습은 많이 일어나지 않았다. 실제로 학습은 학생들의 경험이 아니라 마음에서 일어난다. 그래서 "체험/내면화(hands-on/minds-on)" 과학이라고 말한다.

학생들이 가고자 하는 방향 알기

3. 학생을 위한 개념 목표의 명료화. 여러분은 교사로서 학생들의 활동 경험이 어떤 방향으로 움직이는가에 대하여 생각해야 한다. 과학 개념에 의미를 만드는 과정은 다양한 방법들이 있을 것이다. 그러나 여러분은 스스로 학생들

무게를 재고 있는 것은 무엇인가? 어린이들이 무게를 측정하고 기록하고 있다. 사물을 관찰하고 변형하는 과정을 통해 구체적인 경험을 할 수 있다. 만약 어린이들이 자신들이 무엇을 하고 있는지에 대하여 반성하고 아이디어로 구성한다면, 그 경험은 정말 의미 있는 것이 될 것이다.

Elizabeth Crews/Stock Boston

을 어느 방향으로 안내하고자 하는가를 명확하게 해야 한다. 그러면 여러분은 학생들이 자신의 초기 아이디어를 사용하여 새로운 개념으로 발전하도록 도와줄 수 있다. 이러한 방법으로 학생들의 사고를 확장하고 자연 세계를 새롭게 이해할 수 있도록 도와줄 수 있다.

유의미한 경험 구성주의 학습 이론의 기본 가정에 기초하여, 교수 실행에 가장 중요한 시사점은 학습자가 자연 세계에 대해 새로운 개념을 형성하기 위해서는 능동적으로 수업 활동에 참여해야 한다는 것이다. 이러한 활동을 **유의미한 과학 경험**이라고 한다. 유의미한 과학 경험이 되기 위하여 다음과 같은 것들이 고려되어야 한다.

과학 경험은 언제 유의미한가?

- 학생들의 일상생활 경험과 연결되어야 하고, 포괄적 사고와도 연결한다.
- 관찰과 예측, 추론과 가설 설정, 해석, 조사, 상상 등과 같은 과학과정 활동에 참여하도록 해야 한다.
- 학생들이 탐색한 것들을 돌이켜 생각하고 반성하도록 자극하여 새로운 아이디어로 발전하도록 한다.
- 메타인지로 연결할 수 있는 학생들의 생각을 발견한다.
- 새로운 이해로 안내한다.

이 책은 의미 있는 과학 경험을 구성하여 지도하고자 하는 여러분을 도울 것이다. 또한 교사들이 이 과정에서 해야 할 역할을 이해하는 데 도움을 줄 것이다. 다음의 과학 이야기가 보여주는 것처럼 과학을 가르친다는 것은 학생들에게 경험들을 제공해주고 학생들의 생각에 귀를 기울여주는 것 등과 같이 할 일이 많다.

과 학 이 야 기

학생들의 생각에 귀 기울이기

맥키(McKie) 선생님의 3학년 수업 시간에 소리 에너지를 다루고 있다. 맥키 선생님은 학생들이 공기와 같은 기체, 액체, 고체를 통과하는 소리 이동에 대하여 경험할 수 있도록 하였다. 학생들은 책상 위에 귀를 대고 소리를 들을 수 있으며, 물에서 돌을 부딪쳐서 소리를 낼 수도 있다. 소리와 진동은 수업 시간에 종종 사용된다.

학생들의 아이디어 논의하기

학생들이 소리와 진동에 관련된 활동을 한 후, 맥키 선생님은 학생들의 생각에 대하여 대화를 나누었다. 선생님은 달에서는 왜 소리가 나지 않을까 라고 질문하였고, 학생들은 선생님이 기대하는 것이 무엇인지 정확히 알지 못해 조용히 앉아 있었다. 맥키 선생님은 달에는 공기가 없기 때문에 진동할 수 있는 것이 없어서 달에서는 소리를 들을 수 없다고 설명하였다. 그러자 테리가 손을 들고 달은 기체인지 물었다. 그러자 맥키 선생님은 그렇다고 대답했다. 그러자 테리는 만약 소리가 책상과 같은 고체를 통과한다면, 왜 달을 통해서는 전달되지 않는지 질문하였다.

당혹스런 질문

맥키 선생님은 학생들이 소리 에너지와 소리가 전달된다는 것이 무엇인지에 대하여 추상적인 개념을 가지고 있다는 것을 깨달았다. 그래서 맥키 선생님은 테리의 질문을 모든 학생들과 함께 고민하도록 과학 수업을 진행하였다.

듣기와 조정 테리의 질문을 가지고 수업을 하기로 한 맥키 선생님의 결정에 대하여 어떻게 생각하는가?

과학 수업에서 과학적 지식은 활동이나 경험을 설명하는 일련의 정보로 제시된다. 성취도 평가를 위한 수업이 진행되어야 한다는 교육 환경에서, 선생님들은 교육과정에서 언급하고 있는 내용을 모두 가르쳐야 한다는 강박 관념 때문에 각 주제에 시간을 충분히 할애하지 않는다. 또한, 학습자들이 어떻게 의미를 구성하는지에 대해서 알면서도 활동과 관련 개념을 연결시키는 것을 가볍게 여긴다. 만약 맥키 선생님은 테리의 질문에 초점을 두지 않고 무시하였다면, 유용한 개념을 형성할 수 있는 기회를 차단한 것이다. 이 시나리오에서 교사의 역할은 능동적인 학습자이며 청취자이다. 우리는 학생들의 생각을 알 수 있고, 그 생각들이 합리적인 결론에 도달하는 과정을 추적할 수 있다.

맥키 선생님은 달을 통과하여 소리가 전달된다는 의견에 대해 학생들이 고민하도록 격려해서 달의 구성에 대하여 배울 수 있게 하였다. 1970년대 아폴로 우주인이 달의 암석 840파운드를 가져와서 구성 성분을 분석하였다. 우주인은 소리의 진동을 전달하기에는 충분하지 않지만 달에 아주 얇은 공기층이 있다는 것을 알았다. 선생님이 효율적으로 도와준다면 탐색할 수 있는 학생들의 상상력과 생각은 매우 많아진다.

지시 대 조정

학생들에게 무엇을 생각하라고 지시하지 말고, 학생들의 생각이나 이야기를 적극적이고 신중하게 들어야 한다. 여러분은 학생들이 스스로의 사고를 반성해보고 일관성 없는 내용들을 분류하도록 안내해서 학생들의 학습을 도울 수 있을 것이다. 3장에서 이러한 내용을 보다 심도 있게 다룰 것이며, 이 책의 전반부에서 조정자로서 교사의 예를 많이 볼 수 있을 것이다.

"암기보다는 이해" 강조

이해를 위한 과학 교수 과학 교수를 위한 몇 가지 모형을 탐색한 것처럼, 21세기는 문제 해결을 위한 새로운 방법, 주제와 아이디어에 대한 비판적 사고, 아이디어들을 분해하거나 통합하는 능력 등이 요구된다는 것을 명심하라. 과학 교수를 위한 방법으로 과학 교육자들이 주장하는 것은 "암기보다 이해, 양보다 질, 아는 것보다 이해(Mintzes, Wandersee, & Novak, 1998)"이다. 그러나 이해한다는 것은 무엇이며 이해하는 것을 어떻게 나타낼 수 있는가? 퍼킨스(Perkins)에 의하면, "이해는 안다는 것을 넘어선다. 주제를 이해한다는 것은 그 주제를 가지고 다양한 사고와 실행할 수 있는 능력을 말한다. 예를 들면, 증거를 수집하고, 예를 찾고, 생성하고, 개념을 적용하고, 분석하고, 새로운 방법으로 재표현하는 것 등과 같은 것이다(1993, pp. 28~29)."

개념 틀

다시 말하면, 이해한다는 것은 사실적 지식을 개념 틀에 자리 잡도록 하는 것이다. 사실적 지식은 옷걸이로, 포괄적 사고나 개념 틀을 옷장으로 볼 수 있다. 이 둘 다 모두는 주제를 이해하는 데 필요하다(Donovan & Bransford, 2005). 《Fish is Fish》 이야기를 생각해보자. 사실적 지식은 사람, 새, 물고기의 외향적 특징을 포함한다. 사람은 다리를 가지고 있고, 새는 날개를 가지고 있다. 포괄적 사고는 종들이 서로 다르다는 것은 사람과 새는 물이 아닌 육지에서 살고, 물고기는 육지가 아닌 물에 산다는 것을 의미한다. 다음 과학 이야기에서 '이해한다는 것'이 무엇을 의미하는지 생각해보자.

과 학 이 야 기

이해를 위한 탐색: 토스터 이야기

호주에서 6학년을 담당하고 있는, 켄(Ken Bulman) 선생님은 전기에 대한 수업 시간에 학생들에게 오래된 토스터기를 탐색하도록 하였다. 학생들은 토스터기를 분해하면서 토스터기가 어떻게 만들어졌는지 어떻게 작동하는지를 조사하였다. 한 모둠의 학생들이 도서관을 이용해도 되는지 질문하자 켄 선생님은 이용해도 좋다고 허락하였다.

학생들은 자신들이 답을 알고 있다고 믿는다

약 30분 후, 그 학생들은 학급으로 돌아와서 답을 알아냈다고 말했다. 켄 선생님은 칭찬해주면서 다른 학생들에게도 이야기해주도록 하였다.

학생들은 도서관에서 적어온 내용을 검토하면서, 두 금속의 줄이 달궈질 때 구부러진다라고 대답하였다. 켄 선생님은 토스터기의 어느 부분을 이야기하는지 보여달라고 말했다.

학생들은 토스터기를 살펴보고 가열되어 전기가 만들어지는 것처럼 보이는 줄을 지목하였다. 켄 선생님은 학생들에게 두 금속 줄이라고 알게 된 이유에 대해 질문하였다. 학생들은 확실하게 대답하지 못했다. 켄 선생님은 줄이 어떻게 되는지 다시 묻자 한 모둠의 학생이 가열되면 구부러진다고 말했다.

'답'은 증거와 일치하지 않는다

학생들은 켄 선생님과 함께 그 금속 줄을 가열하였고 구부러지지 않는다는 것을 알게 되었다.

켄 선생님은 학생들에게 증거에 근거하여 결론을 내려야 한다고 말해주었고 학생들은 토스터기의 탐색을 다시 시작하였다.

이 그룹의 학생들은 답을 얻는 것을 최상으로 여긴다는 것을 주목하라. 그들은 교사가 답을 원하고 있다는 것을 “배웠다.” 켄 선생님이 토스터의 원리를 이해하고 있는지에 대하여 심도 있게 질문하기 전까지, 학생들은 토스터기가 어떻게 작동하는지에 대해 확실히 알지 못했다. 교과서의 내용에서 벗어나서, 토스터기의 작동 원리를 찾기 위하여 추가적인 탐구를 시작하였다.

이 교재에서 강조하는 기본적인 질문은 여러분 자신과 학생들에게 원하는 것이 무엇인가에 대한 것이다. 여러분에게 있어서, 무엇이 충분하다는 것인가? 여러분이 만족하는 지식은 무엇인가? 여러분의 학생들이 무엇을 이해하였으면 하는가?

순환 학습 많은 교육자들은 학생들에게 과학 개념을 이해시키기 위하여 유의미한 경험과 구체적인 경험을 제공하고 학생들의 생각에 기초하는 **순환 학습**(learning cycle)을 이용한다. 이 방법은 약 50년 전 과학교육과정개선연구(Science Curriculum Improvement Study, SCIS)라는 실험적 연구에 기초하여 제안되었다. 단계가 축소되어 적용되기도 하지만, 기본적으로 순환 학습은 다섯 단계로 구성되어 있다. 그 단계가 몇 단계로 구성되었는지에 상관없이, 순환 학습은 과학 교수와 수업 설계에 유용한 도구이다.

순환 학습 단계

1. 참여 단계. 학생들이 주제에 대한 생각을 도출하도록 하는 것이다. 이 단계에서는 '어떻게 학생들을 수업 주제에 대하여 동기를 유발시키며 관심을 갖도록 하는가?' 이다. 이 단계에서 학생들은 주제에 대한 선행 지식, 경험과 가정 등을 이끌어 낸다. 8장에서 언급되고 있는 유사한 크기의 사과와 감자를 물에 넣었을 때, 사과는 물에 뜨고 감자는 물에 가라앉는 활동을 생각해볼 수 있다.

2. 탐색 단계. 학생들이 수업 자료를 통해 문제를 탐색하는 단계이다. 학생들은 서로 사고를 공유하거나 수업 자료들과의 상호작용을 통해 문제의 해결 방안을 찾는다. 교사는 학생들이 수업 자료를 조사하고 연구하는 동안 학생들의 작업을 격려하고 안내한다. 교사의 격려를 통하여 학생들은 초기의 이해와 가정에 도전할 수 있는 증거를 찾게 된다. 학생들은 사과-감자 탐구와 관련된 실험을 할 것이다.

3. 설명 단계. 이 단계는 학생들이 관찰한 것에 대하여 설명하면서 교사와 학생 간의 상호작용이 이루어지게 된다. 학생들은 사과와 감자 실험에서 뜨고 가라앉는 것에 대한 생각을 서로 공유하게 될 것이다. 학생들의 추론은 보다

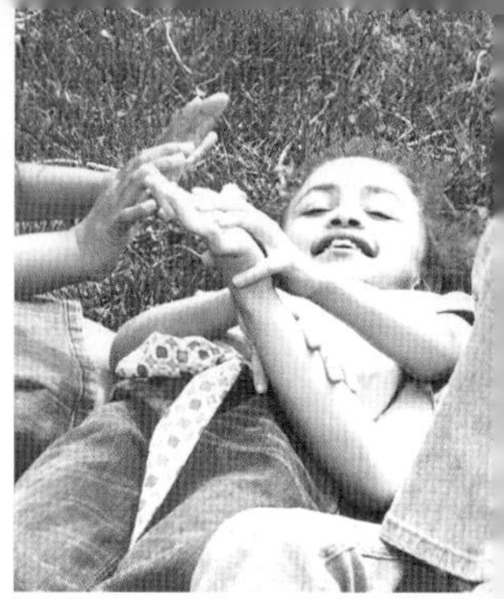

스웨덴, 호주, 캐나다, 미국의 경우, 학교 뒤뜰의 숲과 놀이터에서 노는 학생들을 연구한 결과, 학생들이 숲에서 놀 때 더욱 다양한 형태로 놀고 있는 것을 발견하였다. 이와 관련된 어느 한 연구에 의하면, 학생들은 보다 자연에 가까운 숲에서 더욱 기발한 놀이를 만들고, 특히 남학생과 여학생이 평등하게 함께 논다는 것을 발견하였다. 또 다른 연구에서는 학생들이 특출한 능력을 가지고 있음을 보여주었다고 보고하였다.

– Richard Louv, Last Child in the Woods:
Saving Our Children from Nature-Deficit Disorder (2008, p.88)

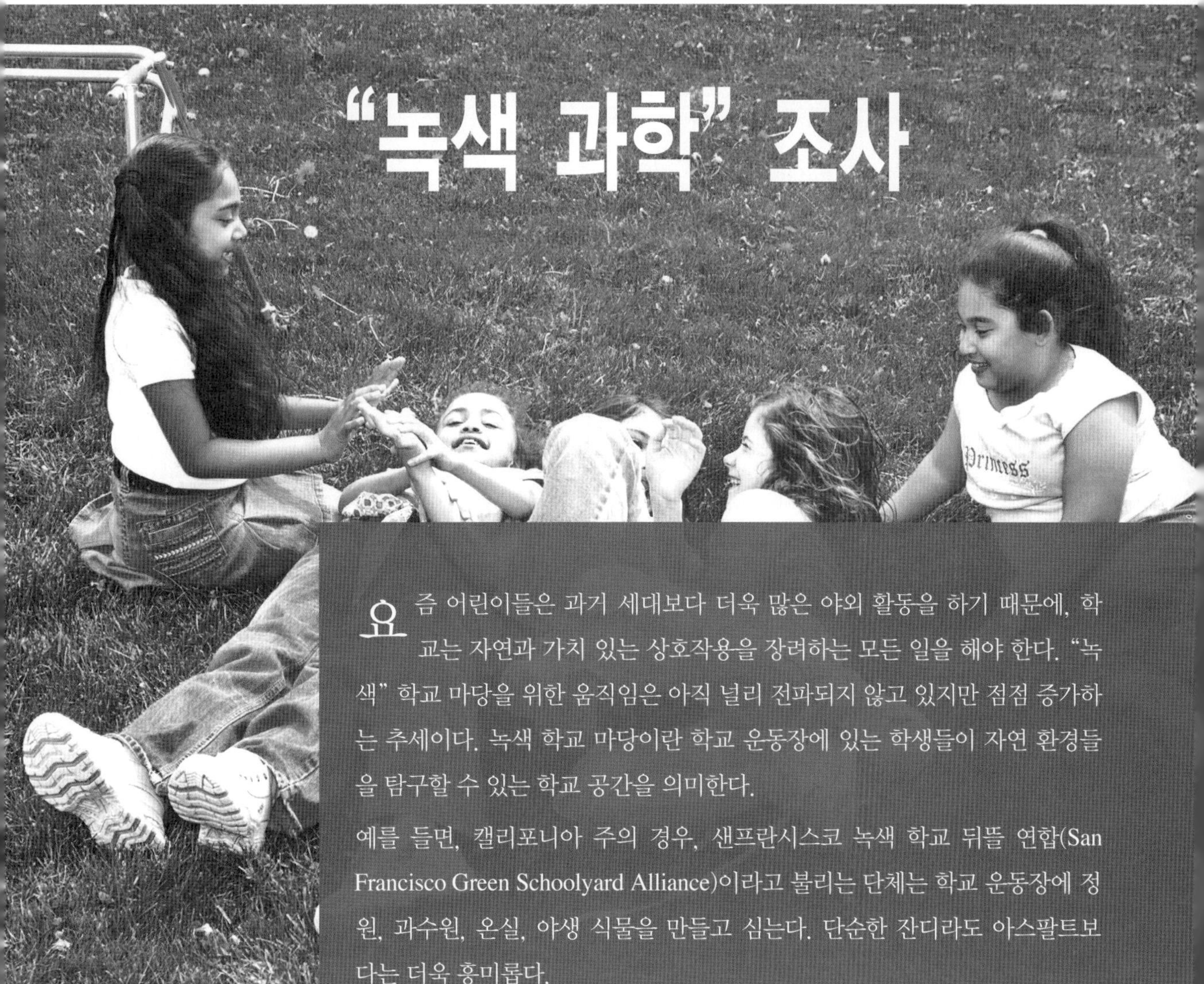

"녹색 과학" 조사

요즘 어린이들은 과거 세대보다 더욱 많은 야외 활동을 하기 때문에, 학교는 자연과 가치 있는 상호작용을 장려하는 모든 일을 해야 한다. "녹색" 학교 마당을 위한 움직임은 아직 널리 전파되지 않고 있지만 점점 증가하는 추세이다. 녹색 학교 마당이란 학교 운동장에 있는 학생들이 자연 환경들을 탐구할 수 있는 학교 공간을 의미한다.

예를 들면, 캘리포니아 주의 경우, 샌프란시스코 녹색 학교 뒤뜰 연합(San Francisco Green Schoolyard Alliance)이라고 불리는 단체는 학교 운동장에 정원, 과수원, 온실, 야생 식물을 만들고 심는다. 단순한 잔디라도 아스팔트보다는 더욱 흥미롭다.

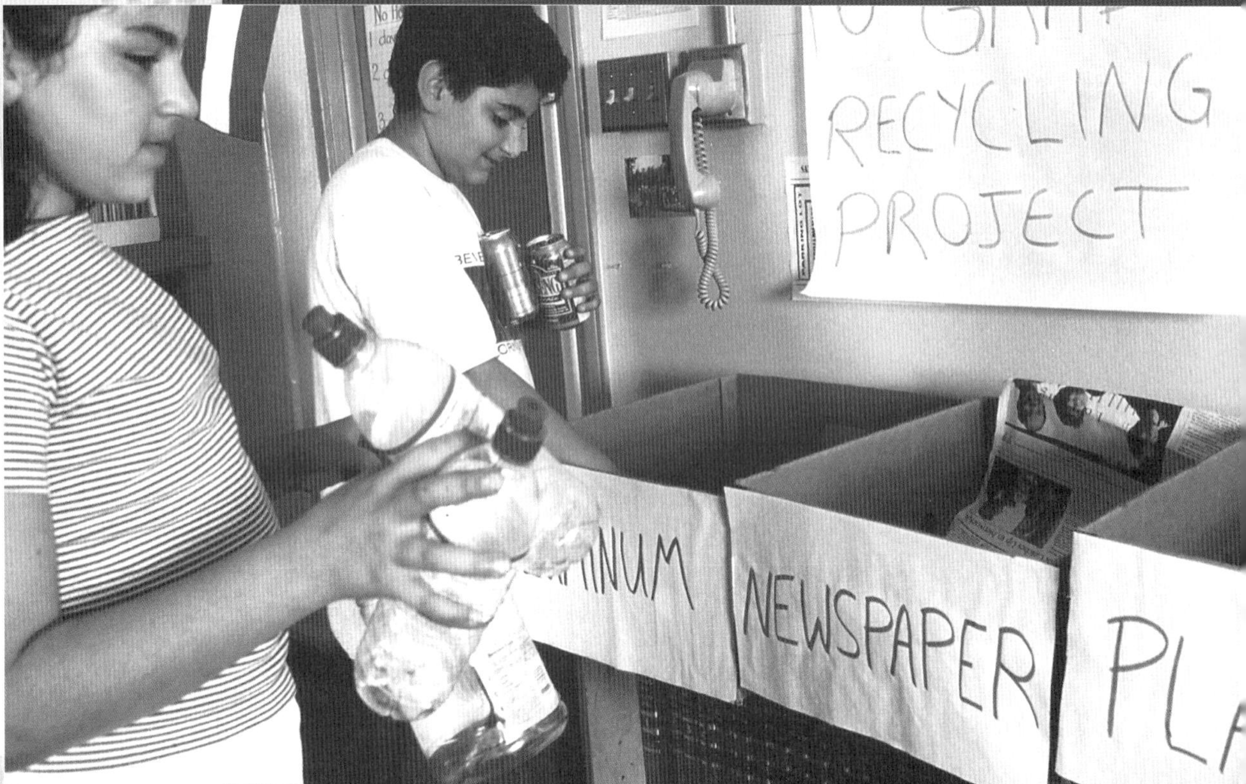

재활용 프로젝트는 '지구의 날'뿐만이 아니라 연중 계속되는 생태계 연구의 일반적인 요소가 되었다. 즉, 6학년 학생들은 재활용 사업을 위해 다시 재활용될 수 있는 물건들을 분류한다.

5장에 있는 "얼마나 많은 우유를 버리고 있는가?"라는 과학 이야기에서, 4학년 학생들이 점심시간에 버려지고 있는 우유의 양을 계산하고 다른 반 학생들에게 버려지는 양을 줄일 수 있는 방안을 요청한다.

여러분이 참관한 수업이나 학교에서 재활용 프로젝트를 수행하는 것을 본 적이 있는가? 여러분이 생각하기에 재활용할 수 있는 물건들이 얼마나 많이 사용되고 있는가? (도시락, 음식 포장지, 프린터 카트리지, 오래된 컴퓨터 등등을 생각해보자)

구체적이게 될 것이고, 메타인지를 활용하게 될 것이다. 이 과정에서 교사는 '중재자' 로서 학생들의 생각에 심층적으로 접근해야 한다.

4. 정교화 단계. 학생들이 과학 지식과 학생들의 생활, 그리고 선행 지식을 연결시키는 단계이다. 이 단계에서 학생들이 스스로의 생각을 정교화하고 논의할 기회를 가질 수 있다. 사과-감자 실험에서, 학생들은 사과와 감자의 껍질을 깎고, 씨방을 도려내고, 감자의 모양을 변형하여 다양한 활동을 한다. 결국 밀도에 따라 뜨고 가라앉는 것에 영향을 받는다는 포괄적 사고가 생성되기 시작한다.

5. 평가 단계. 학생들이 경험을 통해 무엇을 알고 있으며 무엇을 할 수 있는가를 교사가 조사하는 단계이다. 이를 위하여 교사는 다양한 평가 방법을 사용할 수 있다. 학생들은 종종 주제에 대한 이해 정도와 주제를 다른 학습 상황에 적용하는 방식으로 자기 평가를 하기도 한다.

이러한 다섯 단계의 다양한 아이디어들은 세 단계로 축소하여 수업에 이용된다.

- 참여와 탐색
- 설명과 정교화
- 평가와 적용

학생들이 관찰한 것을 이해하기 위하여 노력하고, 관찰한 것과 다른 설명을 시험하는 것 등과 같이 활동에 참여하는 것은 과학을 학습하고 수행하는 좋은 기회이다.

"잘못된" 생각?

학생의 "오개념" 여러분이 상상하는 것과 같이, 학생의 선행 지식은 항상 옳은 것이 아니다. 때때로 학생들은 자신의 경험에서 자연 세상을 잘못 이해하는 오개념을 갖게 된다. 예를 들면, 여러분이 매일 일몰과 일출을 관찰하게 된다면, 지구가 태양 주위를 도는 것이 아니라 태양이 지구 주위를 도는 것으로 생각할 수 있다. 어떤 과학 교육자들은 그러한 생각을 "대체 개념(alternative conception)"이라고 부르는 반면, 다른 과학 교육자들은 "선과학적 개념(pre-scientific conceptions)"이라고 부른다.

학생들의 모든 생각은 가치가 있다

사실, 오개념은 단순하게 틀렸다거나 가치가 없어서 빨리 버려야 하는 것으로 인식되기 때문에 이러한 생각들을 "오개념(misconception)"이라고 명명하는 것을 피하고 있다. 그래서 오개념을 대신하여 선호하는 용어가 대체적 개념이다. 모든 학습자들의 생각은 그것이 과학적으로 틀렸다고 하더라도 가치가 있다고 구성주의자들은 주장한다. 오개념은 궁극적으로 자연 세계에 대하여 보다 나은 이해를 하도록 안내하는 것이기 때문이다. 어떤 과학 교사는 대체 개념은 학생들의 구성에 도움을 주는 주춧돌과 같다고 말한다. 교사의 도움과 더불어, 이러한 대체 개념은 정확한 과학적 개념을 이해하는 과정에서 안내자의 역할을 한다.

다시 말하면, 학습자들이 가지고 있는 생각들에 가치를 부여하는 것은 중요하다. 이것이 학생들의 개념을 구성하는 첫 번째 단계이다.

이 책의 접근 구성주의의 많은 교수적 의미에서, 우리는 다음과 같이 이 책의 접근 방향을 요약할 수 있다.

- 학생들이 활동에 참여하도록 한다.
- 학생들이 자신의 활동에 대하여 생각하고 관찰한 것에 대하여 반성하도록 장려한다.
- 학생들의 학습 경험에 영향을 주는 선행 지식과 대체 개념에 주의를 기울인다.
- 학생들의 생각을 듣고 그들의 아이디어에 대한 대화에 규칙적으로 참여한다.

과학교육기준

기준

과학 교수 학습에서 구성주의자들이 전개하여 온 것처럼, 미국의 과학교육자와 현장 교사들은 모든 수준의 안내서를 출판해야 할 필요성을 인식해왔다. 이러한 욕구는 다음 섹션에서 보는 것처럼 최근의 미국 국가기준 운동과 경험에 흥미를 가지게 하였다.

1980년대 초반, 몇몇 보고서가 학교 교육의 다양한 수준에서 유치원부터 12학년까지 학생들 사이의 과학적 소양에 깊은 관심을 표명했다. 국가 위기(A nation at Risk)(1983)와 21세기를 위한 미국 시민 교육(Educating Americans for the 21st Century)(1983)은 모든 학생들이 수학, 과학, 기술에서 확고한 기반을 가질 필요가 있다고 주장하였다. 예를 들면, 그 보고서들은 국제 능력 시험에서 미국 학생들의 과학 점수가 다른 나라 학생들의 점수보다 뒤쳐졌다는 것을 보여주었다. 이 보고서들의 내용은 미국 학생들이 뒤쳐진 것과 미국이 경쟁 우위를 잃는다는 것에 대한 경고처럼 들렸다.

보고서들에 정의된 것과 같이, 과학적 소양은 학생들이 "21세기의 지적 도구"를 가지고 일할 수 있는 능력이다(National Science Board, 1983, p.v). 최우선 순위는 K-6학년에서 과학, 수학, 기술을 보다 일찍, 더욱 집중적이면서 효과적인 가르침을 제공하는 것이다. 과학적으로 소양이 있는 사람은 중요한 인생을 결정하는 데 있어 과학적 과정을 사용할 수 있는 개인으로 묘사된다. 특히, 그러한 사람은 신중한 추론을 통해 문제를 탐구할 능력을 가진다.

1980년대 경고에 대한 한 가지 반응은 우선적으로 수학, 그 다음엔 과학, 최근에는 기술의 **국가기준**을 제안하는 것이었다. 과학뿐만 아니라, 기술 그리고 수학에 지침을 제공하는 과학적 소양을 위한 수준(Benchmarks for Science Literacy)(1993)이 있다.

기준 미국의 과학발전협회(American Association for the Advancement of Science)가 발간한 수준(Benchmarks)은 학생들이 2, 5, 8, 12학년이 끝날 때까지 과학, 기술, 수학에서 무엇을 알아야 하고, 무엇을 할 수 있어야 하는지에 대하여 제시하고 있다. 그것은 과학의 내용뿐만 아니라 그 과정의 가치를 설명한다. 수준은 커다란 개혁 운동인 핼리 혜성이 지구 궤도로 돌아오는 해의 숫자를 딴 프로젝트 2061의 한 부분이다. 이 큰 운동은 과학교육 개선에 교사, 교사 교육자, 과학자들을 포함한다.

1996년, 수준이 나온 지 3년이 되기 전에, 더욱 야심찬 보고서가 미국의 국가연구위원회(National Research Council)에 의해 발행되었다. 교사, 교사 교육자, 교육과정 개발자, 교육청에 지침을 제공하기 위해 개발된 국가과학교육기준(National Science Education Standards, NSES)은 과학이 세계의 핵심 부분이 된 것처럼 과학적 지식, 이해, 능력을 획득하는 것이 교육의 핵심부분이 되도록 만드는 것이다.

NSES

NSES는 과학의 지도, 과학 교사의 전문성 개발, 과학적 개념에 대한 학생들의 이해 평가 등을 포함한 다양한 관련 분야로 구분하여 기준을 제시한다. 12장에서 이 기준들을 사용하여 교육과정을 세우기 위해 과학 내용의 구체적인 분야를 살펴볼 것이다. 지금부터 이 책이 반복적으로 설명할 주제인 NSES의 5가지 주제를 언급하고자 한다.

NSES의 주요 주제

1. **과학을 수행함으로써 과학을 배운다.** 이 주제는 의미 있는 과학 경험에 학생들을 참여시켜야 한다는 것과 관련이 있다.

2. **탐구를 통해 과학을 배운다.** 탐구라는 용어는 과정으로서 과학의 중요성과 연관된다. 그것은 과학자들이 세상을 공부하는 방법을 이해하는 것이다.

3. **협동 작업으로 과학을 배운다.** 이것은 학생들이 결론에 도달하는 과정에 생각과 의미를 공유하기 위하여 다른 학생들과 교사가 함께 일하는 것의 중요성을 강조한다.

4. **시간을 투자하여 과학을 배운다.** 학생들이 과학 경험을 통해 이해하는 데에는 시간이 걸린다.

5. **개인적 지식을 개발함으로써 과학을 배운다.** 이것은 학생들이 그들 자신의 이해를 구성하는 또 다른 방법이다.

이 다섯 가지 주제를 명백하게 함으로써, 과학교육기준에는 구성주의 원칙이 깊이 담겨져 있다.

과학 학습자의 다양성

기준

NSES가 주장하는 개인적 지식과 협동 학습의 강조는 학습이 개인의 사회적 문화적 맥락에서 생성된다는 것을 상기시킨다. 사실, NSES는 구체적으로 교사들이 "학생의 다양성을 인정하고, 모든 학생이 과학교육에 충분히 참여하도록 장려하기를(p.32)" 강조한다. 학습은 다양한 사회와 문화의 맥락에서 기능한다.

학생들에 대한 질문

우리는 스스로 학생들에 대해 몇 가지 중요한 질문을 해야 한다. 그렇게 되면 어디에 살든지, 어떠한 특정 형태의 다양성을 만나게 되든지, 여러분이 좋은 교사가 되는 데 도움이 될 것이다.

학습자에 대하여 배우기

- **내 학생들은 누구인가?** 이 질문은 학생들의 흥미, 관심, 취미, 믿음, 그리고 그들 자신과 다른 사람들에 대한 느낌을 말한다.
- **삶은 어떤 모습인가?** 이 질문은 교사들이 학생들의 가족과 가정을 탐구하도록 장려한다. 예를 들어, 자매가 있는가? 부모님은 맞벌이신가? 수업 후에 무엇을 하는가? 충분히 먹고 사는가? 저녁에는 학생들이 누구와 집에 있는가?
- **어디에 사는가?** 집에 방은 있는가? 아파트인가? 주택인가? 학생들의 이웃은 안전한가? 같이 놀 친구들이 근처에 있는가?
- **자연과 어떤 상호작용이 가능한가? 또 매력적인가?** 나무와 잔디, 산과 평원, 강과 계곡이 있는가? 아니면 민들레가 자라는 곳이 오직 콘크리트나 시멘트 바닥뿐인가? 학생들은 교실 밖으로 나가서 자연을 탐구하고 싶어 하는가? 아니면 컴퓨터에 있는 가상 세계에 더 관심이 있는가?
- **학생들의 삶을 통하여 과학을 배울 수 있는 기회를 어떻게 제공하는가?** 학생들의 일상생활에서는 의미 있는 과학 경험을 통해 탐구할 수 있는 어떤 일들이 발생하는가? 예를 들어, 여러분의 학생들이 해안 근처에 산다면, 과학 수업 시간에 조수를 관찰할 수 있을 것이다.

- **학생들의 문화적 배경과 성별에 따라 과학의 본성에 대한 믿음은 어떠한가?** 과학과 과학자에 대해 생각하는 방법은 종종 사는 곳, 사는 방법, 성별에 따라, 우리가 속해 있는 문화 그룹에 따라 다르다. 다음 장에서 사회적으로 설계된 과학과 과학자의 이미지를 탐구하면서, 지역, 문화 그룹, 국적에 따라 어떻게 과학적 이미지를 구성하는지 고려할 것이다.
- **학생들 사이에서 나타날 수 있는 학습의 차이는 무엇인가?** 여러분은 장애가 없는 학생들과 장애 학생들이 함께 있는 통합 교실에서 과학을 가르칠 수도 있다. 과학 교실을 만들 때 우리는 모든 학생들이 특별히 적응할 필요 없이 과학 수업에 적극적으로 참여할 수 있는지 스스로 물어보아야 한다. 그렇지 않다면, 우리는 수업에 적응할 수 있도록 해야 한다.

과학을 모든 학생들에게 연결

과학교육을 학습한다는 것은 여러분의 학생들에 대하여 많은 것을 안다는 것이다. 이것은 다양한 문화를 가진 학생들이 증가하는 현재의 교육 상황에서 아주 중요하다. 뿐만 아니라, 신체적 장애, 학습 장애 등과 같은 특별한 관심이 필요한 학생들이 많아지고 있다.

학생들이 용어에 의미를 구성하도록 돕기

학생들은 학습 능력과 사용하는 언어가 무엇이라도 의미를 구성할 수 있다. 교사로서 다양한 그룹의 학생들이 과학 수업에 적극적으로 참여하면서, 어떻게 학생들이 스스로 의미를 구성하는가를 관찰하고자 한다. 이러한 과정에 가치를 부여하고 학생들이 과학적 지식을 이해할 수 있도록 도와주는 것이 우리가 해야 할 일이다.

예를 들면, 우리는 학생들이 사용할 수 있는 의사소통의 방법을 이용하도록 장려함으로써 학생들의 학습 과정을 존중한다. 그리고 각자의 생각은 가치 있고 소중한 것이라고 이야기한다. 이것은 학생들의 학습이 지속되도록 해준다.

여러분은 이 책에서 자연 세상에 대하여 정확히 이해하기 위해서는 어떻게 학생들의 생각을 형성시켜야 하는지에 관해 배울 것이다. 그러한 교수 전략을 비계(Scaffolding)라고 부른다. 우리는 이 책의 후반부에서 그 과정의 예를 볼 것이다. 학생들의 아이디어를 발전시키기 위해서 그것이 무엇인지를 알아야 한다. 여러분은 학생들이 스스로를 가치 있게 느끼고 기여할 수 있게 하는 학습 환경을 제공하면서 비계를 시작할 수 있다.

특수 요구에 잘 협조하는 학생들

구성주의적 지도는 학생들에게 학습하는 것을 조절할 수 있게 하는 잠재력을 가진다. 학생들에게 어떻게 생각하라고 지시하는 대신, 학생들이 스스로의 생각을 창조할 수 있도록 학습을 유도한다. 이러한 접근은 특히 전형적인 과학 수업에서 종종 소외되었던 신체적, 감정적, 또는 학습 장애를 가진 학생들을 위해서 필수적이다. 특수 학생에 대응하는 것은 구성주의적 교수법이 적절하다. 학생들에게 구체적인 활동을 제공하고, 사실의 암기보다 과정의 중요성을 강조하고, 모둠 간의 협동 학습을 장려하고, 구체적인 사실에서 포괄적 사고로의 연결을 하도록 하는 등의 활동을 포함한다. 중요한 것은 특정 유형의 학생만이 훌륭한 과학 학습자가 될 수 있다는 생각을 버리는 것이다. 과학 교수는 여러분과 여러분의 학생들을 위해 매력적이고 적극적인 경험이다.

특수 학생들만이 전형적인 과학을 추구하도록 격려받지 못한 유일한 집단은 아니다. 여학생들도 과학과 거리를 두어 왔다. 이들에게, 과학 교과는 생활과 무관하고, 동시대의 의미에서 단절되어 있는 것처럼 보여졌다. 관련 연구들은 여학생이 과학 수업에 참여하도록 하기 위해서, 과학 교수는 더 구체적이고, 학생들의 삶과 연관 짓고, 사회적인 협동을 장려하고, 주제로 동시대의 관심사를 고려해야 한다는 결과를 보여준다(Sanders, Koch, & Urso, 1997; Kahle & Meece, 1994; Sadker & Dadker, 1994; Koch, 2002a).

다음 장에서 과학적 고정 관념에 대하여 논의할 때, 남학생들이 여학생보다 과학 수행에서의 관계가 밀접하다고 하는 이유를 명확하게 할 것이다. 이것은 과학 수행에 모든 학생들이 적극적으로 참여하도록 하는 교사들의 행위가 중요하다는 것을 강조함으로써 변화하고 있는 중이다.

과학은 모든 학생들을 위한 것이다.
– 국가과학교육기준

교수의 차별화 여러분 스스로에게 "어떻게 하면 진정으로 유능한 교사가 될 수 있을까?"라고 질문했을 때, 그 대답 중 하나는 모든 유형의 학생들이 과학을 학습할 수 있다고 기대하는 것이다. 다른 대답으로는 수업 중 다양한 학생

눈금실린더를 이용해 액체의 부피를 측정하고 있다. 오늘날 미국의 학생들은 인종과 문화가 다양하다. 학생들이 과학 학습에 온전하게 참여하도록 하기 위해서, 그들의 경험에서 어떻게 의미를 구성하는가를 이해해야 할 것이다.

들의 요구를 충족하기 위하여 여러분의 교수 설계 방법을 찾는 것이다. 교사는 학습 준비도, 개인적 관심, 문화적 차이, 세상에 대한 다른 경험, 다양한 스펙트럼을 가진 학생들에게 다가가기 위한 노력을 해야 한다. 10장에서 다양한 학습 능력과 신체적 장애를 가지는 학생들과 과학을 할 때 도움이 되는 특정한 단계를 살펴볼 것이다.

다양한 학생을 위한 차별화된 접근

매순간 여러분의 수업에 참여하는 다양한 학생들을 위하여 조금 다른 방법으로 접근하는 것을 **교수의 차별화**(differentiating instruction)라고 한다.

교수 전략을 다르게 하는 교사는 "다양한 문화와 다른 배경을 가진 학생들을 잘 안내하기 위하여 효과적인 수업을 고민하고 노력하는 사람이다(Tomlinson, 1999)." 여러분은 다양한 그룹의 학생들에게 제공되는 학교 수업은 공평하지 않다고 생각할 수도 있다. 그러나 공평한 목표는 수업에서 어떻게 다루어지는지에 해당하는 처리의 질이 아니다. 그것은 학습의 결과로 나타나는 성취의 질을 의미한다. 이러한 목표에 도달하기 위해서, 학생들에게 적절한 다른 교수 전략은 중요하며 필요하다.

보편적 설계

사실, 차별된 교수 전략은 과학 경험을 계획하는 데 있어서 부족한 부분이다. **보편적인 설계**(universal design)로 알려진 이러한 접근은 학습 환경, 접근성, 나이, 능력, 또는 상황에 대하여 구애받지 않는 모든 생산물과 환경을 계획하는 것을 목표로 한다.

참여 과학 수업에 참여하는 것을 장려하는 것은 교수의 질적 수준을 향상시키는 것이다. 과학을 경험하게 되면 과학을 과소평가했던 학생들뿐만 아니라 다른 학생들도 더욱 흥미를 갖게 된다. 즉, 다양한 학생들을 과학 경험에 참여하도록 적극적으로 장려하는 것이 훌륭한 과학 교수 전략이다.

학습자에 대하여 아는 것은 그들의 학습 참여를 돕는다

여러분의 학생에 대하여 알고 과학 활동에 참여하도록 하는 것은 중요하다. 여러분의 수업에 한 명 이상의 생활 보조 학생이 있다고 가정하자. 이러한 학생을 과학 활동에 참여시키기 위하여, 과일과 야채를 가지고 지구 과학 모형을 만드는 것과 같은 과학 활동을 선택할 수 있다(Science Experiments You Can Eat by Vicki Cobb).

과학은 남학생을 위한 교과라고 생각하는 4학년 여학생이 있다고 생각해보자(Sanders, Koch, & Urso, 1997). 여학생들을 위해 교사는 여성 과학자를 수업에 초대하여 학생들과 대화를 나누도록 하였다. 그러한 기회를 접한 후, 그 여학생은 과학에 대하여 보다 긍정적인 태도를 형성하게 되었다.

과학 교사로서, 학생들에게 다양한 과학 경험을 제공하는 것은 흥미로운 일이다. 학생들의 선행 지식에 따라 다양한 아이디어를 발현하게 될 것이다. 결코 쉽지는 않겠지만, 학생들이 자연 세계에 대하여 정확한 이해를 할 수 있도록 다양하게 접근을 하는 것이다.

지만, 컴퓨터 소프트웨어를 이용하여 행성의 움직임과 태양계를 보여줄 수는 있다. 생명과학의 경우, 학생들에게 죽은 생명체를 이용하여 수업하는 것이 꺼려질 때 역시 컴퓨터 시뮬레이션을 이용할 수 있다. 개구리 해부 웹사이트로 유명한 'Net Frog'에서 학생들은 개구리 해부를 경험할 수 있다.

바이올린 음색을 시뮬레이션하기

어떤 웹사이트들은 학생들이 문제를 제기하고 시뮬레이션된 자연 현상을 해석하여 상호작용하도록 되어 있다. 예를 들면, 어떤 과학 웹사이트는 시뮬레이션된 실험을 놓고 자신들의 관찰을 통해 결론을 내리도록 하고 있다. 결론적으로, 학생들은 컴퓨터 자판을 이용하여 과학 과정에 참여할 수 있는 기회를 얻는 것이다. 이 웹사이트에서는 학생들이 바이올린 줄의 길이, 팽팽함, 두께를 다르게 만들어보는 시뮬레이션 과정을 통하여 선율 악기의 음을 만드는 데 이 세 가지 변인의 영향을 알 수 있도록 한다. 이 프로그램은 3학년 학생들에게 세 변인을 스스로의 선택에 따라 다양하게 조절해보는 기회를 제공한다.

멀티미디어를 이용한 발표

표현의 도구 컴퓨터 기술은 학생들이 과학에 대해 알고 있는 것을 표현할 수 있도록 한다. 학생들은 파워포인트를 사용하여 작업하면서 영상과 음향을 모두 이용할 수 있다.

웹 2.0 기술 도구

웹 2.0(Web 2.0)은 풍부하고 적극적인 이용자 인터페이스와 정보를 공유하고 공동 작업을 장려하는 인터넷 서비스를 나타내는 용어이다. 이는 2005년부터 사용되었다.

블로그(Blogs) 또는 웹 블로그는 학생들과 교사가 자신들의 생각과 관찰을 게시하여 다른 사람들이 응대할 수 있는 온라인 저널이다. 이러한 저널은 학생들이 자신들의 생각을 발전시키고 정교화 하는 데 도움이 되도록 자유롭게 수시 토론이 가능하다.

위키스(Wikis)는 다양한 이용자들이 내용을 등록하거나 변형하는 것이 가능한 온라인 사이트이다. 예를 들면, 다양한 그룹의 학생들이 과학적 개념을 설명하는 데 기여할 수 있다.

웨비나(Webinars)는 웹 기반의 세미나이다. 이것은 전형적이며 일방적인 비디오 컨퍼런스가 될 수 있다. 그러나 웹 2.0 소프트웨어 프로그램은 학생들이 발표자에게 직접적으로 질문하고 이야기할 수 있는 상호 교류가 가능하다. 웨비나는 학생들과 학습 주제와 관련 있는 연구를 하는 과학자들을 연결하기도 한다.

온라인상의 토론

협동의 수단 과학에서 가장 사회적인 의미가 있는 부분인 과학자끼리의 협동 연구 또는 개인과 개인 간의 의사소통이 전자 통신 수단 덕분에 빨라지고 있다. 수업에서도 동일한 목적을 가지고 온라인 토론을 할 수 있다. 기술 매체를 활용한 대화는 학생들이 자신의 생각을 정리하고 학습 공동체로서 함께 작업한다는 생각을 갖게 한다.

블로그, 위키스, 웨비나

학생들은 웹 2.0의 블로그(blogs), 위키스(wikis), 웨비나(webinars) 등을 이용하여 과학 아이디어에 대하여 더욱 적극적으로 상호작용 할 수 있다. 학생들과 마찬가지로, 여러분 스스로도 다양한 사회적 네트워크에 적극적으로 참여할 수 있다. 기술을 교육적으로 사용하는 것은 학습을 학생들의 삶에 보다 가깝게 연결하는 것이다.

기술 접근의 문제점

과학 교수에 기술 도구를 사용하면서도 학생들의 삶에 대하여 질문하는 것을 잊지 말아야 한다. 하이테크 매체를 이용할 수 있다면 집과 학교에서 모두 가르칠 수 있을 것이다. 많은 교육자들은 컴퓨터에 쉽게 연결할 수 있는 환경과 그렇지 못한 환경 사이의 차이를 **정보 격차**(digital divide)라고 말한다. 이러한 정보는 유의미한 과학 경험을 계획하고 있는 교사에게는 중요하다. 만약 학생의 학습 환경이 컴퓨터를 자유롭게 사용할 수 없다면 도서관이나 학교에서 사용하도록 해야 할 것이다.

정보 격차

기술 매체를 사용할 수 있는 학습 환경이라도 학생이나 그룹에 따라 많은 차이가 있다. 여러 연구에 의하면, 성별에 따라 컴퓨터 사용량이 다르다는 것이다. 처음에는 여학생이 남학생보다 컴퓨터 사용 시간이 적다는 것을 염려했었다. 그러나 컴퓨터가 대중화되면서 이러한 문제는 희석되었으나(DeBell & Chapman, 2003), 다음과 같은 문제는 여전히 남아있다.

- 남학생들이 경쟁적인 성향을 보이는 반면, 여학생들은 보다 협동적인 성향을 보인다(Rajagopal & Bojin, 2003).
- 컴퓨터 게임을 하거나 만드는 여학생이 남학생보다 적기 때문에, 많은 여

학생들은 컴퓨터를 이용한 문제 해결과 공간 능력의 측면에서 불리하다(Denner, et al., 2005, p.90).

컴퓨터 사용에서의 성별 차이

- 전반적으로, 여학생과 남학생의 컴퓨터 사용 방법이 다르다. 즉, 남학생들은 컴퓨터가 할 수 있는 것들을 작동해봄으로써 많은 기능과 작동 방법을 알게 된다(Abbott, et al., 2007). 그러한 경험은 컴퓨터를 활용한 과학 활동에 도움이 된다.

여러분의 남·여학생들이 위와 같은 차이를 보인다면, 다음과 같은 방법으로 모두에게 동등한 기회를 제공해야 할 것이다.

- 과학 학습 과정을 위해 모든 학생들의 기술 매체 사용을 모니터링한다.
- 남학생과 여학생 모두가 선호하는 과학 소프트웨어와 과학 게임을 선별한다.
- 여학생들의 학습에 도움이 되는 다양한 기술을 탐색하도록 장려한다.

사는 지역이 어디인지, 또는 컴퓨터 기술이 삶에 어느 정도 영향을 주는지와 무관하게, 여러분은 이 책에서 제공한 기술 연결 정보가 유용하다는 것을 알게 될 것이다. 그리고 의미 있는 과학을 위해 여러분 스스로 기술에 대한 생각을 발전시키도록 해야 할 것이다.

과학 교사 되기

과학을 가르치는 것을 처음에는 주저할 수도 있다. 과학은 가끔 학교에서 소홀하게 다루어지는 교과목이기도 하기 때문이다. 또한 막상 과학 교사가 되어 과학 수업을 계획할 때 자신감이 없어질 수도 있다. 그러나 여러분은 혼자가 아니라는 것을 명심해야 한다. 과학은 통합적인 학문이기 때문이다.

여러분 스스로 학습자와 탐구자 되기

가르친다는 것은 평생 학습자로서 엄청난 기회를 제공하는 것이다. 여러분은 학생, 자신, 새로운 생각에 대해 지속적으로 학습하게 된다. 특히, 학생들과 과학 수업을 함으로써 여러분은 특별한 탐구자와 의미 추구자가 될 수 있다. 여러분의 자연에 대한 관찰과 경험은 학생들과 과학 수업을 하는 데 있어서 중요한 부분이다. 이 책은 여러분에게 순서대로 어떻게 가르칠 것인지를 알려주지 않지만, 어떻게 생각할 것인지는 가르쳐 준다. 그것은 여러분과 학생들이 과학 지식, 즐거움, 자신감을 줄 수 있는 과학 수업이 되도록 도와줄 것이다.

심화 탐색을 위한 자료

전자 미디어 자료

American Association for the Advancement of Science: Project 2061. 프로젝트 2061에 대한 소개와 과학적 소양을 위한 기준이 포함되어 있다.

International Society for Technology in Education. ISTE의 메인 페이지에서는, 최근의 국가기술교육기준을 제공한다.

LDOnline. 학습 장애아가 포함된 수업을 진행할 때 필요한 유용한 정보들이 들어있는 사이트이다

National Science Education Standards. 국가과학교육기준이 포함된 사이트이다.

Teachnet.com. 조언, 새소식, 수업 아이디어와 관련된 사이트이다. 과학과 관련성이 많지는 않지만, 과학 교사를 위한 학습 자료가 포함되어 있다.

Windows to the Universe. 이 웹사이트에는 지구와 우주를 탐색하기 위한 이미지, 만화, 이야기, 비디오 영상, 문서 등과 같은 다양한 형태의 자료들이 포함되어 있다. 다양한 유형의 이용자가 만족하도록 이용자에게 친숙한 방법으로 정보를 제공하는 바람직한 사이트이다.

출판 자료

American Association for the Advancement of Science. (1993). Benchmarks for Science Literacy. Washington, DC: American Association for the Advancement of Science.

Barton, A.C. (1998). Teaching science with homeless children: Pedagogy, representation, and identity. Journal of Research in Science Teaching, 35(4): 379–394.

Brooks, J., & Brooks, M. (2001). In Search of Understanding: The Case for Constructivist Classrooms. Uppper Saddle River, NJ: Prentice Hall.

Cobb, Vicki. (1994). Science Experiments You Can Eat, revised and updated. New York: HarperTrophy.

Donovan, M.S., & Bransford, J.D., eds. (2005). How Students Learn: Science in the Classroom. Washington, D.C.: National Academic Press.

Duckworth, E. (2006). The Having of Wonderful Ideas and Other Essays on Tehaching and Learning, 3d ed. New York: Teachers College Press.

Duschl, R.A, Schweingruber, H.A., & Shouse, A.W., eds. (2007). Taking Science to School: Learning and Teaching Science in Grades K-8. Washington, DC: National Academies Press.

Friedman, T. (2007). The World Is Flat: A Brief History of the Twenty-First Century, Release 3.0. New York: Farrar, Straus and Giroux.

Grabe, M., & Grabe, D. (2007). Integrating Technology for Meaningful Learning. (5th ed.). Boston: Houghton Mifflin.

International Society for Technology in Education. (2007). National Educational Technology Standards for Students, 2d ed. Washington, D.C.

Kahel, J. B., & Meece, J. (1994). Research on girls and science: Lessons and applications. In D. Gabel (Ed.), Handbook of Research in Science Teaching and Learning. Washington, DC: National Science Teachers Association.

Koch, J. (2002a). Gender issues in the classroom. In W. R. Reynolds & G. E. Miller (Eds.), Educational Psychology. Volume 7 of the Comprehensive Handbook of Psychology, Editor-in-Chief: I.B. Weiner. New York: Wiley.

Lionni, L. (2005). Fish Is Fish. New York: Dragonfly Books.

Mintzes, J., Wandersee, J., & Novak, J., eds. (1998). Teaching Science for

Understanding: A Human Constructivist View. San Diego, CA: Academic Press.

National Academy of Sciences and Institute of Medicine. (2008). Science, Evolution, and Creationism. Washington, DC: National Academies Press.

National Research Council. (1996). National Science Education Standards. Washington, DC: National Academies Press.

National Science Board. (1983). Educating Americans for the 21st Century. Washington, DC: National Academies Press.

Perkins, D. (1999). The many faces of constructivism. Educational Leadership, 57(3): 6–11.

Phillips, D. C. (1995). The good, the bad, and the ugly: The many faces of constructivism. Educational Researcher, 24(7): 5–12.

Recesso, A., & Orrill, C. (2008). Integrating Technology into Teaching: the Technology and Learning Continuum. Boston: Houghton Mifflin.

Sadker, M., & Sadker, D. (1994). Failing at Fairness: How America's Schools Cheat Girls. New York: Charles Scribner's Sons.

Sanders, J., Koch, J., & Urso, J. (1997). Gender Equity Right from the Start: Instructional Acitivities for Teacher Educators in Mathematics, Science and Technology. Hillsdale, NJ: Lawrence Erlbaum Associates.

Trefil, J. (2008). Why Science? New York: Teachers College Press.

2

과학적 자아를 찾아서

많은 신임 교사들은 스스로를 과학자라고 생각하지 않는다. 그리고 과학을 가르치기 힘든 교과라고 생각한다. 이러한 생각들은 과학을 스스로 살펴보고 과학적 접근을 구성할 수 없는 권위적인 교과라고 생각하게 한다. 모든 사람은 과학자로서의 싹을 가지고 있기 때문에, 초임 교사의 과제는 과학적 본능을 재발견하고 발전시켜야 하는 것이다.

초점 질문

- 과학자를 만나게 되면 어떻게 반응하는가?
- 여러분은 스스로에게 과학적 기술이 있다고 믿는가?
- 과학을 가르칠 때 여러분 개인의 과학에 대한 태도와 느낌이 왜 중요한 것인가?
- 여러분은 과학자를 생각할 때, 누구를 떠올리는가?

과 학　이 야 기

왜 풍선이 터지지 않는가?: 신임 교사를 위한 경험

주립 학교 과학 연구회의 워크숍 주제는 "과학에 즐거움을 갖자"이다. 신임 교사를 특별히 환영합니다라고 공지되었다. 이 연구회는 출석률이 좋아 초등학교 교사 오십 명이 지역 대학의 한 연구실에 모였다. 회색 머리카락의 로즈(Rose)라는 여성이 서로 다른 크기의 병, 색깔이 있는 액체, 노란 풍선, 핀을 연구실 테이블 위에 놓았다.

두 풍선의 같은 점?

로즈는 자루에서 두 개의 풍선을 꺼내어 어떤 점이 같은지 관찰하라고 하였다. 교사들은 논의에 참여하였고, 색깔과 모양, 크기가 같고, 두 개의 풍선 모두 공기가 빠져있다고 말했다. 뒤에 있던 어떤 사람은 테이블 앞으로 다가가서 풍선의 냄새를 맡았다. 그리고 풍선에서 고무 냄새가 난다고 말했다. 그리고 앞에 있는 누군가가 만약 그 풍선에 바람을 불어넣는다면, 동그랗게 부풀 것이라고 하였다. 모든 사람이 두 개의 평범한 노란 풍선에 완전히 몰두하는 듯했다.

로즈는 두 풍선이 같은 크기가 되도록 바람을 불어넣었다. 그리고 실험 테이블 위에 파란 액체가 담긴 작은 병과 핀이 들어있는 박스를 놓았다. 로즈는 곧은 핀을 노란 풍선 옆으로 가져가면서 이 핀으로 풍선을 찌르면 어떤 일이 일어나는지 알고 있다는 점을 상기시키면서 그 풍선을 터뜨렸다.

신비로운 파란 액체 – 어떤 역할을 했을까?

남은 하나의 풍선은, 위에서 사용한 핀을 파란 액체가 담긴 병에 살짝 담갔다. 그리고 파란색 액체에 담갔던 핀으로 이 풍선을 찌른다면 어떤 일이 일어날지 물었다. 확신할 수는 없지만 참여자들은 일반적으로 아마 첫 번째 풍선과 같은 일이 일어날 거라고 생각했다. 로즈는 파란색 액체를 묻힌 핀을 노란색 풍선에 가져다 대었고, 그것을 찔러 넣었다. 핀의 절반이 풍선 속으로 들어갔는데도 그 풍선은 터지지 않았다.

두 번째 풍선은 왜 터지지 않았을까?

"첫 번째 풍선처럼, 왜 두 번째 풍선은 터지지 않았을까요?"

로즈가 물었다. 그러자 몇몇 교사들은 자진해서 대답하기 시작했다.

"파란색 액체가 핀의 구멍을 메웠을 거예요."

또 다른 사람은 다른 의견을 내놓았다.

"파란색 액체는 핀을 매끄럽게 해서 풍선을 찔러도 구멍이 나지 않게 했을 거예요."

로즈는 교사들의 의견들이 모두 흥미롭다고 생각했다. 그리고 또 다른 생각은 없는지 물으면서 주위를 둘러보았다.

관찰자 수잔

그때 교실 뒤에 앉아 있던 수잔(Susan)이라는 한 교사가 조심스럽게 손을 들며 말했다.

"제 생각엔… 선생님께서 첫 번째 풍선과는 다른 곳을 핀으로 찔렀어요. 지금은 핀으로 풍선의 끝을 찔렀는데, 첫 번째 풍선은 측면을 찔렀어요."

그러자 로즈가 다시 물었다.

"그럼 파란색 액체는 무엇이죠?"

"음, 그것은 아무런 역할도 하지 않았을 것 같아요."

수잔은 자신의 생각을 분명히 말했다.

로즈가 견해를 이야기하기 전에, 나는 수잔의 관찰에 대하여 생각하였다. 나는 수잔이 풍선이 터진 것과 파란 액체와 관련이 없다는 것을 명확하게 설명하는 능력에 감명을 받았다.

이 실험이 제안하는 것?

로즈는 "이 가능성을 어떻게 테스트할 수 있는지, 그리고 파란색 액체와 관련성이 없음을 어떻게 알 수 있는지 물었다. 그러자 한 교사는 핀을 파란색 액체에 담근 다음 풍선의 측면을 찔러보면 알 수 있다고 했고, 또 다른 교사는 핀에 파란색 액체를 묻히지 않고 풍선의 끝을 찔러 보면 알 수 있다고 제안하였다.

이러한 제안에 따라, 로즈는 두 개의 풍선에 바람을 불어넣었다. 핀에 파란색 액체를 묻히고 풍선의 측면을 찔렀다. 그러자 이 풍선은 터졌다. 그런 다음, 다른 풍선 끝엔 파란색 액체를 묻히지 않은 핀을 가져다 대었다. 그러나 이것은 터지지 않았다. 수잔을 제외한 모든 사람은 놀라는 듯했다.

과학자로서의 교사

로즈의 연구회에서 교사들이 어떻게 행동했는지 생각해보자. 교사들 대부분은 일반적인 현장 교사들이고 나머지 몇몇은 초임 전문가들이다. 교사들은 어떤 의미로 과학적 전문가라고는 할 수 없다. 그럼에도 불구하고, 교사들은 다양한 방법을 사용함에 있어 과학자처럼 행동했다.

관찰

1. 노란 풍선을 다양한 관점에서 관찰하였다. 관찰은 사물이나 상황에 대한 우리의 지각과 사용할 수 있는 감각을 포함한다.

추리 **2.** 왜 두 번째 풍선이 터지지 않았는지에 대해 설명하였다. 이러한 설명이 추리다. 추리는 관찰 결과에 근거하며, 때때로 앞으로의 연구를 계획하도록 유도한다. 매번 교사들은 마치 과학자들처럼 자신의 아이디어를 만들고, 사건을 추론하기 위해 생각한다.

권위에 도전 **3.** 대부분의 교사들은 관찰과 추리를 적극적으로 표현했고, 수잔은 연구회의 지도자이면서 연구 모임의 명백한 과학적 권위자인 로즈에게 도전일 수 있는 다른 의견을 표현했다. 로즈는 파란색 액체가 풍선이 터지지 않는 이유처럼 보이도록 상황을 만들어 교사들을 속였다. 반면, 수잔은 그러한 생각에 도전하고, 풍선이 터지지 않는 것은 파란색 액체가 아니라 풍선에 닿는 핀의 위치 때문이라고 정확히 분석하였다.

여기서 수잔의 대담성은 매우 중요하다. 대부분, 과학적 연구는 우리가 이해할 수 없는 수준이고 그러한 이유로 과학적 권위는 도전받지 않는 것처럼 보인다. 그러나 일단 우리 자신의 직관에 의존하기 시작하면, 처음에 생각했던 것처럼 과학 질문이 불분명한 것이 아니라는 것을 알 수 있다. 그 풍선 이야기는 세상에 대하여 보다 많은 것을 알기 위해서는 여러분 스스로의 관찰과 추리가 얼마나 중요한지를 보여준다. 이 방법으로, 여러분은 과학적 자아를 얻을 수 있고 과학적 전문가의 자원이 될 수 있다.

가설 설정 **4.** 핀의 위치가 풍선이 터지지 않는 데 영향을 준다는 제안을 함으로써, 수잔은 가설을 만들었다. 추리를 시험할 수 있는 생각으로 제안할 때 이를 가설이라고 한다. 더 명확한 용어로 말하자면, 수잔의 가설은 다음과 같이 말할 수 있다.

"핀으로 풍선 꼭대기 위의 어떤 특정한 점을 찌르면 터지지 않는다."

가설 검증 **5.** 수잔이 그 가설을 제안하자, 교사들은 다음 단계인 가설 검증을 실행하였다. 과학자들은 관찰과 추리 이후 자신들의 생각을 반영하고, 어떻게 그것을 테스트할 것인가를 결정하면서 생각을 확장한다. 교사들의 제안에 따라 로즈는 세부적인 테스트 과정을 계획하여 수잔의 가설을 테스트하였다. 이것은 다른 창조적인 인간의 노력과 구분되는 과학적 과정이다. 실험을 계획

함으로써 아이디어를 테스트하고, 확장된 연구를 실천하는 것은 명백히 과학자의 일 중 하나이다.

전반적으로 연구회의 교사들은 다양한 과학적 활동에 몰두하였다. 관찰하고, 추리하고, 가설을 형성하고 이것을 테스트하고, 자신의 판단을 믿음으로써, 교사들은 과학자와 매우 유사하게 행동한다. 궁극적으로 교사들은 풍선의 끝부분이 가장 두꺼운 부분이고 따라서 가장 적은 탄성을 가지게 됨을 이해하게 된다. 핀으로 풍선의 끝부분을 찌르면 풍선이 터지지 않는다. 만약 의심스럽다면 그 실험을 해보자. 여러분 스스로 관찰하고 여러분의 판단을 믿어보자. 이것은 여러분이 과학을 할 수 있는 태도를 개발하도록 할 것이다. 여러분은 권위에 도전할 수 있고, 자신의 경험을 믿을 수 있다.

밝혀진 비밀 다음 단원은 교사와 다른 사람들이 가지고 있는 과학자에 대한 생각을 세부적으로 탐구함으로써 볼 수 있는 과학적 자아의 다음 단계이다. 이 풍선과 핀, 미지의 파란색 액체에 대한 이야기를 기억해두자. 로즈는 그 파란색 액체가 단순히 물에 파란색 식용물감을 섞은 것이라고 밝혔다.

과학에 대한 믿음: 우리가 생각하는 것을 가르친다

여러분은 아마도 궁금할 것이다.

"왜 우리의 과학적 자아에 존재하는 과학자에 대하여 막연하게 느끼는 것일까? 만약 이것이 단순히 나 자신의 판단에 의한 문제라면, 난 할 수 있다."

그러나 그 이상의 것이 있다. 한 가지는 여러분의 내면을 들어다보는 것은 과학에 대한 생각을 인지하도록 도와줄 것이다. 과학에 대한 여러분의 생각은 과학에 대한 태도를 형성하도록 도울 것이고, 여러분의 생각과 태도는 교실에서 과학을 가르치는 방법에도 매우 큰 영향을 줄 것이다. 이전의 연구결과에 의하면, 과학에 대한 교사의 부정적인 태도는 과학을 가르치고 싶지 않게 만든다. 가끔 그런 교사들은 과학을 가르치는 것을 피하기도 한다(Perkes, 1975). 그리고 과학에 대한 교사의 부정적 태도가 과학을 효과적으로 가르치는 것을 방해

과학에 대한 태도

"과학에 대한 태도"는 학교 교과목인 과학을 좋아하거나 좋아하지 않는 감정으로 정의할 수 있다(Morrell & Lerderman, 1998). 여러분의 과학에 대한 태도는 학교 내에서나 학교 밖에서 수행하였던 과학적 경험, 수업의 유형, 성별, 다양한 사회적 작용에 따라 영향을 받는다. 또한 여러분의 과학에 대한 태도는 과학 학습자로서의 개인적 믿음과 스스로의 감각과 연결되어 있다. 낮은 자신감으로 인해 성취도의 기대치가 낮은 사람은 학습 상황에서 불안감을 많이 느끼고 스스로의 무지함이 드러날까봐 더욱 두려워한다(Abu-Hilal, 2000; Harter, 1992; Hembree, 1988).

다음과 같은 설문조사를 통해 여러분의 과학에 대한 태도를 조사해보자. 각각의 진술에 해당하는 번호를 쓰시오.

(1) 강하게 동의 (2) 동의 (3) 의견 없음 (4) 동의하지 않음 (5) 전혀 동의하지 않음

1. 과학은 일상생활의 문제를 해결하는 데 유용하다.
2. 과학은 내가 매우 즐기는 것이다.
3. 나는 과학을 잘 알지 못한다.
4. 과학 실험을 하거나 체험활동은 재미있다.
5. 과학 수업이 편안하다.
6. 오늘날 대부분의 직업에서 과학은 거의 필요하지 않다.
7. 나는 과학이 쉽다.
8. "과학"이라는 단어를 들었을 때, 나는 부정적인 느낌이 든다.
9. 과학에 대한 그 어떤 것도 좋아하지 않는다.
10. 누군가가 내게 과학에 대하여 이야기하면 긴장된다.
11. 좋은 직장을 얻기 위해서 과학을 잘해야 한다.
12. 나는 어떤 과학도 관련되지 않는 직업을 좋아한다.
13. 나는 과학에 대하여 다른 사람과 이야기하는 것을 좋아한다.
14. 나는 TV에서 방영하는 과학 프로그램을 시청하는 것을 즐긴다.
15. 나는 과학 실험과 체험활동을 잘한다.
16. 과학이 없이도 일상생활을 완벽하게 잘할 수 있다.
17. 과학 과제를 수행하는 것은 불편하다.
18. 과학 활동에 대하여 생각하는 것조차 나를 불안하게 만든다.
19. 나는 과학 수업을 수강하는 것이 두렵다.
20. 과학에 대한 좋은 느낌이 있다.

출처: Attitude Toward Science Inventory, http://montclair.edu/Detectives/evaluation/Eval-Attitudes.htm, retrieved4-28-08.

여러분의 과학에 대한 태도에 대하여 무엇을 알았는가?

이것은 과학 교수를 준비하는 데 어떤 도움이 될 것인가?

여러분의 점수를 기록해두고, 이 책을 끝까지 읽은 다음 다시 한 번 설문조사에 참여해보자!

한다는 후속 연구가 꾸준히 발표되었다(Shrigley, 1983, 1990; Koballa & Crawley, 1985; Smith & Gess-Newsome, 2004). 이 사실이 왜 진실인지 이유를 알아보자.

학생들은 교사가 느끼는 것을 인식한다

느낌은 나타난다 학생들과 함께 수업을 할 때 과학에 대한 부정적인 생각이나 태도를 숨기는 것은 거의 불가능하다. 교사가 아무리 훌륭한 배우이고, 그 사실을 숨기고 있다고 하더라도 학생들은 교사의 행동 이면의 것을 보는 신기한

능력을 가지고 있다.

> 과학에 열정적으로 흥미를 가지고, 과학적 이해의 힘과 아름다움을 주장하는 교사는 학생들에게 교사와 동일한 과학 태도를 심어준다.
> – 국가과학교육기준

교사의 태도는 학생의 태도에 영향을 준다 많은 연구 결과들을 보면 과학에 대한 교사의 생각과 태도가 학생들의 생각과 태도에 영향을 준다고 나타나 있다. 예를 들면, 학생들의 태도를 조사한 연구에서 학생들의 긍정적인 과학 경험은 교사의 긍정적인 태도에 영향을 받았음을 보여준다(Koch, 1990). 다른 말로, 과학에 긍정적인 관점을 가지고 있는 교사는 그러한 것을 학생들에게 가르치는 경향이 있다. 또한 학생 자신의 긍정적인 생각은 자신의 행동에 영향을 준다는 것을 알고 있다(Stickelmaier, 2007). 사실, 과학자를 면담해보면 종종 그들이 과학적인 직업을 추구하도록 동기를 갖게 된 것은 과학을 사랑하는 교사의 영향이라고 말한다(Koch, 1993).

그러나, 불행히도 그 반대도 사실이다. 과학에 대해 부정적인 관점을 갖고 있는 교사의 경우, 무의식중에 학생들이 과학적인 흥미를 추구하는 것을 방해한다. 1969년 초등학교 교사의 과학에 대한 부정적인 태도는 학생들에게 전해진다는 연구 결과가 발표되었다(Walberg, 1969). 게다가 문헌에서도 과학에 대한 학생들의 태도와 흥미에 교사가 중요한 역할을 하고 있다고 한다(Jones & Levin, 1994; Tosun, 2000).

> 교사는 누군가를 가르친다

가르치는 교과가 무엇이든 간에, 여러분은 누군가를 가르친다. 이것은 여러분의 진정한 자아가 수업에서 나타나고 혹은 학생들에게 피해를 입힐 수 있다는 것을 의미한다. 결국 교사는 학생들에게 큰 영향을 미친다.

"과학에 대한 태도" 설문지는 여러분의 태도를 이해하기 위해 사용할 수 있다. 이 장의 나머지 부분은 과학에 대한 내면 깊숙한 생각을 알도록 해줄 것이다. 이러한 활동에 몰두함으로써 여러분의 과학적 자아에 대해 배울 수 있을 것이다. 중요한 것은 여러분의 감정을 인정하고 과학적인 자아를 찾는 것의 목표 중 하나로서 "과학과 친구가 되는 것"을 노력하는 것이다.

과학자는 무엇인가? 전형과 현실

과학자를 어떻게 생각하는가? 과학자의 모습은 어떠한가? 과학적 자아를 발견하기 위해 여러분이 생각하는 과학자에 대해 탐구해보자.

과학자 그리기

우선 종이와 연필을 준비해서 책을 옆에다 두고, 여러분이 생각하는 과학자를 스케치해보자. 그림을 다 그리고, 다시 책을 펴자.

어떤 모습의 과학자를 그렸는가?

대부분의 사람이라면, 여러분이 그린 과학자는 다음과 같은 특징이 있는 남자일 것이다. 즉, 헝클어진 머리, 안경, 흰색의 실험복, 주머니 보호대, 몇몇의 끓고 있는 플라스크(그림 2.1) 등이다.

몇몇 연구에 의하면, 이러한 과학자에 대한 일반적인 이미지는 학생뿐만 아니라 교사도 가지고 있다고 한다(Fort & Varney, 1989; Barman, 1999). 물론 이러한 이미지는 실제 과학자의 모습을 과장한 고정 관념이다. 이 고정 관념은 과학자를 만화, 영화 잡지, 대중 언론에서 이미지화 해서 각인되었다. 이러한 고정 관념은 믿음 체계의 하나가 되고 앞으로의 행동에 영향을 미치게 된다. 그리고 그것은 우리의 행동과 사고를 제한한다.

3학년 학생의 과학자 그리기 얼마 전, 두 명의 초등학교 3학년 선생님들이 학생들의 과학에 대한 신념을 연구하는 데 흥미를 가지게 되었다. 선생님들은 학생들에게 크레파스와 종이를 주면서 과학자를 그리고 과학자가 하고 있는 것이 무엇인지를 묘사하도록 하였다. 학생들이 그린 39개의 그림에는 남자 31명과 여자 9명이 있었다. 게다가, 31명의 남자 과학자 중 25명이 턱수염과 헝클어진 머리 모양을 하고 있었다.

과학자에 대한 학생의 생각

학생 한 명은 "난 미쳤어"라는 말풍선을 그림에 더했다. 다른 학생들은 자신이 그린 과학자를 다음과 같이 묘사하였다.

"그는 몬스터를 연구하고 있어요. 그래서 그의 얼굴을 녹색으로 칠했어요."

"제 과학자는 온갖 종류의 독약을 만들고 있어요. 그는 무시무시한 사람이

그림 2.1
과학자를 그리는 과제에 대한 두 예비 교사의 반응

에요."라고 말하였다.

대부분 학생들은 자신이 그린 과학자를 뭔가 폭발시키거나, 이상한 행동을 하거나, 바보 같거나, 독약을 만드는 사람으로 묘사하였다(그림 2.2).

여러분은 어리다고 생각했던 초등학교 3학년들도 이미 과학자에 대한 고정관념을 가지고 있음을 확인할 수 있다. 이것이 왜 중요한지를 이해하기 위해, 다음과 같은 질문을 스스로에게 던져보자.

그림 2.2

3명의 초등학생이 과학자를 그리는 과제를 수행했다. 그림 2.1에 있는 교사의 그림과 비교해보자.

그림 2.2 **계속**

전형적인 유형에 대하여 생각해보자

- 이러한 고정 관념을 갖지 않은 사람은 누구인가?
- 전형적인 과학자의 유형이 최근에 만난 적이 있는 누군가를 반영한 것인가?
- 만약 학생들이 고정 관념을 가지고 있지 않다면, 과학에 대한 생각을 어떻게 형성하도록 하겠는가?

과학자에 대한 고정 관념은 학생들이 성장하면서 변할 수도 있다고 생각할 수 있다. 하지만, 유치원생부터 8학년까지 학생 1,500명을 대상으로 한 연구 결과에 의하면, 고학년이 될수록 과학자의 그림이 보다 정형화되어 있는 것으로 조사되었다. 대부분의 학생들은 과학자를 거의 다 백인 남자로 표현하였고, 최근 환경적 요소가 변했음에도 불구하고 그 고정 관념을 고집하였다.

고정 관념의 효과

고정 관념은 실망을 줄 수 있다 과학자에 대한 고정 관념은 백인이 아니거나 여학생일 경우 스스로를 과학적으로 여기는 것에 부정적일 수 있다. 그 결과는 명백하다. 예를 들어, 고등학교 진학이나 대학 진학에서 과학 분야로 진출하는 여성은 남성에 비해 매우 적다. 그러나 다행히도 이러한 차이는 감소하고 있다. 현재 대학교에서 지질학, 생활과학, 화학, 천문학을 전공하는 여학생이 약 절반을 차지하고 있다(Burger, et al., 2007). 하지만, 물리학이나 공학의 경우 성별 차이가 현저하게 나타난다(Freeman, 2004). 여학생과 젊은 여성들이 과학 분야에 참여하도록 격려하는 지원에도 불구하고, 이러한 성별 차이는 지속되고 있다.

초등학교나 중학교의 여성 교사는 과학의 흥미와 발견의 즐거움에 대해 학생들의 모델이 되기 때문에 성별 차이를 극복하는 데 기여할 수 있다. 롤 모델로서의 교사는 학생들이 과학에 대해 유능함과 자신감을 느낄 수 있도록 지속적으로 돕는다.

고정 관념이 형성되는 것은 복잡한 문제이지만, "누가 과학을 하는가?"를 개념화하는 것은 그러한 문제에 확실히 기여할 것이다. 초등학교 교사는 학생들이 '어떤 사람이 과학자가 될 수 있는가?'에 대해 질문할 때 그들에게 큰 모범이 될 것이다. 이것은 학생들이 스스로 과학자로 상상하고, 과학 수업에서 자연 현상을 탐구하는 자격을 가지고 있음을 느낄 수 있도록 돕는다.

자신의 그림에 대해 생각해보자

그림에 반영하는 것 위와 같은 내용들을 명심하고, 여러분이 그린 과학자 그림을 보자. 여러분은 정확히 무엇을 그렸는가? 여러분의 과학자는 누구인가? 여러분이 그린 사람은 여러분과 비슷한가 아니면 전혀 다른가? 그 그림은 과학에 대한 생각과 태도에 대해 여러분에게 무엇을 말하는가? 마음속으로 과학자를 그리는 일은 여러분이 이 책을 읽을 때뿐만 아니라 여러분이 과학을 가르칠 때도 지속된다. 학생이나 어른 모두에게 이러한 활동은 과학자에 대한 고정 관념을 탐구하는 데 유용하게 쓰일 수 있다. 여러분의 학생들에게도 활용해보자.

만약 백인 남자가 아닌 과학자에 대해 알고 싶다거나, 여러분의 학생들에게 과학 분야의 여성과 비주류의 사람들에 대해 탐구하게 하고 싶다면, 이 장의 끝부분에 제시된 '심화 탐색을 위한 자료'를 보면 된다. 여성은 꾸준히 과학 활동을 해왔으며, 그중에는 노벨상 수상자와 세계적인 과학자도 있다. 그들의 삶과 일은 다른 사람들에게 과학활동을 하도록 격려하곤 한다. 아프리카계 미국인, 라틴, 다른 많은 소수 그룹의 구성원도 마찬가지이다. 그들의 이야기는 학생들에게 과학 연구는 모든 민족, 문화적 배경의 남자와 여자의 협력적인 노력이 필요하다는 것을 가르쳐 준다.

만약 사람들이 실제 과학자와 더 많이 접촉하게 된다면, 과학자들이 사람들의 고정 관념과 매우 다르다는 것을 알게 될 것이다.

과학자와 면담하기

실제 과학자와 만나서 면담을 하는 것은 여러분이 가지고 있는 전형적인 과학자의 인식이 올바른가를 알 수 있는 방법 중 하나이다. 보통 대학과 연구소,

과학자들은 조사를 위한 자료와 표본을 수집하기 위해 가끔 야외에서 작업을 한다. 이 과학자는 무엇을 조사하고 있다고 생각하는가? 그녀의 일에 대해 무엇을 질문할 수 있는가?

Laima Druskis/ Stock Boston.

과학과 호기심 : 과학자와의 면담에서 발췌

코니(예비 교사): 만약 어떤 사람이 당신에게 "나는 과학이 싫어요. 과학이 어떻게 연결되어 있는지 모르겠고 이해할 수도 없어요. 그리고 내가 어떻게 이해해야 할지 모르겠어요."라고 말한다면 무엇을 해줄 수 있는가? 그 사람에게 과학이 매우 중요한 분야임을 어떻게 말할 수 있는가?

B 박사: 과학을 싫어하는 대부분의 사람들은 초등학교 과학 수업의 부정적인 경험 때문이다. 과학을 가르치는 데는 올바른 방법과 나쁜 방법이 있다. 나쁜 방법은 과학을 지식, 사실과 알아야 할 관계들의 묶음으로 제시하는 것이다. 그런 경우, 과학은 짐이 된다. 과학을 가르치는 올바른 방법은 학생들 주위의 세상이 어떻게 움직이는지를 설명하고 호기심을 갖도록 하는 것이다. 호기심을 가진 사람은 적절한 방법으로 제시된 과학이 재미있다는 것을 알게 될 것이다.

사설 연구소와 일반 회사에서 과학자를 만날 수 있다.

면담 준비 대학과 연구소의 과학자에게 면담을 요청할 때는, 초등학교와 중학교에서 과학을 가르치기 위한 준비로서 과학자를 면담하고자 한다는 취지를 설명한다. 면담은 한 시간을 넘지 않겠다는 말을 미리 전한다.

면담 당일에는 면담 질문을 미리 준비하고, 메모할 노트를 가지고 간다. 면담에서는 다음과 같은 질문을 할 수 있다.

질문 예시

- 혹시 학교에서 배웠던 과학 수업의 영향으로 과학을 전공하게 되었는가? 그렇다면, 그것은 무엇인가?
- 과학을 전공하도록 장려해준 교사가 있었는가?
- 과학자로서 가장 마음에 드는 일은 무엇인가? 가장 만족감을 주는 것은 무엇인가? 반대로, 과학자로서 가장 부정적인 부분은 무엇인가?
- 실제 과학이 학교에서 경험한 과학과 가장 유사한 점은 무엇이며, 가장 다른 점은 무엇인가?
- 현재 가장 관심 있는 과학 주제는 무엇인가?
- 과학자로서, 미래의 과학자가 되고자 하는 학생에게 전하고 싶은 말은 무엇인가?
- 만약 과학을 정의한다면 무엇이라고 할 수 있는가?

학습했던 그 무엇이 여러분을 놀라게 할 수 있다

위의 질문에 여러분이 더 묻고자 하는 질문을 추가할 수 있다. 또한 면담을 하는 과정에서 미리 준비하지 못했던 질문들이 생길 수도 있다.

이렇게 면담을 하는 과정에서 예상하지 못했던 것들을 배울 수 있다. 예를 들면, 많은 과학자들은 삶과 종교와 정치적 선호를 추구한다는 사실을 알고 있다. 또는 과학자가 되는 데 있어서 가장 영향을 많이 준 사람이 교사라는 사실을 배우게 된다. 과학자를 면담하게 되면 문화적으로 형성된 "괴이한 과학자"라는 이미지를 바꿀 수 있다.

면담 팁

면담을 위한 조언 다음은 면담을 위한 조언이다.

- 질문만을 하지 않고 과학자와 대화를 나눈다. 과학자의 대답에는 여러분의 관점을 가지고 대답한다.
- 과학자는 여러분이 과학 교사가 되기 위한 준비 과정에 대하여 듣고 싶을 것이다.
- 학교에 다니는 자녀가 있는 과학자는 여러분과 학교 과학에 대한 이야기를 나누고 싶을 것이다.
- 약속된 시간을 지킨다. 과학자가 제안하지 않는 한, 면담으로 허락된 시간을 초과하지 않는다.
- 어떤 과학자는 과제의 보안 때문에 자신이 하는 일에 대하여 구체적으로 설명하는 것을 원하지 않을 수가 있다. 그럴 경우, 과학 연구에 대한 일반적인 내용으로만 면담을 진행한다.

은연중에 가지게 된 과학자에 대한 믿음을 인지하는 것은 여러분의 과학적 자아를 찾아가는 일이다. 과학자를 그리고 과학자와 면담하는 활동은 과학자에 대한 여러분의 믿음을 나타내는 도구이다.

반성적 실행 I: 과학 자서전

20세기 철학자 존 듀이(John Dewey)는 미래의 교사 교육은 가르치는 기술이 아니라 가르치는 것(교수)에 대하여 생각하도록 교육해야 한다고 주장하였다(Dewey, 1904). 그 이후, 교사의 이미지는 두 극단적 관점 사이에서 움직였다. 한 편은 교사를 교수 전략과 관련된 기술들을 습득한 기술적 전문가이다. 다른 한 편은, 수행한 업무에 대하여 비판적으로 생각할 수 있는 능력을 가진 듀이의 반성적 실행을 실천하는 교사이다. 사실 두 부분이 모두 중요하다. 가르치는 것은 특정 기술이 필요하고, 주어진 교수 상황에서 전략을 선택하는 데 도움이 되는 생각하는 방법이 있다.

반성적이라는 것의 의미?

교사에게 적용되는 반성이라는 용어는 일반적으로 교수 실행을 탐색하고, 교육과정과 학생들과의 상호작용에 대하여 스스로 중요한 질문을 하는 과정을 의미한다. **반성적 교사**(reflective teachers)는 자신이 누구인지, 학생들은 누구인지, 무엇에 도달하기를 원하는지 등과 같은 교사로서의 역할에 대하여 생각할 능력이 있다. 반성적 교사는 학교 환경, 학생, 교수 상황에 대한 자신의 느낌을 잘 인지한다. 그리고 반성적 실행은 항상 스스로에게 나는 어떻게 하고 있는지 질문한다.

연구결과에 의하면, 교수와 학습에 대하여 생각하고 자각하는 것은 교사로서의 전문성 계발에 도움이 된다. 또한 여러분이 연구하고 탐색할 수 있는 분야를 찾는 데 도움이 될 것이다.

여러분의 미래는 과거를 어떻게 다루는가에 달려 있다

반성적 실행 관련 연구에 유명한 학자인 도널드 숀(Donald Schon)(1983)에 의하면, 반성적 교사는 수업 환경을 탐색하여 새롭고 보다 나은 학습 상황을 설정하기 위하여 스스로의 교수법을 창안하거나 변형한다고 하였다.

여러분의 전문적 삶에 반성적 과정이 포함되어 있기 때문에, 보다 구체적으로 살펴보는 것이 필요하다. 성공적인 과학 교사가 될 가능성은 여러분이 과학 학습자로서 경험한 것으로부터 영향을 받기 때문에 개인적 반성 유형은 매우 중요하다.

인지하는 것과는 상관없이, 여러분의 학교 과학 경험은 과학 교수와 학습에 대한 여러분의 믿음을 형성하게 한다. 여러분의 개인적 반성은 중요하다. 여러분의 반성은 과학에 대한 여러분의 믿음을 밝히는 데 주요한 역할을 한다. 또한 개인적 반성은 필요하다면 믿음을 변형할 수 있는 기회를 제공한다.

과학 자서전 쓰기

이 책을 덮고 다음과 같이 실행해보자.

1. 종이와 연필을 준비한다. 또는 컴퓨터를 켠다.
2. 대학교 생활을 포함하여 생생하게 기억나는 과학 활동들을 생각한다.
3. 준비가 되면, 여러분의 과학 자서전을 기술한다.

개인적 설명

과학에 대한 여러분의 느낌을 탐색하여 쓰는 연습을 하는 것이다. 여러분의 **과학 자서전**(science autobiography)은 개인의 과학적 경험을 묘사하는 것이다. 그것은 학교 안과 밖에서, 교사, 친구, 가족, 박물관, 잡지 등등의 다양한 자원을 통해서도 가능하다. 다음과 같은 질문은 과학 자서전을 작성하는 데

예비 교사의 과학 자서전에서 발췌

다음 글은 예비 교사 5명의 과학 자서전에서 그들의 경험을 발췌한 것이다.

나는 알버트 아인슈타인(Albert Einstein)이 아니다. 어린 아이였을 때도 난 과학에 대한 신비감이 없었다. 성실한 학생이었고 고등학교의 화학과 생물 과목에서 좋은 성적을 받았지만, 해부하거나 실험하는 것에는 전혀 흥미가 없었다. 과학 과목을 수강할 것인가 또는 포기할 것인가에 대한 선택의 기회가 주어졌던 고등학교 때, 나는 모든 과학 과목을 재빠르게 포기하였다.

내가 경험한 과학에 대하여 생각하면 두 단어가 떠오른다. 즉 흥미 없음이었다. 그런 상황에서 4학년이 되었고, 과학이 생생하게 다가왔다. M 선생님의 노력으로 내 과학 수업은 매우 활기찼다. 그 선생님은 내가 스스로 판단하여 결정할 수 있는 과학 활동을 제시하고 나로 하여금 자신감을 가질 수 있도록 도와주셨다.

과학을 생각하면, 내가 과학을 얼마나 두려워했는지에 대해서만 기억난다. 과학은 끝이 없을 것 같은 단순 암기를 해야 하는 지루한 과목이었다. 과학이라고 하는 모든 것들은 교재에서 직접 나온 것이다. 이해하는 것을 기대하는 것이 아니다. 단순히 그냥 아는 것이다.

대학교 시절, 마침내 훌륭한 과학 경험을 할 수 있었다. 그때는 대학 생물학 수업 시간이었다. 처음으로 선생님은 학습한 내용과 학생들의 경험을 연결시켰다. 또한 학생들에게 스스로의 의문을 찾아보도록 자유롭게 해주었다.

도움이 된다.

- 학교 과학 교육을 돌이켜 생각하면, 무엇이 떠오르는가?
- 학교에서 과학에 대하여 많이 공부하였는가?
- 과학을 좋아했는가? 싫어했는가? 과학에 대하여 생각해본 적이 있는가?
- 학교 과학, 과학자, 매체 속의 과학, 과학 교사와 관계된 어떤 경험이 생각나는가?

과학 자서전을 작성한 교사들은 처음에는 아무것도 기억나지 않았다고 이야기한다. 그러나 시간을 두고 매 학년과 기간을 차근차근 생각하면 과학 이야기가 점차 생각나기 쉽다.

자유롭게 기술하기

여러분의 과학 경험과 믿음에 대하여 솔직하고 자유롭게 기술한다. 여러분이 기술할 수 있다면 각자의 경험을 어떻게 제한하거나 확장하는가는 문제가 되지 않는다. 과학 자서전은 특정 형태나 분량 제한이 없다. 그것은 여러분의 이야기이며 경험을 반영하는 것이기 때문이다.

과학 자서전에 대한 반성

> 반성적 사고는 "그것을 지지하는 근거의 측면에서 어떤 믿음에 대한 적극적이고 지속적이며 주의 깊은 숙고"를 포함한다.
> – JOHN DEWEY

과학 자서전을 작성하는 과정은 기억 속의 경험들을 떠올리는 데 도움이 된다. 그러나 이것은 단지 시작이다. 여러분의 반성적 이야기를 통하여, 여러분의 경험이 과학과 과학에 대한 태도를 형성하는 데 어떠한 영향을 주었는지에 대하여 심층적으로 이해할 수 있다. 학교 과학의 경험을 통해 형성된 교사들의 믿음은 실행에 영향을 미친다.

작성한 것 생각하기

여러분도 반성을 시작하라. 이 시점에서 과학 자서전의 새로운 장을 시작할지도 모른다. 그리고 스스로에게 질문해보자.

"왜 어떤 것은 기억하고 어떤 것은 기억하지 않는가? 이러한 이야기들은 과학에 대한 현재의 느낌과 과학을 가르치는 것에 어떤 영향을 주었는가?"

여러분은 아마도 이미 과학의 새로운 면모를 보기 시작했을 수도 있다. 다음 단원에서, 여러분은 과학적 자아를 찾기 위한 다른 방법을 시도할 것이다.

반성적 실행 II: 과학 일지

여러분은 이미 반성적 일지에 대하여 알고 있을 수 있다. 개인 일지는 교사가 되기 위하여 참여한 많은 과정들에서의 느낌을 기록하는 것이다.

반성을 위한 일지 사용

개인 일지는 자신의 수업 혹은 관찰한 수업에 대한 여러분의 생각과 느낌을 탐색한다. 교사는 수업 상황을 기록하여 반성적 실행의 도구로 일지를 활용한다. 개인 일지는 내재된 사고를 탐색하는 기술을 개발하는 것이 중요하다. 일지를 작성하고 기록한 것을 반성하는 활동은 여러분 스스로의 의미 형성 과정이며, 전문성 계발에 중요한 도구이다.

자신의 관찰과 질문: 생명애의 실행

과학 일지이란 무엇인가? **과학 일지**(science journal)는 여러분이 매일 경험하는 자연과 자연 현상에 대하여 초점을 두는 개인 일지이다. 단순하게 말하면 과학은 여러분의 자연 세상에 대하여 아는 방법이다. 그러므로 과학 일지에는 자연에 대한 관찰과 질문이 포함되어 있다.

최근 과학자들은 성인 건강에 식물, 햇빛, 토양이 긍정적인 영향을 준다고 발표하였다. 과학자들은 자연 속에서 기분이 좋아지는 이유를 생명애(biophilia)로 설명한다. 인간은 선천적으로 생명에 대하여 친근감을 느낀다는 것이다(Jones, 2008). 디지털 시대에 대부분의 사람들은 시간의 90 %를 실내에서 생활하기 때문에, 과학 일지는 생명애를 느낄 수 있는 방법이 될 수 있다. 자연을 관찰하고 그것을 기록하는 것은 여러분에게 자연에 노출될 기회를 제공하고 기분을 상쾌하게 만든다. 과학 일지를 작성하는 것은 관찰한 것에 대한 질문과 그 질문에 대한 대답을 찾고자 하는 습관을 형성하는 데 도움이 될 것이다. 이러한 이유로 과학 일지는 여러분의 과학적 자아를 찾는 방법이 될 수 있다.

직접적인 관찰 이외에, 과학 일지는 뉴스 속의 과학이나 수업에서 논의된 과학을 포함할 수 있다. 또 TV에서 본 과학 쇼나 최근 과학계 소식에 대한 것을 기술할 수도 있다. 여러분이 학교나 수업 중에 과학을 관찰했다면, 그것에 대하여 기술해보자.

> 여러분은 자신에게 친숙한 것에서조차도 경이로움을 느낄 수 있다. 그것은 발전된 학습을 위한 잠재력을 가지게 하는 놀라운 것이다.
> –ELEANOR DUCKWORTH AND COLLEAGES

과학 일지를 어떻게 작성하는가? 과학 일지를 작성할 때는 종이나 컴퓨터를 이용할 수 있다. 어떠한 방법을 선택하여 작성하던지 상관없이, 정기적으로 과학 일지을 작성한다. 과학 일지는 여러분 스스로 질문하는 것이 좋다는 것을 기억하라. 만약 여러분이 이해할 수 없는 것을 관찰한다면, 그 사실에 대하여 기술하라. 과학 일지는 여러분의 호기심을 자극한 자연현상을 기록하기 위한 간단한 메모라고 생각할 수 있다.

새 이야기: 과학 일지의 예

이 부분은 새의 관찰 경험을 기록한 것이다. 나에게 이 경험은 신비로웠고 기록하는 동안 즐거웠다. 내가 경험한 모든 것들을 어떻게 설명할 수 있을지 몰랐다. 나는 내가 관찰한 것과 더불어 질문도 기록하였다.

궁금증

화요일: 나는 뒤뜰에 있는 나무에 구멍이 있다는 것을 알지 못했다. 내가 거실 창문을 통해 나무에 있는 새를 보았을 때 매우 놀랐다. 나는 나무 근처를 배회하다가 구멍 안쪽을 들여다보았다. 구멍 안에는 새 알 8개가 있었다. 알은 약 4 cm 정도의 크기였다. 나는 알이 곧 부화할 것이라고 생각했다.

나는 왜 알이 흰색인지 궁금했다. 위장하기 위해서 어두운 색이면 더 좋지 않을까?

화요일 (2주 후): 2주가 지났다. 어미 새는 주기적으로 나무에 날아왔다. 구멍 속에 어미 새가 앉아있는 것을 볼 수 있었다. 어제 여느 때와 같이 내가 다가가자, 어미 새는 내가 도착하기 직전에 날아가 버렸다. 나는 알들을 찾았지만 알이 없었다! 그곳에는 목을 길게 빼고 부리를 크게 벌리고 있는 아주 작은 새끼 새들이 있었다. 새끼 새들은 배가 고팠는지 부드럽고 작은 소리를 냈다.

무슨 새일까?

새끼 새들을 응시하고 있다가, 어미 새가 돌아올까봐 두려워서 집으로 돌아왔다. 나는 이 새들이 무슨 새일까 궁금해졌다.

어미 새는 얼마나 오랫동안 새끼 새를 떠나 있을까?

수요일: 아침이 되자 나무에 다가갔다. 태양이 나무를 향해 비추고 있었다. 어미 새는 조금 전에 날아가 버렸고, 눈도 감고 털도 없는 8마리의 새끼 새가 보였다. 새끼 새들은 진짜 막 태어난 것처럼 연약해보였다. 나는 어미 새가 어디

뒤뜰 나무의 구멍 둥지에서 부화한 새끼를 지키는 어미 새. 목 주위에 있는 검은 표시와 배고파서 입을 쩍쩍 벌리는 갓 부화한 새끼들을 주목하자.
Anthony Mercieca/Photo Researchers, Inc.

로 날아갔으며 얼마나 둥지를 비울 것인지가 궁금해졌다.

한 시간 후, 나는 나무로 다시 가서 구멍을 들여다보았다. 어미 새가 나를 쳐다보자 놀라서 얼른 걸어 나왔다. 그러나 나는 어미 새가 뾰족한 부리와 갈색 깃털, 그리고 어미 새의 목 주위에 옷깃처럼 검은 띠가 둘러져 있는 것을 볼 수 있었다. 어미 새가 날아갈 때는 꼬리에 흰 깃털이 있는 것도 보았다. 조류에 관한 책을 찾아서 어미 새가 어떤 새인지 찾아야겠다.

한밤중의 관찰

일요일, 늦은 밤: 금요일에 여행을 떠났다. 나는 새끼 새들의 성장을 보지 못한다는 것이 속상했다. 나는 어미 새가 둥지 곁에 앉아 있는 것을 종종 관찰했

와 눈을 가질 수 있을 것이다.

유용한 힌트

- 여러분이 관찰한 모든 것이 중요하다. 바보스럽거나 단순한 관찰은 없다.
- 여러분의 모든 질문은 가치가 있다. 그 질문들을 모아라.
- 모든 일지에 날자와 시간을 기록하라. 이러한 정보는 나중에 여러분이 패턴이나 연관성을 찾기 위한 유용한 정보가 될 것이다.
- 과학 일지의 분량은 제한이 없다.
- TV의 과학 쇼를 시청하라.
- 자연적 현상에 대하여 무엇을 생각하는지 찾기 위한 기회를 만들어라.
- 즐겁게, 그리고 자유롭게 기록하라.

잠재적 과학자

이 장에서 언급된 활동들은 여러분 스스로의 탐색을 도와주는 도구로 설계된 것이다. 그 활동들은 개인적 반성과 과학 및 과학자에 대한 탐색을 통하여 여러분의 과학적 자아를 찾는 데 도움을 줄 것이다. 로즈의 노란 풍선 활동에서 과학자 그리기와 과학 자서전 활동까지, 그 모든 활동들은 "여러분은 과학에 대하여 무엇을 생각하고, 어떻게 과학에 친해질 수 있는가?"라는 질문을 하고 있다. 여러분 속의 잠재된 과학자는 궁극적으로 여러분의 학생들에게서도 나타날 것이다. 나는 이 책이 여러분에게 기쁨과 자신감을 가지고 과학을 가르칠 수 있도록 도움이 되기를 기대한다.

개방

그러나 과학과 과학 교수에 대한 올바른 태도는 이제 시작이다. 최근 5학년을 대상으로 한 연구는 과학에 대한 긍정적인 태도를 가진 교사도 학생들을 탐구 활동으로 가르치는 것을 꺼려한다고 보고하고 있다. 그러므로 교사는 긍정적인 태도와 흥미로운 교수 전략을 사용하고자 하는 의욕이 필요하다 (Munck, 2007).

다음 장에서는 여러분이 사용할 수 있는 교수 전략에 대하여 탐색을 시작할 것이다.

심화 탐색을 위한 자료

전자 미디어 자료

Association for Women in Science. 이 사이트는 많은 자료에 연결되어 있는 세계적 조직이다. 예를 들면, 지역 AWIS 목록은 여러분과 면담이 가능한 과학자를 찾는 데 도움을 줄 것이다.

Beating the Odds: Remarkable Women in Science. 인쇄물과 온라인에서 제공되는 이 책자는 과학과 관련된 경력을 쌓고 있는 여성들이 기록한 수필들이 포함되어 있다. 과학 전문가로서의 즐거움을 느낄 수 있는 그들의 이야기, 어록, 충고 등을 볼 수 있다.

The Case of Missing Human Potential. 한 시간 분량의 이 비디오는 과학, 공학, 기술에 있어서의 성별 차이에 대하여 추적하고 있다. 이 사이트는 비디오에서 다루고 있는 사람과 주제에 대한 추가 정보와도 연결되어 있다.

The Faces of Science: African Americans in the Sciences. 과학에 전념하고 있는 여성과 아프리칸 미국인들의 과거, 현재, 미래를 탐색한다.

4000 Years of Women in Science. 이 사이트에는 고대 이집트부터 현재까지 수많은 여성 과학자의 이야기들이 들어있다.

Minority Scientist Network. Science Careers Web Site와 AAA의 Education and Human Resources Division는 과학 경력을 탐색한다.

Notable Hispanic-American Scientists. 이곳에서는 과학에서 출중한 경력을 가지고 있는 몇몇 스페인 남자와 여자의 자서전을 볼 수 있다.

UT Science Bytes. 교사와 학생을 위해 디자인된 이 사이트는 테네시 대학의 과학자들의 최근 관심사에 대한 정보를 제공한다.

Women in Science, Technology, Engineering and Mathematics ON THE AIR. 과학과 기술 분야의 과거, 현재, 미래의 여성 역할에 대하여 배우고 싶어 하는 사람들에게 정보를 오디오로 제공한다.

Wonderwise: Women in Science Learning Series. 이 사이트는 4~6학년 학생들을 위하여 개발된 비디오, 활동 자료, CD-ROMs 등과 같은 학습 기기를 소개한다. 모든 학습 자료는 여성 과학자를 특집화 하였고, 샘플 자료들은 웹사이트에서 무료로 제공된다.

출판 자료

Berman, C. (1999). Students' views about scientists and school science: Engaging K-8 teachers in a national study. Journal of Science Teacher Education 10(1), 43-54.

Burger, C., Abbot, G., tobias, S., Koch, J., Vogt, C., sosa, T., Carlito, D., & Strawn, C. (2007). Gender equity in science, engineering and technology. In S. Klein (ed.), Achieving Gender Equity through Education, 2nd edition. Mahwah, NJ: Lawrence Erlbaum Associates.

Dewey, J. (1933; reissued 1998). How We Think: A Restatement of the Relation of Reflective Thinking to the Educative Process. Boston: Houghton Mifflin.

Jones, L. (2008). Are you nature deprived? Mind, Body and Spirit Fitness. April, pp. 79-82. http://www.fitnessmagazine.com/health/stress-relief/get-happy/are-you-nature-deprived/

Koch, J. (1990). The science autobiography project. Science and Children, 28(3): 42-44.

Koch, J. (1993). Face to face with science misconceptions. Science and Children, 28(3): 42-44.

Shepardson, D. P., & Britsch, S. (1997). Children's science journals. Science and Children, 35(2): 13ff.

2부

학생들과 과학하기: 실제적인 탐구 활동

제 1부에서는 학생들이 탐구 활동에 반드시 참여해야 한다는 것을 강조했다. 즉 탐구 문제에 대한 답을 탐색해야 한다. 탐구 문제는 학급 토론을 통해 나올 수도 있고 교사에 의해 정해지거나 지도서에 제시된 것일 수도 있으며, 학생들 자신에 의해 정해진 것일 수도 있다.

또한 탐구는 "실제 체험 활동(hands-on)"일 뿐만 아니라 "이해하는 활동(minds-on)"임을 언급하였다. 그렇지만 어떻게 학생들을 이러한 경험에 참여시킬 수 있을까? 제2부에서는 이 질문에 대한 답을 살펴볼 것이다.

논의의 대부분은 과학 이야기(저자를 포함한 교사들이 학생들과 과학을 하면서 실제로 겪었던 경험에 대한 담화)를 중심으로 진행될 것이다. 각각의 과학 이야기 다음에는 '의미 확장하기' 부분이 있다. 이것은 '이야기 속의 교수 방법', '이야기 속의 과학 개념'으로 구분되어 있다. 이는 앞의 이야기에서 설명하는 과학 개념이나 "핵심 아이디어" 그리고 교수 방략에 대해 생각할 수 있도록 도와줄 것이다. '이야기 속의 과학교육과정'은 수업 경험을 국가과학교육기준이나 국가교육기술기준과 연관 지을 수 있도록 해줄 것이다. '심화 탐색'에서는 좀 더 수준 높은 사고를 할 수 있도록 하고 '심화 탐색을 위한 자료'에서는 여러분이 지식 기반을 넓힐 수 있도록 '전자 미디어 자료'와 '출판 자료'를 제공할 것이다.

과학 이야기는 학교 과학의 세 가지 주요 영역을 반영한다.

- 생명과학(life science)에서 학생들과 교사들은 생명체의 특성과 생명체가 주변 환경과 상호작용하는 것을 탐색한다. 최근 주목받고 있는 "녹색 과학"은 인간의 개발이 자연 환경에 주는 영향을 강조한 것이며 생명과학의 범주에 속한다.
- 물상과학(physical science)에서 학생들과 교사들은 물체와 물질의 성질, 에너지의 형태, 물체의 운동을 살펴본다.
- 지구과학(earth science)에서 학생들과 교사들은 지구를 구성하는 물질의 성질, 우주의 물체, 지구와 우주의 변화에 대해 탐구한다.

제3부의 12장에서는 과학 내용을 어떻게 조직할지의 문제로 돌아갈 것이다.

3

학습의 조정자와 촉진자로서의 교사

앞 장에서 여러분은 자신의 과학적 모습을 발견하기 시작했다. 아마도 어린 시절을 궁금해하고 이것저것 해보던 것을 다시 떠올렸을 것이다. 도심 지역에서 성장한 한 신임 교사는 자신의 가족이 살던 아파트의 지하가 더운 여름 내내 왜 시원했는지 궁금했던 것이 기억났다.

학생들은 이와 같은 의문을 많이 가지고 있지만 학교에서는 이러한 의문을 다룰 여지가 거의 없고 학생들은 이 교사처럼 그 질문에 답하지 못한 채로 성장하게 된다. 이러한 일은 교사가 과학 교수-학습을 자신들의 관점에서만 접근하기 때문에 일어난다. 교사들은 자신에게 "학생들에게 무엇을 전수해주거나 전달해주어야 하는가?"라는 질문을 한다. 이 장에서 살펴보겠지만 과학교육은 교사와 학생들이 함께 과학을 탐색하면서 주고받는 것이다.

초점 질문

- 어렸을 때 어떤 일이 왜 일어나는 지에 대해 자신의 이론(세상에 잘 알려진 지식과는 일치하지 않더라도 그때 유용했던 이론)을 고안해 본 적이 있는가?
- 여러분이 어렸을 때 가졌던 이와 같은 "대체 개념(alternative conceptions)"을 몇 가지 기억하는가? 그것은 지금 여러분에게 바보스럽게 보이는가? 아니면 흥미롭고, 창의적이고, 심지어는 논리적인 것으로 보여지는가?
- 실제 체험 활동(hands-on science)이 학생들이 과학 개념을 학습하는 데 왜 충분하지 않다고 생각하는가?
- '조정자'라는 말을 들으면 어떤 생각이 드는가? 이것은 가르치는 것에 어떻게 적용될 수 있는가?

자신의 과학적 모습을 재발견하면서 여러분이 학생들을 의미있는 과학 활동에 참여시킬 때, 학생들이 자신의 과학적 모습을 어떻게 표현하는지 알 수 있을 것이다. 앞서 언급한 것처럼 학생들은 자신들이 누구인지, 어디에 있었는지, 그리고 자신의 사전 지식에 기초한 과학 경험으로부터 의미를 구성한다. 이 장에서는 여러분이 조정자 그리고 촉진자로 어떻게 행동해야 하는지 알게 될 것이다. 이 과정에서 학생들의 생각에 귀를 기울이고 어떻게 사고하는지 배움으로써 학생들이 자신의 의미를 구성하도록 도울 수 있다.

때때로 모든 학생들이 동시에 유사한 하나의 경험을 하도록 할 수도 있고 혹은 같은 주제이지만 모둠별로 다른 활동을 하게 할 수도 있다. 때로는 자연 현상을 시범적으로 보여줄 수도 있다. 이것이 다음의 과학 이야기에서 일어나고 있다.

과학 이야기

병과 풍선

나는 북동부의 교외 지역에서 3학년을 가르치는 허드슨(Hudson) 선생님의 학급을 방문하였다. 24명의 학생들은 여러 다른 문화권(유럽계 미국인, 라틴계 미국인, 아프리카계 미국인, 아시아계 미국인)에서 왔으며 사회 경제적 계층도 다양했다. 나는 수업을 위해 가져온 간단한 기구들 앞에 섰다.

불지 않은 풍선과 "빈" 병

학생들은 내가 불지 않은, 빨간 풍선을 빈 식초 병 위에 씌우는 것을 바라보았다. 그러자 풍선은 곧 옆으로 늘어졌다. 나는 병을 들어 보이며 학생들에게 질문했다.

이 병 안에 무엇이 들어 있을지 허드슨 선생님이 질문하자 학생들은 공기가 들어 있다고 대답했다.

나는 이 두꺼운 유리병을 방금 끓인 물이 들어 있는 그릇에 잠기도록 넣은 후 손으로 병이 쓰러지지 않도록 윗부분을 잡았다. 그리고 학생들과 함께 어떤 현상이 일어나는지 살펴보았다. 그러자 풍선이 천천히 똑바로 서면서 부풀었다.

학생들은 신이 났다. 내가 조금 더 격려해주자 자신이 관찰한 것을 주의 깊게 설명했다. 그리고 병을 뜨거운 물이 든 그릇에 넣었더니 풍선이 공기 때문에 부풀었다고 기록했다.

나는 공기가 어디서 왔다고 생각하는지 학생들에게 질문했다.

저자의 생각 이 시점에서 나는 학생들이 병을 따뜻하게 하면 그 안의 공기가 가열되고, 따뜻해진 공기가 팽창하면서 풍선이 부푸는 것을 이해하고 있는지 궁금했다. 나는 학생들이 그 정도 수준의 지식을 가지고 있을 것이라고 기대하지는 않았지만 가열된 공기와 풍선의 팽창을 연관 지을 수 있기를 기대했다. 그런데 학생들은 나에게 다른 설명을 하였다.

학생들의 생각

"끓는 물의 증기가 유리병 안으로 들어가서 풍선이 부풀었어요."

마이크(Mike)가 말했다. 그러자 허드슨 선생님이 다시 물었다.

"재미있는 생각이군요! 이전에 증기가 유리병 안으로 들어가는 것을 본 적이 있나요?"

그러자 마이크는 없다고 대답했다.

자밀라(Jamila)라는 여학생은 마이크와 비슷하게 증기에 초점을 맞추었지만 조금 다른 방식으로 과정을 설명했다.

"증기가 풍선 속으로 들어가요. 왜냐하면 병과 풍선 사이가 완벽하게 밀봉되어 있지 않기 때문이에요."

선생님은 자밀라의 대답이 흥미로워 다시 물었다.

"현상에 대해 정말 생각을 많이 한 것 같군요. 내가 병을 뜨거운 물속에 넣었기 때문에 증기가 더 잘 들어갔다고 생각하나요?"

"예, 맞아요."

왜 교사는 계속해서 학생들의 생각을 묻는가?

나는 몇몇 학생들이 증기가 풍선 안으로 들어갔다고 생각한다는 것을 확실히 알게 되었다. 나는 계속해서 학생들에게 만약 풍선과 병 사이를 좀 더 잘 밀봉하면 증기가 들어가는 것을 막을 수 있다고 생각하는지 물었다. 학생들은 그렇다고 믿었고 그래서 나는 어떻게 잘 밀봉할 수 있을지 물었다. 학생들은 이것을 확인하기 위해 병과 풍선 몇 개를 가지고 뜨거운 물에 넣기 전에 단단하게 테이프로 밀봉하여 다시 장치를 만들기로 했다. 우리는 서로 다른 크기와 모양을 가진 병 네 개, 그리고 다른 크기와 모양의 풍선으로 장치를 만들었다. 네 개 모두 변함없이 풍선이 부풀었다.

추가 실험

결과는 학생들의 생각과 반대로 나왔지만 그들은 풍선이 부푸는 것을 재미

있게 바라보았다. 매번 나는 학생들을 나오게 해서(특히 풍선을 부풀게 하는 공기가 병의 외부에서 들어간 것이라고 확실하게 믿는 학생들) 가까이에서 관찰하도록 하였다. 자밀라는 증기가 병과 풍선 사이로 들어가는지 열심히 보았고 마이크는 병의 입구를 손으로 꽉 쥐면서 밀봉되어 틈이 안 생기도록 하였다.

새로운 생각이 나타남

네 번의 추가 실험 후 나는 학생들의 생각을 물었다. 이때쯤 학생들은 대부분 풍선을 부풀게 한 공기가 원래 그 안에 있던 공기가 틀림없다는 생각을 하였다. 우리는 이 실험을 열기구, 그리고 여름에 집 안에서 가장 더운 곳과 연관지었다. 몇몇 학생들은 내가 바라던 대로 공기가 열에너지를 얻으면 그 행동특성이 변한다는 과학적인 생각에 접근하기 시작했다.

이 실험에서, 학생들이 관찰했듯이 풍선은 항상 천천히 어느 정도까지만 부풀고 팽팽하게 부풀지는 않는다. 나는 학생들에게 왜 풍선이 어느 정도까지만 부푸는지 물었다. 몇몇 학생들이 그것은 이미 병 안에 있던 공기로만 채워지기 때문이라고 말했다. "만세!" 학생들은 정말 그것을 "이해"한 것이다.

또 다른 실험

마지막으로 학생들의 이해 구성을 돕기 위해 나는 병 안에 공기가 있다는 것을 어떤 시범으로 더 보여줄 수 있을지 생각해보았다. 우리는 풍선을 벗기고 "빈" 병을 수조의 물속에 거꾸로 넣었다. 그러자 물은 병 안으로 들어가지 않았다. 몇몇 학생들이 병 안의 공기가 물이 들어오는 것을 막는다고 말했다.

내가 실험을 마치고 교실을 나오자, 선생님은 학생들에게 컴퓨터 보관함에서 개인용 컴퓨터(노트북)를 꺼내어 온라인 백과사전에서 열기구에 대해 찾아보도록 하였다. 이 사이트의 사진과 링크들을 통해 선생님은 학생들에게 다음과 같은 연습을 하도록 했다.

학생들이 답해야 할 질문들

> 이제 여러분이 열기구를 탄다고 가정합니다. 친구에게 여러분이 경험할 모험에 대해 편지를 써보세요. 편지에는 다음 질문에 대한 답이 반드시 포함되어야 합니다.
>
> • 질문:
>
> 열기구를 탈 수 있는 곳으로 우리 학교에서 가장 가까운 곳은 어디인

가?

열기구가 작동하는 과학적 원리는 무엇인가?

사람들은 언제부터 열기구를 이용하기 시작했는가?

열기구에서 열에너지를 내는 것은 무엇인가?

여러분은 열기구가 얼마나 안전하다고 생각하는가?

의미 확장하기

■ 이야기 속의 교수 방법

- 학생들이 자신들이 들었던 답을 단순히 반복할 때 우리는 이 지식에 어떤 깊은 의미가 있다고 확신하기 어렵다. 허드슨 선생님의 학급 학생들은 모두 병 속에 공기가 있다고 생각했다. 하지만 나는 많은 학생들이 이 생각이 옳다고 생각하지 않는다는 것을 알 수 있었다. 몇몇에게는 그저 기계적인 답일 뿐이며 그저 진리라고 들었던 것일 뿐 자신의 사고가 충분히 반영되지 않았던 것이다. 용어를 아는 것은 개념을 이해하는 것이나 개념을 실제 일상생활에 적용할 수 있는 능력과 같지 않다(Yager, 1991; Brooks & Brooks, 2001).
- 내가 마이크에게 증기가 유리를 통과하는 것을 본 적이 있는지 물었을 때 나는 마이크의 생각을 비웃은 것이 아니었다. 나는 그의 생각을 이끈 이전 경험에 대해 알아내고자 노력한 것이다.
- 내가 학생들의 "틀린" 생각을 어떻게 존중하였는지, 그리고 자신의 생각이 맞는지 테스트하도록 한 것을 주목하라. 이것은 다음 절에서 우리가 논의할 중요한 기술이다.
- 실험은 시범으로 시작되었지만 학생들이 변화를 제안하면서 곧 참여적으로 변했다.
- 허드슨 선생님이 쉽게 활용할 수 있는 컴퓨터를 통해 수업을 열기구에 대한 언어 교과의 활동으로 확장시킨 것을 주목하라. 언어 교과로 연결시킨

것은 자연스럽고 유용한 것이며, 학생들이 과학적 개념에 대한 자신의 이해를 자신의 언어로 표현하도록 격려하는 것이다.

● 이야기 속의 과학 개념

- 공기는 우리 주변 어디에든 있고 어디에도 들어갈 수 있지만 이것은 어린 학생들이 이해하기에는 어려운 개념이다. 학생들은 손에 공기를 불고 그 힘을 느낄 수도 있지만 이는 여전히 어려운 개념이다.
- 따뜻해진 공기는 팽창한다. 그러면 공기의 입자가 더 빨리 움직이고 간격이 더 멀어진다. 공간이 있다면, 즉 용기의 벽이 너무 딱딱하지 않다면 따뜻해진 공기 입자들은 계속해서 더 멀어질 것이다. 입자들 사이가 더 멀어졌기 때문에 따뜻해진 공기는 밀한 정도가 작아진다. 허드슨 선생님의 학급에서 실시한 실험에서 위쪽에 있는 차가운 공기는 입자가 서로 가까워서 더 밀하고 아래쪽으로 내려오면서 따뜻한 공기를 위로 밀어 올린다.
- 열이 액체나 기체에서 전달되는 방법을 대류(convection)라고 한다. 12장에서 대류에 대해 더 알아볼 것이다. 허드슨 선생님과 나는 이 용어를 소개하고 학생들이 그 정의를 기억하도록 도와주었다. 그러나 용어를 배운 뒤에도 학생들은 그것을 풍선과 병에 연관시키지 못할 수 있다.

♠ 이야기 속의 과학교육과정

기준 허드슨 선생님 학급의 이야기는 미국의 국가과학교육기준(NSES, National Research Council, 1996)에서 다음 부분을 반영한다.

♠ **교수 기준 B** "과학 교사는 과학의 특징인 호기심, 새로운 생각과 데이터에 대한 개방성, 의심뿐만 아니라 과학적 탐구 기능을 격려하고 또한 모범이 되어야 한다."

♠ **내용 기준 B**, **K-4학년(물상과학)** "아동들은 에너지에 대한 직관적인 생각을 가지고 있다. 교사는 기술적인 정의를 외우게 하지 않고 학생들이 가진 직관적 개념에 기초할 수 있도록 한다."

허드슨 선생님은 학생들이 열기구에 대해 조사하도록 하면서 학생들을 위한 국가교육기술기준(NETS-S, International Society for Technology in Education, 2007)을 적용하고 있었다.

- **연구와 정보에 능숙함** 학생들은 디지털 도구를 사용하여 정보를 수집하고, 평가하고, 이용한다. 학생들은 다양한 출처와 미디어를 통해 정보를 검색하고, 조직하고, 분석하고, 평가하고, 종합하고, 윤리적으로 이용한다. 그리고 데이터를 처리하고 결과를 보고한다.

심화 탐색

- 풍선 실험에서 열에너지가 대류(convection)되는 것은 여러분이 뜨거운 물체를 만졌을 때 일어나는 전도(conduction)와 어떻게 다른가?
- 열기구와 관련하여 여러분이 알고 있는 이야기는 무엇인가? 열기구가 작동하는 원리는 무엇인가?
- 공기도 무게가 있고 공간을 차지한다는 것을 어린 학생들이 발견할 수 있도록 어떻게 도울 수 있는가?

심화 탐색을 위한 자료

전자 미디어 자료

eBalloon.org. 이 인터넷 사이트는 학생들이 탐색했던 열기구 타기에 대한 것이다. 다양한 정보와 사진을 제공한다.

Energy: Heat. 이 사이트는 열에너지에 대한 중요한 정보와 열전달에 대한 추가적인 실험을 제공한다. 심화 탐색을 위한 좋은 자료이다.

Teacher's Domain: Air Is Matter. 이 사이트는 WBGH와 국가과학재단에서 지원한다. 공기의 성질에 대한 수업 지도안과 유용한 이미지들이 있다. 등록을 해야 하지만 무료로 이용할 수도 있다. 과학 교수 학습을 위한 멀티미디어 자료도 포함되어 있다.

출판 자료

Duckworth, E. (2006). The Having of Wonderful Ideas and Other Essays on

Teaching and Learning, 3rd ed. New York: Teachers College Press.

Gallas, K. (1995). Talking Their Way into Science. New York: Teachers College Press.

Logan, J. (1997). Teaching Stories. New York: Kodansha International.

Robertson, B. (2006). Science 101: Why does air expand when you heat it? Science and Children 44 (1), 60–62.

학생들이 의미를 구성하도록 돕기

의미 구성의 능동적 과정

허드슨 선생님의 학급에서 병과 풍선을 가지고 학생들과 실험했던 것을 더 심도 있게 성찰해보자. 첫 번째 장에서 보았듯이 학습이 지식 구성의 능동적인 과정이라고 보는 견해는 구성주의라는 이론의 일부이다. 현대적인 구성주의는 사람들이 어떻게 학습하는지에 대해 우리가 아는 것을 반영한다(Donovan & Bransford, 2005). 구성주의자들은 개념을 이해하기 위해서는 개개인이 그들의 경험을 이해하는 능동적인 과정에 반드시 참여해야 한다고 믿는다. 단순히 무언가를 "아는 것"은 이해를 구성하지 못한다. 대신 마음속에서 그 아이디어를 변형시키고 경험을 성찰하면서 서서히 그 아이디어를 이해하게 된다.

진정으로 이해한다는 것은 학생들이 개념을 자유롭게 논의할 수 있고, 사고의 다른 영역에 적용할 수 있다는 것을 의미한다. 학생들의 선지식은 이러한 이해를 구성하는 데 있어 중심적인 것이며 자신의 사고를 성찰하는 것은 그들이 "핵심 개념(big idea)"을 이해하도록 도울 것이다.

선지식

철학자 존 듀이(John Dewey)는 개념이란 "우리가 낯선 것에 뛰어들었을 때 우리의 처지를 알도록 해주는 알려진 기준점(1933, p. 153)"이라고 하였다. 즉, 개념이란 우리의 머릿속에 그저 가만히 있는 것이 아니라 우리가 새로운 상황을 해석하고 다루도록 돕는다. 그리고 이러한 새로운 경험은 다시 개념을 정련하도록 돕는다. 나는 개념을 오래된 친구라고 생각하는 것을 좋아한다.

선지식-우리의 친숙한 개념 레퍼토리

개념은 우리가 자라면서 알게 되는 아이디어들이고 우리의 개념목록에 새로운 이해를 더해가면서 정련하고 다시 돌아보게 되는 것이다. 그러한 이해의 레퍼토리를 **선지식**(prior knowledge)이라고 한다. 허드슨 선생님 학급의 마이크에게 이전에 증기와 관련된 경험이 있는지 물었을 때 나는 그의 선지식에 접근하고자 노력하였다.

보통의 관찰자에게 허드슨 선생님의 학생들은 당면한 문제에 대해 모르는 것이 많은 것처럼 보였을 수 있다. 그럼에도 불구하고 학생들이 가지고 있는 선지식은 매우 중요한 것이었다. 예를 들면 학생들은 끓는 물에서 증기가 나온다는 것을 알았으며 증기의 특징 중 일부를 이해하였다.

나는 실험을 하면서 몇몇 학생들이 방금 끓인 물에서 나온 증기 때문에 풍선이 부푼다고 생각하는 것을 알게 되어 정말 흥미로웠다. 내가 단순히 다른 것을 말했더라면 학생들은 고개를 끄덕였겠지만 내가 말한 것에서 진정한 의미를 찾아내지는 못하였을 것이다. 나는 학생들의 사고에 대해 관심이 많았기 때문에 학생들은 내가 자신들의 아이디어를 가치 있게 여기고 선지식을 존중한다는 것을 알았다. 이런 점이 나와 학생들을 다음의 중요한 시점으로 이끌었다.

학생들의 사고를 가치 있게 여기기

학생들의 생각을 가치 있게 여기는 것은 학생들이 학급의 중요한 구성원이라는 것을 알게 하는 방법이다. 그것은 그 자체로서 중요하지만 그 이상이기도 하다. 그들의 생각이 진정으로 가치 있게 여겨지면 자신을 인식의 주체(knower)로 보기 시작한다. 인식의 주체만이 자신들의 선지식과 아이디어에 기초해서 새로운 의미를 구성할 수 있다.

학생들의 생각을 가치 있게 여기기 → 학생들의 성찰 → 새로운 생각

이것은 알아야 할 중요한 원리이다. 신뢰하는 분위기를 만드는 것은 학생들이 새로운 경험을 성찰하고 그러한 성찰을 통해 선지식을 수정하도록 도울 수

있다. 그러한 신뢰 없이는 학생들은 교사와 참여했던 과학 경험에 대해 깊이 사고하지 않을 것이다. 학생들은 하나 또는 두 가지의 "사실"을 암기할지는 몰라도 그들이 가진 개념은 변화되지 않을 것이다.

학생들의 사고를 알아보고자 할 때에는 여러 유형의 반응에 대해 준비할 필요가 있다. 학생들의 반응은 학생들의 사고에 대한 통찰을 가능하게 하기 때문에 모두 가치가 있다. 만약 여러분이 먼저 자신의 생각을 학생들에게 말한다면 학생들은 자신의 생각을 공유하는 것을 편안해하지 않을 것이다. 학생들은 곧바로 여러분의 사고방식대로 사고할 것이며 최소한 그렇게 하겠다고 말할 수도 있다. 이것은 "교사 놀이(teacher game)"라고 불리며 어린 학생들조차 이것을 잘한다.

"교사 놀이" 피하기

학생들이 "올바른" 과학적 이해에 도달하는 데 어려움이 있어도 괜찮다. 학생들의 생각을 듣고 그것을 성찰하라. 학생들의 선지식 특성을 이해할 수 있는 질문을 하고 학생들이 다음과 같이 하도록 격려하라.

- 학생들이 관찰한 것을 쓰거나 그린다.
- 학생들의 과학 활동에 대한 이야기나 시를 만든다.
- 개인적인 생각을 테스트하기 위해 비슷한 다른 실험을 계획한다.

그러한 경험은 학생들이 자신의 생각을 학급 담화에서 발표하도록 격려할 것이다.

과학 활동이나 실험에서는 학생들이 정확하게 무엇을 생각하는지 말할 수 있는 자유를 주어야 한다. 틀릴 수 있는 자유라고 하더라도 말이다. 이 책의 나머지 부분에서 여러분은 이러한 교수 방략의 많은 예들을 보게 될 것이다. 또한 학생들이 오개념을 수정하고 과학적 경험과 관련된 정확한 아이디어에 대해 성찰하도록 교사가 도울 수 있는 많은 방법들을 학습하게 될 것이다. 이것은 허드슨 선생님의 학급에서 볼 수 있었으며 이 장의 후반부 윌슨(Wilson) 선생님의 행동에서도 나타날 것이다.

학생의 학습을 조정하기

"조정한다"는 것은 무슨 뜻인가?

우리의 관심사가 학생들의 의미 구성을 돕는 것이라면 우리는 그 과정을 촉진하는 방식으로 가르쳐야만 한다. 문제는 학생들이 자신의 사고를 깊이 파고들어 자신의 사고를 확장하도록 돕는 것이다. 따라서 우리의 역할은 **조정자**(mediator)이다. 일상생활에서 조정자는 일종의 거간꾼이며 사람들의 관점 차이를 해소하도록 돕는 사람이다. 조정자로서의 교사는 학생들이 처음에 가졌던 이해와 수업의 결과로 그들이 구성할 수 있는 심화된 지식 사이에 다리를 놓을 수 있도록 돕는다. 교사는 여러 가지 방법으로 할 수 있지만 대개 그 과정은 학생들을 새로운 경험에 노출시키거나 학생이 자신의 생각을 탐색하도록 함으로써 시작된다(이전에 기술된 과학 순환 학습으로 이야기하면 교사의 조정은 설명(explanation)이나 정교화(elaboration) 단계에서 일어난다).

> 나의 학생 시절 전체를 통틀어, 내 자신의 생각을 밝힐 수 있었던 기회는 오직 두 번 뿐이었다. 이 사실은 전형적이고 끔찍한 것이다.
> – Eleanor Duckworth

병과 풍선 수업에서 나는 학생들이 실험을 다른 방식으로 다시 하도록 하면서 자신의 생각을 탐색하도록 도왔다. 나는 추가적인 재료를 제공하고 그들 생각의 조정자가 됨으로써 그 과정을 촉진하였다. 그러나 그것은 쉽지 않았다. 풍선을 부풀게 한 공기가 외부에서 온 것이라고 생각하는 학생들은 처음부터 이미 병 안에 무언가 있었다는 것을 깨닫는 것이 어려웠다. 병 속에 무엇이 있는지 물었을 때 "공기"라고 답하였지만 그 개념을 진정으로 이해한 것은 아니었다.

학생의 이론

그래서 나는 학생들이 자신의 이론을 테스트하도록 격려했다. 여기서 "이론"이란 그들이 자연 현상에 대해 제안한 내용을 말한다. 이 책의 앞부분에서 보았듯이 과학에서 이론(theory)이란 용어는 그것을 지지하는 관찰 증거를 많이 가진 과학적 아이디어에 대한 신념이다. 학생들의 이론이란 그들의 특정 인지적 발달 단계에서, 자신의 이해에 기초해서 가지고 있는 그들의 신념을 말한다. 이것은 과학적으로 충분히 발달된 이론이 아닐 수 있지만 학생들이 계속 의미를 구성하면서 진정한 이론 구성으로 이어질 수 있다.

대체 개념 병과 풍선 이야기가 보여주듯이 학생들은 서로 다른 방식으로 의미를 구성한다. 때때로 그들의 생각은 **대체 개념**(alternative conceptions)이 된

일방적 의사소통을 넘어서기

조정자로서 교사의 역할은 단순히 지식의 제공자인 전통적 교사 개념과는 매우 다르다. 이 차이를 이해하는 한 가지 방법은 의사소통의 관점에서 생각해보는 것이다.

전통적인 과학 교수는 일방적 의사소통 과정으로 이루어졌다. 다시 말해 교사는 말하고 학생은 듣는다. 그러나 우리가 진정으로 학생들이 인식의 주체(knower) 즉, 세상에 대한 선지식을 교실에 가지고 오는 것이라고 믿는다면 과학 교수를 절대 일방적 과정으로 생각할 수 없다. 가르치는 것은 양방향의 대화이며 교사는 학생들의 생각을 탐색하고 반응하며 학생은 교사의 생각을 탐색하고 반응한다.

사실 대화는 학생들 사이에서도 일어난다. 소집단별로 활동할 때 대개 세 명이나 네 명 혹은 그 이상의 사람들이 포함된다. 이것이 사회적 구성(social construction of meaning)이며 이 용어는 학습에서 사회적 맥락의 중요성을 강조하기 위해 자주 사용된다.

진정한 학급 토론 혹은 소집단 토론에서 학생들은 교사뿐 아니라 다른 학생의 말을 주의 깊게 듣고 이에 반응한다. 이러한 양식의 의사소통에서 학생들은 그들의 생각을 꺼내고 의미를 구성할 수 있다. 결국 이러한 유형의 과학 교수가 과학적 개념에 대한 더 심도 깊고, 더 중요한 그리고 더 타당한 이해를 가져온다.

대체 개념- 여행의 단계

다. 대체 개념은 과학적으로 정확하지는 않지만 개념의 완전한 이해를 향해 진전된 것이다. 어떤 사람들은 올바르지 않은 생각을 오개념(misconceptions)이라고 부르지만 대체 개념이라는 용어는 이 생각이 역할이 있다는 것을 깨닫게 해준다. 그것은 학생들이 정확한 이해를 위해 여행하면서 거쳐야 하는 곳과 같다. 분명 교사들은 주어진 주제와 관련된 과학 개념을 철저히 이해해야 정확한 이해를 향한 경로에서 학생들이 자신의 생각을 나타내는지를 알 수 있다. 교사로서 우리는 과학 경험과 과학 개념을 하나씩 탐색해야만 이를 이해할 수 있다. 그리고 여러분 내부의 과학자를 찾아내는 것도 도움이 된다. (이것은 할 만하고 매우 보람 있는 것이므로 걱정하지 말라. 12장에는 여러분의 과학 내용 지식에 시동을 걸 수 있는 유용한 과학적 정보가 있다.)

대체 개념 다루기

학생들이 대체 개념을 나타내면 교사는 그러한 생각을 평가하고 행동을 취해야 한다. 이 "행동"이 조정자로서 여러분의 역할인 것이다. 학생들의 생각을 가치 있게 여긴다는 것은 그것이 도전받지 않도록 그대로 둔다는 것을 의미하지 않는다. 대신 학생들이 다양한 관점에서 자신의 개념을 조사할 수 있도록 해야 한다. 경험과 기억에 있는 다른 것을 연관시키거나 실험을 다른 방

교사와 학생들이 프로젝트에 관하여 깊이 있는 대화를 나누고 있다. 학생들 자신의 생각을 존중하고 격려함으로써 교사는 그들이 더 깊이 이해할 수 있도록 돕는다.

Tony Freeman/photoEdit

식으로 다시 시도해보기도 한다. 그래서 나는 마이크에게 이전에 증기가 유리병으로 들어가는 것을 본 적이 있는지 물었다. 그리고 학생들에게 병과 풍선을 더 잘 밀봉하면 증기가 풍선 속으로 들어가는 것을 막을 수 있는지 물었다. 그리고 그 가능성을 탐색하도록 이끌었다. 그러한 방식으로 학생들이 자신의 생각을 정련하도록 도왔고 그들의 사고는 확장된 경험에 들어맞게 되었다.

학습을 위한 발판

발판 교사가 조정자로서 역할을 할 때 교사는 학생들의 학습에 **발판**(scaffolding)을 제공한다. 일상생활에서 발판(비계)은 지면 위에서 하는 작업(예를 들면 건물 5층에 유리창을 설치하는 것과 같은 일)을 완성할 수 있도록, 물리적으로 지지해주는 일시적인 연단이나 선반을 의미한다. 교육에서 발판이란 용어 또한 임시적인 "선반"을 의미하지만 이 경우의 연단은 지적인 장소 즉, 핵심 개념을 이해하기 위한 길 위의 계단에 해당한다. 발판 없이 근로자가 일을 할 수 없는 것처럼 학습자의 과학적 이해를 발달시키기 위해서는 교사가 제공하는 발판이 필요하다.

교사가 제공하는 임시적인 발판에는 탐구하는 동안의 안내, 학생들이 생각해야 하는 핵심 질문 등이 있을 수 있다. 때때로 발판은 학생들이 다음 단계로 가는 것을 돕기 위한 추가적인 정보이기도 하다. 다음 장에서 여러분은 소금물이 생물체에 미치는 영향에 관한 "간단한 보고서(fact sheet)"를 교사가 제시함으로써 학생들의 학습에 발판을 제공하는 것을 살펴볼 것이다. 허드슨 선생님의 학급에 제공된 발판은 내가 했던 질문과 병의 목에 풍선을 테이프로 감아 했던 실험을 포함한다. 다음 과학 이야기에서 윌슨 선생님이 어떠한 발판을 제공하는지 살펴보자.

과 학 이 야 기

고드름

동북부 지방의 추운 겨울 아침이었다. 이틀 전에 눈이 왔고 기온은 영하로 떨어져 얼음과 눈이 모든 것을 덮었다.

도심 지역의 학교로 출근하는 길에 윌슨 선생님은 지붕의 끝부분에 매달린 고드름을 보았다. 고드름이 햇빛에 반짝였다. 고드름은 길이와 두께가 다양했다. 그는 긴 고드름 중 몇 개를 잘라 자신의 3학년 교실에 가지고 갔다. 그리고 보관을 위해 창 바깥쪽 창턱에 잠시 놓아두었다.

윌슨 선생님이 본 것은?

아침 조회가 끝나고 윌슨 선생님은 고드름을 꺼내 보여주면서 이것을 어디에서 구했을지 물었다. 학생들은 오늘 아침 고드름을 본 모든 장소들을 말했다. 어떤 학생은 나뭇가지 끝에서 보았고 또 어떤 학생은 지붕이나 천막 끝에서 보았다. 전혀 보지 못한 학생도 있는 것 같았다. 학생들은 선생님이 가져온 고드름 때문에 신이 났다. 선생님은 어떻게 낮은 지붕에 손을 뻗어 고드름이 부서지지 않도록 살살 떼어냈는지 설명했다.

학생들이 본 것은?

선생님은 이 고드름에 대해 알 수 있는 것을 모두 말해보기로 했다. 그러자 학생들은 길고 차가우며 투명하지 않고 딱딱하다고 했다. 또 녹으면 물방울이 떨어지고 찌를 경우 다른 사람을 다치게도 할 수 있다고 말했다.

웜슨 선생님은 학생들에게 고드름이 녹기 전에 살펴보고 싶은 것이 더 있는지 물었다.

학생들은 질문이 있다

어떤 학생들은 녹는 데 얼마나 시간이 오래 걸리는지, 또 녹게 되면 무게와 색깔이 같을지, 맛은 어떤지, 녹은 후에 다시 고드름으로 만들 수 있을지 궁금해했다.

왜 학생들의 질문이 중요한가?

> 웜슨 선생님의 생각 웜슨 선생님이 학생들에게 고드름에 대해 무엇을 알고 싶은지 물어본 것에 주목하라. 그는 학생들의 질문(그들이 아직 답할 수 없는, 답을 찾도록 독려할 수 있는)이 중요하다는 것을 알고 있었다.

웜슨 선생님은 학생들이 궁금해했던 질문을 토론하도록 했다. 아동들은 고드름이 더러울 수도 있기 때문에 맛 보지 않는 것이 좋겠다고 생각했다. 대부분의 아동들은 고드름을 녹여보고 싶어 했다. 몇 명은 교실 난로 위에 두고 싶어 했고, 또 몇몇은 촛불을 켜고 불꽃 위에 놓아보고 싶어 했다(웜슨 선생님은 학생들을 위해 그것을 해줄 수 있다). 또 다른 학생들은 햇빛이 잘 드는 창가에 두고 싶어 했다.

웜슨 선생님은 왜 학생들이 결정하도록 하는가?

이 시점에서 웜슨 선생님은 고드름을 다시 창 바깥쪽 창턱에 두었다. 그리고 학생들에게 평상시 과학 수업의 모둠대로 앉도록 하였다. 각 모둠별로 고드름을 하나씩 나누어 주고 고드름이 녹기 전에 무엇을 할지 결정하라고 했다. 웜슨 선생님은 학생들이 제안한 것 중 하나를 다시 반복해서 제안했다. 그것은 고드름이 녹기 전과 녹은 후의 무게를 비교하는 것이었다.

학생들이 모둠별로 토론하는 도중에 웜슨 선생님은 모둠별로 순회하면서 지도했다. 학생들이 무엇을 생각해냈는지를 묻고 질문을 하면서 학생들의 계획을 이끌며 지도했다. 선생님은 고드름이 녹은 후 무게가 같은지를 알아보려면 어떻게 해야 할지 물었다. 그러자 여러 모둠에서 전과 후의 무게를 재면 된다고 대답했다.

드디어 학생들이 이해한 것이다.

코치되기

윌슨 선생님의 생각 윌슨 선생님의 마음속에 목표가 있기는 했지만 이것은 즉흥적인 수업이었다. 그는 학생들이 녹는 것이 무엇인지 배우기를 기대했다. 고드름이 녹기 전후의 무게가 같은지를 아는 것은 중요한 문제이기 때문에 학생들의 주의를 그쪽으로 쏠리도록 유도했다. 또한 그는 학생들이 탐구 계획을 세우도록 도왔고 고드름이 녹을 때의 변화를 탐색할 수 있도록 했다. 그는 어떤 면에서 여행 안내자 혹은 코치와 같았다. 그러나 여행 안내자처럼 모든 장면의 세세한 것까지 설명하지는 않았다. 대신 그는 학생들의 생각과 그들이 구성하는 의미가 무엇인지를 듣고자 했다.

한 모둠이 무엇을 할지 결정하지 못하고 있었다. 윌슨 선생님은 그들이 현재까지 무엇을 생각했는지 물었다. 제이미(Jamie)는 고드름이 녹지 않도록 보호하고 싶었고 다른 세 명의 학생들은 녹는 데 걸리는 시간을 재고 싶어 했다.

제이미의 다른 생각

윌슨 선생님은 이 난처한 상황에 대해 제이미에게 무엇이 궁금한지 물었다.

"제가 고드름을 얼마나 오랫동안 차갑게 보관할 수 있을지가 궁금해요."

"그게 왜 궁금한가요?"

윌슨 선생님이 다시 되물었다.

"집에 가지고 갈 수 있을 만큼 오래 보관할 수 있는지 알아보고 싶어요."

윌슨 선생님은 제이미의 궁금증을 풀어주기로 했다.

"좋아요. 그럼 제이미는 고드름 하나를 가지고 실험해 보고 나머지 학생들은 다른 고드름으로 녹이는 활동을 해보죠."

윌슨 선생님의 생각 이 수업에서 윌슨 선생님의 주된 초점은 녹는 것에 관련된 것이었지만 모든 학생들에게 그 활동을 강요하지는 않았다. 선생님은 제이미가 자신의 의문을 탐구하고 싶어 하는 것을 알았고 이 활동을 허락했다.

좋은 해결책을 격려하기

모둠별로 자신들의 문제와 방법을 결정하고 난 후 월슨 선생님은 저울(초등학교에서 질량을 잴 때 흔하게 쓰는 윗접시저울)을 가져왔다. 그는 고드름을 각 모둠에게 나누어 주고 제이미에게 별도로 하나를 주었다. 학생들이 무게를 재기 전에 선생님은 고드름이 녹는 동안 물을 어떻게 모을 것인지 물었다. 벌써 몇몇 고드름에서는 물이 떨어지고 있었다. 학생들은 그 문제를 생각해야 했다. 그는 학생들을 실험준비실로 오도록 했고 이 질문에 대해 생각해보도록 했다. 학생들은 플라스틱 컵, 알루미늄 포일로 만든 파이 팬, 종이 상자, 그 밖의 플라스틱 용기들을 보았다. 한 학생이 알루미늄 포일로 만든 파이 팬이 좋겠다고 제안했고 월슨 선생님은 이것이 평평해서 고드름을 충분히 담을 수 있어서 좋을 것이라고 추천했다.

이제 월슨 선생님은 학생들이 가지고 있는 고드름 무게를 재도록 했다. 학생들은 기준 물체로 5 cm 정도 크기의 플라스틱 곰 인형을 사용했다(기준 물체는 그램 단위의 분동을 쓰거나 다른 편리한 것, 예를 들면 클립이나 동전을 쓸 수도 있다).

구체적인 지시는 하지 않음

학생들은 모둠별로 윗접시저울을 사용했다. 어떤 모둠에서는 팬과 고드름의 무게를 한꺼번에 쟀고 어떤 모둠에서는 고드름의 무게만을 쟀다. 월슨 선생님은 각 모둠을 관찰했지만 특별한 지시를 내리지는 않았다. 학생들은 고드름이 녹기 전에 무게를 빨리 측정해야 한다는 것을 깨달았다.

> 우리 모두는 우리 자신의 실험을 통해 배운다. 우리 자신에게 실험할 자유, 틀릴 수 있는 자유, … 다시 틀렸다는 것을 알 때까지… 잠시…맞을 수 있는 자유를 주고 있는가?
> – JACQUELINE GRENNON BROOKS AND MARTIN BROOKS

월슨 선생님의 생각 월슨 선생님은 고드름의 무게를 어떻게 측정하는지 가르쳐주는 것을 원하지 않았다. 그 대신 학생들이 자유롭게 활동하도록 했다. 즉, 틀릴 수 있는 자유, 그리고 후에 맞을 때까지 더 탐색할 수 있는 자유를 주었다. 선생님은 관찰하고, 제안하고, 이끌었지만 본인이 필요할 때까지(나중에 보게 되겠지만) 개입하지 않았다. 선생님은 학생들의 경험을 조정(mediating)하고 있다.

무게를 측정한 후 학생들은 자신들이 계획한, 서로 다른 방법으로 고드름을 녹였다. 한 모둠은 팬 안에 넣고 고드름의 무게를 잰 후 팬을 햇빛이 드는 창가에 두었고 다 녹을 때까지 몇 분 간격으로 계속 무게를 측정했다. 그리고 다 녹은 후 무게를 측정해서 비교했다.

"옳은" 답

고드름 + 팬 = 곰 인형 20개

녹은 고드름 + 팬 = 곰 인형 20개

다른 모둠은 다른 방법을 사용했지만 비슷한 결과를 얻었다.

그러나 이미 예측할 수 있는 것처럼, 파이 팬에서 꺼내 고드름만의 무게를 따로 잰 모둠은 곤란한 상황에 빠졌다. 예를 들어 한 모둠은 파이 팬을 난로 위에 놓고 녹인 후 무게를 측정하고는 처음 고드름보다 녹은 물의 무게가 늘어났다고 결론을 내렸다. 윌슨 선생님은 파이 팬의 무게에 대해서는 어떻게 생각하는지 물었다.

"틀린 답"

학생들이 쳐다보자 윌슨 선생님은 말했다.

"여러분은 고드름을 곧바로 저울의 접시 위에 올려놓고 무게를 쟀는데 물이 된 후에는 팬에 담은 채로 무게를 측정했어요. 고드름만의 무게를 쟀다면 물만의 무게를 재야하지 않을까요?"

새로운 시도

잠시 이 점에 대해 생각하다가 아동들은 새로운 계획을 세웠다. 아동들은 다시 고드름을 받아서 새롭게 실험할 수 있는지 물었다. 윌슨 선생님은 미리 준비해둔 새 고드름을 주었다. 선생님은 창 밖에 여분의 고드름을 보관하고 있었다.

윌슨 선생님의 생각 윌슨 선생님은 학생들이 대체 개념(그들의 경험에서 구성되었으나 과학적으로는 정확하지 않은)을 나타내는 것을 깨닫고 개입하였다. 선생님은 학생들이 더 정확한 생각을 구성할 수 있도록 통로를 만들었다.

균형 잡기

그러나 윌슨 선생님이 팬의 무게를 잰 후 전체의 무게에서 빼라고 말하

질량과 무게

초등학교와 중학교 과학에서 학생들은 물질에 대한 기본적 개념을 학습한다. 물질은 무게나 질량을 가지며 공간을 차지하는 것으로 정의할 수 있다(예를 들면 두 성질 모두 가지고 있지 않은 에너지와는 반대이다).

질량은 물체에 얼마나 많은 물질이 있는가를 직접적으로 말한다. 종종 무게라는 말이 질량과 혼용되지만 과학적으로 둘은 서로 다르다. 무게란 지구가 물체를 잡아당기는 힘을 말한다.

지구가 물체를 당기는 힘은 대개 일정하기 때문에 질량과 무게는 지구상에서는 같다. 그러나 지구에서 한 물체의 무게를 재고 나서 그것을 달로 가져간다면 무게가 6분의 1밖에 되지 않을 것이다. 달이 물체를 잡아당기는 중력은 지구 중력의 6분의 1 정도이기 때문이다. 그러나 물체의 질량은 두 곳에서 모두 같다.

지구에서조차 지구 중심에 가까워질수록 물체를 아래로 잡아당기는 중력의 크기는 커진다. 따라서 무게가 많이 나갈 것이다. 그러나 물체가 지구 중심에서 멀어질수록 무게는 작아질 것이다.

지 않은 것은 흥미롭다. 학생들은 그 생각을 하지 못했고 윌슨 선생님은 그의 방식을 학생들에게 강요하는 대신 자신들이 원하는 대로 실험을 다시 하도록 했다. 이것은 중요한 결정이다. 방법을 안내하는 것과 학생들이 스스로 실험하도록 하는 것 사이의 적절한 균형을 잡는 것이다. 여기서 우리는 조정자로서의 교사(teacher as mediator)에 대한 또 다른 면모를 볼 수 있다.

실험을 다시 시작한 모둠은 이번에는 고드름을 팬 안에 넣고 측정했다. 그들은 교실 뒤쪽 책상에 팬을 두고 고드름을 녹이기로 했다. 고드름이 녹는 데 시간이 걸리자 학생들은 점심 식사 후에 다시 무게를 측정했다. 그 모둠의 결과는 다음과 같았다.

고드름 + 팬 = 곰 인형 15개
녹은 고드름 + 팬 = 곰 인형 15개

드디어 동의 –그리고 놀라움

모든 모둠의 실험이 끝나자 윌슨 선생님은 전체 학급 토론을 시작했다. 학생들은 모두 처음에는 팬에 고드름을 넣고 무게를 재었고, 나중에 다시 팬에 고드름이 녹은 채로 무게를 재야 한다는 것을 알았다. 또한 고드름이 녹기 전과 녹은 후의 무게가 같다는 것에 동의했다. 학생들은 대부분 이 결과에 놀랐다.

선생님이 결과에 대해 묻자 학생들은 녹은 고드름이 더 적어 보였기 때문에 무게가 줄어들 것이라고 생각했다고 말했다.

다음에는?

선생님이 녹는 것과 관련해서 어떤 실험을 또 해볼 수 있을지 다시 물었다. 그러자 학생들은 얼음 조각을 가지고 똑같은 일이 일어나는지를 알아보자고 했다. 윌슨 선생님은 다음 날 얼음 조각을 가져오기로 하였다. 한편 제이미는 고드름을 집에 가져가기 위해 알루미늄 포일로 단단히 싸고 휴지로 다시 싼 다음 비닐에 넣고 종이 상자에 담았다.

다음 날: 고드름에서 얼음 조각으로

다음 날 아침, 윌슨 선생님 학급의 학생들은 얼음 조각으로 실험을 해볼 준비가 되어있었다. 이 실험은 학생들 자신의 생각이었고 따라서 호기심과 많은 흥미를 자아냈다.

제이미가 자신의 결과를 설명

얼음 조각 활동을 하기 전에 윌슨 선생님은 제이미에게 자신의 실험 결과에 대해 발표할 기회를 주었다. 제이미는 집에 가졌을 때 고드름이 남아 있기는 했지만 아주 작아져 있었고 그것을 냉동고에 두었다고 발표했다.

학생들이 개념을 적용할 수 있을까?

이제 윌슨 선생님은 학교 냉장고에서 세 개의 쟁반에 얼음 조각들을 가지고 왔다. 얼음 조각 한 접시가 녹기 전과 후에 무게가 같은지 측정하는 것은 상태 변화 시 질량이 보존된다는 개념에 대한 반복 경험이 될 것이다. 이것은 전날 배운 개념을 학생들이 얼마나 잘 적용하는지에 대한 평가의 예가 될 수 있다. 다시 한 번 윌슨 선생님은 학생들이 실험을 계획하고, 자신의 생각을 검증하고, 결론을 내리는 문제 해결에 참여하도록 한 것이다.

학생들은 더 탐색하기를 원함

그러나 학생들은 제이미와 같은 실험에도 관심을 갖게 되었다. 그들은 얼음 조각을 보관하기 위해 서로 다른 방법을 시도해볼 수 있는지 알고 싶어 했다. 윌슨 선생님은 가능하다고 대답했다. 한 쟁반의 얼음 조각은 녹는 것에, 다른 두 쟁반은 새로운 실험에 사용할 수 있었다. 윌슨 선생님은 새로운 실험이 단열에 대한 개념, 열에너지를 잃는 것과 얻는 것에 대한 개념으로 이어질 수 있음을 알고 있었다. 이렇게 한 학생의 의문은 전체 학급의 실험이 되었다.

의미 확장하기

■ 이야기 속의 교수 방법

- 월슨 선생님이 추운 날씨를 활용하여 학생들이 과학 활동을 하도록 한 것은 교실 밖 환경과 교실 내 활동을 중요하게 연관시킨 것이다. 이러한 연관은 학생들과 과학을 하는 것에 있어 중요한 것이다. 5장에서 이것에 대해 다시 살펴볼 것이다.
- 분명 월슨 선생님은 학생들을 구성주의적 학습 활동에 참여시켰다. 선생님이 고드름, 무게를 재는 것, 녹는 것에 대한 학생의 생각을 어떻게 들었고 그들의 생각을 어떻게 시험해보도록 격려했는지 주목하라. 이 방법은 학생들이 자신이 이미 알고 있는 것을 인식하고 그 위에 구성하도록 돕는다. 예를 들어 학생들은 실내에 두면 고드름이 녹을 것이라는 것을 알았다. 또 어디에 두어야 빨리 녹는지(교실의 난방기와 햇빛이 드는 창가)에 대해 자신들의 생각이 있었다. 학생들의 선지식은 또한 고드름이 녹기 전 어디에 두어야 할지 적절한 용기(그릇)를 선택하는 것을 도왔다. 월슨 선생님이 학생들을 인식의 주체로 인정했기 때문에 그들은 확신을 가지고 실험을 진행할 수 있었다.
- 월슨 선생님은 학생들이 하는 것을 무시하지도 않았고 아무런 도움 없이 하도록 내버려 두지도 않았다. 대신에 그는 학생들에게 제안을 하기도 하고 활동을 안내하면서 그들의 경험을 조정했다.
- 월슨 선생님이 처음부터 고드름을 용기에 담아 무게를 재야 한다고 말해주어야 했다고 생각하는 사람이 있을 수 있다. 그러한 지도는 시간상으로 효율적일 수 있지만 학생들의 생각을 발달시키지는 못한다. 그는 학생들이

스스로 탐색하기를 기대했고 학생들은 고드름의 무게를 측정하는 가장 좋은 방법을 배울 수 있었다. 윌슨 선생님은 아동이 자신의 생각을 탐구할 수 있는 기회와 지적 자유를 가질 수 있는 분위기를 만들었다. 그리고 틀려도 좋다는 암묵적인 메시지를 준 것이다.

- 한 모둠의 학생들이 녹은 물이 원래 고드름보다 더 무게가 나간다고 했을 때 윌슨 선생님은 이것이 더 깊게 이해할 수 있는 도중에 있는 대체 개념이라는 것을 알았다. 여기서 선생님은 중요한 정보를 제공하기 위해 끼어들었다. 그리고 팬 없이 고드름의 무게를 쟀으면 물의 무게도 같은 방식으로 재야 한다는 것을 지적했다. 훌륭한 교사는 학생들을 올바른 길로 안내하기 위해 충분한 정보를 제공하지만 학생들 자신이 생각하는 것을 방해할 정도로 많이 주지는 않는다.

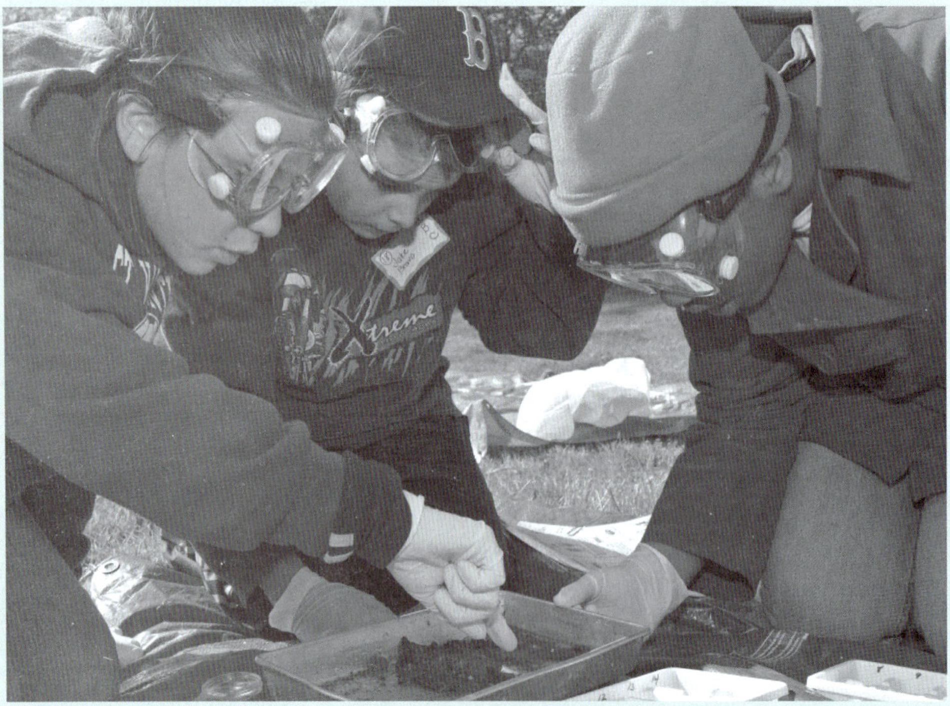

강에서 가져온 진흙 표본을 살펴보면서 학생들은 자신의 의문을 탐색하고 생각을 토론한다.

- 윌슨 선생님은 처음에 고드름과 관련된 경험이 어디로 향할지 정확히 몰랐다. 그는 엄격한 검증의 과정을 거치지 않았다. 학생들이 녹는 것과 관련하여 무언가를 배우길 바랐다. 그러나 고드름을 차갑게 보관했던 제이미는 단열에 관해 무언가를 배웠다. 선생님은 모든 모둠이 녹기 전과 후의 무게 문제를 탐색하도록 했는데 그것은 처음에 학생들의 아이디어를 자극했을 때 학생들 자신이 제기했던 문제였다.
- 여러분은 윌슨 선생님이 접근했던 방식이 과학적 과정 자체와 어떻게 유사한지 아는가? 전문적인 과학에서 한 실험은 가끔 다른 실험을 유도한다. 연구팀의 누군가 새로운, 그러나 연관된 질문을 하기 때문이다. 같은 방식으로 윌슨 선생님의 학생들은, 부분적으로 제이미에게 자극되어, 하나의 탐색에서 다른 탐색으로 자신들의 질문을 이어갔다.

이야기 속의 과학 개념

- 이 이야기 속의 활동은 물질의 상태가 변할 때, 여기서는 고체가 액체로 변할 때 어떤 일이 일어나는지에 관한 것이다. 학생들은 물질의 상태가 변할 때 질량이 변하지 않는다는 것을 관찰한다. 상태 변화는 서로 다른 에너지의 양과 관련 있으며 물질의 질량은 상태 변화 전후에 같다. 학생들은 고드름에 열에너지를 주어 고드름이 녹게 했다. 그리고 고드름은 열에너지를 흡수했다. 그것은 입자들이 더 빠르게 움직이고 서로 더 멀어지도록 했고 고체를 액체로 변화시켰다. 그러나 에너지의 증가가 질량에는 영향을 미치지 않았다.
- 물질의 상태는 물상과학에서 기본적인 내용이다. 그것은 학생들이 주변의 세상을 이해하는 것을 돕고 이후에 원자 구조와 같은 더 복잡한 개념을 구성하기 위한 선지식이 된다.
- 고드름은 처마 밑에서 눈이나 얼음이 녹아 떨어지면서 기온이 물의 어는점인 0℃, 아래로 내려가면 생긴다. 눈이나 얼음이 햇빛을 받아 녹고 응달 쪽으로 떨어지면 다시 얼면서 원뿔 모양의 고드름이 된다.

- 이 활동은 학생들이 서로 다른 상태의, 같은 물체의 무게를 측정할 때 방법이 중요하다는 것을 이해하도록 돕는다. 중요한 일반적 원리가 여기에 있다. 과학 실험에서 우리는 "무엇을 일정하게 유지할까? 무엇을 변화시킬까?"라고 항상 묻게 된다. 과학자들은 이것을 각각 **통제요인**과 **변인**이라고 부른다. 학생들은 물질의 상태를 변화시키고 있다. 따라서 이것이 무게에 미치는 영향을 공정하게 테스트하려면 두 상태의 무게를 측정하는 조건이 같아야만 한다. 과학에서 **공정한 검사**는 우리가 테스트하는 것(변인)을 제외하고 나머지 실험 조건은 모두 똑같게 유지하는 것(통제요인)이 필요하다.

♠ 이야기 속의 과학교육과정

기준 윌슨 선생님 학급의 이야기는 미국의 국가과학교육기준(NSES, National Research Council, 1996)의 다음 부분을 반영한다.

♠ **교수 기준 B** "과학 교사들은 학생들이 자신의 학습에 대한 책임을 수용하고 공유하도록 도전시킨다." 여러분은 윌슨 선생님이 어떻게 이것의 모델이 되었는지 볼 수 있다.

♠ **내용 기준 B, K-4학년 (물상과학)** "물질은 서로 다른 상태(고체, 액체, 기체)로 존재할 수 있다. 물과 같은 보통의 물질은 가열하거나 냉각함으로써 한 상태에서 다른 상태로 변화될 수 있다." 이러한 과학 개념은 윌슨 선생님의 3학년 학생들에게 적절한 것이다.

심화 탐색

- 고드름 활동은 어떤 면에서 학생들의 사고 과정을 자극했다고 생각하는가?
- 새로운 의미를 구성하기 위해 학생들은 어떠한 이전 경험에 기초하고 있었는가?
- 선생님은 학생들을 이 활동에 참여시키기 전에 어떤 과학 지식을 알아야 하는가?
- 이 수업을 사회나 문학 등 다른 교과와 어떻게 연계시킬 수 있겠는가?

■ 이 활동에 기술을 어떻게 통합시킬 수 있겠는가?

심화 탐색을 위한 자료

전자 미디어 자료

Changing States of Matter. 이 사이트는 물질의 상태가 왜 변하는지에 대해 그림과 다이어그램, 그리고 쉬운 언어로 설명한다.

Minds of Our Own과 A Private Universe. 이 두 개의 DVD는 기초적인 과학 개념과 대체 개념을 다룬다. 하버드와 MIT 학생들에게 과학의 기초적인 아이디어를 질문한다. 여러분은 그들의 답에 놀라게 될 것이다! 천체 물리학을 위한 하버드-스미스소니언 센터(Harvard-Smithonian Center for Astrophysics)에서 개발되었으며 아넨버그 미디어(Annenberg Media)에서 지원하였다. DVD 또한 이용 가능하다.

출판 자료

Adams, B. (2006). Science shorts: All that matters. Science and Children, 44(1), 53-55.

Ashbrook, P. (2006). The matter of melting. Science and Children, 43(4), 19-21.

Dyasi, H. (1995). Is there room for children's ideas in the elementary school curriculum? In William Ayers (ed.), To Become a Teacher: Make a Difference in Children's Lives. New York: Teachers College Press.

조정과 대체 개념

존 듀이(John Dewey, 1933)는 사고 과정의 기초, 생성자(generator)로서 구체적 경험에 대해 이야기했다. 경험이 아이디어의 이해 그리고 개념화하는 능력으로 이끈다는 것을 말하였다. 이는 실제 체험 학습이 중요한 주장이 되기 이전인 50여 년 전의 주장이었다. 사물에서 개념으로 나아간다는 것은 과학 학습의 뿌리를 구체적 경험에 두는 것이다. 몇몇 연구자들은 상황 인지

상황 인지 혹은 상황 학습이란 용어를 사용해서 학습의 상황이나 맥락이 중요하며, 진정한 학습은 오직 실제 세계의 활동에서 일어난다는 것을 언급했다(예: Snowman & McCowin, 2009 참조).

그러나 불행하게도 대부분의 과학 교사는 월슨 선생님과는 달리 미리 정해진, 예측 가능한 체험 활동만을 학생들에게 제공한다. 교사는 학생들이 어디에서 끝내야 하는지를 미리 정확하게 알고 있다. 이 방법에는 분명 매력이 있다. 분명 학생들을 위한 명확한 학습 목표가 필요하다. 그러나 학생들이 과학을 할 때 엄격한 과정을 따르게 하면 교사는 학생들이 무엇을 생각하는지, 어떻게 의미를 구성하는지 배우지 못한다. 학생들이 무엇을 생각하는지 알지 못한 채 그들의 사고를 변화시키거나 발달시키는 것을 돕는 것은 매우 힘들다. 가끔 학생들은 표준화된 시험에서는 높은 점수를 받지만 수업 이전에 습득한, 경험에 기초한, 자연에 대한 해석은 변화하지 않는 경우가 있다(Yager, 1991).

나는 몇 달 몇 년을 생각하고 또 생각한다. 아흔 아홉 번 그 결론은 틀렸었고 백 번째에 맞았다.
– ALBERT EINSTEIN

대체 개념이 나이, 능력, 성, 문화적 경계를 가로지른다는 것을 인식하는 것이 중요하다. 3~5학년 2,100명 이상의 학생을 대상으로 데이터를 수집한 국가적 연구(Barman, et. al., 1999)에서 13 % 이상의 학생들이 털이 없는 생물은 동물이 아니라고 하였다. 또 9 % 이상의 학생들은 애완동물이 아니면 동물이 아니라고 하였다. 수상 비디오인 '개인적 우주(A private Universe)' (월슨 선생님의 수업 이야기 후에 전자 미디어 자료로 인용된 것)에서는 하버드 대학

잘 변하지 않는 대체 개념의 변화를 돕는 몇 가지 방략

- 학생들의 생각을 듣는다.
- 학생들의 반응을 성찰하여 그들의 사고를 존중한다.
- 학생들에게 자신의 생각을 설명하도록 한다. 즉, "그것 참 흥미롭군요. 왜 그렇게 생각하게 되었지요?"
- 실험을 변경한다. 예를 들면 같은 실험을 다른 재료로 다시 실시한다.
- 학생들에게 대체 개념으로 설명되는 시범을 계획하도록 한다. 예를 들면 "그것이 정말 그런지 볼 수 있는 실험을 계획할 수 있나요?"
- 사람들은 정확하지 않다는 것을 알면서도 어떤 아이디어에 집착하는 경향이 있음을 학생들에게 상기시킨다. 학생들에게 "우리는 왜 그렇다고 생각하나요?"라고 묻는다.
- 정확한 핵심적 개념을 적용하고 표현할 수 있는 여러 가지 방법을 찾는다.

교의 졸업생조차 태양계에 대한 기본적 이해를 잘못하고 있음을 보여준다. 이 예는 대체 개념을 드러내고 그것을 변화시키기 위한 반복적 경험을 제공하는 교수 방략의 중요성을 지적한다.

부정확한 개념의 내구성

고드름 이야기를 다시 생각해보자. 대개의 학생들은 고드름이 녹으면서 생기는 물을 보면서 원래 고드름보다 무게가 덜 나갈 것이라고 생각했다. 이것은 다른 액체와는 달리 물은 얼 때 부피가 늘기 때문이다. 반대로 녹으면 부피가 줄어든다.

대체 개념을 변화시키기

물이 고드름보다 무게가 적을 것이라는 학생들의 생각은 경험과 반대였다. 이 경험이 없었다면 그들은 물이 얼 때 부피가 늘어난다는 사실을 실제 그 의미를 알지 못한 채 기계적으로 암기했을지 모른다. 학생들이 자연 세계에 대해 가지고 있는 생각을 알아야만 그들의 대체 개념을 변화시킬 수 있다. 학생들에게 자신의 생각을 표현할 수 있는 기회를 제공하고 그 생각들에 대해 이야기하며, 그 생각들을 테스트함으로써 우리는 그것이 좀 더 세련되고 좀 더 정확한 개념으로 발달하도록 조정할 수 있다. 여러분 자신의 수업에서 일단 경험하게 되면 이 역할은 더 깊은 의미를 가질 것이다.

이제 교사가 조정자로서 학생들의 학습을 어떻게 촉진하는지 다른 예시를 살펴보자. 이 예에서는 중학생들이 등장하며 교사는 학생들이 자신의 의문을 탐색하고 자신의 생각을 발달시키도록 돕는다. 이야기의 마지막 부분에서 여러분은 교사가 대체 개념을 어떻게 다루는지 보게 될 것이다.

과 학 이 야 기

물의 "피부"

리지필드(Ridgefield) 중학교의 6학년 학생들은 학교 운동장에 있는 연못의 곤충에 푹 빠져있었다. 남부 지방이라 겨울이 따뜻하고, 며칠 동안

비가 와서 연못에는 물이 많았다. 파커(Parker) 선생님은 학생들을 연못으로 데리고 가서 온도를 측정하도록 했다. 일주일 전에 학생들이 쟀던 것과 비교하기 위해서였다. 아이들이 연못 주위에 앉기 전에 헨리(Henry)가 소리쳤다.

"와! 저기 벌레 두 마리 좀 봐!"

놀라운 곤충들

물 위에서 가볍게 뛰어다니는 두 마리의 곤충은 소금쟁이였다.

"우! 대단하다."

"와! 어떻게 물 위에서 걸을 수 있지?"

레니(Lanie)와 숀드라(Shondra)가 신기한 듯 소리쳤다. 이 모습을 본 파커 선생님이 말했다.

"저 곤충은 어떻게 물 위에서 걸을 수 있을까요? 다 같이 생각해봅시다."

파커 선생님의 생각 파커 선생님은 이 질문을 통해 학생들의 사고를 자극하고자 했다. 그래서 질문에 답하는 것을 서두르지 않고 학생들이 참여하도록 했다.

어떻게 물 위에서 걸을 수 있을까?

어떤 학생들은 곤충이 매우 가볍기 때문에 물 위에 떠 있을 것이라고 말했고 다른 학생들은 곤충의 다리에 받침대가 있을 것이라고 했다. 또 다른 학생은 다리 사이가 아주 멀다고 말했다. 온도(비 온 후 온도가 내려감)를 측정하자마자 파커 선생님은 학생들을 데리고 교실로 돌아왔다. 그리고 다음 과학 시간에 숀드라의 질문을 탐색해보자고 하였다.

> 지식은 질문과 "정말로 알게" 되는 과정에 의해 좌우된다. 그것은 핵심적인 개념을 새로운 상황, 새로운 조건에서, 새로운 요인들로 다시 살펴보게 하는 것이며 자신의 사고를 도전시킨다.
> JACQUELINE GRENNON BROOKS

질문을 탐색하기 위한 실험

다음 날, 나는 파커 선생님이 6학년 학생들과 여러 가지 실험을 하는 수업에 참여했다. 내가 교실에 들어가자 실험 준비대에는 금속 와셔들, 수조, 포일로 만든 파이 팬, 플라스틱 컵들, 이름을 쓰기 위한 카드 등이 놓여있었다. 파커 선생님의 수업에서는 모둠별로 활동이 이루어졌는데 각 모둠은 지시자, 운영자, 발표자, 기록자 등으로 역할이 나누어져 있었고 학생들이 이 역할을 차례로 돌아가며 맡고 있었다. 파커 선생님은 운영자들에게 와서 한 컵과, 빈 컵 하나, 수조, 물이 담긴 컵을 가져가도록 했다.

> 저자의 생각 28명의 학생들 중 7명만 준비물을 준비하는 것이 인상적이었다. 이런 방식으로 이전에 활동해왔기 때문에 모든 학생이 자신의 역할을 잘 알고 있는 것처럼 보였다.

파커 선생님은 각 모둠에서 빈 컵을 수조에 넣고 그 컵에 물을 꼭대기까지 가득 담도록 한 후 와셔를 한 번에 하나씩 조심스럽게 컵에 넣어보도록 했다. 또한 물이 넘치지 않도록 하면서 와셔를 몇 개나 넣을 수 있을지 예측해보자고 하였다.

일정한 것과 변인에 대해 생각

각 모둠에서 예측을 시작하자, 파커 선생님은 학생들에게 같게 유지해야 하는 것과 변화시켜야 하는 것을 상기시켰다. 그리고 학생들이 무엇을 같게 유지하려고 하는지, 무엇을 변화시키려고 하는지 물었다. 학생들은 와셔를 매번 같은 사람이 넣는 것이 중요하다고 했다. 선생님이 왜 그것이 중요한지 묻자 학생들은 같은 사람이 해야 매번 와셔를 넣는 과정을 같게 할 수 있다고 답했다. 선생님이 와셔를 어떤 방법으로 넣어야 할지 또 묻자, 한 학생이 컵의 가장자리에서 미끄러지듯이 와셔를 넣어야 한다고 설명했다. 다른 학생들은 와셔가 물에 들어갈 때 매번 물의 수면을 주의 깊게 관찰했다. 파커 선생님은 매번 같은 과정으로 실험해야 공정한 검사가 될 수 있다고 말하였다.

학생들이 숀드라의 질문에 답하다

숀드라는 이 실험이 소금쟁이에 대한 자신의 궁금증과 어떤 관련이 있는지 물었다. 파커 선생님은 모든 활동이 끝난 후 학급 전체가 숀드라의 의문에 답하는 것을 도울 수 있기를 기대했다.

> 저자의 생각 나는 파커 선생님이 숀드라의 궁금증을 잠시 접어두고 학급의 친구들이 소금쟁이 문제를 함께 도울 수 있도록 하는 방식을 이해할 수 있었다.

결과는 예측과 달랐다

예측을 한 후 학생들은 컵 속에 와셔를 미끄러뜨리면서 자신들의 생각을 테스트하였다. 모든 모둠에서 그들의 예측과 결과는 달랐다. 그 데이터는 다음 표 3.1과 같았다.

표 3.1 파커 선생님 학급의 실험 결과

모둠	와셔의 개수	
	예측	실제 결과
1	4	14
2	3	15
3	5	12
4	4	13
5	2	14
6	7	15
7	4	13

한 모둠에서 다시 실험하고 싶다고 파커 선생님에게 말했다. 선생님이 흔쾌히 허락하자 다른 모둠도 다시 실험을 시작했다. 학생들은 예측을 달리 해보았으나 결과는 이전과 거의 유사했다.

파커 선생님이 물었다.

"왜 모든 모둠의 실험 결과가 약간씩 다를까요? 왜 다시 실험을 하면 이전과 약간씩 다른 결과가 나올까요?"

학생들은 처음에 물을 담을 때 물의 양이 약간씩 다를 수 있기 때문에 결과가 달라지는 것 같다고 말했다.

저자의 생각 파커 선생님은 학생들에게 데이터에 대해 이야기하면서 수용 가능한(받아들일 수 있는) 답의 범위가 있다는 것을 알려주고 있다.

왜 물이 넘치지 않을까?

이제 파커 선생님은 학생들에게 와셔를 넣으면서 관찰한 것을 말해보도록 했다. 선생님은 물에 어떤 일이 일어났다고 생각하는지 물었다.

"수면이 올라갔어요."라고 한 학생이 말했다.

다른 학생은 "그것은 돔 같았어요. 절대 넘치지 않을 것처럼 보였어요. 점

그림 3.1
표면 장력에 대한 초기의 개념도

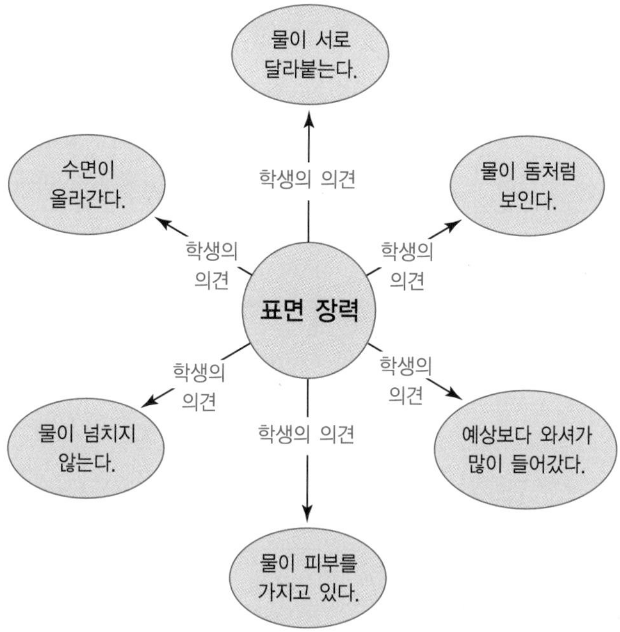

점 높아지기만 했어요."라고 말했다.

레니가 물이 피부를 가진 것처럼 보인다고 말하자 헨리(Henry)는 그 현상이 표면 장력이라고 소리쳤다.

이 시점에서 파커 선생님은 칠판에 원을 그린 후 "표면 장력"이라고 써넣었다. 선생님은 헨리에게 표면 장력이 무슨 뜻인지 좀 더 자세히 말해보라고 하였다. 헨리는 그게 무엇인지 정확하게 알지는 못하지만 물이 서로 달라붙는 것과 같은 것이라고 했다. 파커 선생님은 와셔를 컵에 넣을 때 관찰한 것이 무엇인지 물었다.

개념도 그리기

파커 선생님은 학생들의 대답을 모두 칠판에 기록했다. "표면 장력"이라고 쓴 원에서부터 바깥쪽으로 화살표를 그리고 원이나 타원 안에 학생들이 말하는 것을 모두 써넣었다. 파커 선생님은 헨리가 말한 "표면 장력"을 중앙에 두고 그림 3.1과 같은 개념도를 만들고 있었다(이것은 단지 개념도의 한 가지 사용 예에 지나지 않는다. 이것을 "생각 지도(thinking map)"라고 부를 수 있다).

> **파커 선생님의 생각** 표면 장력에 대한 복잡한 설명이 있지만 파커 선생님은 자신의 교수법에 따라 학생들이 그 개념을 이해할 수 있을 것이라고 생각했다. 개념도는 그들의 사고를 나타내고 발달시키는 것을 도와줄 것이다. 이것은 학생들의 생각에 발판을 제공하는 한 가지 방법이다.

답이 떠오르기 시작

파커 선생님은 그림을 그리고 뒤로 물러나서 학생들이 제안한 생각들을 모둠에서 토론하도록 했다. 그리고 물의 표면이 왜 이와 같은 특성을 보이는지 생각해보도록 하였다.

"그건 헨리가 말한 대로 표면 장력이에요." 조쉬(Josh)가 말했다.

"그런데 물이 표면 장력을 가진다는 것이 무슨 뜻일까요?" 파커 선생님이 물었다.

학생들은 확실하게 알지 못했다. 숀드라는 표면 장력이 소금쟁이에 대한 설명과 관련되어 있다는 것을 느끼기 시작했다. 파커 선생님은 인터넷이 연결된 컴퓨터를 활용해서 학생들이 표면 장력에 대해 조사하도록 했다.

후속 실험과 토론

조사하기와 후속 실험

다음 날 파커 선생님은 학생들이 다시 모둠별로 활동하도록 하고 표면 장력 개념에 대해 브레인스토밍을 하도록 했다. 또 와셔 실험을 다시 하도록 했는데 이번에는 와셔 대신 1페니 동전을 사용하도록 했다. 한 모둠은 물이 넘치기 전에 동전을 42개나 넣을 수 있었다. 어떤 모둠은 물 분자의 그림을 그렸고 다른 모둠은 와셔 실험을 다시 시도했다. 학생들은 그들이 조사한 것과 경험한 것을 바탕으로 선생님과 토론을 하게 되었고 이것은 표면 장력이 정말 무엇인지를 이해하는 데 기초가 되었다.

각 모둠의 발표자는 표면 장력에 대한 모둠의 생각을 학급 전체에 발표했다. 학생들이 발표하는 동안 파커 선생님은 개념도에 그 생각들을 추가해서 그리기 시작했다. 또 몇몇 모둠에서 조사한 자료를 확인해주기도 하였다. 선생님은 '물은 분자라는 작은 입자로 이루어져 있다.' 라는 것을 개념도에 그려 넣으면서 물이 서로 달라붙는다는 헨리의 생각에 화살표로 연결시켰다. 그러자 숀드라의 모둠에서 물 분자는 서로 끌어당긴다고 말했고 헨리네 모둠은 물 분자는 공기를 끌어당기지 않는다고 말했다.

파커 선생님은 학생들에게 이러한 현상들이 물 표면에 어떤 영향을 미칠지 질문하였다. 레니의 모둠은 물 분자를 원으로 그리고 물 분자가 표면에서 서로 당기고 또 아래쪽 물 분자와 서로 당기는 그림을 화살표로 나타냈다. 파커

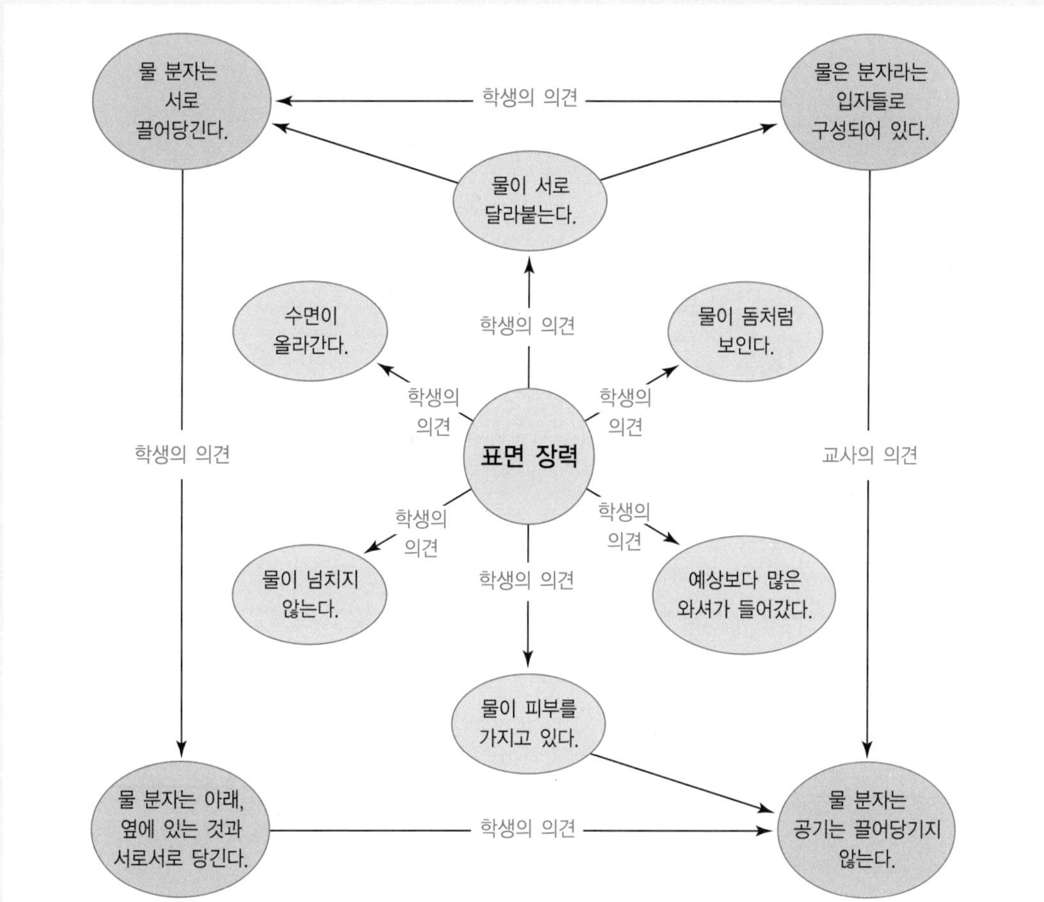

그림 3.2 **표면 장력에 대한 최종 개념도**

선생님은 이 생각도 개념도에 써넣고 관련된 의견을 선으로 이었다. 이제 개념도는 그림 3.2와 같이 변화되었다.

개념도 확장하기

> **저자의 생각** 나는 파커 선생님과 학생들 또는 학생들 자신과의 협상을 통해 개념도가 확장되는 방식에 감탄했다. 그것은 이해를 하는 과정에서 학생들의 생각이 어떻게 발달되어 가는가에 대한 기록이 되었다.

숀드라의 답

모든 모둠의 발표가 끝난 후 파커 선생님은 숀드라에게 왜 소금쟁이가 물 표면에서 가볍게 뛰어다닐 수 있는지 물었다. 숀드라는 웃으며 대답했다.

"그것은 물 분자들이 서로 단단하게 붙잡고 있어서 물이 피부를 가진 것처럼 되었기 때문이에요."

그러자 파커 선생님이 덧붙였다.

"이것 때문에 소금쟁이가 물에 빠지지 않고 물 위에서 뛰어다닐 수 있는 것이죠."

좀 더 도전하기

다음 날 아침, 학생들은 파커 선생님의 수업에서 물의 성질에 대해 탐색할 수 있는 또 다른 기회에 도전하게 되었다. 운영자들은 플라스틱 컵과 네모난 종이(가로, 세로 약 10 cm 정도의 마분지), 수조를 준비하였다. 파커 선생님은 학생들이 물을 컵에 가득 채우고 종이로 덮도록 했다. 학생들은 한 손으로 컵을 덮은 종이를 잡은 채 수조 위에서 컵을 거꾸로 들었다. 학생들은 물이 쏟아지지 않을까 걱정했다. 파커 선생님은 물이 쏟아져도 수조가 있으니 괜찮다고 학생들의 실험을 격려했다. 그리고 컵의 물의 양을 다르게 해서 이 실험을 해보도록 하였다.

또 다른 놀라움

컵을 거꾸로 들자 교실은 기쁨과 좌절의 소리로 가득 찼다. 대부분 컵의 물은 쏟아지지 않았다. 종이가 얇은 경우에도(그림 3.3. 참조) 마찬가지였다. 파커 선생님은 각 모둠에서 지시자의 역할을 하는 학생들이 다른 학생들을 도와 모둠에서 왜 컵을 거꾸로 해도 물이 쏟아지지 않는지 이론을 만들어 보도록 했다.

학생들은 모둠에서 이 문제를 토론한 후 각 모둠의 발표자가 토론 결과를 발표했다. 그리고 다음과 같은 세 가지 설명이 나왔다.

학생들의 이론

1. 물이 종이를 물 쪽으로 빨아들인다.
2. 공기가 종이를 밀어 올려서 거기에 붙어 있도록 한다.
3. 물 분자가 종이 사이로 나가려는 물 분자를 끌어당겨서, 즉 물의 표면 장력이 종이와 물을 그 자리에 있도록 한다.

학생들은 파커 선생님에게 정답을 듣고 싶어했다. 선생님은 정답 대신 다른 활동으로 안내했다.

비누 넣기– 극적인 변화

학생들은 포일로 만든 파이 팬(각 모둠당 하나), 후추 병, 액체비누를 준비했다. 그리고 각 파이 팬에 5 cm 정도의 물을 담았다. 학생들은 후추를 뿌리고 그것이 물에 떠서 모여있는 것을 관찰했다. 선생님은 한 학생에게 자신의 손가락을 액체비누에 담갔다가 파이 팬에 담그도록 했다. 그러자 갑자기 후추들이 흩어졌다. 후추들은 물의 표면에서 팬의 가장자리로 "도망가는 것"처럼 보였다. 그리고 후추는 가라앉기 시작했다. 학생들은 이 극적인 반응에 신이 났다.

그림 3.3
표면 장력 실험

다시 한 번 파커 선생님은 학생들에게 무슨 일이 일어났는지 토론하고 자신의 이론을 제시하도록 했다. 이번에는 학생들이 그럴듯한 설명을 하기 시작했다. 각 모둠에서는 비누가 물의 표면 변화에 영향을 미친다고 말했다. 두 모둠은 비누가 "물의 표면 장력을 없앤다."고 했다.

조사 결과는 학생들의 생각을 지지함

파커 선생님은 학생들이 다시 인터넷 조사를 통해서 이 점에 대해 알아보도록 했다. 학생들은 비누가 표면 장력을 줄인다는 것을 알게 되었다. 비누 분자는 매우 다른 두 가지 성질을 가지고 있었다. 하나는 물에 잘 녹는 것이고 다른 하나는 기름에 잘 녹는다는 점이다. 기름기가 있는 물에 비누를 넣으면 친유성 부분이 물 위에서 바깥쪽을 향하게 되기 때문에 기름과 잘 섞인다. 따라서 비눗물로 기름기를 깨끗하게 세척할 수 있는 것이다.

대체 개념의 변화

파커 선생님은 거꾸로 된 컵의 물이 쏟아지지 않는 현상에 대해 우리 이론이 맞다는 것을 어떻게 테스트해볼 수 있을지 물었다. 학생들은 비눗물이 든 컵을 거꾸로 해서 실험하기로 했다. 학생들은 비눗물의 표면 장력이 약해서 종이(마분지)가 버티는 시간이 더 짧아진다는 것을 알아냈다.

파커 선생님은 학급 전체에게 말했다.

"많은 사람들은 공기가 떠받쳐 주기 때문에 종이가 떨어지지 않는다고 생각해요. 보통 이것이 일반적인 생각이죠. 그러나 여러분은 좀 더 나은 생각을 갖게 되었어요. 여러분은 물의 표면 장력이 얼마나 강력한 것인가를 보았고 그것이 종이가 떨어지지 않는 이유라는 것을 알았어요."

수업이 끝나기 바로 전에 레니가 말했다.

"비눗물로 와서 실험을 다시 해봐도 되나요?"

"좋은 생각이구나, 그것은 내일 해보자."

파커 선생님이 레니를 칭찬했다.

의 미 확 장 하 기

■ 이야기 속의 교수 방법

- 학생들이 소금쟁이를 새롭게 관찰하고 매료되었을 때 파커 선생님은 일련의 과학 경험을 만들어내서 학생들의 흥미를 존중하였다. 학생들이 자신의 의문을 탐색하도록 돕고 탐구를 더 할 수 있도록 격려했다.
- 파커 선생님이 숀드라의 질문에 답하지 않고 전체 학급에서 그것을 다룰 것이라고 약속한 것에 주목하라.
- 학생들이 원활하게 모둠 활동을 하도록 하기 위해 파커 선생님은 각 모둠 구성원의 과제를 명확하게 제시했다. 준비물 운영자는 모둠을 위해 준비물을 가져오고 가져다 두고, 기록자는 데이터를 계속해서 기록하며, 발표자는 결과를 발표하거나 선생님과 다른 모둠 발표자에게 도움을 요청하고, 지시자는 구성원이 탐구를 이해하고 과제를 완수하도록 한다. 뒷부분에서 모둠의 구조에 대해 더 살펴보게 될 것이다.
- 파커 선생님은 표면 장력에 대한 헨리의 "정답"을 존중했지만 학생들과 이 용어의 의미에 대해 논의해야 한다는 것을 알고 있었다.
- 이러한 상황에서 개념도는 학생들의 이해를 돕는 정신적 도구이다. 개념도는 학생들의 경험에 근거하고 표면 장력의 이유를 발견하도록 돕는다.
- 파커 선생님은 간단하고 명료하게 지도를 했고 유인물을 배부하지 않았다. 학생들이 인터넷을 사용해서 조사하도록 했고 직접적인 실험으로 자신의 이론을 테스트하도록 격려했다.

● 이야기 속의 과학 개념

- 물 분자는 화학식 H_2O가 나타내듯이 두 개의 수소 원자와 한 개의 산소 원자를 가지고 있다. 서로 달라붙는 성질은 두 개의 수소 원자 때문에 생긴다. 이것은 분자의 한쪽으로 몰려 있어 이웃한 분자의 산소 원자 쪽으로 끌리며 "수소 결합"이라고 불리는 상태가 된다.

- 표면에서 먼 물 안쪽에서는 모든 분자들이 모든 측면의 이웃 분자와 줄다리기를 한다. "위쪽"으로 당기는 힘에 반대하여 "아래쪽"으로 당기는 힘이 있고 "왼쪽"으로 당기는 힘에 반대하여 "오른쪽"으로 당기는 힘이 있다. 따라서 결과적으로 분자에 작용하는 알짜힘이 없게 된다. 그러나 표면에서는 다르다. 표면에서는 위쪽에 액체가 없기 때문에 아래쪽으로 당기는 것에 반대되는 위쪽 방향의 힘이 없다. 따라서 표면의 분자들은 액체 쪽으로 당겨지게 된다.
- 표면이 늘어나면 넓이가 더 넓어진다. 더 많은 분자들이 이 넓이에서 당겨지게 된다. 이렇게 "늘어난 피부" 효과를 표면 장력이라고 부른다. 표면 장력은 액체의 특성에서 중요한 역할을 한다. 빗방울 모양이 나타나는 것도 물의 표면 장력 때문이다.
- 소금쟁이는 고요한 물의 표면에서 먹이를 사냥한다. 마치 화성 착륙선처럼 발 사이의 간격이 넓다. 소금쟁이의 발은 물의 표면을 누르지만 방수되는 털과 물의 표면 장력 효과 때문에 물에 뜨게 된다.

♠ 이야기 속의 과학교육과정

기준 파커 선생님 학급의 이야기는 국가과학교육기준(NSES, National Research Council, 1996)의 다음 부분을 반영한다.

♠ **교수 기준 B** "과학 교사들은 과학 아이디어에 대한 학생들의 대화를 이끈다. 성공적인 과학 수업에서 교사는 학생들과 함께 아이디어를 추구한다." 여러분은 파커 선생님이 어떻게 이 모델이 되었는지 볼 수 있다.

♠ **내용 기준 B, 5-8학년(물상과학)** "물질은 그 양에 관계없이 특성을 가지고 있다. 100가지 이상의 원소가 알려져 있으며 여러 방식으로 결합하여 화합물을 만들고 이것이 우리가 접하는 생명체 혹은 비생명체의 물질들이다."

학생들의 인터넷 사용은 학생들을 위한 국가교육기술기준(NETS-S, International Society for Technology in Education, 2007)의 권고 사항을 반

영하고 있다. 학생들이 기술을 사용하는 방법이 특히 중요하다.

♠ **비판적 사고, 문제 해결, 의사결정** 학생들은 비판적 사고 기능을 사용해서 조사를 계획하고 실시하며, 프로젝트를 운영하고, 문제를 해결한다. 그리고 적절한 디지털 도구와 자원을 활용해서 정보에 기초한 의사결정을 한다. 학생들은 (a)탐구하려는 진정한 문제 혹은 중요한 문제를 규명한다. (b)해를 찾거나 프로젝트를 완수하기 위해 활동을 계획하고 운영한다. (c)해를 찾거나 정보에 기초한 의사결정을 하기 위해 데이터를 수집하고 분석한다. (d)대안적 해를 탐색하기 위해 여러 가지 과정이나 다양한 관점을 사용한다.

심화 탐색

- 소금쟁이의 구조는 움직일 때 어떤 도움을 주는가?
- 표면 장력은 얼어붙은 연못 스케이팅과 어떻게 연관되는가?
- 파커 선생님은 표면 장력과 관련하여 다음 수업을 어떻게 해야 하는가?
- 개념도를 활용하는 다른 방법이 있는가?(13장에서 개념도에 대한 다른 예시를 보게 될 것이다.)

심화 탐색을 위한 자료

Pond Skaters. 이 페이지는 소금쟁이에 관한 상당한 양의 교육적 정보와 기술을 제공한다.

The Theory Underlying Concept Maps and How to Construct and Use Them. 이 논문은 노박(Joseph Novak)과 캐나스(Alberto Cañas)가 쓴 것이다. 인터넷에서 내려받을 수 있고 개념도에 대해 우리의 인식, 뇌의 기능과 연관 짓는다.

인식 주체로서의 학생

학생이 과학을 학습하도록 하기 위해서는 교사로부터 정보와 안내 모두가 필요하다. 우리의 목표 중 하나는 학생들이 자율적인 학습자가 되도록 하는 것이다. 과제를 수행하고 그 경험을 바탕으로 자신의 학습에 책임을 질 수 있어야 한다. 그리고 교사들은 정보를 습득하는 것과 진정으로 이해하는 것 사이에는 큰 차이가 있다는 것을 알고 있다.

답을 찾는 것에 시간과 열정 쏟기

이 장에서 우리는 과학적 지식을 구성하기 위해서는 자신의 질문을 탐색하고 자신의 생각을 테스트하는 능동적 의미 구성 과정에 참여하는 것이 필요하다는 것을 알았다. 학생들의 입장에서는 자신의 답을 찾기 위해 시간과 열정을 쏟는 것을 말한다. 학생들은 답을 찾아 이미 존재하던 개념 틀(학생들의 선지식)에 새로운 아이디어를 자리 잡게 한다.

사고의 전환

학생들이 과학을 어떻게 학습하는가에 대해 이해하게 되면 우리는 학생들의 생각을 존중하고 자신의 의미를 만들어낼 수 있는 개방적이고 안전한 공간을 만드는 교수 방략을 만들게 된다. 이것은 과학 지도에 대한 전통적인 개념이 아니다. 많은 사람들에게 있어 사고의 전환을 필요로 한다. 일방적 의사소통을 통해 단순히 정보를 전달하거나 전수하기보다는 학생들이 더 깊은 이해를 향해 나아가도록 조정하면서 교사는 양방향 혹은 "다중 방식"의 교환이 이루어지도록 해야 한다. 그러기 위해서 교사는 학생들 자신의 질문과 아이디어가 부상할 수 있는 적절한 상황을 제공해야 한다. 교사의 역할에는 다음과 같은 내용이 포함된다.

학습을 조정하기 위한 유용한 방법

- 학생들의 구체적 경험을 격려하기
- 학생들이 관찰한 것에 대해 자신의 생각을 표현하도록 격려하기
- 학생들의 생각을 주의 깊게 듣고 그들의 선지식에 어떻게 기반하고 있는지 고려하기
- 학생들의 사고를 자극하는 질문하기 – 대개 학생들은 수정되어야 할 대체 개념을 가지고 있기 때문에 중요한 기술이다.

■ 학생들이 자신의 생각을 성찰하도록 격려하기

■ 다음과 같이 학생들의 학습에 발판을 제공하기:

- 학생들이 탐색할 다른 생각, 심화 문제, 주제에 대한 새로운 정보, 일상 생활과의 새로운 연계 등 추가적인 가능성을 제공하기
- 새로운 실험을 제안하고 학생들이 수행할 기회를 제공하기
- 학생들이 이전의 생각을 정련하고 새로운 생각을 계속적으로 구성하도록 위의 과정을 반복하기

아래 두 목소리의 시는 이 장에서 우리가 이해한 생각을 표현하도록 돕는다. 왼쪽의 목소리는 과학 지도에 대한 전통적인 개념을 나타낸다. 오른쪽은 이 책을 통해 조성하고자 하는 접근을 나타낸다.

나는 학생들에게 과학을 가르친다.	나는 학생들과 함께 과학을 한다.
나는 정보를 제공한다.	나는 경험을 제공한다.
나는 수업을 통제한다.	나는 수업이 전개되는 것을 관찰한다.
나는 학생들이 나의 생각을 탐색하는 것을 좋아한다.	나는 학생들이 자신들의 생각을 탐색하는 것을 좋아한다.
나의 학생들은 무엇을 관찰해야 하는지 내게 묻는다.	나의 학생들은 자신의 관찰을 신뢰한다.
나의 학생들은 매 수업에서 배운 사실을 외운다.	나의 학생들은 매 수업에서 나온 생각들을 성찰한다.
나의 학생들은 다음 시험을 위해 과학적 아이디어를 알고 있다.	나의 학생들은 과학적 아이디어를 그들의 생활과 연관 짓는다.
나의 학생들은 과학에는 항상 답이 있다고 생각한다.	나의 학생들은 과학이 답을 찾도록 도와준다고 생각한다.
나는 학생들에게 과학을 가르친다.	나는 학생들과 함께 과학을 한다.

4

과정으로서 과학

과학 연구의 기술 사용하기

과학 활동을 하는 사람들은 자연과 자연 현상에 대한 정보를 얻기 위해 여러 기술을 사용한다. 이 책의 처음에서 보았듯이 관찰이나 분류와 같은 기술은 우리의 일상생활에서 따로 과학이라고 말하지 않아도 중요하게 사용된다. 이러한 기술은 **과정기술** 또는 **탐구기술**이라고 하며, 이것을 계획적이고 조직적으로 사용하면 과학 활동을 다른 활동과 구분 지을 수 있다. 이것이 "과정으로서 과학" 즉 제목이 의미하는 것이다.

초점 질문

- 아침 일찍 일어나 밖을 보고 날씨를 예상해본 적이 있는가?
- 관찰한 징후만으로 애완견이나 아기의 병이 무엇인지 진단한 적이 있는가?
- 요리 재료가 하나만 빠졌는데 전혀 다른 요리가 만들어진 적이 있는가?
- 가게의 진열장 순서에 따라 구입품 목록을 적어서 사본 적이 있는가?
- 가본 곳을 모두 적고 분류를 해본 적이 있는가? 이것을 기록하는 노트가 따로 있는가?

학생들이 어떻게 이러한 기술 개발에 참여하는지 살펴보면서 꼭 기억할 것은, 과학적 사고는 "지식과 자연 세계를 복잡하게 연결 짓는 것이고, 일반적인 추론 과정이며, 과학적 지식이 만들어지고 평가되는 방식을 이해하는 것"이라는 점이다(Duschl, et al., 2007, p. 152). 과학 탐구의 기능을 경험하도록 학생들을 도우면 그들이 사전 지식과 경험을 과제 해결에 이용한다는 것을 명심하자.

이 장에서는 복합 장소를 가진 교실 환경에서 학생들과 교사들이 질문이나 문제를 해결하기 위해 과정기술을 활용하는 것을 살펴볼 것이다. "장소(station)"는 간단히 책상이나 탁자 또는 특정 공간에서 탐구를 하거나 자료를 제공하는 곳을 의미한다. 이러한 환경을 보고 그것이 어떻게 활용되는지 생각하면 학생들이 과정기술을 개발하고 그것을 이용해 문제를 해결하는 방식에 익숙해질 것이다.

복합 장소 과학 활동은 가끔 특정 주제 영역, 즉 "물질의 상태"나 "생물체" 등에서 개발되었다.

그러나 이 장에서는 내용이 서로 연관되지 않은 장소들의 사례를 다룰 것이다. 즉, 각각의 문제 해결 활동의 상황은 특정 장소에서 만들어진 시나리오에 의해 제공된다. 이 경우에 전체를 통괄하는 주제는 "서로 다른 문제를 풀기 위해 과정기술 사용하기"이다. 우선 이와 같은 활동에 참여하는 학생들이 알아낸 것을 어떻게 기록하는지 알아보자.

과학 노트

과학에서 알게 된 것을 기록하고, 그림을 그리고, 생각을 설명하는 것을 어디에 어떻게 적을까? 그럴 때는 노트가 좋다. 과학자들은 연구한 기록을 항상 노트에 남기며, 이 노트는 학생에게도 효율적인 도구다.

2장에서 우리는 과학 일지가 자연을 탐구하고 관찰한 것이나 생각, 질문을 기록하는 도구로 사용된다고 논의하였다. 또한, 여러분 자신만의 과학 일지를 만들어 일상생활에서 접하는 자연과 자연 현상을 개인적으로 기록하라고 권했다.

과학 노트는 무엇인가?

일지와 유사하게 **과학 노트**는 글쓰기와 과학을 통합해준다. 이것은 학생들의 사고 도구로 좀 더 주의 깊게 구조화되어 있다. 교사는 학생의 과학 노트를 교실 과학 지도의 일부로 체계적으로 활용할 수 있다. 학생들이 과학 노트를 구조화하는 것(예: 강조 표시나 문장 표시하기)을 돕게 되면 교사는 학생의 학습을 도와줄 수 있다.

학생의 과학 노트는 자료나 사실의 집합체 그 이상이다. 학생들은 반성, 질문, 예상, 결론도 기록한다. 글쓰기는 학생들이 배우고 있는 과학적 생각을 자신만의 언어로 표현하는 한 가지 방식이다. 이것은 의미 파악을 돕고 1장에서 말한 메타인지를 조장한다. 결론적으로 학생들은 과학 노트를 사용하면서 본인이 참여한 실험, 활동, 관찰의 의미를 이해하고 과학적 추론 기술을 증진시키는 것이다(Klentschy, 2008).

여러 가지 형태가 가능

학생들이 기록하는 노트의 구성과 종류는 다양하다. 초등학교와 중학교 과학 교사는 종종 작문 노트(흑백 줄 노트)를 사용한다. 다음 절에 기술된 4학년 학급에서 학생들은 각각의 활동에 대해 그림 4.1과 같이 노트를 구성하였다. 13장에서는 과학 노트로 학생의 학습을 평가하는 방법을 알아볼 것이다.

과학 서커스

서커스에 가 보면 많은 것들이 동시에 펼쳐지는 것을 볼 수 있다. 삼각링 서커스의 경우 다양한 재미있는 연기가 중앙의 링에서 공연되고 재주꾼과 광대와 대말을 탄 사람이 주위를 돌아다닌다. 굉장히 복잡하고 어지러워서 처음에는 무엇을 봐야 할지 잘 모른다. 이와 같은 서커스는 학생들이 매우 신나서 돌아다니고 싶어지게 만든다.

무질서하지 않으면서도 다양한 활동

내 동료는 동시에 많은 활동이 이루어지기 때문에 '과학 서커스'라고 이름을 붙인 복합 장소 활동 수업으로 나를 안내하였다. 서커스라고 하면 무질서

그림 4.1
과학 서커스 활동에 사용하는 과학 노트의 구성

날짜 __________

장소 번호 __________

이 장소에서 내가 할 일 __________

내가 생각하는 것 __________

관찰 및 그림 그리기

결론 __________

이 활동을 하고 생각나는 것 __________

하다는 생각이 든다고 말하자 동료 교사는 "그 반대로, 학생들이 모두 서로 다른 장소에 있는 활동을 계획하려면 굉장히 조직을 잘해야 한다(Abder, 1990)."고 말했다.

과학 서커스는 실제 서커스처럼 복잡한 것이 아니다. 한 교실 안에 여러 장소를 마련해두고 학생들이 그곳에서 주어진 과제를 수행하고, 그 결과나 반응을 기록하는 것으로 이루어져 있다. 다양한 활동이 동시에 이루어지지만 완전히 혼돈 상태는 아니기 때문에 서커스와 유사하다.

개인적 상황 제시

과학 서커스를 할 때마다 그 모양은 다르게 나타났다. 나는 일상생활에서 사용하는 재료를 이용해 학생들이 그것을 탐구하면서 자신의 생각을 만들어 내도록 안내하는 시나리오를 만들려고 노력했다. 나는 또한 내 자신의 경험에 연관된 개인적 상황 안에서 활동이 이루어지도록 해서, 학생들이 그 상황을 인식하고 공유할 수 있기를 바랐다.

과학 장소에 풍부한 상황을 포함시켜서 학생들이 그저 돌아다니기 위해 과학 활동을 하는 것이 아님을 느끼게 하는 것이 중요하다. 경험한 것들이 커다란 생각이나 개인적 이야기에 연결될 수 있는 방식으로 구성되어야 한다.

공부의 필요성 일깨우기

다음 이야기에서는 내가 도와서 만든 전형적인 과학 서커스를 기술할 것이다. 서로 다른 활동들의 잠재력은 실로 무한하다고 할 수 있다. 각 장소에서 학생들에게 알아야 할 필요성을 일깨우도록 노력하였고, 자신의 과학 기능을 사용할 강한 근거를 제공한 것에 주목하라. 이들 장소를 탐색하면서 과학 기능을 사용하여 앎의 욕구가 충족되는 사례를 보게 될 것이다.

과학 서커스가 어떻게 진행되는지 알고 난 후에 각 활동에서 요구하는 특정 기능이 무엇인지 점검할 것이다. 읽으면서 학생들이 개발할 기능을 여러분이 어떻게 기술할지 생각해보아라.

과학 이야기

마운트 홀리에 온 서커스

기준

마운트 홀리(Mount Holly) 초등학교의 새로운 마콘(Markon) 선생님을 만났다. 나는 그녀의 지도교수로서, 4학년 학급에서 과학 서커스를 수행하려고 했다. 점심시간을 이용해 교실의 책상 배열을 바꾸었다. 학생들은 점심시간 후 교실에 왔을 때 교실이 바뀌어 있을 거라는 사실을 알고 있었다.

변형된 교실

학생들은 교실에 돌아와 각각의 책상 위에 놓인 서로 다른 사물들과 지시사항 및 질문이 적혀 있는 과제 카드를 보았다. 학생들은 교실이 변형되어 있어서 신이 났는지 빨리 시작하고 싶어 했다. 그렇지만 학생들이 서로의 생각을 공유하는 것이 중요하기 때문에 마콘 선생님은 학생들이 과학 서커스 장소를 친구들과 함께 돌아다니도록 하였다. 짝을 지은 학생들이 서로 다른 장소에서 시작하도록 지정해주었다. 학생들은 모든 장소에 방문해야 하고, 한 곳에서 5~10분을 머물러야 한다. 학생들이 각 장소를 돌아다니는 동안 나는 그들과 상호작용 할 기회를 가졌다.

오래된 통나무

한 장소에는 나의 집 뒷마당에서 가져온 오래된 통나무를 놓아두었다. 그 통나무는 몇 년 전 폭풍우에 쓰러진 자작나무였다. 통나무는 말랐지만 얇고 희뿌연 껍질은 그대로 남아있었다. 길이는 60 cm, 지름은 12.5 cm 정도였다. 한쪽 끝은 나무줄기에서 끊어진 그대로 남아있었고, 다른 쪽 끝은 장작으로 쓰기 위해 톱질을 하여 매끈했다. 중간쯤에는 커다란 타원형 구멍이 있는데 아마도 큰 부리의 새가 오랫동안 쪼아서 만들어진 것 같았다.

마콘 선생님과 나는 통나무에 대해 알고 있는 사실을 아무것도 말해주지 않았다. 대신 옆 책상에 아래의 내용이 적힌 카드를 보도록 했다.

> 이것은 뒷마당에서 가져온 통나무이다.
>
> 통나무를 조사해서 이 통나무에 어떤 일이 일어났는지 알아낼 수 있는가?
>
> 통나무를 관찰하고 얻은 결론은 무엇인가?
>
> 통나무가 왜 이런 모양을 하고 있는가? 자신의 생각은 무엇인가?

단지 돌아다니기만 하는 것인가? 아니면 창의적인가?

학생들은 통나무를 살펴보고 자신의 생각을 기록하였다. 자신의 짝과 이야기하며 통나무가 과학 서커스에 어떻게 오게 되었는지 생각했다. 한 여자아이가 근처의 선반에서 구슬을 꺼내 와서 통나무 구멍 속에 넣었다. 나는 그 장면을 좀 더 자세히 보기 위해 다가갔다.

"아! 구슬을 마음대로 사용해서 죄송해요."

여자아이는 자신이 규칙을 어겼다고 생각한 것 같았다.

"아니야, 너의 행동은 훌륭했단다. 그런데 구슬을 이용해서 무엇을 알아내려고 했지?"

기준

과학 탐구에 포함된 과정

국가과학교육기준에 나오는 아래 글을 통해 과학자나 교육자가 말하는 과학 탐구 과정기술이 무엇을 의미하는지 알 수 있을 것이다.

과학 탐구란 과학자들이 자연 세계를 연구하고 찾아낸 증거에 기초하여 설명을 제안하는 다양한 방법을 말한다. 탐구는 학생들이 과학적 생각을 이해하고 지식을 개발하며 과학자의 연구 방법을 이해하는 활동이다.

탐구는 다면적인 활동으로 관찰하기, 질문하기, 이미 알려진 것을 알기 위해 책이나 다른 정보원 조사하기, 탐구 계획하기, 기존의 실험 결과 알려진 것 찾기, 도구를 사용하여 자료를 수집하고 분석하며 해석하기, 해답과 설명과 예상 제안하기, 결과를 보고하고 의사소통하기를 포함한다.

탐구는 가정을 확인하고 비판적이고 논리적으로 생각하고 대안적 설명을 고려해야 한다.

참고: National Research Council, The National Science Education Standards. Washington, DC: National Academies Press, 1996, p. 23.

"네, 통나무 구멍이 끝까지 뚫려 있는지 알아보려고 한 거예요. 그런데 그렇지는 않네요."

> 진리를 쫓는 것의 참맛은 진실을 찾는 것에 있지 않고 그것을 추구하는 데 있다.
> – Florence Bascom
> 미국에서 지질학 박사가 된 최초의 여성

저자의 생각 여자아이의 반응은 학교를 조금만 다녀도 나타나는 규칙에 얽매인 학생의 모습을 극적으로 보여준다. 학생들이 창의적으로 탐구를 하는 순간 느끼는 기쁨이 떠올랐다.

학생들은 통나무 양 끝이 서로 다른 것을 쉽게 알아보았다. 학생들은 톱질한 자국과 부러진 부분, 중간쯤에 있는 큰 구멍까지 발견했다. 학생들은 과학 노트에 통나무를 그렸다. 그리고 장소와 관찰한 것과 자신의 생각을 기록하였다.

탄산음료 캔

매우 더운 날 자동차 안에 둔 탄산음료 캔을 다른 탁자 위에 올려놓았다. 탄산음료 안의 가열된 기체 방울이 폭발해서 뚜껑이 열려 있었다. 캔은 비어 있고 모양도 조금 이상했다. 그러나 뚜껑은 아직 가장자리 한쪽에 붙어있었다. 카드에는 아래와 같이 적혀 있다.

> **아주 더운 날 나는 자동차 뒤쪽에 따지 않은 탄산음료 캔을 놓아두었다. 몇 시간이 지나 돌아와 보니 탄산음료가 자동차 안 이곳저곳에 묻어있고, 캔의 모양이 이렇게 변해 있었다. 무슨 일이 일어났다고 생각하는가?**

브레인스토밍

학생들이 이 캔에 대해 브레인스토밍 하는 것을 들어보니 재미있었다.

"예전에 엄마가 냉장고 안에 탄산음료 캔을 넣어두신 적이 있어. 그때도 모양이 이것과 똑같았어."

그러자 다른 아이도 캔 모양에 대해 이야기했다.

"캔이 폭발한 것처럼 보여."

학생들은 다양한 생각들을 과학 노트에 적었다.

저자의 생각 나는 학생들이 온도와 탄산음료 캔 안의 액체 활동을 서로

그림 4.2
물방울이 떨어지는 수도꼭지는 단순하면서도 효율적인 과학 서커스 장소로, 학생들이 관찰하고 측정하고 계산을 하도록 자극한다.

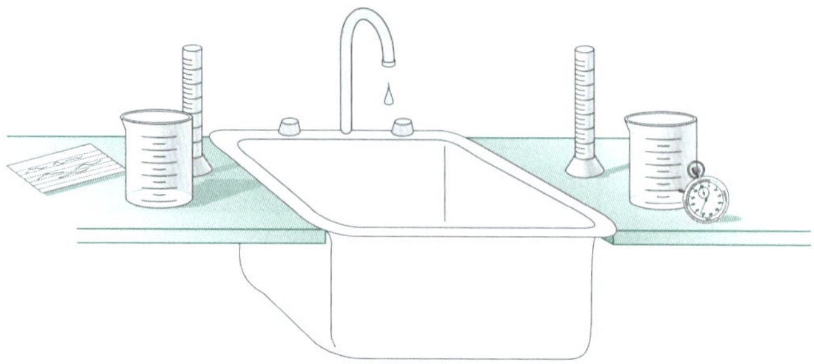

을 할 것인가? 어떤 단위를 사용할 것인가? 학생들의 토론에서 알 수 있는 그들의 사전 지식과 사고방식은 무엇인가?

놀람, 그리고 이해

수도꼭지에서 1분에 5 mL의 물만 떨어져도 하루에 7,200 mL의 물이 샌다는 것을 알고 많은 학생들이 놀랐다. 마콘 선생님은 그 다음 날 1 L 병을 몇 개 가지고 와서 학생과 함께 7,200 mL가 어느 정도인지 채워 보았다. 몇몇 학생들은 부모님이 왜 수도꼭지를 꼭 잠그라고 잔소리를 하는지 문득 깨달은 것 같았다. 또 다른 몇몇의 학생들은 세계 어느 곳에서는 자연에서 깨끗한 물을 구하기가 매우 어렵다고 들었던 것을 기억했다.

알루미늄 접시 속의 동전

이 장소에는 책상 위에 연필과 동전이, 물이 반쯤 찬 알루미늄 접시가 놓여 있었다. 학생들은 아래 글을 읽었다.

> 수영을 좋아하는 사람이 많다. 물속에 손과 발을 넣으면 다르게 보이는 것을 알고 있는가?
>
> 물이 반쯤 찬 접시에 동전을 넣을 것이다. 그 전에 과학 노트에 동전을 놓고 연필로 따라 그린다. 그리고 동전을 물속에 넣었을 때 어떻게 보일지 생각해서 그려 본다. 그 후에 동전을 물속에 넣는다. 어떻게 보이는가?

더 놀람

학생들은 연필로 동전을 그린 후 물속에 넣었을 때 예상되는 형태도 그렸다. 얼마 후 학생들은 물속에 있는 동전을 보고 많이 놀랐다. 한 남자아이는 동전이 크게 보인다며 소리치기도 했다. 학생들은 관찰한 것을 과학 노트에 기록했다.

> 저자의 생각 이 장소에서 마콘 선생님과 나는 보통의 사물을 다른 방식으로 보는 활동에 학생들을 참여시키길 원했다. 동전과 물과 알루미늄 접시는 보통 물체이다. 수영과 연결 짓는 것은 이 활동을 통해 개인적인 경험을 떠올리도록 제시하는 방법이다.

세 종류의 흙

이 장소에는 어떤 것도 두지 않았다. 여기서는 "사고 실험"을 할 것이다. 카드에는 아래처럼 적혀있다.

> 세 종류의 흙이 있다고 생각하자. 어떤 흙이 물을 가장 많이 머금을 수 있는지 알아내기 위해 어떻게 할 것인가? 무엇을 동일하게 유지할 것인가? 무엇을 변화시킬 것인가?

학생들은 이 장소에서 제일 오래 머물면서 문제를 풀기 위한 한 가지(또는 여러 가지) 방법을 브레인스토밍 했다. 방법을 결정한 후에는 과학 노트에 적었다. 아래의 내용은 4학년 학생 두 명이 적은 예다.

> 컵 세 개를 준비한다. 바닥에 구멍을 세 개 뚫고 접시(이전 장소에 있었던 알루미늄 접시 같은 것) 위에 올려놓는다. 컵에 각각 흙을 넣고(한 컵에 한 종류의 흙), 같은 양의 물을 넣은 후 1시간을 기다린다. 그리고 바닥에 흘러나온 물의 양을 측정한다. 물이 많이 나오지 않은 컵의 흙이 물을 가장 많이 머금는 흙이다.

질문을 통해 안내하기

나는 이 두 학생에게 사용할 컵의 크기에 대해 물었다. 나는 이 질문에서 학생들이 같은 크기의 컵을 사용해야 한다는 것을 알기를 기대했다. 그래서 각 컵에 넣을 흙의 양을 물었다. 나는 학생들이 정확히 같은 양의 흙을 사용해야 한다고 대답하기를 바랐다. 마지막으로 흘러나온 물의 양을 재는 방법에 대해서 물었을 때 학생들은 계량컵을 이용할 것이라고 말했다.

내가 다음번에 방문을 했을 때는, 세 종류의 흙과 종이컵과 계량컵을 가지고 갔고, 이 두 학생은 실험을 해보았다. 실험은 잘되었다!

우리는 흙의 입자 크기와 색을 조사했다. 그리고 흙의 공통점과 차이점도 알아보았다.

다른 계획

다른 두 명의 학생은 또 다른 방법을 생각했다. 그들도 종이컵을 사용하기로 했지만 바닥에 구멍을 뚫지 않았다. 그 대신 흙에 같은 양의 물을 넣고 15분을 기다렸다. 그리고 세 장의 종이 수건 위에 각각의 컵에 있는 흙과 물을 모두 부었다. 종이 수건이 많이 젖을수록 흙이 물을 잘 머금지 못하는 것이라고 생각하였다.

나는 흙에 얼마만큼의 물을 넣을 것인지 물었다. 학생들은 같은 양의 물을 넣는 것만 생각했지, 물을 얼마나 넣을 것인지는 생각하지 않았다. 그래서 그 학생들은 실험 계획에 대해 조금 더 생각을 하였다.

다음번에 내가 방문했을 때 학생들은 실험을 하고 있었다. 처음에는 물을 반 컵 넣으려고 생각했지만, 종이컵의 크기가 너무 작아서 물의 양을 더 줄여야 했다. 그래서 학생들은 다시 실험했다.

저자의 생각 나는 학생들이 생각하기 쉬운 재료를 가지고 실험이 가능한 사고 실험을 특히 좋아한다. 이 예에서 나는 흙을 사용하였는데, 그 이유는 대부분의 학생들은 흙에 대한 경험이 많기 때문이다. 또한 내가 다음에 방문할 때, 세 종류의 흙을 구해서 가는 것도 쉬운 일이다.

기상 장소

이 장소에는 인터넷 기상 사이트에 접속할 수 있는 무선 노트북이 놓여있었다. 여러 인터넷 기상 사이트에서는 기상 통계 정보, 사진, 독특한 기상 현상에 대한 설명 등을 제공하고 있다. 이 장소의 카드에는 다음과 같이 적혀있다.

우리나라 실정에 맞게 지역을 설정하여 질문할 수 있다.

> 샌프란시스코, 캘리포니아, 시카고, 일리노이, 뉴욕 시의 기온과 날씨를 비교하라. 비슷한 점은 무엇이고 서로 다른 점은 무엇인가?
>
> 마운트 홀리와 비교하면 어떤가? 과학 노트에 표를 그리고 자료를 정리하라.
>
> 오늘 갈 수 있다면 어느 도시에 가고 싶은가? 그 이유는 무엇인가?

온라인 탐구

학생들은 인터넷을 이용하여 자료를 수집하고 과학 노트에 기록하였다. 그들은 원하는 정보를 얻기 위해 컴퓨터를 이용해야 한다.

저자의 생각 웹페이지에서 자료를 기록하는 비교적 간단한 과제는 초등학생들이 컴퓨터를 과학 연구의 도구로 사용하는 데 익숙해지도록 하는 한 가지 방법이다. 유사한 활동으로 학생들에게 지도를 읽게 하는 것인

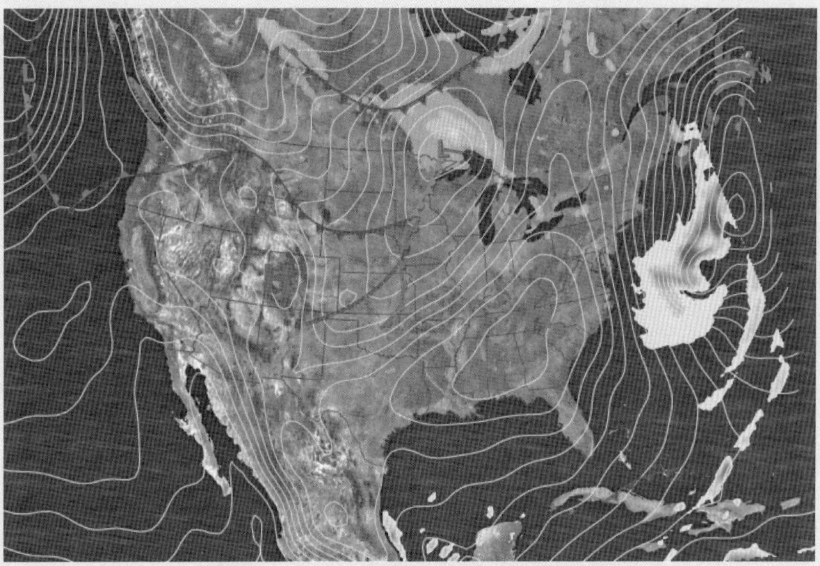

인터넷의 기상 지도를 사용하면 학생들은 즉각적으로 실제 기상 자료를 수집할 수 있다.

Courtesy, The Weather Channel Interactive

데, 이것도 또 다른 중요한 도구를 경험하게 해준다. 나는 학생들이 좋아하는 날씨의 도시를 선택하게 해서 활동을 개별화 하는 것을 좋아한다.

의 미 확 장 하 기

■ 이야기 속의 교수 방법

- 과학 서커스 장소는 학생들이 과학의 과정기술을 사용하는 연습 기회를 제공한다. 이렇게 하면서 학생들은 독창적인 생각을 만들어 내는 탐구도 연습한다. 과학 탐구는 무엇인가를 하는 것만이 아니다. 무엇을 할 것인가를 비판적으로 생각하는 것도 탐구다.
- 작은 통나무가 있는 장소에서 여자아이가 보인 호기심에 주목하라. 호기심에 차서 구멍에 구슬을 넣었을 때 아이는 순간적으로 자신이 옳은 일을 했는지에 대해 확신하지 못했다.
- 교과서 웹페이지는 학생들이 과정기술을 배우게 하는 지도안과 활동을 제공한다. 어린 아이들은 자신의 생각이 "틀릴까봐" 두려워한다. 과학을 가르치는 것은 그러한 두려움을 극복하는 것에 달려있다.
- 세 종류의 흙을 가지고 하는 사고 실험 장소에서는 몇 가지 "옳은" 답이 나올 수 있다. "그것을 어떻게 생각했어요?"라는 질문을 하는 것은 학생들에게 다양한 대답을 이끌어 내고, 학생들이 문제를 자신의 것으로 만들고 가능한 답을 비판적으로 찾게 한다.

  내가 질문을 통해 어떻게 학생들을 자극하고, 공정한 실험을 위해 실험 조건을 같게 하는 것이 중요하다고 지적했는지 주목하라. 또한 다음 시간에 내가 여러 가지 흙을 가지고 간 것도 기억하라. 실제로 실험을 해볼 수 없다면 사고 실험은 학생들에게 실망감을 줄 수 있다.
- 과학 서커스는 학생들이 과학 과정기술의 이름을 알지 못하면서도 그것을 사용하도록 한다. 실제 이 단원 자체에서도 사용된 모든 기술의 이름을 말

하지 않았다. 여러분은 언제 기술의 이름을 말해주어야 하는지 궁금할 것이다. 일반적으로 과학 과정기술의 이름을 말하고 그것에 대해 토론하는 것은 3학년 말이나 4학년 초에 하는 것이 적절하다. 그때에는 교사나 학생들 모두 기술의 이름을 정식으로 사용하고 활용해서 그 의미가 학생들의 경험 안에 자리 잡도록 해야 한다.

● 이야기 속의 과학 개념

- 과학 서커스의 활동은 특정한 과정기술을 개발하기 위해 고안되었다. 대부분의 장소에서 하나 이상의 기술이 요구되지만 각 장소에서 가장 중요한 기술을 확인할 수 있다.
- 통나무를 사용한 장소와 탄산음료 캔을 사용한 장소에서 우리는 학생들이 관찰과 추론 기술을 사용하도록 한다. **관찰**은 사물이나 사건에 대하여 우리의 감각을 이용하여 얻을 수 있는 모든 정보를 얻는 것을 말한다. **추론**은 관찰에 근거하여 사물이나 사건에 대해 그럴듯한 진술을 하는 것을 말한다. 우리는 감각을 사용하여 관찰을 하고 마음을 사용하여 추론을 하여 무엇인가에 대해 생각을 한다. 예를 들면, 이 통나무에 어떤 일이 일어났을까? 왜 그렇게 생겼을까?
- 추론은 검증이 가능할 수도 있고 가능하지 않을 수도 있다. 과학에서 추론이나 짐작이 검증 가능한 형태로 진술되면 그것을 **가설**이라고 부른다고 이 장의 서두에 언급했다. 과학자들은 전형적으로 자신의 가설이 맞는지 알아보기 위하여 검사를 계획한다. 이렇게 하면 가설은 결국 **이론**이 될 수 있다고도 앞에서 언급했다. 여러분이 기억하는 대로, 이론은 충분한 증거에 의해 지지되는 것으로 자연의 어떤 측면을 종합적으로 설명하는 것이다.
- 학생들이 마콘 선생님이 준비한 돌들을 조사할 때 우리는 특별한 방법으로 관찰하기를 기대했다. 이 과정기술은 유사한 성질에 따라 사물이나 생각을 집단으로 구분하는 **분류**이다. 분류는 사람들이 복잡한 자연 세계의 의미를 이해하려고 사용하는 기본적인 기술이다. 우리는 모든 생각을 할 때 분류를 한다. 예를 들면, 여러분 앞에 있는 것을 책이라고 말하는 것은 비슷한

사물의 집단과 그것을 연결하는 분류 활동이다.

- 물이 새는 수도꼭지를 사용한 장소에서는 **측정** 활동이 포함된다. 여기서 학생들은 관찰 능력을 확장하고 도구 사용의 기회를 가진다. 이 장소에서 사용하는 초시계, 눈금실린더, 비커는 시간과 부피를 재는 데 유용하다. 다른 측정 도구로 양팔 저울, 용수철 저울, 온도계, 막대 자가 있다. 학생들은 또한 교실 컴퓨터에 연결된 탐침 기기도 사용할 수 있다.
- 측정한 것을 적을 때 학생들은 **자료 기록**을 하는 것이다. 학교의 과학수업에서 사용하는 자료는 매우 다양한 형태이며, 학생들은 자료를 글이나 숫자, 그래프, 그림, 또는 컴퓨터를 이용해 기록할 수 있다.
- 동전과 접시를 사용한 장소에서 학생들은 물속에서 동전이 어떻게 보일지 **예상**하게 된다. 그리고 동전을 물이 담긴 접시에 넣은 후 관찰한 것과 예상한 것을 **비교**하고 **대조**한다.
- 아무 것도 놓지 않은 장소에서는 사고 실험을 하며 학생들은 **탐구 계획**을 한다. 학생들은 탐구 계획을 검증할 때 변인 통제를 해야 한다는 것을 깨닫는다. 즉 학생들은 "무엇을 같게 하고 무엇을 다르게 해야 하나?"를 스스로 질문해야 한다. 과학 실험에서 하나의 변인을 제외하고 모든 변인을 통제하며 실험한다. 그래서 만약 어느 흙이 물을 가장 많이 머금는지 찾으려면 물의 부피, 흙의 양, 그리고 다른 모든 실험 조건들을 동일하게 하고 흙의 종류만 다르게 해야 한다.
- 기상 장소에서는 컴퓨터에 접속하여 얻은 정보를 기록한다. 정보를 수집하는 도구로 컴퓨터를 이용하는 것은 매우 중요한 기술이며, 그 자체로 충분히 "과정"기술이라고 할 만하다. 이 기술은 많은 이론적 분야에서, 특히 관찰할 사물이 너무 작거나 너무 멀리 있어서 직접 관찰하기 어려운 경우에 필수이다. 이 경우 컴퓨터는 연구를 위한 모형을 만들고, 과학자는 모형을 조작하면서 자료를 얻는다.
- 교육자들이 과정기술을 나열하고 정의하는 것은 조금씩 다르다. 그러나 이 장에서 강조한 기술은 거의 대부분 그런 목록에 포함된다. 이 과정기술은

표 4.1	과정기술
관찰	우리의 모든 감각을 이용하여 사물이나 현상에 대한 정보를 얻는 것
추론	관찰한 것에 대하여 그럴듯한 설명문을 쓰는 것
분류	사물이나 생각을 공통 속성에 따라 나누는 것
측정	거리, 부피, 질량, 시간 등을 재는 기구를 사용하여 그 양을 결정하는 것. 기구는 저울이나 시계처럼 간단한 것에서 컴퓨터 센서와 같은 복잡한 것까지 다양함
자료 기록	사물이나 현상을 관찰한 결과를 적는 것(글, 그림, 그래프, 숫자)
예상	사건의 결과를 관찰한 것이나 이전에 알고 있는 것에 근거하여 추측하는 것
비교와 대조	사물이나 현상 사이의 공통점과 차이점을 발견하는 것
탐구 계획	생각을 검사하기 위해 그럴듯한 과정을 결정하는 것(필요한 재료의 목록 쓰기, 해야 할 과정 적기, 어떤 변인을 같게 유지하고 어떤 변인을 다르게 할지 정하기)

표 4.1에 요약되어 있다.

♠ 이야기 속의 과학교육과정

기준 과학 서커스는 아래 내용의 미국 국가과학교육기준(National Research Council, 1996)을 다룬다:

- ♠ 내용 기준 A, K–4학년(탐구로서의 과학): 과학자들은 답을 찾으려는 질문에 따라 서로 다른 탐구 방법을 사용한다. 탐구의 유형에는 사물, 사건, 생물체를 기술하고 분류하고 공정한 검사(실험)하기를 포함한다. 과학 서커스는 학생들을 이 각각의 탐구 유형에 참여하게 한다.
- ♠ 내용 기준 A, K–4학년(탐구로서의 과학): 돋보기, 온도계, 자 등과 같은 간단한 도구는 과학자가 감각에만 의존할 때보다 더 많은 정보를 제공한다. 이 내용 기준은 저울, 간단한 현미경, 눈금실린더, 초시계, 그리고 컴퓨터도 포함할 수 있다.

  이런 것들은 우리의 감각을 확장하고 관찰을 정교하게 해주는 도구이다.

학생들이 기상 웹사이트에서 자료를 얻기 위해 인터넷에 접속하였다면 그들은 NETS-S(National Educational Technology Standards Students) 또는 ISTE(International Society for Technology in Education, 2007)에 제시된 다음 기능을 사용하는 것이다.

♠ 연구와 정보 유창성: 학생들은 정보를 수집하고 평가하고 사용하는 데 디지털 도구를 활용한다. 학생들은 다양한 자료와 미디어에서 정보를 찾고, 조직하고, 분석하고, 평가하고, 종합하고, 윤리적으로 사용한다. 그리고 자료를 처리하고 결과를 보고한다.

심화 탐색

이 장에서 기술된 것과 다른 과학 서커스 장소를 여러분이 만든다고 생각해 보자. 가능하면 여러분이 가르친 경험이 있는 학급에서의 수업을 계획하라. 그리고 계획한 수업에 대하여 아래 질문을 해보아라.

- 학생들이 과제를 완성하는 데 필요한 과정기술은 무엇인가?
- 학생들 스스로 생각을 어느 정도 할 것인가? 각 장소에서 학생들이 자기만의 질문을 만들어 낼 기회가 있는가? 학생들의 생각을 어떻게 촉진할 것인가?
- 각 장소에 놓인 물질을 보았을 때 학생들이 무엇을 가장 배우고 싶어 하겠는가? (과학에서 탐구하는 것 중 내가 중요하게 생각하는 것과 학생들이 중요하게 생각하는 것은 다를 수 있다.)
- 각 장소에서의 활동들은 학생들의 생활에 어떻게 적절히 연관되는가?
- 학생들이 자신의 질문에서 무엇을 배우기를 기대하는가? 그리고 이에 대해 알고 나서 다른 활동을 계획하는 데 어떤 도움을 받을 수 있는가?
- 과학 노트에 기록할 것을 어떻게 구조화할 것인가?

심화 탐색을 위한 자료

전자 미디어 자료

Keith Lightbody's Technology in Education Web site. 이 교육용 사이트는 최근의 교육공학을 수업에 활용하는 것을 다룬다.

Science Notebooks in K-12 Classrooms. 과학 노트의 양식을 제공한다. 초등 및 중등 과학 노트의 양식이 있다.

WeatherBug. 이 인터넷 기상 사이트에서는 지역의 날씨와 다른 곳의 날씨를 찾아볼 수 있다.

The Weather Channel. 지도를 통해 쉽게 찾아볼 수 있는 흥미 있는 기상 웹사이트이다.

WISE: The Web-Based Inquiry Science Environment. WISE는 온라인 학습 환경으로, 학생들이 실제 세계의 자료를 조사하고 현재의 과학적 논란을 분석할 수 있다. 5학년 이상 학생들의 과학교육과정을 보완하기 위한 프로젝트이다. 교사나 학생이 무료로 이용할 수 있다.

출판 자료

Bosak, Susan V. (2000). Science Is...: A Source Book of Fascinating Facts, Projects and Activities, 2nd ed. Markham, Ontario, Canada: Scholastic Canada. 초등 교사를 위한 엄청난 분량의 소스북으로, 이 안에는 학생들과 흥미 있게 탐구할 수 있는 450개의 활동이 들어있다.

Campbell, B., & Fulton, L. (2003). Science Notebooks: Writing About Inquiry. Portsmouth, NH: Heinemann.

Duschl, R. A., Schweingruber, H. A., & Shouse, A. W., eds. (2007). Taking Science to School: Learning and Teaching Science in Grades K-8. Washington, DC: National Academies Press.

Klentschy, M. (2008). Using Science Notebooks in Elementary Classrooms. Arlington, VA: NSTA Press.

Linn, M., and Hsi, S. (2000). Computers, Teachers, Peers: Science Learning Partners. Mahwah, NJ: Erlbaum.

컴퓨터 기술을 이용해 우리의 감각을 확장하기

과학 탐구 과정의 기술은 우리의 감각뿐만 아니라 이전 지식과 경험에도 의존한다. 컴퓨터 공학은 우리가 관찰을 하고 저장하며 자료를 기록하는 능력을 크게 개선함으로써 우리의 감각을 확장시켰다. 기상 장소의 활동에서 학생들이 자기가 사는 곳뿐만 아니라 다른 지역 3곳의 날씨를 인터넷으로 탐구하는 것에서 이러한 능력 확장을 볼 수 있다. 학생들의 감각을 확장하여 과학 과정기술을 개발해주는 다른 공학기술을 살펴보자.

실시간 자료 수집 프로그램

전자 탐침

과학 학습을 공학적으로 지원해주는 기능 중에서 중요한 것은 컴퓨터 인터페이스를 사용한 측정 도구이다. 전자 센서는 탐침(probe)이라고 부르는데 컴퓨터나 개별 디지털 보조장치에 연결하여 실험장소로부터 실시간으로 자료를 기록하도록 해준다.

비디오 현미경은 탐침과 함께 소프트웨어를 CD로 제공하거나 인터넷을 통해 다운받을 수 있다. 탐침은 USB 포트로 컴퓨터에 연결한다.

일반적인 탐침은 온도, 전압, 운동 센서를 포함한다. 탐구 환경에서 탐침을 사용하면 학생들이 열과 온도와 같은 중요한 개념을 이해하도록 도움을 줄 수 있다. 예를 들어, 탐침을 통해 컴퓨터로 들어가는 자료를 이용해 실시간 그래프를 그릴 수 있고, 복잡한 과학 현상을 이해하는 데 도움을 받을 수 있다(Linn & Hsi, 2000).

탐침으로 자료 수집하기

여러분은 "왜 그렇게 추가적인 고급 장비를 써야 하나?"라고 궁금해할 수 있다. 그 이유는 보통의 교실 장비로는 측정하기 어려운 특성을 컴퓨터 탐침으로 측정할 수 있기 때문이다. 씨앗이 발아할 때 열이 발생하는지 탐구하는 경우, 비닐 봉투에 젖은 수건을 넣고 씨를 싹틔우면서 온도 탐침을 봉투에 꽂을 수 있다. 이 탐침은 5일간 2시간에 한 번씩 봉투 안의 온도를 측정한다. 밤에는 아무도 없으므로 2시간마다 온도를 재는 것은 보통 방법으로는 불가능할 것이다. 게다가 탐침은 온도를 컴퓨터에 저장하여 쉽게 찾아볼 수 있게 한다.

이 장비를 이용해서 학생들은 씨가 발아할 때, 온도가 지속적으로 오르는 자료를 얻을 수 있다(비슷한 실험이 Reynolds & Rarba, 1996, p. 58에 기술되어 있다).

디지털 비디오 기술

비디오를 사용하여 관찰 확장하기

대부분의 디지털 비디오카메라는 노트북이나 컴퓨터에 연결할 수 있다. 비디오 재생과 편집 프로그램을 쉽게 구할 수 있어서 과학 교사는 비디오가 관찰 과정을 개선하고 확장해주는 흥미로운 도구임을 알 수 있다. 한 과학 교사는 교실의 햄스터가 새끼를 낳는 날 밤에 비디오카메라를 삼각대에 설치해두었다. 다른 교사는 물 풍선이 터지는 것을 비디오카메라로 찍었다. 비디오를 천천히 돌려 보면서 학생들은 맨눈으로는 볼 수 없었던 장면을 볼 수 있었다. 비디오를 통해 학생들은 "풍선이 터질 때 어떤 일이 일어나는가?"에 답할 수 있었다(물 풍선이 터지면서 물이 밖으로 나오는 장면을 볼 수 있을 정도로 천천히 돌려봐야 한다).

비디오 클립을 만드는 가장 일반적인 방법은 디지털 비디오 캠코더로 촬영한 것을 컴퓨터에서 편집하는 것이다. 다른 방법은 디지털 정화상 카메라로 시간-지연 사진을 찍은 후 이미지를 프로그램으로 이어붙이는 것이다.

비디오 현미경

디지털 비디오카메라를 멋지게 사용하는 다른 방법은 비디오 현미경으로, 사물의 확대된 영상을 컴퓨터 스크린이나 TV 모니터에 띄워 미시 세계를 보여주는 장비이다. 이 장비로 6학년 수업 중 근처의 연못에서 채취한 단세포 생물을 관찰할 수 있다. 물을 비디오 현미경 슬라이드에 떨어뜨리고 영상을 컴퓨터 스크린에 보여준다.

이 장비를 사용하면 모든 학생이 슬라이드를 동시에 볼 수 있으므로 교사는 미생물에 대한 이야기를 교실에서 진행할 수 있다.

어떤 과학 교사는 수동 비디오-영상 시스템을 이용해서 확대 영상을 TV나 비디오 모니터로 보여준다. 이것은 현미경, 동영상 카메라, 프레젠테이션 도구가 하나로 합쳐진 것이다. 영상은 컴퓨터에서 캡처되어 멀티미디어 프레젠테이션에 사용될 수 있다.

교실에서의 과학과 일상생활에서의 과학

매일 사용하는 과정기술

과학 탐구의 기술은 우리가 사려 깊게 삶을 살아가는 데 사용하는 기술이다. 이 장의 "초점 질문" 중 하나에 "예"라고 답한다면 여러분은 일상생활에 영향을 주는 의사 결정에 과정기술을 사용하고 있는 것이다. 예를 들어, 여행 가방을 쌀 때 분류 기능이 많이 요구된다. 즉, 평상복, 정장, 잠옷, 욕실복, 하의, 신발 등 때와 장소, 쓰임에 맞게 구별해서 준비해야 한다. 상품을 구매할 때, 날씨, 건강, 영양 상태 등에 대해 의사 결정을 하려면 주의 깊은 관찰과 추론, 비교와 대조가 필요하다.

이 기능을 특별한 방식으로 사용하면 우리의 추론은 가설이 된다. 2장의 로즈를 기억해보자. 수잔이 풍선이 터지지 않은 이유에 대해 흥미로운 설명을 제안했을 때, 로즈는 그 가능성을 어떻게 검사할 수 있냐고 물었고, 수잔의 생각은 가설로 만들어져 검사를 받았다. 계획적이고 일관된 방식으로 생각을 검사하는 것은 과학 탐구의 기초이다.

과정기술을 계속 발달시키기

과학 서커스에서 한 것과 같은 활동을 통해 어린 학생들은 과정기술을 개발하기 시작하고 이것은 그들이 자연 세계를 이해하는 기초가 된다. 학생들은 자세히 관찰하고, 사물을 분류하고, 사물의 비슷한 점과 다른 점이 무엇인지 질문하는 법을 배운다.

아주 어린 학생도 예측을 할 수 있다. 그들은 관찰한 것에 대한 잠정적인 설명을 만들고, 이러한 추론은 나이가 들면서 변한다. 학생들은 줄, 센티미터자, 양팔 저울을 사용하여 측정을 시작한다. 3장의 이야기에서처럼 아기 곰 모형과 같은 일정한 질량을 가진 것으로 사물의 질량을 잰다. 자라면서 거리, 질량, 부피에 대한 표준 측정 단위를 사용한다. 3학년이 되면 많은 학생들이 탐구를 계획하고, 변인을 확인하고, 실험 조건을 통제할 줄 알게 된다.

중학생이 되면 학생들은 복잡한 탐구를 설계할 수 있고, 두 개 이상의 변인이 포함된 실험을 하거나 정교한 자료를 기록할 수 있게 된다. 모든 학년의 학생들은 과학 노트에 여러 형태로 기록을 할 수 있는데, 처음에는 그림을 그리고 나중에는 글이나 그래프, 숫자로 적는다.

학생들이 생각하도록 하기

과학 서커스와 같은 활동은 학생들이 질문을 만들고 깊게 생각하게 할 때에만 성공한다는 것을 기억하라. 학생들이 손과 머리를 모두 사용하도록 해야 한다. 단순히 사물을 조작하는 것만으로는 과정기술을 배울 수 없다.

학생들은 브레인스토밍, 토론, 반성, 배운 것에 대한 의사소통을 하면서 지속적인 학습이 일어나는 것이다.

가족 과학의 밤

과학 서커스의 아이디어(여러 장소에서 다양한 활동을 제공하는 것)는 학생의 가족을 참여시키는 행사로 발전시킬 수 있다. 성인을 학생의 과학 경험에 동참시키는 것은 가족이 함께 있을 수 있는 방법일 뿐만 아니라 과학과 관련 활동에 강한 흥미를 일으키는 방법이다. 게다가 부모의 태도는 학생의 태도에 영향을 미친다. 그래서 성인이 과학을 두려워하면 그 아이들에게 부정적인 영향을 준다는 연구 결과가 있다(Kober, 1993). 과학이 학교 밖의 생활(학생의 일상생활)과 연관된다는 것을 강조함으로써 우리는 그러한 부정적 과학 이미지를 바꿀 수 있다.

가족을 위한 문제 해결

가족 과학의 밤은 여러 형태로 이루어질 수 있다. 한 학교에서는 그 행사를 이틀 밤에 걸쳐 실시해서 가능한 많은 가족이 참여할 수 있는 기회를 제공하기도 하였다. 학부모와 학생들이 학교 카페에 들어오면 "과학 가족 노트"라고 적힌 빨간색 소책자를 나누어 준다. 그리고 교사는 참여자들이 자료를 다루고 시행착오로 문제를 풀 수 있는 7개의 장소를 설치하였다.

활동은 이 장에서 기술한 것과 같은 과정기술을 강조하도록 잘 계획되었다. 각 장소는 충분한 안내, 자료, 질문을 제공하여 고차원적 사고와 토론이 이루어지도록 하였다. 각 활동을 노트의 한쪽에 할당하여 가족이 한 것을 기록하

5

연계하기

학생들의 주변 환경에서 이루어지는 과학 탐구

미국의 많은 학교들은 주(state)나 지역 수준에서 개발되었거나 상업적으로 출판되어 교육청에서 구입한 **공식적인 과학교육과정**을 따른다. 우리는 12장에서 전형적인 과학교육과정의 기원에 대해 살펴볼 것이다. 이들 형식적인 교육과정은 미국과학교육기준(the National Science Education Standards), AAAS의 기준, 또는 주나 지역의 교육과정 지침과 함께 우선적으로 도입된다. 때로는 학교와 교육청에서 상업적인 출판사가 개발한 공식적인 과학교육과정을 채택하기도 한다. 이들 교육과정은 흔히 교구와 함께 제공되고, 대부분 미국과학교육기준을 따르고 있다고 주장한다.

초점 질문

- 비형식적인 과학 학습 경험이 여러분의 과학 지식을 어떻게 형성할 수 있을까?
- 최근에는 어떤 자연 현상이 헤드라인으로 실리고 있는가?
- 여러분은 왜 과학 공부가 많은 학생들에게 낯설게 느껴진다고 생각하는가?
- 환경에 대한 이슈를 초등학교와 중학교 과학 교육과정에 어떻게 반영할 수 있을까?
- 여러분은 어떤 것들을 수집하려고 하는가? 거기에는 자연에서 비롯된 것이 포함되어 있는가?

교사들은 학생들의 과학 경험을 계획할 때, 대개 이 공식적인 지침서들만을 이용한다. 그렇다 보니 과학 경험의 특징이 공식적인 교육과정에 제시된 것에 국한되어 버린다. 물론 그러한 경험들이 만족할 만하고 어떤 주제는 학생들의 삶과 연계되는지 모르지만, 대개 특정한 지리적 장소에 있는 특별한 교실에서 일어날 수 있는 고유한 경험들을 포함하지 못한다.

매우 개인적이고 특유한 과학 경험이 **비형식 과학교육과정**(informal science curriculum)을 구성하기도 한다. 이 장에서 여러분은 비형식 교육과정이 매우 중요하다는 것을 깨닫게 될 것이다. 이것을 학교가 위치하고 있는 곳에서 자연스럽게 발생하는 자연 현상과 학생들의 집에서 있었던 과학 경험을 수업에 통합하는 방법이라고 생각해도 좋다. 여러분은 3장에서 이미 윌슨(Wilson) 선생님이 교실에서 고드름을 이용해 학생들에게 물질의 변화에 대해 가르치는 모습에서 비형식 과학교육과정이 어떻게 운영되는지 보았다. 그 외에도 학생들은 지역의 자연

물을 연구할 수 있고 학교 밖에서 발견한 식물들을 수집할 수도 있다.

이 장에서는 다양한 비형식 과학 학습 경험은 물론 여러분이 교실의 과학 코너와 현장 학습을 통해 비형식 과학 학습 경험을 개발할 수 있는 방법에 대해 알아본다. 우리는 또 학생들이 그들 자신과 지역의 다른 모든 사람들에게 영향을 미치는 환경 과학의 이슈들을 탐구하는 데 웹 기반의(Web-based) 자료가 어떻게 도움이 되는지 살펴보게 될 것이다. 인터넷 덕분에 우리 고장의 경계를 훨씬 벗어난 지역을 탐색할 수 있게 되었고, 그 지역을 학생들이 자기 주변의 환경에서 경험하는 것과 연계하는 일도 가능해졌다. 하지만 먼저 과학과 학생들의 일상생활을 관련 짓는 것이 왜 중요한지 살펴보기로 하자.

녹색 과학과 자연을 체험하는 것의 중요성

환경의 상태는 여러 해 동안 논쟁의 주제가 되고 있다. 특히 최근에는 지구의 온도 증가, 천연자원의 고갈, 동 · 식물군의 소멸로 인해 매우 큰 주목을 받고 있다. "환경 친화(Going green)"는 개개인이 에너지를 보존하고 쓰레기를 덜 만들기 위해 일상생활 습관을 어떻게 바꾸어야 하는지, 그리고 개개인의 생활 양식이 지구상에서의 삶의 질에 미치는 영향을 어떻게 이해해야 하는지 말해주는 대표적인 구호가 되었다. 여러분은 이미 "녹색 실천(green practices)"에 관해 언급하지 않는 대중 매체를 보기 어려울 것이다.

"녹색 과학"의 정의

그렇다면 녹색 과학이란 무슨 뜻일까? **녹색 과학**(green science)에는 학생들에게 에너지 보존, 대체 에너지, 재생 에너지, 그리고 개인이 환경에 남기는 흔적을 줄일 수 있는 지속 가능한 실천에 관해 가르치는 것, 예컨대 고갈되는 천연자원의 양과 매일매일 생활하면서 우리 모두가 생산하는 쓰레기의 양에 대해 가르치는 것이 포함된다.

자연과의 상호작용의 중요성

녹색 과학을 실현하는 노력의 일환으로, 우리는 이 디지털 시대에 많은 젊은 이들이 야외에서 자연과 상호작용하는 것보다 실내에서, 온라인상에서, 또 컴퓨터 게임을 하는 데 더 많은 시간을 소모하고 있다는 사실을 알아야 한다. 새로운 유형의 "생태-신학자(eco-theologians)"의 한 사람으로 〈뉴스위크〉(Newsweek)에 소개된 바 있는 토마스 베리(Thomas Berry)는 "아이들에게 자연 세계에 대해 가르치는 것은 그들의 삶에 있어서 가장 중요한 일 중의 하나로 취급되어야 한다(Berry, 1996)."고 말하였다. 학생들에게 주변 환경을 탐닉하도록 만들면 자연 세계에 대한 이해를 제고할 수 있고 지구의 자연에 대해 감사하는 마음을 갖게 할 수 있다고 주장하는 증거들이 많이 있다. 심지어 하워드 가드너(Howard Gardner)(1999)는 자신이 제안한 열 개의 지능에 "자연 지능(naturalistic intelligence)" 또는 "자연 영재(nature smart)"를 추가하기도 하였다. 이에 더하여, 많은 과학자들이 실내에서 과도하게 시간을 보내면 심각한 건강 문제가 발생한다는 데 동의하고 있다. 아이들과 성인들에게 생길 수 있는 이 건강 문제들에는 비만, 우울증, 2종 당뇨병이 포함된다(Jones, 2008).

이 장의 후반부에서 우리는 초등학교와 중학교의 과학 수업을 통해 학생들이 일상생활에서 더 많은 녹색 실천을 할 수 있도록 하는 방법들을 살펴보게 될 것이다. 단지 학생들을 밖으로 데리고 나가는 것만으로도 우리는 학생들이 자연에 대해 감사하는 마음을 키우도록 도울 수 있다.

맥락 안에서의 다양성과 맥락이 없는 다양성

교실에서 창밖을 보자

여러분의 학교가 어디에 위치하고 있든지, 여러분은 주변의 자연에서 다양성을 발견할 수 있을 것이다. 대개는 그저 교실에서 창밖을 쳐다보기만 해도 자연의 일부를 볼 수 있다. 여러분은 어쩌면 미국 북동부 교외나 전원의 풍부한 활엽수 숲 한가운데에서, 혹은 중서부의 거대한 옥수수 밭 가까이에서, 또는 해안가 마을의 돌이 많은 해변 근처에서 여러분 자신을 발견하게 될지도 모른다. 남서부나 남동부라면 건조 지대나 열대 지방의 인상적인 동식물들이 여러분을 둘러싸고 있을 것이다. 도심에 있는 학교일지라도 인도(sidewalk) 위의 식수 공간에 심겨진 나무들을 볼 수 있고, 적어도 틈을 뚫고 나온 민들레 정도는 볼 수 있을 것이다.

학생들은 환경에 어떻게 반응하는가?

여러분은 아마도 학생들에게서도 많은 다양성을 발견할 것이다. 그들은 자연에서 다른 것을 보고 그것에 다른 방식으로 반응한다. 예를 들어, 인도에 피어 있는 작은 민들레를 생각해보자. 어떤 학생은 그것을 식물의 끈질긴 생명력의 상징이라고 생각할 수 있고, 교외에 친척들이 있는 학생은 그것을 제거해야 할 잡초로 볼 수도 있다. 어떤 학생은 민들레 잎을 음식으로 먹는 가정 출신일 수 있고, 다른 학생은 사람들이 그런 것을 먹는다는 사실을 전혀 알지 못할 수도 있다. 어떤 학생은 민들레꽃이 예쁘다고 생각하지만, 다른 학생은 그것을 추하다고 생각해 심지어 꽃으로 인식하지 못할지도 모른다. 학생들이 어떻게 반응하든지 상관없이 여러분의 학생들이 자연을 경험하는 독특한 방식은 교실 생활의 일부가 될 과학 경험을 조직할 수 있는 풍부한 소재를 제공해줄 것이다.

여러분의 교실 안팎에 있는 이러한 다양성을 이용한다면, 즉 학생들의 삶과 그들을 둘러싼 자연 세계를 흥미롭게 연계할 기회들을 포착한다면, 여러분은 자신의 교실을 역동적이고 살아 있는 장소로 만들 수 있다. 더 나아가 이러한 연계는 다음과 같은 두 가지 주된 방식으로 학습을 촉진시킨다.

1. 학생들이 더 큰 그림을 볼 수 있도록 하는 데 도움이 된다.
2. 많은 사람들을 과학에서 멀어지게 했던 전통적인 방식과는 반대의 역할을 한다.

더 큰 그림 보기: 내용과 맥락의 합

맥락이 결여된 내용의 문제점

모든 학생들은 학교에서의 경험을 일상적인 삶과 관련지을 수 있을 때 더 잘 배운다. 이 책의 첫 장에서 우리가 이미 알고 있는 지식과 새로운 개념이 조화를 이루도록 해야 한다고 말했던 것을 떠올려보자. 이 교재에 실려 있는 과학 이야기들이 이미 그러한 사례들을 잘 보여준다. 하지만 과학 교육에서는 많은 성인들이 내용과 관련지을 수 있는 맥락이 결여된 채 과학을 공부했다고 기억한다. 말하자면, 더 큰 그림이 없었던 것이다. 그 결과, 학생들은 시험에 통과하기 위해 탈맥락화된 사실을 암기하면서 과학을 "학습"하였고, 그 후로는 그것을 잊어버리고 말았다(과학 자서전에 실린 내용: Koch, 1990을 참조).

과학을 더 큰 그림과 연계하기

오늘날에는 심지어 공식적인 과학교육과정조차도 일반적으로 학생들, 특히 어린 학생들이 과학 아이디어를 자신의 삶과 관련지을 수 있는 방법을 찾기 위해 애쓰고 있다. 그리고 가장 우수한 교육과정들은 학생들의 삶이 매우 다양한 활동들과 문화, 가정 환경을 아우르고 있다는 것을 인정한다. 과학을 학

겨울 빨래: 일상생활에서 찾을 수 있는 과학의 즐거움

다음 사례는 네브래스카(Nebraska) 주에서 자란 한 과학교육자가 기억해낸 일이다. 어린 소녀의 삶에 있었던 일상적인 순간이 의미 있는 과학 경험이 되었다는 것에 주목하여 보자.

열 명의 아이들 중에 가장 나이가 많았던 나는 으레 집안 일을 도와야 했고, 그럴 때면 나는 기저귀를 "던지곤" 하였다. 이것이 무슨 말인가 하면, 깨끗하게 세탁된 천 기저귀 뭉치를 세탁기 밖으로 꺼내어 전기 건조기 안으로 던져 넣고 기저귀가 마르면 그것을 접곤 했다는 뜻이다. 그런데 네브래스카 북서부에 춥고 바람이 불던 어느 겨울날, 건조기가 작동을 하지 않았고, 세탁 후 건조해야 할 기저귀들은 빠르게 쌓여만 갔다.

네브래스카 북서부의 기후는 비가 적고 여름에서 겨울로 가는 동안 기온 차이가 극심했다. 나는 아버지가 고장 난 건조기를 옮기는 동안 축축한 기저귀를 뒷문 바깥에 있는 빨랫줄에 널어야 했다. 나는 흠뻑 젖은 기저귀가 가득 담긴 바구니와 빨래집게가 든 가방을 질질 끌고 지하실의 계단을 올랐다. 그 쌀쌀한 날에 젖은 기저귀를 너는 일은 마치 내 능력을 시험하는 것과도 같았다. 두꺼운 벙어리 털장갑을 낀 손으로 젖은 옷과 뻣뻣한 용수철이 있는 나무로 된 빨래집게를 다루는 일은 특히 어려웠다. 면으로 조잡하게 짜여진 천들이 첫 번째 빨랫줄에 직사각형 모양으로 가득 널리고 나서야 나는 내 손가락들과 바구니 안의 기저귀들이 추위로 뻣뻣하게 굳어 버렸다는 것을 알았다. 그래서 내가 이미 줄에 널어 놓은 기저귀들을 살펴보러 갔을 때, 그것들은 요란한 소리를 내고 있었다. 자세히 살펴보고 나는 기저귀들이 바람에 이상하게 흔들리고 있다는 것을 깨달았다. 기저귀들은 뻣뻣하게 얼어 있었고 고드름처럼 쩔꺽쩔꺽 소리를 내고 있었다.

나는 나머지 기저귀들을 할 수 있는 한 재빨리 널었다. 그 기저귀들도 처음처럼 잔잔한 바람에 뻣뻣하게 흔들렸다. 기저귀를 모두 널고 나는 다시 처음에 널어 놓은 기저귀 쪽으로 가 보았다. 그런데 그 기저귀들은 부드럽고 유연해져 있었다! 대체 무슨 일이 일어난 걸까? 조금 전만해도 딱딱하게 얼어 있었는데, 어떻게 이런 일이?

나는 차갑게 마른 기저귀들을 가지고 지하실로 달려 내려갔다.

"아빠! 이것 좀 봐. 기저귀들이 말랐어! 분명 딱딱하게 얼어 있었는데, 지금은 부드럽게 말라 있어! 어떻게 얼 정도로 젖어 있던 것들이 건조된 거지? 기저귀 속에 있던 얼음들은 어떻게 된 거야? 어떻게 사라질 수 있냐고? 어디로 간 거야?"

물리학자이셨던 나의 아버지는 '승화(sublimation)'라고 한마디 하셨다. 나는 그것이 증발과 같은 것인지 궁금했다. 아버지는 정확히 말해 물이 증발한 것은 아니라고 하셨다. 물은 승화하였다. 이 경우 기저귀 안에 있던 물이 얼고 그 다음에 고체 상태에서 곧바로 수증기 또는 기체 상태로 변했다는 것이다.

(계속)

승화는 고체가 액체 상태를 거치지 않고 곧바로 기체 상태로 변할 때 발생한다. 찬 공기 중에서 건조된 언 기저귀가 바로 승화의 한 예이다.

눈이 녹기에는 기온이 너무 낮아도 눈 더미가 줄어드는 것이 또 다른 예이다. 오랫동안 냉장고에 넣어둔 얼음 조각이 용기의 가장자리에서부터 줄어들기 시작하는 것 또한 승화의 효과이다.

그때부터 나는 승화의 더 많은 예들을 알아갔다. 승화는 드라이아이스(조심해서 다루어야 한다), 나프탈렌(주로 방충제에서 볼 수 있다), 또는 요오드 결정(자격 있는 사람이 엄격히 관리하는 실험실에서만 다루어야 한다)에서 관찰할 수 있다. 나는 계속해서 다른 예들을 찾고 있다. 이 현상은 오늘날까지 여전히 나를 매료시킨다. 승화는 내가 어린 시절에 과학을 경험한 것들 중 하나였고, 그렇게 생생하게 기억될 만한 자연 현상과의 만남은 세계가 어떻게 움직이고 있는지 이해하는 데서 오는 새롭고 만족스러운 느낌으로 이어졌다. 그것은 단지 춥고 건조한 겨울날에 빨랫줄에 널린 빨래가 마르는 것을 관찰한 것 덕분에 가능했던 자연과의 예상치 못한 만남이었다.

– 캐시 아헌(Kathy Ahern), 과학 교수

여러분은 어떤 자연 현상이 일어나는 까닭을 발견하고 흥분된 적이 있는가? 이 이야기는 과학을 학생들의 삶의 맥락과 연계하는 것의 중요성에 관하여 어떤 제안을 하고 있는가?

생들의 개인적인 "더 큰 그림들"과 연계시켜줌으로써 우리는 그들이 더 잘 배울 수 있도록 할 수 있을 뿐만 아니라 과학적인 아이디어를 활용하여 일상생활의 일들을 더 잘 이해하도록 도울 수 있다. 이 책의 서두에서 이야기한 것처럼 우리는 점점 더 복잡해지는, 그래서 시민들이 자신의 주변 환경에 대해 주의 깊고 비판적이며 사려 깊어질 것을 요구하는 세계 속에서 살고 있다. 일상적인 삶의 맥락에서 과학적인 아이디어를 이해하는 사람들은 삶이 부여하는 문제들을 처리하는 일을 순조롭게 시작하고 있는 셈이다.

소외에서 참여로

연관의 부족 → 참여의 부족

다양한 연구자들은 과학이 학생들을, 특히 여학생들과 소수 집단에 속한 학생들을 소외시키는 이유를 연구해왔다. 이 연구들은 그 주된 한 가지 원인이 과학과 학생들의 일상생활 사이에 개인적인 연관이 결여된 데 있다는 것을 밝혀냈다. 예를 들어, 소수 그룹의 학생들과 여학생들은 "실제 생활(real life)"에서 과학의 유용성에 관하여 흔히 부정적인 인식을 가지고 있으며, 이러한 태도 때문에 과학 활동에도 잘 참여하지 않으려고 한다(Burger et al., 2007; Campbell & Clewell, 1999; Howe, 2002; Koch, 2002a, 2002b). 이와는 반대로 과학을 학생들의 일상적인 삶과 관련지어서 학생들의 참여를 유도하는 학

과학 교육에서 과학 기술 활용하기

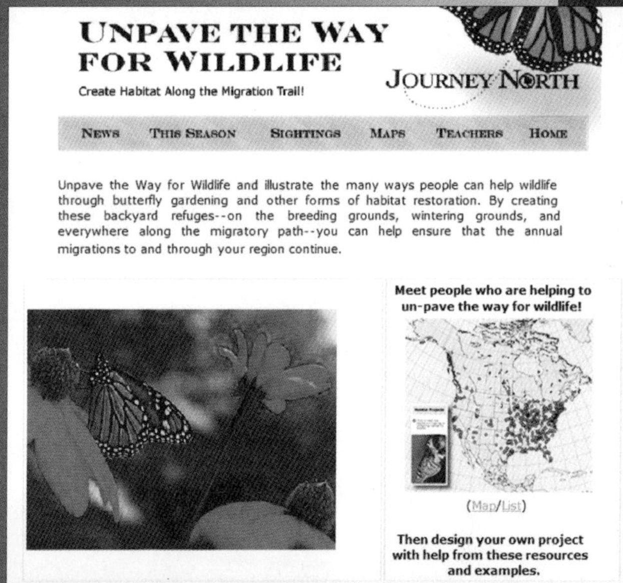

여러분은 학생들이 다방면에 걸친 과학 팀에 참여하여 실제 자연 현상을 조사할 수 있는 기회를 주고 싶은가? 전 세계의 과학자들과 학생들을 의미 있는 탐구 안에서 연결시켜 주는 웹 기반의 협력 프로젝트를 이용하면 이러한 모험적인 학습이 가능하다.

이 페이지에 있는 그림은 Journey North에서 온 것이다. 이곳에서는 야생 생물의 이동과 계절별 변화에 대한 연구에 600,000명 이상의 학생들과 17,000개 이상의 교실이 참여하는 일련의 프로젝트들을 지원하고 있다. 학생들의 학교에서 활동하여 얻은 관찰 결과와 자료를 제공하면, 이것이 전 세계의 다른 사람들과 공유된다.

다른 많은 프로젝트들도 진행되고 있으며, 적극적인 교사들은 함께 모여 그들만의 프로젝트를 만들고 있다.

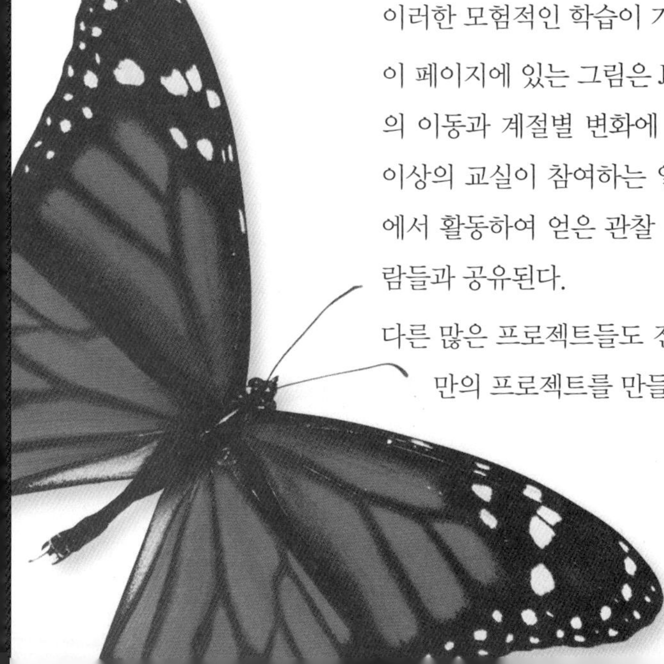

과학 코너

과학을 교실의 일상적인 삶의 일부로 만드는 한 가지 방법은 책상 하나를 교실의 구석에 두고 "과학 코너(science corner)" 혹은 "과학 책상(science table)"이라고 이름표를 붙여놓는 것이다. 어떤 학교에서는 이 공간이 교실에서 과학 활동을 하는 중심이 되기 때문에 "과학 센터(science center)"라고 부른다. 그곳의 이름으로 어떤 것을 선택하든지 상관없이 과학 코너에서는 초등학교 과학 수업 중에 할 수 있는 많은 활동들이 이루어질 수 있다.

과학 코너에 있는 자료들은 학생들을 유인할 수 있도록 깨끗하게 전시되어야 한다. 즉, 기호와 자료는 큰 글씨로 써서 읽기 쉬워야 하며, 안내문은 분명해야 하고 애매하지 않아야 한다. 시각적인 전시물은 읽기 능력이 부족한 학생들에게도 주제에 대한 아이디어를 전달해줄 수 있어야 한다. 이 책의 앞부

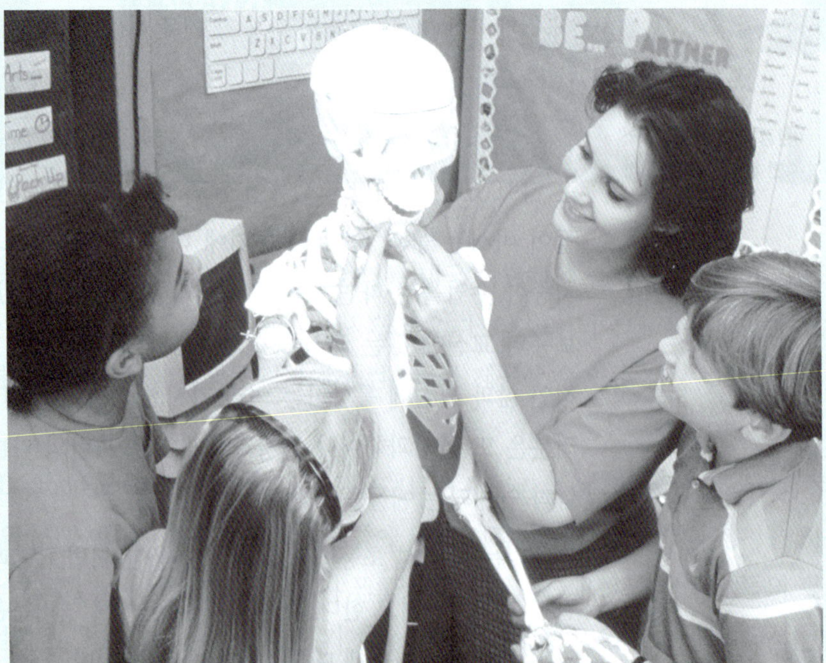

교사가 자신의 교실에 있는 과학 코너에서 학생들과 인체의 뼈 모형을 살펴보고 있다.

Charles Gupton/Corbis

분에 언급된 보편적인 디자인의 원리를 따라서 가능한 모든 학생들이 접근할 수 있도록 자료를 구성해보자. 또한 과학 코너 각각의 주제가 전체적인 테마 및 구성 개념들과 연계될 수 있도록 하자. 몇 가지 아이디어를 소개하면 다음과 같다.

과학 코너를 위한 아이디어

- **계절 변화** 계절에 따라 진행되는 변화의 주기를 반영하여 과학 코너를 꾸밀 수 있다. 예를 들어, 가을 과학 코너에는 전국 각지에서 매년 이맘때면 땅에 떨어지는 도토리, 솔방울, 울긋불긋한 낙엽, 밤, 그리고 나무의 다른 부분들을 전시할 수 있다.
- **지금 공부하는 과학 단원과 관련된 자료들** 과학 코너는 그 당시 수업에서 다루고 있는 과학 단원을 반영하여 꾸밀 수 있다. 예를 들어, 생태계를 공부하는 5학년 학급에서는 과학 코너에 작은 서식지를 몇 개 정도 만들 수 있다. 또, 소리 에너지에 관한 3학년 단원을 고려하여 과학 코너에 학생들이 만든 악기를 전시할 수 있다.
- **자연에서 가져온 것들** 과학 코너에는 학생들이 신기하다는 이유로 자연에서 수집해온 것들을 단지에 담아 놓아도 좋다. 이러한 과학 코너에 어울리는 제목은 아마도 "우리 반 학생들이 자연에서 가져온 것들"이 될 것이다.

과학 코너를 상호작용의 장(場)으로 만들기

여러분은 교실의 과학 코너에 전시된 자연물을 발견할 수 있을 것이다. 만약 과학 코너가 단순히 전시 공간이라면 교사와 학생들은 곧 흥미를 잃게 된다. 전시물들에는 먼지가 쌓이고, 유용하게 쓰이지 못한다.

탐구로의 초대

과학을 학생들의 삶과 연계하기 위해서는 과학 코너가 학생들을 유인하여 탐구하게 만들어야 하고, 탐구가 학생들이 과학 코너를 찾는 이유가 되어야 한다. 예를 들어, 과학 코너는 학생들이 어떤 질문들에 관해 숙고하거나 자신만의 질문을 만들어 보는 곳이 될 수 있다. 그리고 교사는 과학 코너를 방문한 학생들에게 과학 코너에서 무엇을 했고 그 경험에서 어떤 질문을 생각해냈는지 자신의 과학 노트에 적으라고 지도할 수 있다. 학생들은 과학 코너에 추가할 수 있는 자료들뿐만 아니라 그 새로운 물체들에 관한 질문들도 생각해내야 한다.

아래에는 과학 코너를 학생들이 생각하고 탐색하며 과학 탐구 과정의 기능을 계발할 수 있는 몇 가지 정보가 제공되어 있다. 이와 같은 과학 코너는 상호작용의 장이 될 수 있을 것이다.

학생들과 함께 과학 코너 설계하기 학생들이 과학 코너에 관심을 갖도록 하기 위한 방법 중 하나는 학생들을 과학 코너의 설계와 내용물을 공급하는 일에 참여시키는 것이다. 이렇게 참여를 유도하는 것은 비형식 과학교육과정이 학생들의 흥미를 반영한다는 것을 확실히 하는 데 도움이 될 것이다.

과학 코너를 꾸밀 때 학생들을 그 과정에 참여시키기 위해 할 수 있는 질문들이 몇 가지 있다.

질문들

- 과학 코너에 무엇을 놓을 것인가?
- 과학 코너에서 우리가 할 수 있는 것은 무엇인가?
- 코너에 있는 물체들을 탐구하려면 어떤 도구들이 필요한가?
- 그곳에서 작은 애완용 동물을 키울 수 있을 것인가?
- 과학 코너를 이용할 때 어떤 규칙들이 필요한가?

과학 코너 당번

초등학교 고학년이라면 학생들이 과학 코너에 놓을 내용물과 활동들을 충분히 관리할 수 있다. "과학 코너 당번"은 몇 가지 전시물을 교체하고 유지·보존하는 책임을 맡게 되는데, 한 달을 주기로 번갈아 가며 할 수 있다. 이렇게 규칙적으로 관리를 해주면 과학 코너의 자료들이 질서 있게 들어오고 나가는 데 도움이 될 것이다.

어린 학생들의 경우에는 과학 코너를 설계하고 전시하는 데 교사가 더 적극적으로 활동해야 한다. 하지만 이들 저학년의 경우에도 학생들에게 기회를 주고 자연에서 수집한 자신들만의 특별한 물건을 가져오도록 함으로써 과학 코너를 꾸미는 데 참여시킬 수 있다.

1학년 학급을 담당하고 있던 한 선생님은 바닷가라는 주제에 초점을 맞춘

교실에 과학 코너를 만드는 방법 안내

- 교실의 과학 코너는 학생들의 흥미를 반영해야 하며, 가능한 곳 어디나 학생들에 의해서 꾸며져야 한다. 학생들이 탐구할 만하고 숙고할 만한 새로운 물체와 질문들로 학생들을 지속적으로 자극하기 위하여 그 내용물을 정기적으로 교체해주어야 한다.
- 과학 코너에 있는 모든 표시와 카드는 시각 장애가 있는 학생들을 위하여 크고 굵은 활자로 인쇄되어야 한다. 마찬가지로, 신체적인 장애가 있는 학생들도 쉽게 읽을 수 있도록 표지가 너무 높거나 너무 낮은 곳에 있어서는 안 된다.
- 학생들에게 위험이 될 수 있는 물체, 가열 장치나 날카로운 끝이 있는 물체를 과학 코너에 두어서는 안 된다. 이 책의 마지막에 있는 "교사를 위한 추가 자료" 중 안전 지침에 관한 내용을 참고하도록 한다. 또, 케네스 로이(Kenneth Roy)(2007)가 쓴 NSTA Ready-Reference Guide to Safer Science를 보도록 한다.
- 과학 코너에는 양팔 저울, 무게를 재기 위한 분동, 거리를 측정하기 위한 센티미터 자, 액체의 부피를 측정하기 위한 눈금실린더와 같이 성질이 서로 다른 물체들을 측정할 수 있는 도구들이 있어야 한다. 또, 확대경, 프리즘, 자석, 거울과 같은 일반적인 과학 도구들도 갖추어 놓을 수도 있다. 과학 코너의 질문과 활동들은 학생들에게 실험 도구들을 사용하는 이유를 제공해주는 것이어야 한다.
- 가능하다면 과학 코너에는 통신망에 연결된 컴퓨터를 놓도록 한다. 그 컴퓨터에는 학생들이 문제 해결을 할 수 있도록 소프트웨어 프로그램이 설치되어 있어야 하며, 과학 코너에서 제시하는 질문들은 학생들이 컴퓨터를 도구로 활용하도록 유도하는 것이어야 한다.
- 현재 배우고 있는 과학 단원을 고려하여 과학 코너를 꾸미려면, 학생들의 사고를 확장시킬 수 있는 자료와 경험을 준비하도록 한다. 예를 들어, 전기 단원의 경우에는 학생들이 서로 다른 전기 회로를 만들어 볼 수 있도록 과학 코너를 꾸밀 수 있다. 또, 전기에 관한 책과 학생들이 분해하여 살펴볼 수 있는 작은 전기 장치(플러그를 뽑아 놓아야 한다!)를 마련해놓을 수도 있다.

학급의 과학 코너에서 학생들이 무질서하게 행동하는 것을 발견하고 학생들에게 과학 코너에 관한 규칙을 만들어 보도록 하였다. 선생님이 직접 학생들에게 어떤 규칙을 부여할 수도 있지만, 그렇게 하면 효과적이기보다 부담이 될 것이라고 생각하였다. 그래서 선생님은 학생들에게 자신들만의 기준으로 오로지 그들만이 생각해낼 수 있는 주의 사항을 만들어 보도록 하였다. 다음은 학생들이 직접 만든 주의 사항이다.

과학 코너 주의 사항

1. 너무 많이 몰려들지 않는다. 한 번에 세 명씩 이용한다.
2. 자기 차례를 기다리고, "부탁해", "고마워"라고 말한다.
3. 책은 함께 본다.

4. 바른 자세로 앉는다.

5. 10분 정도만 머문다.

자신들만의 규칙을 세운 학생들은 과학 코너가 선생님 없이도 바닷가라는 주제를 공부하기에 좋은 곳이라는 것을 알게 되었다. 종종 과학 토론 시간에 이곳 1학년 학생들은 자신들이 과학 코너에서 읽은 책이나 자료들을 살펴보는 동안 궁금했던 질문들을 이야기하곤 하였다.

질문과 활동 이 책의 앞부분에서 소개한 과학 활동 스테이션(science activity station)과 같이 학급의 과학 코너에는 질문들이 적힌 카드(또는 종이)가 있어야 한다. 예를 들어, 과학 코너에 도토리들이 놓여있다면 카드에는 이렇게 적혀 있을 수 있다.

"여러분은 이 도토리들을 어떻게 분류할 건가요? 그리고 왜 다른 방법이 아닌 그런 방법으로 도토리를 분류했나요?"

교사는 가능하다면 언제든지 학생들이 전시물을 준비하면서 스스로 질문을 만들어 보도록 해야 한다. 또 학생들은 과학 코너의 질문들에 대한 답을 자신의 과학 노트에 기록해야 한다.

학생들이 실험하도록 장려하기

과학 코너의 질문들은 학생들이 가까이에 있는 재료를 가지고 탐색하고 실험하고 만든 것이어야 한다. 어느 2학년 교실의 과학 코너에는 점안기(eyedropper)와 물 한 컵이 놓여있었고, 그 옆에는 오래된 신문 몇 장이 있었다. 카드에는 "신문지에 있는 글자 위에 물 한 방울을 놓아 보세요. 어떻게 되었습니까?"라고 적혀 있었다.

과학 코너나 과학 책상을 몇 주에 한 번씩 교체하면서 학생들과 교사가 수집한 물체들을 정리해놓고 학생들이 질문에 대한 답을 찾도록 한다고 상상해 보자. 이것이야 말로 학생들이 깊숙이 참여하게 되는 비형식 학습 경험의 일종인 것이다.

문학이나 다른 교과와 연계하기

과학 코너에 놓인 책들

과학 코너는 학생들이 좋아하는 과학 도서나 전시된 물체와 관련된 주제의 이야기책을 놓아두기에 알맞은 곳이다. 예를 들어, 내가 방문했던 어느 3학년 교실에서는 가을 학기 동안 그 지역의 나무들에 관해 공부하고 있었다. 그곳의 과학 코너에는 학생들이 살펴볼 수 있도록 나무의 여러 부분들이 전시되어 있을 뿐만 아니라 휴대용 나무 도감과 쉘 실버스타인(Shel Silverstein)의 《아낌없이 주는 나무(The Giving Tree)》, 닥터 수스(Dr. Seuss)의 《더 로락스(The Lorax)》가 놓여있었다(그림 5.1 참조). 이 두 책은 소설이지만, 모두 그 줄거리 속에 나무에 관한 중요한 사실적인 정보를 담고 있다. 이와 유사하게, 물에 뜨거나 가라앉는 물체에 관한 과학 코너에는 이브 번팅(Eve Bunting)(1997)의 《더키(Ducky)》라는 책을 놓아둘 수 있다. 이 이야기에서는 노란 플라스틱 오리가 나무 상자에 담겨져 다른 많은 욕실 장난감들과 함께 배에 실리게 된다. 폭풍이 나무 상자를 휩쓸고 지나가서 부서지자 장난감들은 여러 방향으로 표류하게 된다. 어떤 장남감은 잠시 후 가라앉고, 다른 장난감들은 물 위에 뜬 채 표류한다. 이 이야기는 실제 있었던 사건을 바탕으로 한 것인데, 과학자들도 물 위에 뜨는 장난감을 이용하여 해류에 관한 자료를 수집한다.

과학 코너에 소설책을 놓아두었을 때 교사가 학생들에게 그 이야기와 학생들이 이야기의 주제에 관하여 참이라고 알고 있는 것을 비교해보도록 하면 좋다. 예컨대, 《아낌없이 주는 나무》라면 과학 코너에 있는 한 카드에서 이렇게 질문할 수 있다. "이 이야기는 어떤 점에서 우리가 나무에 관하여 알고 있는 사실과 어떤 점이 같습니까? 어떤 점이 다릅니까?" 아주 어린 아이들조차도 나무가 말을 하지 못한다는 것을 알 것이고, 신나서 대답할 것이다.

사회와 수학을 통합하기

과학 코너는 문학 외에도 다른 초등학교 과목들과 쉽게 연계할 수 있다. 예를 들어, 《더 로락스》의 이야기에는 환경에 관한 중요한 교훈들이 담겨 있다. 이 책은 재미있는 음율(rhymes)을 통해서 나무를 계속 베었을 때 발생할 수 있는 현상에 관하여 힘주어 말하고 있다. 이 책을 과학 코너에 놓아두고 나무에 관한 과학 단원을 문학뿐만 아니라 사회적 이슈와도 연계할 수 있다. 수학을 교실 수업 속에 통합하는 것 또한 우리가 학생들과 과학을 공부할 때 흔히 하는 일이다. 한 3학년 수업에서는 과학 코너에 오래된 나무줄기의 단면을 전시해놓고 학생들이 나이테를 세어 나무의 나이를 예상해보도록 하였다.

그림 5.1
지역의 나무들을 공부하고 있는 3학년 학생들을 위한 과학 코너이다. 탐색할 다양한 자료들과 그것들을 탐구하는 데 사용하게 될 도구들, 그리고 살펴볼 수 있는 책들을 주의해서 보자.

과학과 다른 과목을 통합하는 책들

미국과학교사협회(the National Science Teachers Association)에서는 K-12 학년 학생들을 위한 우수한 과학 교재들을 선정하여 연간 목록을 발간한다. 이 목록은 온라인상에서도 볼 수 있다. 여기에서는 과학과 문학, 수학, 그리고 또 다른 과목들을 통합하는 책들을 몇 가지 소개하기로 한다.

- Giraffe Graphs by Melissa Stewart(New York: Scholastic, 2007). K-4학년 학생을 위한 이 이야기에서는 학생들이 동물원으로 현장 학습을 가서, "좋아하는 동물들"이라는 막대그래프를 만드는 수업을 한다.
- Seashells by the Seashore by Marianne Berkes(Nevada City, CA: Dawn Pub-

lications, 2002). 이 이야기는 각운을 이용한 시를 통해 전개되는데, 어린 소녀가 할머니의 생신에 선물한 조개들을 묘사하고 있다. 접어 넣을 수 있는 페이지에 각각의 조개에 관한 자세한 설명이 담겨 있다.

- Under One Rock: Bugs, Slugs and Other Ughs by Anthony D. Fredericks (Nevada City, CA: Dawn Publications, 2001). 이 책은 한 소년이 바위를 들추어 생물 군집을 찾아낸 후 알게 된 것들을 다루고 있다. 여러분의 뒤뜰에서 할 수 있는 생태계 탐구에 관한 멋진 이야기들이 실려 있다.
- Just a Dream by Chris Van Allsburg(Boston: Houghton Mifflin, 1990). 이 책은 한 소년이 잠을 자는 동안 모험을 하는 흥미로운 이야기를 담고 있다. 소년의 꿈을 통해 개인들이 더 많은 자원 고갈로부터 자연 환경을 지킬 수 있는 방법들이 소개되어 있다.
- What Is a Scientist? by Barbara Lehn(Minneapolis, MN: Millbrook Press, 1999). 이 책은 과학의 과정들을 어린 아이들의 사진과 함께 설명하고 있다. 과학이 질문하기, 감각을 통해 배우기, 관찰 기록하기, 탐구 계획하기, 실험하기, 테스트하기, 논리적으로 생각하기에 관한 일이라는 것을 보여준다.
- Hottest, Coldest, Highest, Deepest by Steve Jenkins(Boston: Houghton Mifflin, 1998). 이 책에서 저자는 온도, 강의 길이, 산의 높이, 바다의 깊이 등 모든 측정치에서 극단적인 사례를 보여주는 지구의 서로 다른 곳으로 독자들을 안내한다. 여행 중 각각의 목적지에서는 지도가 주어지고, 독자는 측정이 관찰의 중요한 한 부분이라는 것을 깨닫게 된다.

다음 페이지부터 여러분은 과학 주제와 다른 과목들을 연계하는 많은 사례들을 보게 될 것이다. 그러한 것들을 이용한다면 여러분은 학습 경험의 간학문적인 본성을 강화할 수 있고, 그와 동시에 학생들이 스스로 관련짓는 능력을 계발할 수 있을 것이다.

여러 지역의 간단한 과학 코너들

전국 각지에서 교사와 학생들이 함께 꾸민 몇 가지 과학 코너들을 살펴보면 과학 개념을 학생들의 일상생활과 관련짓는 방법을 구상하는 데 도움이 될 것이다.

북동부의 3학년 과학 코너 이 과학 코너에는 조개 수집품이 플라스틱 용기에 담겨 있고, 마리안느 벅스(Marianne Berkes)의 《해변가의 조개(Seashells by the Seashore)》라는 책도 놓여있다. 책상 위의 조개들 옆에 있는 카드에는 다음과 같은 내용이 깨끗하게 인쇄되어 있다.

> 이 조개들을 분류할 수 있는가? 조개들의 공통점은 무엇인가? 또, 조개들의 다른 점은 무엇인가?

북서부의 2학년 과학 코너 한 2학년 학생이 매우 큰 솔방울을 교실에 가져와서 과학 코너에 놓아 두었다. 교사는 학생들에게 이 솔방울에 관해 알고 싶은 것이 무엇인지 묻는다. 학생들은 솔방울의 무게, 어디서 왔는지, 왜 그렇게 큰지 궁금해 한다. 솔방울을 과학 코너에 놓으면서 교사는 질문 카드에 다음과 같이 적는다.

> 빨간색 토막이 몇 개가 있어야 솔방울의 무게와 같아지는가? 솔방울의 길이는 얼마나 될까? 솔방울이 어디서 왔다고 생각하는가? 이것은 왜 이렇게 큰가?

과학 코너 주변을 오가는 학생들은 이 질문들을 자유롭게 탐구할 수 있다.

중서부의 1학년 과학 코너 노란색 털로 만든 봉제 병아리 인형이 과학 책상에 놓여있다. 카드에서는 문학과 연계된 과학 질문을 던지고 있다.

> 우리가 수업 중에 읽었던 책에서 본 병아리와 지금 이 아기 병아리는 같은 점이 무엇인가? 또 어떤 점에서 다른가?

카드에 언급된 책은 루스 헬러(Ruth Heller)의 《닭만 알을 낳는 것이 아니야(Chickens Aren't the Only Ones)》(1999)이다.

가을날 3학년 과학 코너 낙엽들이 책상 위에 놓여있다. 낙엽들은 모양이나 크기, 색깔이 서로 다르다. 카드에는 다음과 같이 적혀 있다.

> 이 낙엽들은 어떤 종류의 나무에서 떨어졌다고 생각하는가? 이 낙엽들은 매우 큰 나무에서 떨어진 것일까? 활엽수일까? 침엽수일까? 여러분이 생각한 것을 말해보자.

2학년 과학 코너 비눗물이 담긴 작은 대접 주위에 비눗방울을 만드는 막대기처럼 생긴 파이프 청소 용구들이 놓여있다. 어떤 것은 삼각형이고 어떤 것은 사각형이다. 카드에는 다음과 같이 적혀 있다.

> 비눗방울은 어떤 모양인가?

같은 과학 코너의 프리즘 옆에 있는 카드에는 다음과 같이 적혀 있다.

> 이것을 빛에 대어 보자. 어떤 색들이 보이는가?

3학년 과학 코너 대야에 물을 담은 후 여러 가지 물체들을 대야에 넣어서 그것들이 뜨는지 가라앉는지 알아보도록 한다. 책상 위에는 구슬, 클립, 나무토막, 그리고 작은 공이 있다. 다른 물체들을 시험해보아도 된다. 카드에서는 다음과 같이 질문하고 있다.

> 어떤 물체가 물에 뜨는가? 가라앉을 때는 어떤 일이 일어나는가?

지역 환경의 물 테스트하기

6학년 과학 코너 한 6학년 학급이 그 지역의 수질에 대해 공부하고 있었다. 학생들은 이름표가 붙은 작은 비커에 수집한 샘플을 이용하여 학교 분수의 물, 가정의 수돗물, 상점에서 구입한 생수, 빗물을 시험해보았다. 리트머스 종이와 붉은 양배추 지시약을 사용하여 여러 가지 샘플의 pH를 결정하였다(pH는 용액의 산성 또는 염기성을 나타내는 측정치이다. 리트머스 종이와 붉은 양배추 지시약은 pH에 따라 색이 변한다).

학생들은 각 샘플을 테스트하는 동안 물의 pH를 과학 코너에 있는 표에 기록하였다. 물은 보통 pH 7을 나타내는데, 이 값을 중성으로 한다. 강한 산성(7 이하)이나 강한 염기성(7 이상)의 물은 식수로 안전하지 않다. 이 학급에서는 세계 인구의 1/6이 안전한 식수를 마시지 못하고 있다는 사실을 알게 되었다. 그리고 이들은 대부분 아프리카, 멕시코, 남아메리카와 중앙아메리카의 일부, 그리고 아시아의 일부 지역에 살고 있다는 것(Smolan and Erwitt, 2007)도 공부하였다.

주변에서 전 지구적인 환경 문제 탐구하기

토마스 프리드만(Thomas Friedman)(2007a)의 다음 인용문에 대해 생각해 보자.

> 시에라 클럽(Sierra Club)의 회장인 칼 포프(Carl Pope)는 인류의 역사에는 항상 약탈할 새로운 바다, 베어 낼 새로운 숲, 개척할 새로운 농지가 있었다는 사실에 주목하였다…. 하지만 "모든 나라에서 경제 발전을 우선시해왔기 때문에 새로 부상하는 경제력으로 개발할 수 있는 미개척의 바다와 땅이 사라졌다."고 그는 말한다. 그래서 현재 너무 많은 나라들이 이제는 거의 없는 물고기와 나무, 수자원을 찾고 있으며, 놀랄 만한 속도로 자신의 것을 소비해버리거나 이웃 나라의 것을 빼앗고 있다.

전 지구적인 사고, 지역적인 관련성

프리드만이 상기시켜 주듯이, 자연계에 대한 이해는 학생들에게 우리 모두가 지구의 천연자원을 어떻게 이용하고 때로는 어떻게 남용하고 있는지 인식하는 데 도움이 된다. 인터넷 혁명 덕분에 학생들은 우리가 살고 있는 자연 환경을 탐색할 때 웹 기반의 도구와 프로그램을 이용하여 그들의 지리적 경계 밖에 있는 장소에도 접근할 수 있게 되었다. 내가 방문한 한 학교에서는 7학년 교사들이 지구의 자원을 이용하는 것이 환경에는 어떻게 영향을 미치는지 학생들이 이해해야 한다는 것을 깨달았다. 교사들은 과학 개념을 학생들의 일상생활과 관련짓기 원했고, 동시에 학생들이 살고 있는 특정한 마을을 넘어서 그 맥락을 확장하고 싶어 했다. 그래서 교사들은 웹을 통해 지역과 전국의 자료에 접근하였고, 학생들이 그 정보를 분석하도록 하였다. 이러한 비형식적인 탐구는 곧 중학교 두 곳의 공식적인 과학교육과정의 일부가 되었다.

다음의 과학 이야기는 학생들이 그들의 환경과 관련된 과학적인 자료를 탐색하였던 경험을 기술하고 있다. 이야기 속에서 알 수 있는 바와 같이, 그러한 경험을 하는 동안 학생들은 생태계의 변화에 영향을 주는 문제들에 관해 과학자들이 어떻게 연구하는지 느끼게 되었다.

과 학 이 야 기

망가진 생태계

녹색 과학

메릴랜드(Maryland) 주 볼티모어(Baltimore) 근처 도시 지역의 7학년 학생들은 생태계에 관하여 공부하면서 과학자들이 어떻게 연구하는지 알게 되었다. 와일더(Wilder) 선생님은 학생들에게 생태계가 무엇을 의미하는지 소개해주었다. 내가 교실을 방문한 날, 와일더 선생님은 학생들에게 비생물적인 요소가 생태계에 어떻게 영향을 미치는지 생각해보자고 말했다.

생태계 정의하기

선행 지식 이 7학년 학생들은 이미 **생태계**란 살아있는 것들(생물적인 요소)이 살아있지 않은 또는 비생물적인 요소들과 특정한 환경 안에서 함께 작용하는 제한된 공간이며, 자연계의 한 구성단위라는 것을 알고 있었다. 비생물적인 요소에는 대기 중에 있는 기체, 현재 있는 건물과

> 도로, 토양의 종류에 이르기까지 환경 안에 있는 살아있지 않은 화학적 또는 물리적 요소들이 모두 포함된다.

와일더 선생님은 7학년 학생들과 함께 특별한 비생물적 요소 중에서도 미국 동부에 있는 도로들을 탐구하고자 했다. 와일더 선생님은 학생들에게 도로들이 빨갛게 표시되어 있는 북아메리카의 위성 사진을 보여주었다. 학생들은 그 지역의 일부가 거의 완전히 도로로 덮여 있는 반면, 어떤 지역은 도로가 거의 없는 것을 발견하였다. 그 다음에 와일더 선생님은 볼티모어 지역의 지도를 보여주고 과학자들이 이 지역의 급수시설을 조사하고 있다고 설명해주었다. 선생님은 과학자들이 다음과 같은 의문점을 가지고 연구하고 있다고 말해주었다.

> 눈이 내려 얼음으로 뒤덮인 도로가 어떻게 볼티모어 지역의 급수시설을 위험에 처하게 할 수 있는가?

학생들이 데이터를 조사하다

학생들은 곧 네 명이 한 조가 되어 각 조마다 여섯 장의 사진 한 세트를 받았다. 그 사진들은 눈이 내린 도시의 풍경, 하얀색 잔여물로 덮인 도로, 눈이 내린 도로에 소금을 뿌리는 트럭, 그리고 다리와 고가도로 근처의 강과 시내를 찍은 것이다. 선생님은 학생들에게 사진을 관찰하고 그 결과를 말해보라고 하였다. 학생들이 생각해낸 아이디어는 그들의 “가설(hypothesis)”이라고 이름 붙여졌다. 와일더 선생님은 학생들이 그 사진 데이터를 연구 문제와 관련지어 보기 원했다. 네 명의 학생들로 이루어진 각 조가 다음과 같은 가설에 도달했다.

> 소금을 뿌리면 얼음이 뒤덮인 또는 눈이 내린 도로에 소금이 더해지고, 눈이 녹으면 소금기가 있는 녹은 물이 도로를 휩쓸어 강과 시내와 하수구로 흘러 들어간다.

다른 한 조는 소금을 함유한 잔류물 때문에 물고기들이 피해를 입을 것이라고 말하기도 하였다.

> **저자의 생각** 나는 학생들이 이 도전적인 과제를 매우 잘 수행한 것이 인상 깊었다. 처음에 학생들은 데이터 안에 왜 소금 살포 트럭의 사진이

> 있는지 분명히 알지 못했지만, 곧 관련성을 찾아내었다. 나는 "그 사진이 포함되어 있지 않았다면, 학생들이 겨울철에 소금을 도로에 뿌리는 것에 대해서 생각할 수 있었을까?"라는 생각이 들었다. 여러분은 어떻게 생각하는가?
>
> 학생들에게는 소금물에 대한 간단한 보고서와 왜 사람들이 소금물을 마시지 않는가에 대한 질문이 숙제로 주어졌다(표 5.1 참조).

표 5.1 와일더 선생님의 학생들에게 배부된 민물과 소금물에 관한 간단한 보고서

소금물에는 얼마나 많은 소금이 들어 있을까?	• 리터당 소금의 양이 250~400 mg/L이 넘는 물은 짠맛이 난다. • 소금의 양이 1,000 mg/L 미만인 물은 민물로 간주한다(짜지 않다). • 소금의 양이 1,000 mg/L와 3,000 mg/L 사이인 물은 약간 짠 것으로 간주한다. • 소금의 양이 10,000 mg/L와 35,000 mg/L인 물은 매우 짠 것으로 간주한다. • 바다에 녹아 있는 소금의 양은 대략 35,000 mg/L이다.
민물에 사는 동물과 식물에 소금이 어떤 영향을 미칠까?	• 민물에 사는 어떤 동물과 식물은 상당한 기간 동안 소금의 양이 226 mg/L에 이르면 죽는다. 먹이 사슬의 아래에 있는 더 작은 동물들은 높은 소금 함유량에 가장 민감하다. • 어떤 개구리들은 소금의 양이 400 mg/L가 되면 죽는다. • 무지개송어 같은 민물고기는 상당한 기간 동안 소금의 양이 1,000 mg/L에 이르면 죽는다. 68 mg/L 정도의 적은 소금 함유량은 소나무와 같은 가로수에도 좋지 않은 영향을 미친다. • 엘크, 빅혼 산맥의 야생 양, 씨를 먹는 새들과 같은 큰 동물들은 도로에 뿌린 소금을 먹으면 모두 죽는다. • EPA(Environmental Protection Agency)에서는 사람의 음용 기준으로 소금의 양이 250 mg/L 이상이 되지 못하도록 규정하고 있다.
땅 위를 흐르는 눈 녹은 물	• 눈이 녹은 물은 가만히 있지 않고 움직인다. 그것은 중력이라는 한 가지 법칙을 따른다. 즉, 물은 항상 아래로 흐른다. • 물이 도로와 같이 딱딱한 표면 위를 흘러갈 때에는 소금이나 쓰레기와 같이 표면 위에 떠 있는 것들을 무엇이든 운반해간다. • 물은 빗물 배수관으로 흘러 들어가고, 그 물은 다시 시내로 들어간다. 시내는 강과 호수로 흘러 들어간다. 모든 강들은 결국 더 낮은 지점인 바다로 흘러간다. • 어떤 물은 사람들이 마실 수 있도록 저수지에 모아 둔다. 물을 저수지에 담아 두는 과정은 물을 자연적으로 정화하는 데 도움이 된다. 물을 파이프를 통해 수도꼭지로 보낼 때는 정수하고 살균하기도 한다. 하지만 소금은 물 밖으로 걸러지지 않는다.

저자의 생각 간단한 보고서와 그에 따른 질문은 학생들이 사고할 수 있도록 발판을 놓아주는 데 도움이 된다. 학생들은 이미 소금이 생태계 내에 있는 비생물적 요소라는 것을 확인하였기 때문에 그 자료를 탐색하다 보면 그것이 살아있는 것들(생물적 요소들)에 미치는 영향을 생각해낼 수 있다.

실험이 학생들을 놀라게 하다

다음 날 와일더 선생님의 과학 교실에는 식탁용 소금이 담긴 비커, 가벼운 종이컵, 그리고 디지털 저울이 놓인 작업대들이 준비되었다. 각 작업대에서 학생들은 50 mg~750 mg의 범위 내에서 일정한 양의 소금의 무게를 재어 보았다. 학생들은 그 양이 얼마나 적은지 알고 난 후 놀라워했다. 이처럼 숫자를 그 실제 양과 비교하지 않고 사용하다 보면 자주 오해가 생긴다. 측정을 마친 다음 학생들은 물이 담긴 1L 병에 소금을 섞어 보았다. 염도가 다른 물을 맛본 후에 학생들은 1L의 물에 넣은 아주 적은 양의 소금도 물맛에 영향을 줄 수 있다는 것을 알게 되었다.

그 다음 와일더 선생님은 이 지역에서 소금 살포 트럭을 많이 사용하기 시작한 1970년대부터 과학자들이 가까운 시내와 강, 그리고 볼티모어 지역의 음용수 공급 시설에 포함된 소금의 농도를 검사해오고 있다고 설명했다. 선생님은 학생들과 표 5.2에 있는 자료를 함께 살펴보고, "눈이 내려 얼어붙은 도로에 소금 살포 트럭을 사용한 직후부터 과학자들이 왜 이렇게 물을 검사하기 시작했다고 생각하나요?"라고 물었다.

"아마도 그 사람들은 소금이 모두 어디로 가 버릴지 걱정했나 봐요."

미아(Mia)라는 학생이 답했다.

"우리가 주변의 생태계에 원래 있지 않았던 어떤 것을 더하게 되었다면, 그때마다 그 체계가 어떻게 영향을 받는지 알아야겠지요." 와일더 선생님이 대답했다.

학생들이 스스로 관련짓는다

션(Shawn)이 "공장에서 나오는 오수를 강에다 버리는 것처럼 말이죠."라며 거들었다. 와일더 선생님은 그 말에 동의하면서 학생들도 생태계에 영향을 미치는 다른 비생물적인 요소들의 예를 생각해낼 수 있다고 말해주었다.

표 5.2 **볼티모어 지역의 시냇물에 포함된 평균 소금의 양(mg/L)**

	1999	2000	2001	2002	2003	2004	2005
산림 지역	2.60	2.54	2.66	2.39	2.69	2.77	2.66
교외 지역	243.79	62.43	68.81	89.08	96.74	115.70	181.23
도심 지역	332.22	344.98	235.47	256.34	358.47	454.90	777.73

출처: Institute of Ecosystem Studies, Baltimore Ecosystem Study, http://www.beslter.org/

그래프를 통해 패턴을 알 수 있다

이제 학생들은 표 5.2에 있는 자료를 자세히 살펴보기 시작한다. 또, 그들은 지난 7년간 도심, 전원, 교외 지역의 소금 함유량이 기록된 자료를 받았다. 학생들은 네 명이 한 조가 되어 그래프로 작성할 자료를 선정하고, 각각의 그래프 눈금이 같은지 확인하였다. 학생들은 과학자들이 데이터에 관하여 결론을 내릴 때 사용하는 한 가지 방법이 데이터를 그래프로 나타내는 것이라는 사실을 알고 있었다. 학생들은 도심 지역의 물이 교외나 산림 지역에 비해 더 짜다는 것을 발견하였고, 또 도로가 더 많을수록 눈이 오거나 얼음이 어는 날 소금을 더 많이 뿌려야 한다고 생각하였다. 그리고 볼티모어 지역에 눈이 많이 내리고 추운 겨울이 찾아왔던 2005년에 물속에 포함된 소금의 양이 도심 지역과 교외 지역에서 급격히 증가하였음을 알아내었다. 학생들은 이 자료가 소금을 함유한 녹은 물이 도로를 씻어 내어 결국에는 주변의 시냇물에 이른다는 그들의 가설을 지지한다고 결론지었다.

창의적인 발표

이 7학년 학생들은 문제의 진술, 가설, 자료를 분석한 방법, 그리고 자신들이 내린 결론이 담긴 실험 보고서를 작성하기 시작하였다. 또한 학생들은 자료를 어떻게 이해했는지 보여줄 수 있는 창의적인 발표를 해야 했다. 몇 개의 조가 주변의 담수천에 있는 물고기들이 어떤 곤경에 처해 있는지에 초점을 맞추었다. 학생들은 자료 분석을 통해 한 가지 놀라운 결론에 이르렀다. 즉, 전원 지역이 도심 지역에 비해 도로에 소금을 덜 뿌리는 것처럼 보이지만, 염분 대비 인구수를 따져 본다면, 전원 지역에서 인구수에 비추어 많은 양의 소금을 도로에 뿌리고 있다는 것을 알게 되었다.

마지막 활동으로 학생들은 웹을 활용하여 이 자료의 근거가 되었던 미국자연사박물관(the American Museum of Natural History)의 〈과학 회보〉(Science Bulletin)를 살펴보았다.

의미 확장하기

■ 이야기 속의 교수 방법

- 실제 과학적인 데이터와 지역의 당면 문제를 연계하면서 학생들을 진정한 과학 경험(이 경우에는 환경 과학)으로 인도할 수 있다. 데이터 수집을 할 때는 가끔 인터넷이 필요하다. 이 이야기에서 와일더 선생님은 웹을 통해 미국자연사박물관의 〈과학 회보〉 중의 하나인 '겨울철 도로가 시냇물을 짜게 만든다(Winter Roads Make Salty Streams)' 에 접근하였다.
- 학생들이 기상 상태와 생태계에 소금이 농축되는 일을 관련지을 수 있도록 소금 살포 트럭과 도로에 남아 있는 소금 찌꺼기를 찍은 사진들이 활용되었다. 학생들은 사진을 관찰하고 자신들이 관찰한 것으로부터 추론해야 했다.
- 데이터 종이에 적힌 추상적인 숫자들의 의미를 이해할 수 있도록 와일더 선생님은 학생들에게 디지털 저울, 식탁용 소금, 종이컵을 가지고 실험해 보도록 하였다. 학생들이 스스로 소금물 용액을 만들어 보면서 그들이 알아야 할 수업 내용이 구체적인 경험으로 구현되었다.
- 학생들은 겉보기에는 해롭지 않은 행동, 즉 도로에 소금을 뿌려 눈과 얼음이 빨리 녹을 수 있도록 하는 일이 잠재적으로 환경에 해를 끼칠 수 있다는 사실에 놀라워했다. 생태계에 인간이 개입해서 생길 수 있는 의도하지 않은 결과라는 개념이 이 이야기에 숨어 있는 주요한 교수 방법이다.

● 이야기 속의 과학 개념

- 이 수업의 토대가 되었던 〈과학 회보〉에 따르면 미국 전역에는 4백만 km

이상의 포장도로가 서로 교차하며 지나고 있으며, 매일 더 많은 도로들이 건설되고 있다. 겨울이 되면 얼음을 녹이기 위해 북동부와 중서부 지역의 도로에 정기적으로 소금을 뿌린다. 도로에 살포된 소금은 녹아서 땅 위를 흐르다가 시내와 음용수로 흘러 들어간다.

- 과학자들은 30년 동안 북동부의 세 지역에서 담수를 조사해왔다. 축적된 소금이 도심과 교외, 전원 지역의 시냇물을 바닷물의 25 % 정도 되는 소금물로 만들어 버렸다. 만일 북동부에서 도로 건설이 계속되고, 계속해서 과도하게 소금을 살포한다면 2100년에는 이 지역의 담수를 마실 수 없게 될지도 모른다(Kaushal et al., 2005).

♠ 이야기 속의 과학교육과정

기준 이 이야기에서 학생들은 미국과학교육기준(National Research Council, 1996) 중 5~8학년을 위한 여러 내용 기준들(content standards)을 만족시켜 가고 있다. 이 기준들은 '생명과학' 과 '개인과 사회적 견지에서의 과학' 이라는 포괄적인 제목 아래에 있는 것들이다.

♠ **개체수와 생태계** "한 생태계 내에서 살 수 있는 생물들의 수는 가용한 자원, 빛과 물의 양, 온도의 범위, 토양의 조성과 같은 비생물적인 요인들에 따라 달라진다."

♠ **인구, 자원, 환경** "환경 파괴와 자원 고갈의 원인은 지역에 따라 다르다."

♠ **자연 재해** "인간의 활동은 자원 획득, 도시의 성장, 토지 이용, 쓰레기 처리 등을 통해 재해를 유발할 수 있다."

♠ **사회 속의 과학과 기술** "과학은 그 지식과 세계관을 통해 사회에 영향을 미친다. 과학 지식과 과학자들이 사용하는 절차는 사회 속의 많은 개인들이 자기 자신과 다른 사람들, 그리고 환경에 대해 생각하는 방식에 영향을 준다."

또, 이 이야기는 "교사들은 디지털 시대의 학습 환경을 설계하고 개발한다."는 미국교육공학기준(National Educational Technology Standards for

Teachers, International Society for Technology in Education, 2008) 중 한 가지를 예시적으로 보여준다. 이 경우 교사는 웹의 정보원에서 자료와 사진, 위성 지도를 가져왔고, 수업의 마지막에는 학생들이 직접 정보원에 접근하여 수업의 토대가 되었던 본래 상황에서 자료를 살펴보도록 하였다.

심화 탐색

- 볼티모어(Baltimore County) 도심 지역의 도로에 소금을 뿌렸을 때 발생되는 의도하지 않은 결과에 비추어 볼 때, 지역의 공무원들에게 소금을 사용하는 것 이외에 어떤 제안을 할 수 있는가?
- 미국자연사박물관은 전 세계 환경이 현재 처해 있는 문제들에 관한 많은 〈과학 회보〉를 발간한다. 특히 다음 두 개의 회보를 살펴보고 이와 관련된 질문들에 답해보자.
  - 도심 열섬 효과(Urban Heat Island Effect)에서는 조지아(Georgia) 주 애틀랜타(Atlanta)와 그 주변 지역의 온도를 살펴본다. 도심의 환경이 전원 지역에 비하여 얼마나 더 더운가? 어떤 비생물적인 요인이 이러한 급격한 온도 상승에 기여하는가? 도심 열섬 효과를 줄이기 위해 제안할 것이 있는가?
  - 죽음의 지역이 되어 가는 곳: 발트 해(Dead Zone on the Rise: Baltic Sea)에 버려지는 폐기 물질의 영향에 대해 살펴볼 수 있다. 죽음의 지역이란 무엇인가? 어떤 비생물적 요인들이 죽음의 지역 수를 증가시키고 있는가? 오염과 습지의 감소로 인해 생태계의 어떤 생물적 구성원이 증가하고 있는가? 죽음의 지역 형성에 박테리아는 어떤 역할을 하는가?

심화 탐색을 위한 자료

전자 미디어 자료

American Museum of Natural History Science Bulletin. 이곳은 와일더 선생님이 학급의 학생들을 위해 자료를 수집했던 것과 같은 종류의 온라인 회보들이 탑재되어 있는 홈페이지이다. 이 회보들에는 "특별 기사(features)", "시각 자료(visualizations)", 그리고 짧은 "순간 촬영 사진(snapshots)"들이 실려 있다. 그곳에서 여러분과 학생들이 관심 있어 할 만한 새로운 주제들을 찾아보자.

Blue Planet Run. 이곳은 Blue Planet Run Foundation의 홈페이지이다. 이 재단은 세계적인 음용수 위기에 대한 전 지구적인 인식을 창출하고 전 세계 사람들이 이 문제를 해결하는 데 참여하기를 희망하고 있다. 이 웹사이트에는 수질, 소비, 전 지구적 위기에 관한 가치 있는 정보가 들어있다.

출판 자료

Heid, C., Biglan, B., and Ritson, M. (2008). The fish kill mystery: Using case studies in the middle school classroom. Science Scope, vol. 31, no. 6, 16–21.

다음 과학 이야기는 학교의 환경에 관한 이야기를 다루고 있다. 버몬트(Vermont) 초등학교의 학생들은 먼 거리를 통학하고, 점심은 항상 학교에서 제공해주는 음식을 먹는다. 이 이야기에서 교사는 점심시간 동안 배출된 쓰레기의 양을 보고 당황해한다.

과 학 이 야 기

우리는 얼마나 많은 우유를 버리고 있었을까?

녹색 과학

버몬트에 있는 로즈(Rhodes) 선생님의 4학년 학급에서는 재활용과 보존에 관한 단원을 공부하면서 학교의 식당에서 점심시간 동안 버려지는 우유의 양에 관해 생각해보게 되었다. 학생들이 해결해야 할 문제는 두 가지로, 버려지는 우유의 부피를 측정하는 방법과 버려지는 우유의 양을 줄일 수 있는 대안을 찾는 것이었다.

측정, 수 세기, 그래프 그리기, 결과를 전달하기

학생들은 학교 관리 선생님의 도움을 받아 비우지 않은 채 버려진 우유 용기를 일주일 동안 매일 교실로 가져왔다. 학생들은 네 명이 한 조가 되어 1,000 mm의 눈금실린더를 사용하여 매일 버려진 우유의 양을 측정하였다. 학생들은 고무장갑을 끼고 우유 용기를 조심스럽게 다루었다. 매일 버려진 용기의 수를 센 다음 각각의 용기에 담긴 내용물을 눈금실린더에 부었다. 그리고 "우유 쓰레기(Milk Waste)"라고 적힌 커다란 막대그래프를 교실 바깥에 그려 놓고, X와 Y축에는 각각 "요일(day of the week)"과 "버려진 우유의 양(liters of milk waste)"이라고 적었다. 학생들은 그래프 아래에 "우리가 학교에서 버리는 우유의 양을 보고 당신은 무엇을 하시겠습니까?"라는 질문을 적어 놓았다. 로즈 선생님과 27명의 학생들은 4주 동안 매주 그 전 주에 매일매일 버려진 유우의 양을 보여주는 새로운 그래프를 게시하였다.

또 학생들은 다른 학급에도 방문하여 이 문제에 관해 이야기하고 의견들을 수집하였다. 그래서 학기가 끝나갈 무렵에는 버려지는 우유의 양이 70 % 정도 줄었다.

이 이야기에서 볼 수 있듯이, 녹색 과학은 학생들이 그것을 자신들의 습관과 관련지을 때 특별한 의미를 지니게 된다.

의 미 확 장 하 기

■ 이야기 속의 교수 방법

- 로즈 선생님은 학생들의 측정 기능에 관심이 있었다. 또, 학생들이 자기 주변 환경의 쓰레기에 대해 깊이 인식하게 하고 싶었다. 선생님은 점심시간에 먹고 버려지는 우유의 양을 의미 있는 소재로 활용하여 관심을 가지고 참여하도록 하였을 뿐만 아니라 관찰 기능과 측정 기능을 사용할 수 있도록 하였다.
- 학교 관리인의 도움을 이끌어 내어 학습 경험을 풍부하게 하였다. 또 학생

미국자연사박물관의 지원을 받는 온라인 〈과학 회보〉 중의 하나에 실린 그림. 박물관의 쌍방향 웹사이트는 현재 진행되고 있는 과학 연구에 관한 중요한 정보를 학생들에게 알맞은 형태로 제공하고 있다.

American Museum of Natural History. Inset photo of oak tree: David Chudnov
Inset photo of evening primrose: William Ripple

들이 교직원도 탐구활동의 일부가 될 수 있다는 것을 깨닫도록 하였다.

- 로즈 선생님은 학생들에게 매일 버려지는 우유의 양에 대해 질문을 하면서 열린(open-ended) 탐구를 시작하였다. 학생들은 만족할 만한 수준의 정확한 절차를 계획해야 했다.
- 이 우유 쓰레기 활동의 전체적인 아이디어는 우리 개개인의 행동이 어떻게 주변의 쓰레기 양과 우리 지역 환경의 질에 영향을 미치는가 하는 것이다.

이야기 속의 과학 개념

- 액체의 부피 측정은 실험실에서 자주 활용되는 기본적인 작업이다.
- **눈금실린더**는 바깥 면에 정확한 눈금이 새겨져 있고(또는 그려져 있고) 한

닐거나 더 오랫동안 현장 학습을 하더라도 상관없다. 리처드 루브(Richard Louv)는 "한 세기 동안 자연에 대한 미국인들의 경험이 직접적 공리주의에서 전자 공학이 만들어낸 고립에 대한 낭만적인 애정으로 변질되어 버렸다(2008, p. 17)."고 말했다.

어느 겨울날 아침 나는 북동부에 있는 한 초등학교를 방문하기 위해 준비 중이었다. 그때 평소 알고 지내던 선생님에게 연락이 왔다. 그 선생님은 오늘 학급 학생들과 과학관(Hall of Science)에 갈 것이라고 말했다. 그곳은 학생들이 직접 체험을 할 수 있도록 잘 꾸며진 박물관으로, 초등학교에서 멀지 않은 곳에 있었다. 나는 선생님에게 왜 오늘 과학관에 가려고 하는지 물었다. 그러자 선생님은 몇 주 전부터 답사를 계획했었고 일 년 중 지금이 학생들을 교실 밖으로 데리고 나가기 좋은 때라고 말하였다.

현장 학습을 의미 있게 만들기

나는 그 선생님이 현장 학습의 목적을 결정하는 데 뭔가 부족한 점이 있다는 것을 깨달았다. 만일 여러분의 학교에 기자재가 충분히 있다면 학생들을 데리고 견학을 가는 것은 분명 기분 전환을 위해 좋은 일이 될 것이다. 하지만 학생들이 배우고 있는 단원이나 주제와 연계된다면 과학 현장 학습은 더욱 의미 있는 일이 될 수 있다. 현장 학습을 학생들이 공부하는 것과 연계해서 학습 경험을 강화하고 과학이 교실에 한정된 과목이 아니라는 것을 증명해보일 수 있다.

탐구 기능 연습

관련된 과학 내용을 제공하는 것과 더불어 현장 학습은 학생들에게 과학 탐구 기능을 연습해볼 수 있는 기회를 제공해주어야 한다. 학생들이 야외에서 문제를 해결해볼 수 있도록 하자. 예를 들어, 4학년 학생들이 바닷가에 현장 학습을 간다고 생각해보자. 학생들은 바닷가에서 기록하고, 흥미로운 것들을 수집하고, 한두 개의 공을 이용하여 파도의 작용을 탐구할 것이다. 교사는 학생들이 관찰한 것을 기록하고, 그들이 본 것을 그림으로 나타내고, 이전에 교실에서 이야기했던 문제들을 해결해보도록 유도할 수 있다. 비슷한 곳으로 답사를 가더라도 8학년 학급이라면 해변에서 수집한 표본을 비닐 백에 담아서 이후에 현미경으로 조사할 수 있을 것이다. 또, 학생들이 바닷물을 수집하여 밀도, 혼탁도(turbidity), 염분(salinity)을 조사할 수도 있다. 바닷물을 증발시

이 학생들은 현장 학습을 하는 동안 단순히 암석을 수집하고 있는 것이 아니다. 이들은 주변 환경에 대한 각자의 의문을 탐구하고 있는 중이다. 이렇게 하게 되면 답사가 그들에게 의미 있는 활동이 된다.

Bob Daemmrich/PhotoEdit, Inc.

키는 것도 또 다른 재미있는 활동이 된다. 물이 증발한 후에는 바닷물에 포함되어 있었던 녹았거나 녹지 않았던 여러 가지 물질들이 남게 될 것이다.

가능하다면 여러분이 야외로 나가는 이유를 학생들과 함께 이야기해보자. 답사를 계획하고 답사를 통해 답하고자 하는 질문을 준비하는 데 학생들을 참여시켜 보자. 예컨대, 학생들에게 다음과 같이 질문할 수 있다.

- 왜 우리가 그곳에 가야 한다고 생각하는가?
- 무엇을 가져올 것인가?
- 궁금한 것이 무엇인가?

현장 학습을 계획할 때의 질문들

학생들은 현장 학습에 관한 멋진 생각을 가지고 있을 뿐만 아니라 관련된 경험에 대한 자신들만의 이야깃거리가 있을 수도 있다.

야외 과학 경험을 위한 조언

- 주의 깊게 계획을 세우는 것이 중요하다. 현장 학습을 떠나려면 보통 학부모나 보호자들에게서 동의서를 받아야 하고, 학생들에게는 답사지에 알맞은 옷을 입도록 지도해야 한다.
- 학생들이 표본을 수집하고 정보를 기록할 수 있도록 가져가야 할 재료를 미리 준비해야 한다. 다시 포장하는 것이 가능한 비닐 백, 플라스틱 수집 용기, 학생들의 과학 노트와 연필, 확대경은 항상 바로 사용할 수 있도록 해야 한다.
- 학생들이 야외 답사의 이유를 이해하고 탐구하고자 하는 문제에 관해 알고 있어야 한다.
- 다음 애나(Ana)라는 어린 학생의 과학 노트에 쓰인 것처럼, 현장 학습은 수업 중 더 발전된 탐구나 조사로 이어져야 한다.

  나는 우리 학급 학생들과 덕 폰드(Duck Pond)로 현장 학습을 갔다. 우리는 그전에는 보지 못했던 새로운 것을 찾았다. 교실에 돌아온 후 우리는 그것이 무엇인지 추측해보았다. 예전의 경험을 바탕으로 우리는 모두 그것이 벌집이거나 말벌의 둥지일 거라고 생각했다. 그래서 그것이 무엇인지 알아내기 위해 여러 가지 실험을 하였다. 그리고 조사한 후에는 그것이 사마귀의 집이라는 것을 알아내었다.
- 어른들의 감독이 필요하다. 답사의 종류와 답사에 참여하는 학생들의 수에 따라서 다른 어른들에게 도움을 요청해야 할 수도 있다. 가능하다면, 이들 또한 현장 학습을 계획하는 데 참여시키도록 한다.

다음 과학 이야기에서 우리는 교실 안팎의 과학 학습 경험의 예를 몇 가지 살펴보게 될 것이다.

과 학 이 야 기

교실 안팎을 연계하기

녹색 과학

도심 공원, 그리고 암석에 담긴 이야기

도심 지역의 5학년 학생들이 암석과 암석의 생성 과정에 대해서 공부하고 있었다. 학교에서 한 블록 떨어진 곳에는 크고 아름다운 공원이 있었다. 이 학교의 과학 교사인 월리스(Wallace) 선생님은 한 번에 한 학급씩 5학년 학생들과 현장 답사를 가서 공원에 있는 암석의 노두를 조사하였다. 선생님은 커다란 노두를 하나 골라서 학생들에게 자세히 관찰하고 그림을 그리도록 하였다.

지역의 공원에 있는 암석 노두

현장 학습을 하기 전에 윌리스 선생님은 학생들에게 과학 노트를 준비하라고 일러 주었고, 학생 한 명 한 명에게 빈 원처럼 보이는 그림을 나눠 주었다. 그림에는 격자선이 상하좌우로 그려져 있었고 원은 총 16개의 칸으로 나뉘어져 있었다. 윌리스 선생님은 실을 엮어서 똑같은 칸을 16개 만든 두 개의 큰 훌라후프(hula hoop)와 나침반을 준비했다. 그리고 학생들에게 이번 현장 학습의 목적은 지질학자들이 하는 것과 같은 방법으로 암석 노두를 관찰하는 것이라고 설명해주었다. 그래서 지금부터 갈라진 금(crack), 선(line), 긁힌 자국(scratch), 그리고 암석이 휘어진 곳을 찾을 것이라고 일러 주었다. 선생님은 학생들이 훌라후프 격자를 길잡이 삼아서 그들이 관찰한 것에 대해 크기를 줄여 그림으로 나타낼 수 있기를 바랐다. 학생들은 훌라후프를 암석 표면에 놓고 훌라후프 격자의 각 칸에서 본 것을 자신들의 종이에 있는 칸에 그려 넣어야 했다.

언덕에 약간 경사지게 나와 있는 노두로 걸어가는 잠시 동안 윌리스 선생님은 지구의 역사와 구조에 대해 우리가 배우는 대부분의 지식이 암석을 관찰하여 알게 된 것이라고 설명해주었다. 그리고 관찰이 끝난 후에는 과학 노트를 걷어서 학생들이 무엇을 관찰하고 무엇을 그렸는지 살펴보겠노라고 말했다.

주의 깊게 관찰

선생님은 학생들에게 그들이 처음 발견한 것에 대해 말해보도록 하였다. 학생들은 암석에 반짝이는 광물인 운모 조각이 있었기 때문에 이 암석은 변성암이라고 결론지었다. 그러자 윌리스 선생님은 빛을 반사할 만큼 큰 운모를 보았다면, 그 암석을 변성암이라고 해도 좋다고 대답해주었다. 학생들은 이미 암석의 세 종류(화성암, 퇴적암, 변성암)와 그 특성에 대해 배웠다. 선생님은 암석이 굽어지고 비틀린 것처럼 보이는 이 부분은 아주 오래전에 어떤 작용에 의해 변형된 것이라고 알려주었다. 그는 훌라후프 하나를 암석 표면의 한 부분에 놓고, 다른 훌라후프는 몇 미터 떨어진 다른 곳에 놓았다. 학생들이 암석에서 본 자국과 선을 자신들의 종이에 있는 격자의 해당 칸에 그려넣기 시작했다. 월리스 선생님은 갈라진 금과 홈을 자세히 관찰해보라고 하면서 그런 것들이 지질학자들도 관심 있어 하는 특징이라고 말해주었다. 선생님이 센티미터 줄자를 가지고 있었고, 학생들이 홈 사이의 거리를 측정하였다.

"확실히 암석이 형성된 다음에 금이 생겼습니다. 중요한 문제는 암석이 만들어진 때와 비교하여 언제 이 금들이 형성되었는가 하는 것입니다."

월리스 선생님은 이것들이 그 밑에 숨겨진 것에 대한 단서라고 설명해주었다. 학생들은 나침반을 이용하여 자신들이 그린 그림을 주방위(동서남북)에 맞추고 암석의 금들이 어느 방향으로 가고 있는지 나타내었다.

그 다음 월리스 선생님은 학생들에게 이 암석들이 얼마나 단단하다고 생각하는지 물어보았다. 그리고 학생들에게 지질학에서 '경도(hardness)'라는 용어는 어떤 물질이 암석을 긁어 상처를 남길 수 있는지를 나타낸다고 상기시켜 주었다. 선생님은 학생들이 시험해 볼 수 있도록 1센트짜리 동전을 꺼내 주었다. 1센트짜리 동전으로 이 암석을 긁어 상처를 남길 수 있을까요?

단순히 암석이 아닌 암석

학생들은 측정하고 그림을 그리고 특징을 기술하느라 바빴고, 나는 학생들이 이제부터는 이 암석을 단순히 정체를 알 수 없는 회색 덩어리로 보지 않을 것임을 알 수 있었다. 그것은 이 지역의 역사에 대한 단서이다. 월리스 선생님은 사건의 순서에 대한 생각으로 다시 돌아왔다. 처음에 암석에서 금이 생겼고, 그 다음 긁힌 상처가 만들어졌을 것이라고 말하였다. 암석의 금은 습곡을 가로질러 나 있었는데, 이것은 금이 생기기 전에 습곡이 만들어졌다는 것을 의미한다고 가르쳐 주었다.

더 좋은 아이디어의 등장

학생들은 결국 암석에 나 있는 금들이 이 지역의 단층선과 한 줄로 되어 있다고 짐작하게 될 것이다. 이것은 이야기의 작은 일부분이지만, 학생들은 지질학자들이 어느 지역에 있는 모든 암석 노두를 독립적으로 관찰한 후 데이터가 모이면 그 지역의 역사에 관해 이야기 할 수 있게 된다는 사실을 깨닫게 될 것이다.

오세이지

뉴욕 주 남부에 사는 한 4학년 학생이 재미있게 생긴 과일을 교실에 가져왔다. 선생님과 다른 학생들은 그렇게 생긴 것을 본 적이 없었다.

"이것이 우리 집 옆에 있는 나무에서 떨어졌는데 무엇인지 모르겠어요."

"선생님도 잘 모르겠구나."

"선생님, 이것을 과학 코너에 두면 어떨까요?"

"그거 좋은 생각이야. 그럼 카드에는 어떤 질문을 적어두면 좋을까?"

"이것이 무엇인지 물어보면 어떨까요?"

이상한 과일은 무엇일까?

며칠간 학생들은 이상하게 생긴 과일 때문에 호기심이 생겼는지 자신들이 발견한 과일의 특징을 과학 노트에 기록하였다. 학생들은 그 과일이 녹색이며 오렌지처럼 두껍고 울퉁불퉁한 껍질이 있다고 기록했다. 또, 그것은 오렌지 같은 냄새가 조금 난다는 점도 발견했다. 학생들은 과일의 껍질이 왜 그렇게 두꺼운지 궁금해하였다.

관찰 내용과 질문들을 기록한 학생들은 학교의 도서관에 가서 도움을 요청하였다. 사서의 도움을 받아 학생들은 참고 도서에서 그 과일의 사진과 설명을 찾아내었다. 그리고 그 과일이 '오세이지(osage)'라는 것을 알게 되었다. 하지만 이미 호기심이 충만한 학생들은 거기서 멈추지 않았다.

어디에서 왔을까?

이제 학생들은 나무가 어디서 자라는지, 어떻게 이름이 붙여졌는지, 그리고 그 외에도 많은 것에 관해 읽기 시작하였다. 학생들은 오세이지가 뽕나무과에 속한 오세이지 오렌지 나무의 열매라는 것을 알게 되었다. 그것은 본래 텍사스(Texas), 오클라호마(Oklahoma), 알칸사스(Arkansas)에서 볼 수 있었던 것으로, 그 지역의 오세이지 인디언(the Osage Indians)에서 이름이 유래되었다. 오세이지는 먹지 못하는 과일이며, 그 나무의 줄기는 짧고, 가지는 굽어 있다. 오세이지 나무는 관상용이나 울타리를 만들 목적으로 미국 전역에 심어진다.

나머지 시간 동안 그 4학년 교실의 모든 학생들은 오세이지 오렌지 나무를 찾아보았다.

를 상상하게 된다는 가상의 이야기이다. 2학년에서 6학년 학생들에게 적합하다.

교실의 일상생활

> 우리는 삶이라는 거대한 실험의 설계자이다. 그리고 우리는 학교생활의 일부인 작은 실험도 설계할 수 있다. 학교는 답을 찾아내는 곳이 될 수 있다.
> – JACQUELINE GRENNON BROOKS

초등학교 교실에 들어섰을 때, 교실에서의 삶은 그 교실을 장식하고 있는 자료들에 반영되어 나타난다. 나는 흔히 과학 코너를 찾아 그 위에 놓인 자료들을 탐색하곤 한다. 그 자료들은 학생들이 지금 공부하고 있는 단원이 무엇인지 알려준다. 하지만 어떤 경우에는 학생들이 직접 수집해온 것들과 관심 사항까지도 알 수 있다. 학생들이 꾸며 놓은 과학 코너가 있는 교실에서 내가 얻는 암묵적인 메시지는 "과학은 이 교실에서 이루어지는 삶의 일상적이고 의미 있는 일부"라는 것이다.

위와 비슷하게 중학교의 과학 교실에서도 나는 으레 있을 법한 과학 장비나 포스터 이상의 것을 찾는다. 내가 보고자 하는 것은 학생들의 관심과 살아 있는 경험이 그들의 과학 활동에 영향을 주었다는 증거이다. 예를 들어, 학생들이 관심 있어 하는 영역에 초점을 맞춘 학생들의 탐구 보고서가 전시물에 포함되어 있을 수도 있다.

비형식 교육과정의 장점

동일한 원리가 현장 학습이나 다른 야외 활동에도 적용된다. 학생들의 세계에 있는 자연물이나 사건들로부터 비형식 교육과정을 구성함으로써 우리는 학생들이 자기 자신을 과학자로서 귀하게 여기게 할 수 있다. 또 많은 젊은이들을 과학에서 멀어지게 하였던 전통적인 요인들을 극복하게 할 수 있다. 우리는 학생들이 과학 내용을 더 깊이, 그리고 마치 더 큰 그림의 한 부분처럼 이해할 수 있도록 도와야 한다. 마지막으로, 우리는 주변의 자연 환경에 대한 학생들의 관심을 높이고, 그들이 미래에 성인이 되었을 때 닥칠 수 있는 환경 문제에 대한 경각심을 일깨울 수 있도록 해야 한다.

6

물질이 문제

일상 사물로 지저분하게 만들기

초점 질문

- 분류 과정에서 중요한 것은 무엇인가?
- 일상생활에서 분류를 하는 경우는?
- 어떤 '지저분한' 탐구를 하는가?
- "과학은 깔끔하지 않다."는 말은 무엇을 의미하는가?

과학 연구를 통해 우리 주위에 있는 매우 다양한 물질(생물 또는 무생물)에 대한 생각을 구성할 수 있다. 3장의 윌슨 선생님 학급에서 실시한 얼음조각 실험에서 보았듯이, 학생들은 사물을 직접적으로 경험하면서 그 성질에 대한 기본적인 생각을 구성한다. 이 장에서는 학생들이 무생물인 물질을 탐구하고 이해해가는 과정을 보고자 한다. 이러한 이해는 **분류**(Classitying) 과정에서 시작한다. 즉 물질들을 유사한 성질에 따라 집단으로 나누는 것이다.

이 장의 이야기를 읽으면서 다음의 주제를 찾아보아라.

- 하나의 사물이 어떤 특정 집단에 들어가는 것을 아는 것 만큼 왜 그 집단에 들어가는지를 아는 것이 중요하다.
- 사물이나 생각을 분류하는 방법을 선택하는 것은 항상 간단한 문제가 아니다.
- 과학은 난잡할 수 있고, 하나의 길만 있는 것이 아니다. 물질을 탐구할 때에는 지저분해지기도 한다. 또한 분류의 과정에서 만들어진 생각들은 그 자체로 복잡하고 '조잡'할 수 있다. 어떤 학생이나 교사들은 생각을 깔끔하게 분류하기를 원하지만, 이렇게 되면 상대적으로 복잡한 개념을 과도하게 단순화하는 것이 되기도 한다. 결코 과학적 연구는 깔끔하지 않다.

이 장의 내용들은 초등학교 저학년 아이들을 대상으로 하였다. 뒷부분에서는 초등학교 고학년이나 중학교 학생들이 지식과 기술을 어떻게 개발하는지 보게 될 것이다.

분류

간단한 분류에서 위계로 발전

과학 서커스 이야기에서 알아본 것처럼 분류는 기초적인 과정기술 중의 하나다. 아동들은 분류를 할 때 단순한 성질을 인지하는 것에서 시작하여 무리 짓고 나누는 과정으로 성숙하여 나아간다. 어린 아동들이 사용하는 분류 항목들은 보통 상호 배타적이고 비위계적이다(Siegler & Alibali, 2005; National Research Council, 1996, p. 128). 이것은 아동들이 물질을 나누고 구분하여 분류할 때, 분류 항목들을 큰 틀에서 보면서 생각하지는 않는다는 것을 의미한다. 그러한 큰 틀은 아동이 성숙하면서 나타난다. 4학년이 되면 학생들은 하나 이상의 분류 기준으로 물체를 분류할 수 있게 되며 분류의 위계를 세울 수 있게 된다.

성질 단어 사용하기

초등학교에서 학생들이 분류기술을 배울 때에는 종종 물질의 성질을 주의 깊게 관찰하여 확인하고 그 성질을 비교하고 대조하면서 분류한다. 물질 세계를 기술할 때 사용하는 기본적인 말을 성질 단어라고 말하기도 한다. 이것은 물질의 특성을 말하는 단어로, 크기, 모양, 색, 냄새, 질감, 맛, 조성, 단단함 등이 있다. 예를 들면, 크다 또는 붉다 등은 **성질 단어**이다. 이러한 성질 단어를 이용하여 분류기술을 개발하면서 학생들은 언어를 배우고 의사소통 기술도 익힌다.

다음의 두 과학 이야기에서 우리는 어린 학생들이 물질의 상태에 따라 물질들을 분류하는 활동에서 물질의 특성을 어떻게 알아내는지 볼 것이다. 고체, 액체, 기체라는 물질의 상태는 매우 간단해보이지만, 그것이 항상 분명하게 드러나는 것은 아니다.

과 학 이 야 기

고체, 액체, 기체의 탐구

해리슨(Harrison) 선생님의 학급은 도시 생활이나 자원과는 거리가 먼 시골에 있으며 혼합 학년으로 구성되어 있다. 교실에는 학생들이 동시에 집단별로 활동을 할 수 있는 5개의 장소가 마련되어 있었다. 그 당시에는 학년 말이어서 학생들은 이러한 교실 배치의 규칙을 이미 알고 있었다. 학생들은 편안하고 독립적으로 잘 활동하였다. 학급에는 2학년과 3학년 학생 19명이 공부하고 있었다.

왜 애매모호한 이름을 썼을까?

해리슨 선생님은 5개의 모둠에서 각각 쓸 재료들을 5세트 준비했다. 각 세트에는 같은 크기의 비닐 봉투가 3개씩 들어있었다. 한 봉투에는 나무토막을 넣고, 다른 봉투에는 물 1컵을 담고, 다른 봉투에는 공기를 가득 불어넣었다. 봉투는 모두 꼬임철사로 묶었다. 그리고 고체 토막을 넣은 봉투에는 "봉투 1", 물을 넣은 봉투에는 "봉투 2", 공기를 넣은 봉투에는 "봉투 3"이라고 이름을 적었다.

해리슨 선생님은 4명의 학생에게 이 봉투들을 조사해서 그 안에 들어있는 것을 기술하도록 할 계획이다. 활동을 시작하면서 선생님은 이야기했다.

"오늘 몇 가지 물질을 조사해볼 거예요. 여러분이 할 수 있는 모든 방법을 써서 관찰을 하고, 물질을 분류해보세요. 과학 노트에 이 물질들에 대해 말할 수 있는 모든 것을 적어 보세요."

해리슨 선생님의 생각 해리슨 선생님은 학생들이 고체, 액체, 기체의 차이를 알아내길 원했지만 처음부터 이야기하지 않았다. 해리슨 선생님은 분류에 대해 학생들이 스스로 생각하기를 원했고, 이름은 나중에 도입되어도 된다고 생각했다.

해리슨 선생님은 다음과 같이 학생들을 안내했다.

"봉투 1, 2, 3에 들어있는 물질에 대해 여러분이 알고 있는 모든 것을 말해

이 세 물질이 이 기준을 만족하는지 생각해봐요. 모두 질량을 가지고 공간을 차지하고 있을까요?"

공기는 질량을 가지고 있을까?

학생들은 나무토막, 물, 공기가 공간을 차지하는 것에는 동의했지만 공기가 질량을 가지는가에 대해서는 확신하지는 않았다.

해리슨 선생님은 봉투 속의 공기 질량을 잴 수 있다고 생각하는 사람이 있는지 질문하자 반 정도의 학생이 손을 들었다.

해리슨 선생님은 다른 봉투에 공기를 불어넣고 묶었다. 봉투 위에 책을 올려놓고 아이들에게 공기가 공간을 차지하는 것과 책의 무게를 견디는 것을 관찰하도록 했다. 선생님은 봉투에 공기를 불어넣고 묶는 것은 작은 공기 입자들을 서로 가까이 모으는 것이라고 설명했다. 그리고 이 공기가 질량을 가지는 것을 어떻게 증명할 수 있을지 질문했다.

> **저자의 생각** 이전 장에 기술한 것과 비슷한 다른 경험을 통해 내가 알고 있는 것은 기체 상태는 아이들에게 구체적이지 않고 이해하기 어렵다는 것이다. 해리슨 선생님은 압축된 공기가 질량을 나타낸다는 것을 알고 그것을 보이려는 것이라 생각했다.

예측하기

학생들은 공기의 무게를 재는 방법을 몰랐다. 해리슨 선생님은 양팔저울을 가져와서 한쪽에는 공기를 넣은 풍선을 놓고 다른 한쪽에는 공기를 뺀 풍선을 놓으려고 했다. 풍선을 저울에 올려놓기 전에 선생님은 학생들에게 저울이 어느 쪽으로 기울 것인지 예측하도록 하였다. 학생들은 결과에 대해 서로 다른 의견을 나타냈다.

공기를 넣은 풍선 쪽으로 저울이 기우는 것은 공기로 가득 찬 풍선이 공기를 뺀 풍선보다 무겁다는 것을 말한다. 해리슨 선생님은 학생들에게 손바닥에 입으로 바람을 불고 날숨을 느껴보라고 하였다. 그러자 줄리아(Julia)는 간지럽다고 말했고 마리카(Marika)는 따뜻하다고 하였다.

> **해리슨 선생님의 생각** 해리슨 선생님은 이러한 작은 "공기" 경험들을 통해 공기가 물질이라는 생각이 강화될 것이라 생각했다. 공기는 공간

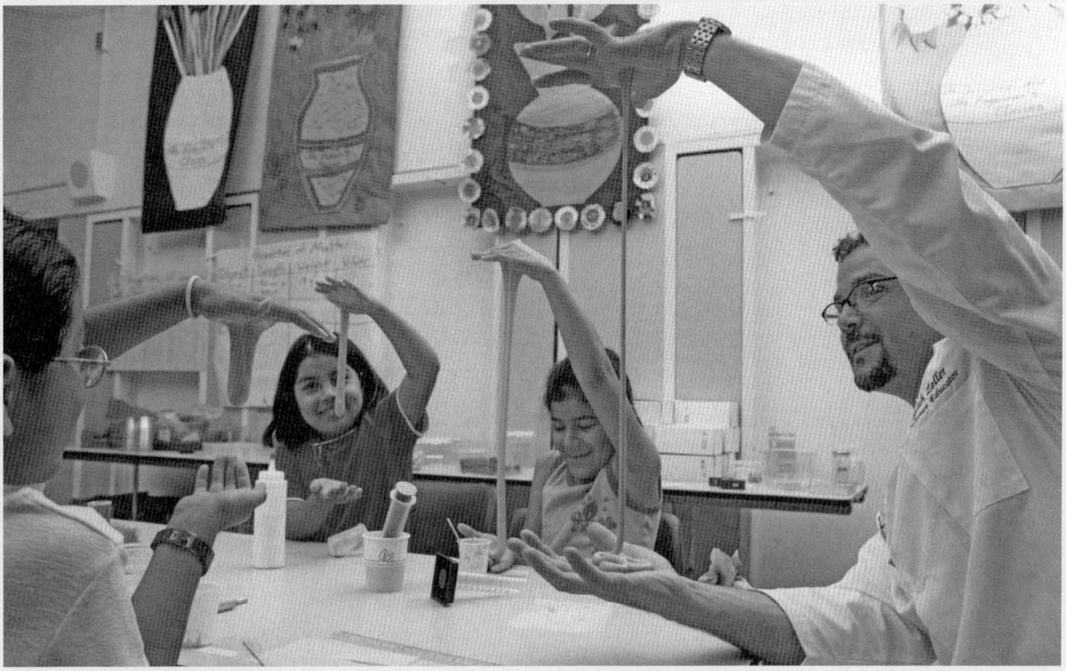

문자 그대로 손으로 하는 실험(hands-on)이다. 물질의 상태 단원에서 탄성이 있는 반죽을 조사하고 있다. 이것은 무슨 상태인가?

Michael Newman/Photo Edit, Inc.

을 차지할 뿐만 아니라 질량도 가지고 있고, 느낄 수 있고, 따뜻하거나 차가울 수 있다.

해리슨 선생님은 계속해서 질문했다.

"목록에 있는 성질을 볼까요? 액체나 기체보다 고체에 대해서 더 많은 내용을 말했어요. 왜 그럴까요?"

저자의 생각 해리슨 선생님이 나무토막, 공기, 물에서부터 고체, 액체, 기체로 일반화하기 시작하는 것을 알 수 있다. 사실 고체는 액체나 기체보다 학생들이 기술할 수 있는 속성이 많고, 고체에 적용할 수 있는 성질 단어들을 찾기 쉽다.

고체의 성질 이해

학생들은 나무토막의 성질을 점검하면서 고체가 표면, 모양, 질감을 가지고 있고, 모양이 변하는 물체보다 측정하기 쉽다는 것을 이해하기 시작했다. 해리슨 선생님은 교실에 있는 고체를 찾아보도록 하였다. 학생들은 많은 사물 목록(탁자, 의자, 벽, 포스터, 책상 등등)을 만들었다.

그리고 해리슨 선생님은 매일 보거나 마시는 액체는 무엇인지 물었다. 그러자 학생들은 긴 목록을 만들기 시작했다. 또 선생님은 물이 들어있는 봉투에서 물의 질량을 어떻게 잴 수 있을지 물었다. 그러자 한 학생이 봉투를 저울 위에 올려 놓으려고 했다. 선생님은 봉투도 질량이 있지만 너무 작아서 알아보기 어렵다고 말해주었다.

액체는 질량을 어떻게 잴까?

컵 속에 있는 물의 질량을 재려면 어떻게 해야 할지 해리슨 선생님이 물었다. 나이가 많은 학생 한 명이 처음에 컵의 질량을 재고, 그 다음에 컵과 물의 질량을 잰 후, 컵의 질량을 뺀다고 말했다.

저자의 생각 해리슨 선생님이 다양한 전략을 사용하는 것 같았다. 선생님은 교실에 있는 고체의 예를 찾으라고 하였다. 그러나 액체를 다룰 때에는 교실에서 액체의 예를 찾기 어렵다는 것을 깨달았다.

그래서 선생님은 일상생활에 대한 것으로 질문을 바꾸었다. 액체만의 질량을 재는 것이 쉬운 일이 아님을 알게 하기 위해 컵 속에 있는 물의 질량을 재는 것에 대해 생각해보도록 했다. 나는 선생님이 학생들에게 질문한 방식을 좋아한다(나는 윌슨 선생님의 수업에서 녹고 있는 고드름의 질량을 잰 학생을 떠올렸다).

다음 날 수업에서 해리슨 선생님은 자신의 집에서 볼 수 있는 고체, 액체, 기체를 적어보라고 했다. 그리고 기록한 것들이 왜 고체, 액체 기체라고 생각하는지 그 이유도 적게 했다. 이 활동을 위해 작은 종이에 아래의 내용을 적어서 나누어 주었다.

집에서 예를 찾기

사물의 이름: ________________

이것이 (고체, 액체, 기체)라고 생각하는 이유 ________________.

한 학생이 4장의 종이를 받아 기록하기 시작하였다.

과학 이야기

신기한 물질

플로리다의 초등학교 1학년 교사인 해거(Hager) 선생님은 큰 그릇에 녹말 2컵과 물 1컵을 섞었다. 그녀는 해리슨 선생님의 학급에서 했던 활동보다 어떤 면에서는 훨씬 더 도전적인 활동을 계획하고 있었다. 물질은 여러 상태의 성질을 가지기도 하므로 물질이 무슨 상태인지 결정하는 것이 가끔은 어렵다는 사실을 이용하려고 했다.

물질 세계에 다양한 물체가 있다는 것을 아는 것만으로도 처음 동물원에 가는 것처럼 신기함을 느끼고 입을 열게 해준다.
– Ivan Amato

두 가지를 섞기 전에 해거 선생님은 학생들에게 녹말을 살펴보고 그 상태를 결정하라고 하였다. 그러자 학생들 사이에서 많은 이야기가 오고 갔다. 학생들은 그것이 가루인데 고체인지 액체인지 결정하는 데 어려움을 겪었다. 해거 선생님은 학생들에게 생각해보라고만 하고 답은 말해주지 않았다.

해거 선생님은 예전에 이 하얀 가루를 본 적 있는지 물었다. 그러자 한 학생이 어머니께서 요리에 사용하는 것을 본 적이 있다고 했다. 또 다른 학생은부모님께서 아기의 기저귀를 갈 때 사용하였다고 말했다.

이상한 녹색 반죽

해거 선생님은 물 한 컵에 녹색 식용 색소를 넣었다. 그리고 물을 녹말에 붓고 휘저었다. 그러자 이상한 녹색 반죽이 만들어졌다. 학생들이 해거 선생님을 도와서 실험대 위에 신문지를 깔고 난 후 학생 두 명당 알루미늄 포일로 만든 접시와 녹색 반죽을 하나씩 나누어 주었다. 선생님은 학생들에게 혼합물을 조사하고 토론하며 관찰한 모든 것을 표현하도록 하였다.

'흘러내리는 물질' 실험하기

학생들은 신이 났다. 반죽을 만지면 액체 같지만 공처럼 만들 수도 있다는 것을 곧 알아냈다. 물체를 떨어뜨리면 액체가 튀어오를 것처럼 보였지만 실제로는 그렇지 않았다. 한 학생이 묘사한 것에 따르면, 이 "흘러내리는 물질"은 학생들에게 신기한 촉각 경험을 제공하였다. 이 물질로 신문지가 깔려있는 실험대를 온통 범벅하면서 학생들은 많은 것을 관찰했다.

한 학생은 노트에 이 혼합물이 "부드럽고 미끈하고 흐물흐물하다."고 기록하였다. 다른 학생은 "고체 같기도 하고 액체 같기도 하다."고 적었다. 또 다른 학생은 "녹색 반죽을 만들었다. 손에 잡고 있을 수도 있지만 곧 흘러내린다!"

> **해거 선생님의 생각** 특히 어린 학생들은 재미있는 물질을 탐구하고 경험한 것을 글로 써보는 기회를 가지는 것이 중요하다는 것을 알고 있었다. 그리고 이 혼합물이 관찰과 기술 기능을 연습하는 데 매우 좋다는 것을 알고 있었다.

한 여학생이 물을 더 넣으면 어떤 현상이 일어나는지 물었다. 해거 선생님은 직접 실험해보라고 대답했다.

성분의 비율 변화

물을 더 넣으면 혼합물이 액체로 변한다는 것을 알게 되었다. 해거 선생님은 두 성분의 양이 중요하다고 말했다. 다른 학생은 녹말을 더 넣기를 원했다. 녹말을 더 넣자 혼합물이 좀 더 고체처럼 변했다. 그리고 녹색이 조금 옅어졌다.

해거 선생님은 이제 녹색 반죽이 어떤 상태인지 결정해야 한다고 말했다. 그러나 학생들은 결론을 내릴 수 없었다. 그래서 새로운 분류 항목인 "불분명"에 포함시키기로 결정하였다.

칠판에 있던 목록에 관찰한 것을 추가하였다.

학생의 분류

고체	액체	기체	불분명
나무	물	공기	녹색 반죽
백묵	주스	탄산음료 방울	
칠판	우유	헬륨	

학생들은 어떤 물질이 두 분류 항목에 들어가거나 어떤 것에도 들어갈 수 없다는 것을 배웠다.

유명한 아동 도서와 과학을 연결하기

활동을 마치면서 해거 선생님은 학생들을 교실 바닥에 모여 앉게 하고 닥터 수스의 《Bartholomew and the Oobleck》 이야기를 소리 내어 읽어 주었다. 이 이야기에 나오는 녹색 반죽의 이름은 "Oobleck"였으며 꽤 유명했다. 이야기

> 속의 왕은 흔한 날씨를 지루하게 생각해서 녹색 반죽이 하늘에서 "비를 내리도록" 하였다. 학생들은 이야기를 들으며 웃었고 녹색 반죽이 얼마나 끈적끈적하고 예측이 불가한지 연결 지어 생각하였다.

의미 확장하기

■ 이야기 속의 교수 방법

- 해리슨 선생님의 학급에서 학생들이 주머니 속의 내용물을 조사하면서 고체, 액체, 기체 사이의 구분이 드러났다. 해리슨 선생님은 물질의 이름을 짓는 것을 서두르지 않았다. 이름을 바르게 말한 알레나도 요점을 놓치고 있었다. 핵심 질문은 "어떤 것을 고체, 액체, 기체라고 말하는 것이 무엇을 의미하는가?" 였다.
- 토드가 물주머니를 터뜨렸을 때 해리슨 선생님은 그것이 아무 일도 아닌 것처럼(물을 과학적으로 조사하다가 생기는 일) 수습했다. 학생들이 탐구하는 것이 위협적이지 않다는 것을 아는 것이 중요하다. 사고가 날까봐 두려워하는 분위기에서는 진정한 탐구가 진행되기 어렵다.
- 공기가 물질이라는 것을 보이기 위해 해리슨 선생님이 사용한 몇 가지 기법에 주목하라. 이렇게 해서 학생들은 개념을 이해하고 자신의 경험과 연결 짓는 다양한 기회를 얻게 되었다.
- 해거 선생님이 학생들에게 예전에 녹말을 어디에서 보았는지 질문한 것은, 과학적 경험과 학생들의 교실 밖 경험을 연결한 것이다.
- 해거 선생님은 1학년 학생들에게 녹말이 무슨 상태인지 답을 말해주지 않았다. 학생들이 어느 정도 애매모호한 상황에 있도록 했다. 학생들은 녹말을 가지고 활동을 하면서 그것이 분명 고체임을 알게 되었다.
- 해거 선생님이 녹말과 물의 혼합물을 탐구하도록 한 것은 학생들이 기술적인 언어를 사용하도록 격려한 방법이다.

■ 녹말과 물의 혼합물은 "Oobleck"이라 부르기도 한다. 혼합물을 "Oobleck"이라고 부르든지 안 부르든지, 이야기에서 언급한 닥터 수스의 책은 과학 수업과 문학을 연결하는 좋은 방법을 제시한다. 수지 클라인(Suzy Kline)이 지은《Horrible Harry and Green Slime》(1998)도 그러한 예다.

● 이야기 속의 과학 개념

- **물질**의 세 가지 **상태**인 고체, 액체, 기체는 학생들과 탐구할 수 있는 것이다.
- **고체**는 일정한 모양을 가지고 있고, 외부 조건이 변하지 않으면 매우 오랜 시간 동안 같은 모양을 유지한다. 모양 이외에도 학생들은 고체의 크기, 질감, 색이 정해져 있고 저울 위에서 질량을 재기 쉽다는 것을 알게 된다.
- **액체**는 크기가 일정하지만 모양은 일정하지 않다. 그래서 액체는 용기의 모양에 따라 변한다. 지구에서 가장 흔한 액체는 물이다. 음식물에는 물이 많이 들어있고, 우리의 몸도 마찬가지이다.
- **기체**는 모양과 크기가 모두 일정하지 않다. 기체는 용기의 크기와 모양에 따라 변한다.
- 고체, 액체, 기체 이외에 과학자들은 물질의 다른 두 상태를 확인하였다. (1)플라스마는 뜨거운 물질들이 무작위로 배열된 것이다-기체의 온도가 너무 높아지면 기체와 달라진다. 분자의 중심 부분에서부터 전기를 띠는 입자가 분리되어 있다. 플라스마에서 별이 만들어지며, 플라스마는 지구 이외의 우주에서 가장 흔한 물질의 상태이다. 형광등 전구 안에서 소량의 플라스마가 만들어진다.

  (2)보스-아인슈타인 응축은 플라스마와는 반대로 매우 낮은 온도, 원자가 전혀 움직이지 않는 온도 근처에서 일어난다. 이것의 이론적 존재는 20세기 초반에 예언되었지만, 1995년에 와서야 실험실에서 실제로 만들어졌다.
- 공기는 기체의 혼합물이다. 우리 몸에는 산소가 가장 중요하지만 공기의 21%만이 산소이고 공기의 78%는 질소이다.

- 녹말은 가루로 된 고체이다. 녹말은 표면이 굳지 않지만 녹말가루 덩어리는 바닥 위에서 봉우리 모양을 유지하고 있다.
- 녹말과 물의 혼합물은 실제로는 **서스펜션**이다. 고체 입자들이 액체 입자에서 떠다닌다.
- 녹말과 물의 혼합물이 어떤 경우에는 액체처럼 행동하고 어떤 경우에는 고체처럼 행동하는 이유는 과학자들에게도 미스터리로 남아있다. 전하로 설명하는 이론과 분자 크기로 설명하는 이론이 있지만 결론은 나지 않았다.
- 사물을 명확히 분류하기 어려운 경우가 종종 있다. 과학을 공부할 때 항상 분명한 답을 얻지는 못한다는 것을 이해하는 것은 학교 과학을 실제 과학과 비슷하게 만드는 중요한 방법이다.

♠ 이야기 속의 과학교육과정

기준 미국의 국가과학교육기준(National Research Council, 1996)에 따르면, 유치원~4학년 물리학의 내용 기준 B에서 학생들이 "물체와 물질의 성질"을 이해해야 한다고 진술하고 있다. 해거와 해리슨 선생님의 수업 활동과 이 기준이 연결됨을 알 수 있다. 좀 더 구체적으로 이 기준에 기반을 두고 있는 "기초적 개념과 원리"는 아래와 같다.

♠ 물질은 크기, 질량, 모양, 색, 온도 등의 관찰 가능한 성질을 가지고 있고, 다른 물질과 반응할 수 있는 능력이 있다.

♠ 물체는 구성 물질의 성질로 기술될 수 있고, 그 성질은 물체와 물질을 분리하거나 분류하는 데 사용될 수 있다.

♠ 물질은 서로 다른 상태 즉, 고체, 액체, 기체로 존재할 수 있다.

심화 탐색

- 해리슨 선생님의 수업에서 실시했던 실험에서, 나무토막, 물, 공기 이외에 비닐 주머니에 넣을 수 있는 다른 것에는 어떤 것이 있을까?
- 젤라틴의 상태는 무엇인가? 마요네즈나 오트밀은 어떤 상태인가?

물질과 에너지

학교 과학에서 무생물 물질을 탐구하는 분야를 **물리학**이라고 한다. 물리학에서는 물질과 에너지의 상호작용을 다룬다.

앞 장에서 보았듯이, **물질**은 질량을 가지고 공간을 차지하는 것을 의미한다. 부피를 재고 질량을 측정할 수 있는 것은 일반적으로 물질이다. **에너지**는 물질에 변화를 일으킬 수 있는 능력을 의미한다. 과학자들은 에너지를 일할 수 있는 능력으로 정의하고, 일은 힘이 일정 거리를 작용하는 것으로 정의된다. 예를 들면, 절벽 아래로 돌을 미는 데 에너지가 필요하다. 사용한 힘의 크기와 돌을 움직인 거리가 돌을 움직이는 데 필요한 에너지의 측정치이다.

물질과 에너지는 세상의 다양한 물질을 다루는 큰 범주이다. 물질은 고체, 액체, 기체와 같은 상태로 기술될 수 있다. 초등학교 고학년에서 원소와 화합물, 혼합물을 구분하면서 화학적 성질에 대해 공부하기 시작한다. 중학교에서 학생들은 원자 구조와 물질이 서로 결합하는 방식에 대해 배운다.

원소는 모든 물질을 구성하는 기본이다. 물질의 가장 간단한 형태인 원소는 한 가지 종류의 원료로 구성된다. 원소의 예는 철, 니켈, 금, 은, 산소, 수소, 헬륨, 탄소, 수은 등이다. 세상에 자연적으로 존재하는 원소는 92개가 있고, 과학자들이 실험실에서 만든 원소가 15개 있다. 원소의 성질을 가지고 있는 가장 작은 입자를 **원자**라고 부른다.

화합물은 두 개 이상의 원소가 정해진 비율로 결합한 것을 말한다. 예를 들어, 물은 H_2O로 수소 두 개와 산소 한 개로 이루어져 있다. 화합물의 성질을 가지고 있는 가장 작은 입자를 **분자**라고 한다. 분자는 원자로 구성되어 있다. 소금, 이산화탄소, 물은 흔하게 볼 수 있는 화합물이다. 화합물이 만들어질 때, 화합물을 구성하는 원소는 원래의 성질을 잃게 된다.

마지막으로 **혼합물**은 원소, 화합물, 그리고 다른 것들이 섞인 것이다. 자연적으로 존재하는 원소는 92개뿐이므로, 우리가 보는 물질은 대부분 화합물이거나 혼합물이다.

이와 유사하게 에너지에도 여러 형태가 있으며 초등학교 고학년에서 이들을 구분하기 시작한다. 예를 들어, 에너지라고 하면 여러분은 무엇을 떠올리는가? 달리기를 하거나 테니스를 칠 때 내는 에너지를 생각할 수 있다. 그러한 형태의 에너지는 운동 에너지이다. 물체가 움직이기 때문에 가지는 에너지를 과학자들은 **운동 에너지**라고 부른다. 달리는 자동차, 떨어지는 돌, 강한 바람은 운동 에너지를 가지고 있다.

물체는 움직이지 않을 때에도 에너지를 가지고 있다. 큰 시합 전날 잠자는 동안 몸이 저장하고 있는 에너지를 **위치 에너지**라고 한다. 대부분의 경우 위치 에너지는 공간에서의 위치로부터 유도된다. 높은 절벽에서 떨어지려고 하는 돌은 낮은 절벽에서 떨어지려고 하는 돌보다 큰 위치 에너지를 가지고 있다. 높은 곳에 있는 돌은 더 많이 움직일 수 있으므로 위치 에너지가 크다. 돌이 떨어지면서 속력을 얻게 하는 중력을 배울 때 이 개념을 쉽게 이해할 수 있다.

하지만, 학생들이 물질과 에너지의 정의를 외우는 것은 자연에서 만나는 다양한 물질을 어떻게 분류할 것인지 생각하는 방법을 이해하는 것보다 덜 중요하다.

심화 탐색을 위한 자료

전자 미디어 자료

Bartholomew and the Oobleck. 이 웹사이트는 Oobleck과 닥터 수스의 이야기를 사용하여 해거 선생님이 해온 것과 다르게 새로운 지도안을 만들 수 있도록 해준다.

Chem4Kids.com: State of Matter. 이 웹사이트에는 다섯 개의 물질 상태를 분명히 설명하고 있다. 중학교 이전에는 3개의 상태만을 다룬다는 것을 기억하라.

Oobleck의 성질 발견하기. 이 재미있는 인터넷 사이트는 고학년을 대상으로 많은 양의 Oobleck을 가지고 할 수 있는 수업을 제시한다. 또 그 성질에 대한 평가 문항도 제시하고 있다.

Exploratorium. 샌프란시스코의 익스플로라토리움 과학박물관이 지원하는 이 사이트는 흥미 있는 기사와 해볼 만한 실험으로 가득 차 있다.

Harcourt School Publishers: State of Matter. 이 웹사이트는 고체, 액체, 기체의 입자들이 상대적으로 움직이는 모습을 애니메이션으로 보여준다.

출판 자료

Bearls, K., & Bergerman, L, (2004). Oobleck: What Do Scientist Do? GEMS series. Berkley, CA: Lawrence Hall of Science. GEMS는 교육과정 작성 프로젝트의 이름인 '수학과 과학에서의 큰 기대(Great Expectations in Mathematics and Science)'를 의미한다. GEMS 교수 학습 자료에 대한 정보는 Lawrence Hall of Science 웹사이트를 방문하라.

Duckworth, E. (1991). Twenty-four, forty-two, and I love you: Keeping it complex. Harvard Educational Review 61(1), 1-24.

너무 지저분하다면, 이것도 과학인가요?

지저분한 두 가지 경우

해리슨과 해거 선생님의 수업에서 학생들이 탐구하는 과정은 너무 지저분하고 정돈되지 못했다. 물을 흘리고, 녹색 반죽이 여기저기 묻는 등 글자 그대로 지저분했다. 사실 녹말 실험을 할 때에는 해거 선생님이 한 것처럼 실험대 위를 모두 씌우고 하는 것이 좋다. 그런데 다행인 것은 이 물질은 물로 잘 씻어진다.

해하여야 한다.

분류의 모호함

우리는 가르치고자 하는 내용에서 재미있는 부분을 조금씩 잘라내어 복잡하지 않게 만든다. 그러나 너무 깨끗이 재단을 해서, 새로운 출발이 될 틈이 사라지고 만다. 가지치고 매끄러운 것만을 남겨 학생들에게 주기 때문에 학생들은 외부인이 되어 그것을 보게 된다.
– Lisa Schneier

해거 선생님의 수업 내용을 읽고 여러분은 왜 그녀가 물과 녹말로 만든 이상한 녹색 물질의 분류가 명확하지 않는데도 그것을 학생 활동에 포함시켰는지 궁금할 것이다. 1학년 학생들에게 액체 같기도 하고 고체 같기고 한 것을 조사하도록 한 목적이 무엇일까?

첫째, 과학을 가르칠 때에는 학생들이 새로운 자료와 생각에 신이 나도록 해야 한다. 우리는 학생들이 참여하고, 자신만의 질문을 하며 가능한 답을 만들어 내려 노력하고, 그렇게 자신의 의미를 만들어 가기를 원한다. 그러나 학생들을 자신의 생각에 몰입하도록 하는 동안 복잡한 과학 내용에 노출되는 경우가 종종 있다. 그래서 학생들은 자신이 답할 수 없는 질문이나 교사도 답할 수 없는 질문에 당면하기도 한다. 어떤 경우에는 세상에서 가장 뛰어난 과학

과학 활동을 하다보면 종종 지저분해진다. 여기 어린 학생들이 비눗물의 성질을 탐구하고 있다.

Elizabeth Crews/ The Image Works

자도 대답할 수 없는 질문을 하기도 한다.

성인이 삶에 주는 가르침으로 "단순해져라"라는 말을 자주 듣는다. 그런데 교사가 복잡하게 해도 되는 것인가? (Duckworth, 1991)

복잡한 상태로 두기

나는 그렇게 해야 한다고 감히 생각한다. 이것은 과학 교사로서 흥미 있는 도전이다. 우리는 복잡성에서 도망치면 안 된다. 우리는 학생들이 알려진 것과 알려지지 않은 것에 대해 편안함을 느끼도록 도와주어야 한다. 과학적 탐구의 과정이 항상 하나의 옳은 답만을 내는 것이 아니라는 것을 학생들이 이해하도록 해야 한다. 학생들이 과학은 자연 세계에 대한 사실(애매함이나 불명확성이 없는 사실)의 집합체일 뿐이라고 확신한다면, 중요한 점을 놓치는 것이고 우리의 가르침이 모자란 것이다. 분명하게 정리하면, 실제 세상에서 과학은 명료하지 않은 답을 제공한다.

분류에 있어서 우리가 아동 발달에 대해 아는 것은 아동이 성장할수록 복잡한 분류 체계에 대해 점차적으로 배우게 된다는 것이다(Siegler & Alibali, 2005). 그렇다면 동시에 두 분류에 속할 수 있는 물질 유형인 녹색 반죽을 가지고 학생들의 도전을 이끌어내는 것이 얼마나 유용한가! 이러한 형태의 분류 활동은 학생들이 고학년에서 과학적 경험을 해나갈 때 좀 더 정교화된 분류 틀을 준비하도록 도울 것이다.

성인의 삶이 주는 시사점

학생들이 '지저분한' 과학을 통해 배우는 것은 많은 시사점을 제공한다. 결국 우리의 삶은 항상 깔끔하고 단순하며 절대적인 것이 아니다. 또한 이 세상은 복잡하다. 우리가 학생들을 도와서 그들이 진정한 탐구자가 되고 복잡한 것을 기꺼이 다루려고 하며, 그것을 이해하기 위해 학생 자신만의 생각을 해내도록 한다면 어른의 삶을 준비하도록 큰 걸음을 내딛을 수 있게 하는 것이다.

7

지속적인 탐구

생물에 대한 탐험

> **초점 질문**
> - 실내나 실외에 씨를 심어 얻은 경험은 무엇인가?
> - '살아있다는 것'의 의미는 무엇인가?
> - 일상적인 교실에서 과학 탐구의 핵심은 무엇인가?
> - 친구나 모둠 활동이 학습 경험에 어떤 영향을 주는가?

언젠가 우리는 씨를 심어 줄기와 잎, 또는 꽃을 가진 식물로 자라는 것을 지켜본 적이 있을 것이다. 지금도 정원이나 창가의 상자에 씨를 심을 수 있다.

정원에서 식물이 생장하고 발달하는 모습은 매혹적이다. 인간을 포함한 모든 생물들은 시간에 따라 생장과 발달의 과정을 거친다. 이와 같은 시간에 따른 생물의 변화는 학생들의 탐구심을 자극한다.

초등학교와 중학교 학생들에게 살아있는 생물들과 상호작용할 기회를 제공하는 것은 생명의 유지에 포함된 복잡한 과정의 중요성을 고취시키는 데 도움을 준다. 또 그것은 교실과 시각적인 전자 환경 너머의 바깥 세상에 대하여 생각하도록 해준다. 자연의 작은 일부를 교실로 가져오는 것은, 학생들이 야외의 경이로움을 느끼도록 도와줄 수 있다. 많은 사람들은 자연과 사물에 관해 다양한 감각을 느끼는 활동이 학생들의 상상력을 자극하고 지적 발달을 도와준다고 믿고 있다(Moore & Hong, 1997). 나아가, 젊은 사람들이 우리 행성의 안내자가 되기 위해서는 지구상에 있는 다양한 생물들을 보고 느껴야 하며, 작은 생물이라 할지라도 자연의 미묘한 평형에 기여한다는 것을 이해해야 한다. 우리가 교실에서 학생들로 하여금 생물과 함께하도록 하는 것은 이러한 녹색 과학 추진의 핵심적인 부분이다.

이 장에서는 먼저 씨와 작은 생물체들을 경험하는 어린 학생들을 살펴볼 것이다. 그리고 학생들이 고학년이 되면 활동이 어떻게 변화하는지를 조사할 것이다. 학생들이 성숙함에 따라 생물과 환경 사이의 복잡한 관계를 어떻게 더 깊이 탐구하는지 소개하는 이야기를 주목하기 바란다.

3학년 이상의 학생 이야기에서, 일정 기간 이상 동안 확장된 탐구가 이루어지는 '**지속적인 탐구**'를 강조할 것이다. 두 명 또는 여러 명으로 구성된 모둠 활동을 통해 교사와 협력하면서 아이디어와 발견 내용을 서로 교환하는 학생들을 볼 수 있을 것이다.

과학교육과정의 3가지 주제를 포함하는 증거를 살펴보자.

기준

1. 탐구를 통해 과학을 학습한다.
2. 협력에 의해 과학을 학습한다.
3. 일정 기간 계속적으로 과학을 학습한다.

내가 어린 학생들과 "살아있다는 것이 무엇을 의미하는가?"라는 기본적인 과학 질문을 가지고 논의해온 짧은 이야기로 이 장을 시작하고자 한다.

과 학 이 야 기

살아있다는 것은 무슨 의미인가?

녹색 과학

'생물' 대 '비생물'의 과학적 생각은 그 자체로 어린 학생들에게 특별한 매력을 준다. 학생들은 생물을 살아있게 만드는 것이 무엇인지 가끔 스스로 의아하게 여긴다. 이러한 자연적인 호기심이 교실에서의 논의 시간에 유발되도록 할 수 있는 많은 방법이 있다.

다음의 두 이야기에서 초등학교 1학년과 2학년 일부 학생들이 어떻게 주제에 접근하는지를 보게 될 것이다.

토끼를 실제처럼 만드는 것은 무엇인가?

고전 이야기

어느 날, 나는 윌리암스(Margery Williams)가 쓴 어린이 명작인 《The Velveteen Rabbit》 이야기에서처럼 1학년 교실에 면으로 만든 토끼를 가져왔다.

이 책에 따르면, 토끼를 사랑하는 어린 소년은 토끼를 사랑하는 만큼 박제된 토끼를 살아있는 것으로 느낀다. 박제된 토끼가 오래되고 아름다우면 모든 학생들에게 실제 토끼처럼 보인다. 또 면 토끼를 숲에 놓으면 실제 토끼처럼 보이기도 한다.

사려 깊은 질문의 접근

내가 교실에서 그 책을 읽어주자 학생들은 이야기에 몰입하고 집중하였다. 이야기를 읽어준 후, 단추로 된 코가 있고 뒷다리가 없는 박제된 면 토끼를 들어 보여주었다.

나는 박제된 면 토끼에 대해 질문했다.

"이 토끼가 진짜 토끼와 어떤 점에서 유사한가요?"

"그것은 진짜 토끼처럼 부드럽고 갈색이에요.", "귀가 두 개예요.", "하얀 꼬리가 있어요.", "털로 덮여 있어요."

1학년 학생들이 다양하게 대답했다.

"그렇다면 진짜 토끼와는 어떤 점이 다르나요?"

"움직이지 않아요.", "숨을 쉬지 않아요.", "뒷다리가 없어요.", "코가 단추로 되어 있어요.", "음식을 먹지 않거나 물을 마시지 않아요."

나는 아주 훌륭한 관찰이었다고 칭찬한 후 진짜 토끼가 살기 위해서는 무엇이 필요한지 생각해보자고 했다.

> 저자의 생각 살아있다는 것이 무엇인지에 대한 질문은 심오한 것이다. 나는 학생들에게 그것을 말해주지 않고 학생들이 중요한 과학적 사고를 하길 원했다. 그래서 나는 학생들로 하여금 박제된 동물과 실제 동물의 특성에 관한 의미를 갖도록 하기 위하여 같은 점과 다른 점을 비교하는 방법을 사용했다. 과학적 사고를 탐색하는 것 이외에도, 학생들이 관찰하고, 반조하고, 비교하는 과정적 기술들을 형성하길 희망했다.

생명의 특성에 대한 숙고

학생들은 진짜 토끼는 음식을 먹고 마시고 숨을 쉬어야 한다고 대답했다. 그래서 음식, 물, 공기는 실제 토끼가 살아가는 데 필요하다는 것을 아는 것처럼 보였다. 그래서 나는 큰 소리로 질문을 던졌다.

"그러면 실제 토끼일 경우를 생각해보세요. 우리는 토끼가 무엇을 취하는지 알지요. 토끼는 어떤 것을 방출할까요?"

학생들은 이 질문에 깊이 생각했다. 그리고 나는 다시 말을 이었다.

"호흡에 관하여 생각해봅시다. 우리가 숨을 들이마실 때 공기가 몸 안에 머물러 있나요?"

그러자 한 학생이 대답했다.

"아니요, 우리는 숨을 내쉬어요."

"그러면 토끼는 어떨까요?"

학생들은 모두 토끼도 우리처럼 숨을 쉰다고 동의했다. 예전에 진짜 토기를 쓰다듬은 경험이 있던 여학생 두 명은 자신의 손으로 토끼의 숨을 느낄 수 있었다고 말했다.

그리고 토끼가 그밖에 다른 어떤 것을 내보내는지에 대하여 토의했다. 나는 토끼가 물과 음식을 섭취한다면 역시 노폐물을 배출해야 한다는 것을 학생들이 알고 있는지 주목했다.

조잡한 추리

앞서 토끼를 쓰다듬은 경험이 있는 여학생 중의 한 명이 토끼는 욕실에 가서 씻겨줘야 한다고 말했다. 나는 맞다고 동의해준 후에 왜 그렇게 해야 한다고 생각하는지 물었다. 그러나 학생들은 확신하지 못했다. 그때 한 학생이 만약 토끼가 배설하지 않고 계속 먹기만 한다면, 그 토끼는 폭발할 것이라고 말했다.

순간적으로는 이 생각이 좀 조잡해보일지라도, 중요한 생각 즉, '살아있는 것은 환경으로부터 물질을 받아들이고, 환경으로 물질을 방출한다.'는 것이 학생들의 마음에 자리잡고 있는 것처럼 보였다.

식물은 살아있는가?

생물체의 특징에 관한 어린 학생들의 생각은 살아있는 것과 살아있지 않은 것의 기본 개념에서부터 발달한다.
–국가과학교육기준

어느 날, 나는 2학년 교실에서 유사한 토론을 진행했다. 그러나 이번에는 비단 천으로 만든 모조 식물과 실제 식물을 가져왔다. 동물을 이용하는 것보다 식물을 이용하면, 어린 학생들에게 "살아있게" 만드는 것이 무엇인지를 이해시키는 데 더 어려운 경우가 많았지만 실제 식물이 실제 동물보다 교실에서 활용하기가 더 쉬웠다.

나는 학생들에게 모조 식물과 실제 식물의 같은 점과 다른 점을 물었다. 그러자 학생들은 바로 모조 식물에는 물을 줄 필요가 없고, 자라지 않는다고 말했다. 어떤 학생들은 모조 식물은 "죽지 않을 것"이라고 대답했다. 이와 같은 대답은 우리에게 살아있지 않은 것은 죽을 수 없다는 생각을 갖게 한다.

우리는 식물이 살아있는지 죽어있는지 어떻게 아는가?

일부 학생들은 역시 모조 식물이 너무 사실적이어서 위조품이라고 말하기 어렵다고 말했다. 그래서 나는 질문했다.

"무엇으로 그것을 살아있다거나 살아있지 않다고 말할 수 있을까요?"

학생들은 잎을 만져보고 느낌을 통해 위조품인지 여부를 알 수 있다고 응답했다.

"그렇다면 실제 잎은 어떤 느낌일까요?"

비록 한 학생이 왁스를 바른 것처럼 미끈하다고 말할지라도, 어린 학생들은 실제 잎의 느낌을 확실히 알지 못한다. 일반적으로 학생들은 이 식물이 실제인 것처럼 느껴지지 않는다는 것을 알 뿐이다. 학생들은 비교를 해본 후 생각을 말하기 시작했다.

"그 식물은 우리가 물을 줄 필요가 없기 때문에 실제가 아니에요."

그리고 한 학생이 제안했다.

"그것은 실제 토양 속에 있는 것이 아니지요."

여전히 다른 학생들은 어둠 속에서는 아무것도 발생하지 않을 것이라는 의견을 말했다. 결국 모조 식물은 죽을 수 없다는 생각으로 되돌아갔다.

저자의 생각 살아있는 것이 자라고 변화한다는 생각은 학생들이 성장하면서 발달한다. 학생들은 '성장하는 수정' 이라는 말처럼, 비생물적인 것의 상황에서 '성장' 이라는 단어가 사용되는 것을 많이 듣는다.

살아있는 것은 무엇이나 생장하기 위하여 주변의 환경으로부터 재료인 자원을 필요로 한다는 생각을 가르쳐주어야 한다고 생각했다. 다행히 학생들은 이 모조 식물을 돌보지 않아도 된다는 생각 즉, 재료 공급이 없어도 된다는 생각을 한 것으로 보였다.

생명에 관한 대체 개념

때때로 어린 학생들은 실제 식물조차도 움직이지 않기 때문에 살아있지 않다고 생각한다. 또 다른 일반적인 생각은 먹지 않는다는 것이다.

이러한 대체 개념은 어린 아이들이 동물의 생활에 관한 생각을 식물에 적용함에 따라서 생길 수 있는 것으로 이해된다. 그러한 경우, 실제 식물은 더 크게 자라기 위하여 환경으로부터 물질(물과 햇빛 같은 것)을 받아야 살 수 있다는 것을 어린 학생들이 이해하게 하는 데 유용하다.

의미 확장하기

■ 이야기 속의 교수 방법

- 박제 동물과 모조 식물은 생명의 특성에 대한 논의를 위해 훌륭한 재료이다. 또한 학생들에게 관찰과 비교의 기회를 제공하기에 유용한 실제 생물도 도움이 된다.
- 학생들은 살아있는 것과 살아있지 않은 것에 관한 많은 생각을 가지고 학교에 온다. 비록 이러한 생각들의 일부가 대체 개념이라 할지라도 교사는 학생들에게 자신의 생각을 표현하게 함으로써, 대체 개념들을 발견할 수 있으며 학생들이 대체 개념을 과학적 개념으로 변화시키도록 도울 수 있다.
- 박제 동물과 같은 자료를 사용하는 것 뿐만 아니라 덧붙여, 학생들에게 그들의 주변 환경에서 볼 수 있는 생물과 비생물들의 이름을 질문하고 토론하게 할 수 있다.

● 이야기 속의 과학 개념

- 생물은 그들의 환경과 상호작용하는 것으로 비생물과 구별된다. 즉, 생물은 비생물 환경으로부터 물질을 취하며, 환경으로 물질을 배출한다.
- 생물은 환경으로부터 얻는 물질을 이용하여 에너지를 생성하는 생명작용을 함으로써 생장과 발달을 한다. 생물은 환경과의 상호작용 없이는 시간이 흘러가도 자라거나 변화할 수 없다.

♠ 이야기 속의 과학교육과정

기준 이들 이야기는 미국 국가과학교육기준에서 K-4학년을 위한 생명과학 내용기준의 지침을 설명한다. 이 기준은 모든 학생들이 "생물의 특성", "생물의 생활 주기"와 "생물과 환경"의 이해를 발달시켜야 한다는 것을 의미한다 (National Research Council, 1996). 아울러 아래와 같은 "기본 개념과 원리"를 포함한다:

- ♠ 생물은 기본적으로 필요로 하는 것이 있다. 예를 들면, 동물은 공기, 물, 먹이를 필요로 하고, 식물은 공기, 물, 영양분과 빛을 요구한다. 생물은 그들이 필요한 것을 얻을 수 있는 환경에서만 생존할 수 있다.
- ♠ 식물과 동물은 태어나고, 성체로 발달하고, 생식하며 마침내 죽게 되는 과정의 생애 주기를 갖는다.

심화 탐색

- 만약 학교에서 토끼를 사용할 수 있는 여건이 되지 않는다면, 다른 어떤 동물을 사용할 수 있는가?
- 녹색 식물에서 방출되는 노폐물은 무엇인가? 이러한 노폐물들은 왜 지구상의 다른 생물들에게 중요한가? (이 장의 뒷부분에서 학생들이 그 대답을 발견하게 된다.)

심화 탐색을 위한 자료

전자 미디어 자료

Exploratorium Science of Gardening. 이 웹사이트에는 식용 식물이 심겨진 후 자라는 모습에 관한 영상을 보여주는 페이지들이 많이 있다. 이 웹페이지는 상호작용적이며 학생들은 다른 식물들의 기원과 재배법을 알 수 있다.

Living Things. 이 웹페이지는 필라델피아의 프랭클린 기관에서 지원하며, 식물과 동물, 단순 조사 등에 관한 많은 정보로 연결시켜 준다.

Wisconsin Fast Plants. 이 사이트는 위스콘신 속성 식물을 주문하고 키우고 학습하는 것에 관하여 상세히 안내한다. 그래서 위스콘신 대학교의 실험실을 생물학적인 배양 터전이라고 부른다. 씨는 5주 이내에 식물로 자라서 꽃이 피고 더 많은 씨를 생산한다. 생애 주기를 잘 설명할 수 있으며, 적은 유지비로 재배할 수 있다.

출판 자료

Brainard, A., & Wrubel, D.(1993). Literature-Based Science Activities: An Integrated Approach. New York: Scholastic Professional Books. 이 책은 어린들이 과학 활동에서 문학을 사용할 수 있도록 아이디어를 제공한다.

Carle, E.(2001). The Tiny Seed. New York: Aladdin. 식물과 씨앗에 관한 어린이 고전 문학을 재발행한 책이다. 다음의 두 책도 역시 좋은 문학 자료이다.

Gibbons, G.(1993). From Seed to Plant. New York: Holiday House.

Heller, R.(1999). The Reason for a Flower. New York: Penguin.

이외에 교육용 일반서로서 잡지 〈Science and Children〉의 정규 기사는 어린이 문학에 의해 영감을 받은 과학 활동을 기술하고 있다.

또 NSTA(National Science Teacher Association)의 웹사이트에서도 유용한 자료들이 제공되고 있다.

과학 코너의 식물과 동물

교실 수업에 적당한 실용적인 동물

면 토끼와 모조 식물처럼, 가끔 우리는 교실 밖에서 물건이나 동물을 가져와서 생물의 특성에 관한 활동에 사용할 수 있다. 그러나 여건이 허락되면 일상적인 교실에서 살아있는 동물과 식물을 기르는 것이 중요하다.

그러나 미국의 어떤 지역에서는 교실 수업을 위해서 애완 생물을 기르기 어렵고, 알레르기나 감염의 위험 때문에 동물 사용이 제한된다. 그렇더라도 일반적으로 몇 가지를 선택할 수도 있다. 예를 들면, 다양한 물고기들을 기를 수 있다. 학생들은 물의 표면 아래에서 매우 편안하게 살고 있는 척추동물들을 보고 놀라기도 한다. 또한 교실에서 다양한 형태의 무척추동물을 키울 수도 있다. 이 장의 뒷부분에 제시되는 지렁이 이야기에서 발견할 수 있는 것처럼, 무척추동물은 척추동물보다도 더 돌보기 쉽고, 제한 조건이 적다.

> 초등학교 시절 동안 어린이들은 생물과의 직접적인 경험, 생물의 생활 주기와 생물의 서식지들을 직접 경험함으로써 생물학적 개념의 이해를 형성한다.
> – 국가과학교육기준

과학실에서 식물과 동물을 기르는 것은 교실에서 일상생활의 한 부분을 만드는 것이다. 그러면 학생들은 규칙적으로 관찰하고 돌볼 수 있다. 특히, 학생 자신에게 흥미 있는 식물을 기르도록 하는 것은 역시 과학을 학교 밖의 학생 환경과 연결시켜주는 데 도움을 줄 수 있다(동물을 직접 가져오게 하는 것은 권장하지 않는다). 결국, 과학실에서 생물을 키우는 것은 다음 이야기에서 묘사되는 것처럼 학생들에게 의욕을 가지게 하고, 더욱 확장된 활동을 위한 기회를 제공해줄 수 있다.

과 학 이 야 기

씨앗에서 식물까지: 실패한 실험

녹색 과학

지난주 동안, 중서부 도시 지역의 1학년 학급의 바우어(Bauer) 선생님은 교실의 과학 코너에 옥수수 알들 그리고 그것들을 구별할 수 있도록 질문하는 카드를 함께 놓고 학생들에게 옥수수 알이 어디에서 왔는지 생각해보게 하였다. 이후에는 학생들이 탐색하고 심을 수 있도록 더 큰 씨앗들 즉, 호박씨, 해바라기씨, 완두콩들을 모았다. 선생님은 씨앗들을 혼합하여 담은 컵들을 나누어 주고, 어린 학생들이 짝을 지어 관찰하게 하였다.

씨앗의 특성을 관찰하기

바우어 선생님은 이 씨앗들에 대하여 무엇이든지 말해보도록 했다.

어린 학생들은 대부분 다음과 같이 응답했다.

"녹색이에요.", "작아요.", "딱딱해요.", "우리가 먹을 수 있어요.", "요리할 수 있어요", "어떤 것은 하얗고 어떤 것은 노란색이에요."

베단(Bethanne)이라는 학생이 대답했다.

"그것들은 씨앗이에요. 씨앗을 심으면 새로운 식물이 나와요."

학생들은 비록 옥수수나 완두로 분류할 수는 없지만 씨가 자라서 새로운 식물이 될 수 있다는 생각을 가졌다. 바우어 선생님은 계속 질문했다.

"이러한 것들은 어디에서 발견할 수 있을까요?"

"슈퍼마켓에서요."

슈퍼마켓의 미스터리

그때 바우어 선생님은 슈퍼마켓 어디에서 씨앗들을 구할 수 있는지 물었다. 그러자 어린 학생들도 그것은 모르는 것 같았다.

일부 어린 학생들은 언젠가는 옥수수 식물에서 옥수수씨가 나오고, 호박에서 호박씨가 온다고 말을 하겠지만, 이러한 씨들이 어떻게 슈퍼마켓으로 오게 되는지는 알지 못할 것이다. 바우어 선생님은 학생들에게 그 씨앗들을 그리도록 하고, 그림에 씨앗의 이름을 붙이게 했다.

> **바우어 선생님의 생각** 바우어 선생님은 흙이 담긴 컵에 씨앗을 심기 전에 학생들이 씨앗 하나를 골라 탐색하게 하고 싶었다. 선생님은 학생들이 씨앗에 관하여 주목하고, 씨가 어디에서 왔는지 생각해보도록 격려하고 싶었다.

씨앗 심기

바우어 선생님은 씨앗들을 심을 때 무엇이 필요할지 질문했다. 그러자 어린 학생들은 하나의 화분에 들어갈 흙과 물이 필요하다고 말했다. 어떤 학생들은 태양이 비치는 곳에 화분을 놓을 장소가 필요하다고 하였다. 그들에게는 식물에 관한 기본적인 사전 지식이 있었다.

바우어 선생님은 이제 각 학생들에게 흙이 담긴 종이컵에 한 개의 씨를 심도록 했다.

바우어 선생님의 안내에 따라, 학생들은 토양 표면 아래 2 cm 정도에 씨를 심고 물을 뿌려 토양을 적신 후, 교실 창가에 컵을 놓았다. 다음 날, 학생들은 무슨 일이 생겼는지 보기 위하여 컵을 살펴보았다.

한 가지만 제외하고 성공!

실험은 성공적이었다. 제임스(James)의 컵만 제외하고 모든 컵들은 새로운 식물을 싹 틔웠다.

바우어 선생님의 생각 바우어 선생님은 모든 씨가 발아하지 않으면 어찌할지 걱정했었다. 그래서 선생님은 미리 집에서 몇 개의 컵에 씨를 심어 두었다. 그리고 아침 일찍 작은 묘목이 자란 컵으로 제임스(James)의 빈 컵을 재빠르게 바꾸어 놓았다. 선생님은 제임스도 다른 학생들과 같은 성공을 경험하도록 해주고 싶었다.

제임스가 놀람

그날 아침 제임스는 본인이 심은 씨가 자란 것을 보고 놀라는 것 같았다. 바우어 선생님은 제임스의 반응에 기뻤다. 그러나 제임스가 놀라는 것에 의문이 생겼다. 그럼에도 불구하고, 그날 오후 늦게, 바우어 선생님은 제임스에게 씨의 생장은 종종 매우 기적적인 것처럼 보인다고 말하고 나니 제임스의 기쁨을 이해할 수 있었다.

제임스는 응답했다.

"정말 기적이 일어났어요. 저는 씨를 먹었거든요."

과학 이야기

씨의 내부에는 무엇이 있을까?

녹색 과학

나는 미국 남동부의 교외에 있는 프레이저(Fraser) 선생님의 초등학교 3학년 학급을 방문하였다. 프레이저 선생님과 그 학교의 다른 선생님들이 개발해온 과학 수업 프로그램을 선보일 때, 나는 그들과 함께 일했었다. 그 학교의 3학년 학생들은 주변 지역에서 자라는 식물들을 탐색하고 있었다. 학급의 과학 코너에는 많은 예들로 가득 차 있었다. 오늘 그들은 식물 씨의 안과 밖을 조사할 것이다. 간밤에, 프레이저 선생님은 남부 지역에서 버터콩이라 불리는 리마콩(강낭콩의 일종)들을 물에 담가 두었다. 선생님은 학생들이 사용할 수 있도록 종이 수건, 포일, 파이 팬과 확대경을 제공하였다. 또한 선생님은 간밤에 물에 담가 두지 않은 한 묶음의 콩들을 교실에 가져와서 모든 학생들에게 버터콩의 원래 그대로의 모습을 알게 하였다.

학생들은 관찰하고 추론한다

"이 강낭콩들은 외부가 왜 딱딱하다고 생각하나요?"

학생들은 작은 씨가 발아해서 새로운 식물을 생성할 때 신기해한다. 그들은 식물의 생장 관찰을 생애 주기 탐색으로 비유한다.

Richard Hutchings/PhotoEdit

프레이저 선생님이 물었다.

"속에 있는 아기 식물을 보호하려고요."

남학생이 자신있게 대답했다. 선생님은 남학생에게 계속해서 질문했다.

"속에 아기 식물이 있다는 것을 어떻게 알 수 있을까요?"

"그것은 씨예요. 씨 속에는 아기 식물이 있어요."

도전

"좋아요. 우리는 지금 과학을 공부하고 있어요. 그러므로 증거가 필요해요. 우리의 생각을 증명하기 위해서 무엇을 해야 할까요?"

"어떤 씨들은 속에 아기 식물이 없는 경우도 있어요. 비어 있을 수도 있어요."

저자의 생각 학생의 대답은 중요한 의미를 지닌다. 이것은 바우어 선생님이 어떤 씨는 싹트지 않을지도 모른다고 걱정했던 상황을 회상하게 해준다.

프레이저 선생님이 학생들에게 콩의 씨 안에 있는 아기 식물을 어떻게 찾을 수 있는지를 질문하면, 학생들은 콩을 쪼개어 열어보아야 한다고 생각하게 된다.

이제 선생님은 물에 담가놓은 버터콩을 보여주고, 물에 담그지 않은 콩들과 어떻게 다른지 관찰하도록 했다(버터콩은 물에 잠기면 씨를 덮고 있는 얇은 보호 표피층인 껍질이 벗겨진다. 그러면 버터콩은 더 부드러워지고 두 개의 반쪽은 더 명확해진다).

체험 활동과 도서 찾기의 혼합

프레이저 선생님은 학급의 학생들을 두 반으로 분리하고, 각 반에 물에 잠긴 완두콩 2~3개, 약간의 종이 수건, 파이 팬, 확대경을 제공했다. 그리고 콩의 내부를 스케치하도록 했다. 그리고 학급 도서와 학교 도서관에서 모아온 씨에 관한 책들을 안내하고, 학생들이 그 책들을 사용하여 자신의 그림에 명칭을 표시하도록 하였다.

프레이저 선생님의 생각 어린 학생들이 스스로 탐구하도록 격려하기

그림 7.1
물에 잠긴 완두콩을 잘랐을 때 보여지는 씨의 내부

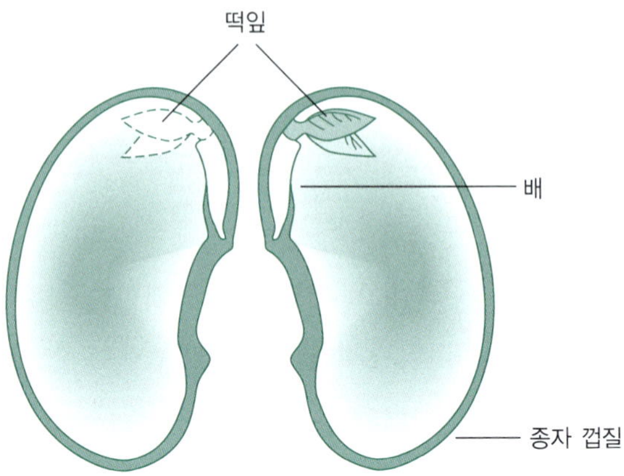

위하여, 선생님은 씨의 어느 부분에 이름을 표시하거나, 필요한 이름을 정확히 책의 어느 곳에서 찾을 수 있는지를 학생들에게 말하지 않았다.

어린 식물의 발견

한 모둠의 학생들이 완두콩의 내부를 조사하면서, 작은 잎 구조물 즉, 아기 식물 그 자체를 주목하였다. 확대경은 이 아기 식물을 상세히 관찰할 수 있도록 해준다. 학생들은 그것을 스케치하고, 참고 서적에서 있는 것처럼 "배(씨눈; embryo)"라고 표시했다. 배는 두 개의 두꺼운 반쪽 완두콩 안에 잠겨있었다. 학생들은 다시 참고 서적에 따라 이 두꺼운 반쪽들을 "**떡잎**(씨젖; cotyledons)"이라고 표시했다. 과학 참고 서적들에서는 그림 7.1처럼 완두콩 내부를 크고 명확하게 볼 수 있다. 학생들은 이 그림을 보고 이름을 찾을 수 있다.

프레이저 선생님의 질문

프레이저 선생님은 공부하고 있는 학생들에게 다가가서 무엇을 유심히 보았는지, 왜 씨가 2조각이 있다고 생각하는지 질문하였다.

한 조의 학생들이 씨(종자)가 어떻게 새로운 식물을 만들어 내는지 알고 싶어 했다.

선생님은 씨를 비닐봉투에 담은 후 비닐 안쪽에서 어떻게 새로운 식물로 자라는지 관찰해볼 것이라고 말했다. 학생들은 흥미를 느끼고 기대에 부풀어 있었다.

그림 7.2
프레이저 선생님의 발아용 봉투

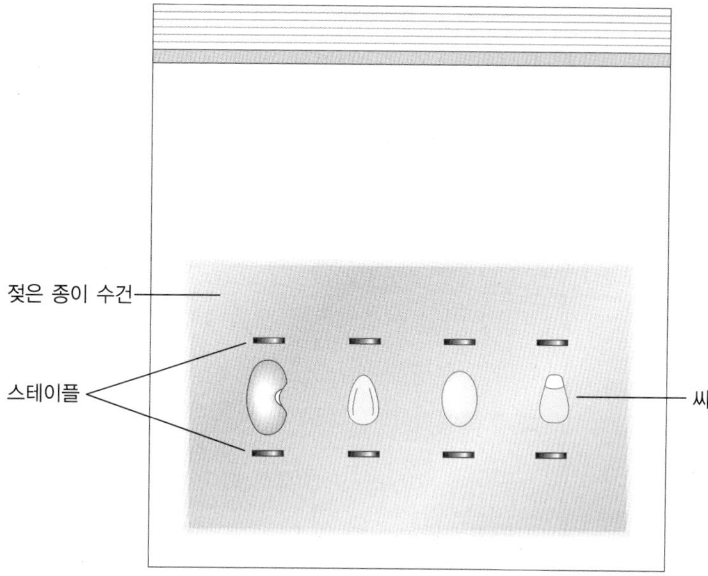

다음 날: 발아용 봉투

다음 날, 프레이저 선생님은 미리 적셔둔 버터콩을 교실에 가져왔다. 선생님은 학생들이 옆사람과 협력해서 진행하도록 지시하고, 한 쌍의 미리 적셔둔 콩, 다시 밀봉할 수 있는 작은 비닐 봉투, 그리고 약간의 종이 수건을 책상에 나누어 주었다. 그리고 다음과 같은 안내문을 차트에 써서 학생들이 모두 볼 수 있도록 교실 앞에 놓았다.

발아용 봉투를 위한 안내

> 젖은 종이 수건을 접어서 봉투의 안감을 따라 편평하게 놓는다. 그리고 종이 수건에서 물이 떨어지지 않을 정도로 충분히 적신다. 미리 물에 적신 두 개의 버터콩을 종이 수건과 봉투의 한쪽 면 사이에 놓는다. 콩의 위와 아래쪽 근처를 스테이플로 찍어서 콩이 제 위치에 고정될 수 있도록 한다.

교사의 준비

프레이저 선생님은 다시 밀봉이 가능한 커다란 비닐 봉투를 사용했다. 선생님은 봉투에 젖은 종이 수건을 놓고 그 위에 버터콩, 호박씨, 담쟁이콩과 옥수수씨를 놓았다. 그리고 나서 씨들이 봉투에서 움직이지 않도록 스테이플로 찍어 놓았다(그림 7.2).

프레이저 선생님의 생각 학생들이 버터콩의 발아를 조사하기 위한 발아용 봉투를 설치하는 동안, 프레이저 선생님은 몇 개의 씨가 발아하는 것을 본보기로 보여줄 것이다. 학생들은 씨의 생장이 종자의 유형에 관계없이 어떤 공통적인 특성을 가진다는 것을 알게 될 것이다.

학생들이 만드는 것을 선택

프레이저 선생님은 학생들에게 씨가 싹이 터서 자라기 시작하는 과정이 **발아**라고 설명해주었다. 선생님은 학생들에게 발아용 봉투를 걸어둘 곳을 결정하게 하였다.

발아용 봉투를 교실에서 빛이 잘 들어오는 곳에 있는 코르크판 위에 걸어둘 것인가? 또는 안쪽의 어두운 곳에 두어야 할 것인가? 선반 위에 비닐 봉투를 둘 것인가? 창문턱에 둘 것인가? 그밖에 다른 곳에 놓을 것인가?

저자의 생각 발아용 봉투를 만드는 동안 프레이저 선생님이 학생들에게 유의해야 할 점으로 알려준 유일한 규정은 종이 수건을 축축하게 한다는 것뿐이었음을 주목하여야 한다. 학생들이 다른 선택을 하는 것에 대하여 교사가 도울 수는 있지만 그 선택은 학생들이 하도록 해야 한다.

학생들의 논쟁

학생들이 봉투 위에 이름표를 부착한 후, 그 봉투를 어디에 걸어둘 것인지에 관하여 열린 토의를 하였다. 어떤 학생들은 빛이 필요하다고 주장했지만, 다른 학생들은 씨가 어둠 속에서 자란다고 믿었다. 또 한 여학생은 토양 아래는 어둡고, 씨는 토양 속에서 자란다 지적하였다. 일부는 같은 조원 사이에서 서로 의견이 일치하지 않았지만 결국은 타협을 하였다. 결국, 봉투의 일부는 교실의 코르크판 위에 압핀으로 걸어 두었고, 다른 봉투는 문의 뒤쪽인 빛이 없는 곳에 놓았다.

프레이저 선생님은 모든 학생들에게 실험한 내용과 앞으로 일어날 현상들에 대하여 과학 노트에 기록하는 것이 좋겠다고 말했다.

프레이저 선생님의 생각 프레이저 선생님은 시간이 지나면서 학생들이

[**수수께끼**]: 나는 매우 작다. 나는 다른 색깔일 수도 있다. 나는 크게 자란다. 나는 식물을 만든다. 나는 무엇일까? 정답: 종자(씨).
– ANDREA P. (3학년)

발아용 봉투에 있는 씨의 관찰을 통해 씨의 발아에 관해 이해하기를 원했다. 선생님 역시 학생들이 스스로 선택한 방법으로 실험을 계획하도록 했다. 선생님은 씨가 싹트는 데 요구되는 조건(빛의 필요 여부 등)은 다른 개념에 속한다는 것을 알고 있었다. 학생들 중 아무도 어둠 속에 봉투를 놓지 않을 경우 교사 자신의 발아용 봉투를 어두운 문틀에 놓아 두어야 한다.

발아용 봉투에서 싹이 자람

하루하루 학생들이 발아의 증거를 관찰하고 있었다. 기적처럼, 비닐 봉투의 바로 안쪽에서 어린 싹이 나왔다. 비닐 봉투의 위치에 관계없이 뿌리는 아래쪽으로 자라났다. 어린 줄기는 뿌리의 반대 방향으로 자랐다. 학생들은 점점 두꺼워지고 튼튼해지는 줄기와 대조적으로 뿌리는 매우 가늘고 가냘프다는 것을 관찰하였다. 학생들은 종이 수건이 축축한 상태로 유지되어야 하지만 빛의 조건은 중요하지 않다는 것을 배우게 되었다.

학생들은 어린 식물이 필요로 하는 빛의 양에 대하여 실험을 계속하였다. 다음 날, 발아용 비닐 봉투를 교실의 여기저기에 걸어 두었다. 하루하루 종자의 발아와 생장 과정을 관찰하였다. 어두운 구석에 있던 화분에서의 신비감은 더 이상 유지되지 않았다.

비닐 봉투에서 싹튼 씨로 부터 녹색 잎이 나타났을 때, 학생들은 흙이 담긴 각각의 컵에 발아된 씨를 옮겨 심었다. 학생들은 뿌리가 토양 속에 잘 있을 수 있도록 손끝으로 감싸면서 어린 식물을 조심스럽게 다루었다. 학생들은 식물에 물을 주고 생장 과정을 계속 관찰하였다.

식물과 햇빛에 관한 추리

약 10일 후, 분명한 차이가 나타나기 시작했다. 빛의 조건과 무관하게 종자가 발아하고 초기 묘목이 자란다 할지라도, 잎을 가진 식물들은 오직 빛이 있는 곳에서만 잘 자라났다. 사실, 학생들은 새로운 녹색 잎이 어두운 곳에서는 생존할 수 없다는 것을 관찰하기 시작했다. 학생들은 아직 그 이유를 이해하지 못했다. 이 씨의 생장을 관찰한 지 8일째 되던 날, 한 학생이 의문점을 질문했다.

"잎이 싹튼 어린 식물은 빛을 필요한데, 묘목은 왜 어둠 속에서 자랄까요?"

학급에서의 탐구

이 궁금증은 수업을 위한 탐구 질문의 시작이었으며, 학생들은 식물과 종자에 관한 참고 서적과 웹에서 다음과 같은 답을 찾았다.

- 어린 식물이나 묘목은 떡잎으로부터 영양분을 얻으며, 아직 빛을 필요로 하지 않는다.
- 떡잎이 더 이상 필요 없을 때, 줄기에 부착된 본잎이 나타난다.

분류학

과학자들은 **종자식물**을 탐구하여 **속씨식물**(angiosperms)이라고 칭하였다. 프레이저 선생님의 학생들은 식물에 관한 하나의 큰 영역을 공부했다. 속씨식물(피자식물)은 씨(종자)를 가지며 열매를 만들 수 있는 꽃을 피운다. 가을에 잎이 떨어지는 정원의 꽃, 야생의 꽃, 잡초, 풀, 곡류, 초목, 관목, 그리고 나무들은 모두 종자식물이다.

그러나 왜 우리는 속씨식물이라는 이름을 식물에 붙여야 하는지 의문이 생길 수 있다. 이 대답은 생물에 대한 분류 체계와 식물의 생활을 이해하고 공부하는 데 도움을 준다. 인간이 고안한 이러한 체계는 우리와 함께 지구에서 생활하는 생명의 유형을 구분지어 나누고 그룹 짓고, 계급 짓도록 한다(Margulis & Schwartz, 1982).

전체 분류 체계를 **분류학**(taxnomy)이라고 한다. 유명한 생물학자이자 과학작가인 스티븐 제이굴드(Stephen Jay Gould)(1981)는 분류학은 인간의 생각을 반영한 것이라고 하였다. 즉 "우리 우주의 사물에 관한 가장 기본적인 개념들을 표현한 것이다. 각 분류학은 그것이 분류하는 생물에 관한 이론이다."

분류학에서 호박과 라이머콩은 속씨식물이라 부르는 같은 영역에 해당한다. 우리는 역시 그러한 식물들을 다른 식물들과의 관계에 대하여 표현하고 있다. 전형적으로 그러한 관계는 오늘날 특정한 생물이 어떻게, 언제, 현재와 같은 형태로 발전하였는가와 같은 진화와 관련된 생각에 기초한 **분류학**에 의해서 표현된다.

어떤 분류학도 절대적이지 않다. 가장 기본적인 그룹인 '**계**(Kingdom)'를 생각해보자. 과학에서 계는 생물 분류의 가장 크고 포괄적인 수준이다(역자 주: 최근 분류학에서는 '역(Domain)'으로 분류한다). 예전에 우리가 배운 생물들은 모두 2계에 해당한다. 즉, 동물계와 식물계이다. 그러나 이제, 과학자들은 생물을 5계로 분류한다. 과학자들이 수십 년 전에 알았던 것보다 생물에 관하여 더 많은 것을 알게 되었기 때문에 생물의 수가 변하였다.

5계는 다음과 같이 구별한다.

모네라계(Monera : monerans) : 모든 박테리아 형태를 포함한 원핵 세포로 된 단세포 생물들

원생생물계(Protista: protists) : 조류, 아메바, 짚신벌레 등을 포함한 단세포 생물들

균계(Fungi) : 점균류, 효모류, 버섯류 등과 같은 다세포 생물들

식물계(Plantae : plants) : 광합성을 통해 자신의 양분을 만드는 다세포 생물들. 이끼류, 속새류, 양치류, 목본류, 모든 종자형성 식물류 등을 포함한다.

동물계(Animalia : animals) : 초식성, 육식성, 기생류 등을 포함한 다세포 생물들이다. 동물은 해면, 해파리, 지렁이부터 어류, 양서류, 파충류, 조류, 포유류 등까지 다양하다.

■ 식물이 첫 번째 녹색 잎이 피기 시작할 때, 뿌리를 고정하기 위하여 흙을 담은 컵이나 작은 화분에 옮겨 심어야 한다. 이때 녹색 잎은 태양에 노출되어야 한다. 왜냐하면 이제 식물은 양분을 만들어야 하기 때문이다. 녹색 식물은 그들 자신의 양분을 만들기 위하여 태양, 공기, 물을 이용한다.

저자의 생각 녹색 식물이 자신의 양분을 만든다는 과학 사고에 관해 학생들이 깊은 이해를 하기 전에도 여전히 배울 것이 많이 있다고 생각한다. 식물이 그들 자신의 양분을 만든다는 것이 무슨 의미일까? 양분은 무엇과 같은 것인가? 프레이저 선생님은 곧 그러한 질문을 하기 시작할 것이다.

과학적 용어 소개

프레이저 선생님은 학생들에게 **광합성**(Photosynthesis)이라는 용어를 소개하였다. 이것은 녹색 식물이 포도당 분자를 만들기 위하여 빛이 있는 곳에서 토양으로부터 물을, 공기로부터 이산화탄소를 사용하는 과정이라고 설명하였다. 포도당은 식물 세포들이 에너지를 만들기 위하여 사용하는 단당류이다. 에너지는 식물이 생장하고 기능을 수행할 수 있게 해준다.

공기와 토양으로부터 온 물질을 조합하여 새로운 것을 생성하는 화학적 과정은 세포 안의 엽록체에서 일어난다. 엽록체는 광합성 과정이 일어나도록 돕는 엽록소(chlorophyll)라는 색소 물질을 가지고 있다. 엽록소는 잎이 녹색을 띠도록 해준다. 프레이저 선생님은 식물이 자신의 양분을 만들 때, 산소를 식물 밖으로 내보내며, 증산 작용이 일어나 수증기도 내보낸다. 이것은 우리가 볼 수 있는 것이라고 설명했다.

선생님은 어떻게 그것을 볼 수 있을지 물었다. 많은 학생들도 알고 싶어 하는 것 같았다.

저자의 생각 광합성은 이 학생들이 이해하기 어려울 것이다. 그러나 프레이저 선생님은 학생들 자신이 관찰 방법을 만들도록 제안하여, 광합성에 대한 생각을 자신의 경험에 연결시키도록 도왔다.

복잡한 과정을 보이게 하기

선생님의 안내에 따라, 학생들은 작은 녹색 식물(어린 식물들보다는 크고 단단한 새로운 것)을 큰 유리병 안에 넣고 뚜껑으로 덮었다. 하루나 이틀 후에, 학생들은 유리병의 안쪽 위에 증산 작용에 의해 배출된 수증기의 물방울이 나타나는 것을 보았다.

> **저자의 생각** 나는 프레이저 선생님이 매우 복잡한 과정을 저학년 수준으로 소개하는 것이 적절했다고 생각한다. 학생들은 학년이 더 올라간 후에 형성할 수 있는 생각에 대한 사전 경험을 가진 것이다.

의미 확장하기

이야기 속의 교수 방법

- 바우어 선생님의 수업 이야기에서 씨를 가지고 실시한 간단한 실험이 학생들을 생장과 발생의 신비로 이끌기 좋다는 것을 알 수 있다.
- 또한 먹을 수 있는 씨도 어린 학생들이 학습에 활용할 수 있다. 많은 음식물들이 땅에서 오고 식물의 일부로부터 생성된다는 사실은 당연한 지식으로 받아들여지지 않는다.
- 바우어 선생님이 학생들을 안내하는 활동들에는 장점들이 많았다. 그러나 그것은 우리들이 보기에 아무리 좋은 의도를 가졌다고 하더라도 어리석은 학생들에게는 좋지 않다는 것을 보여준다. 자라지 않는 씨를 몰래 대치하는 노력 대신에, 교사가 실험 설치를 해주지 않고 학생들 스스로 개인적인 실험의 성공이나 실패를 경험하게 하는 것이 더 좋을 것이다. 바우어 선생님은 좀 더 큰 컵에 2~3개의 씨를 사용하는 것이 좋겠다고 충고해주었다. 모든 학생들의 씨가 발아한 것은 행운이었다.
- 과학은 실험과 밀접한 관계가 있다. 때로는 실험을 수행하고 때로는 수행하지 않지만, 실패한 실험에서 종종 더 많은 것을 배우기도 한다. 이것은 다른 가능성을 탐색하거나 방향을 변화시키는 기회를 준다. 예를 들면, 만약

어떤 씨가 자라지 않았다면, "왜 이 씨만 발아하지 않았을까?"라고 질문할 수 있다.

- 프레이저 선생님의 수업에서, 학생들에게 다양하게 많은 관찰 기회를 주는 방법을 주목하라. 예를 들면, 교사는 밤새도록 물에 잠긴 콩에서 어떤 변화가 발생하였는지 학생들에게 관찰할 수 있도록 하였고 콩을 물에 잠기게 한 것의 중요성을 보여주었다.

교실에 발아용 봉투를 걸어둔 것 역시 학생들이 직접적인 관찰을 할 수 있도록 기회를 준 것이다. 이 학생들이 현미경으로 식물 세포들을 관찰하고 공부하기 시작하는 중학교 때까지, 그들의 관찰 기법은 잘 발달할 것이며, 식물에 관한 많은 사전 지식을 갖게 될 것이다.

- 역시, 프레이저 선생님의 3학년 학생들이 씨를 조사하는 것 외에도 탐구를 계획하는 데 있어서 서로 어떻게 협력하는지 주목해보자. 교사는 학생들이 구조화된 활동을 하게 하여 씨를 발아시키기에 가장 좋은 방법을 학급의 다른 학생들 및 조원과 논의할 수 있게 하였다. 각 모둠의 학생들은 스스로 계획을 세우고 수행하며 결과를 결정하였다.
- 이 단계에서 학생들이 직접적인 관찰과 실험으로 어려운 궁금증을 가지게 되었을 때, 교사가 학생들에게 어떻게 자료를 찾도록 안내했는지(이 경우 교실의 책이나 인터넷의 자료) 주목하라. 자료로서 과학 교과서를 사용할 수도 있다.
- 다양한 부수적 활동을 한 프레이저 선생님의 교실에서 의미 있는 전체 활동 시간은 2주 이상 진행되었다. 이 장의 뒷부분에서, 과학 학습에는 시간이 걸리는 지속적인 탐구가 필요하다는 것에 관한 더 많은 예를 볼 것이다.
- 과학 사고가 매우 복잡하다고 할지라도, 그것의 일부를 보여주는 활동이나 시범은 유용할 수 있다. 프레이저 선생님은 학생들에게 닫힌 유리병의 안쪽에서 작은 녹색 식물이 수증기를 방출할 수 있다는 것을 보여줌으로써 학생들의 이해를 유도하였고, 더 구체화된 추상적 개념을 형성하도록 도와주었다.

이야기 속의 과학 개념

- 배(씨눈)가 발아를 시작하는 데 필요한 것은 양분과 배, 또는 어린 식물이다. 이 양분은 떡잎 안에 저장되어 있다.
- 일부 종자는 발아하지 않거나, 어떤 씨는 배조차도 갖고 있지 않다. 그래서 씨를 여러 개 심는 것이 좋다.
- 씨는 자라기 시작할 때, 햇빛이 필요없다. 처음에 씨는 떡잎에 저장된 양분에 의존하여 생활한다. 일단 새 식물이 잎으로 자라면, 스스로 양분을 만들어야 하기 때문에 이때는 햇빛이 필요하다.
- 씨가 싹틀 때, 떡잎은 어린 식물의 첫 번째 잎이 되고, 식물이 첫 번째 본잎을 내자마자 떡잎은 떨어진다. 어떤 식물은 하나의 떡잎을 가진 씨를 생산하는데, 이러한 식물을 **외떡잎식물**(단자엽식물: monocots)이라고 부른다. 두 개의 떡잎을 가진 씨를 생산하는 식물은 **쌍떡잎식물**(쌍자엽식물: dicots)이라고 부른다. 풀과 곡류는 단자엽식물이다. 화훼류, 꽃피는 나무, 콩, 야채 식물들은 일반적으로 쌍자엽식물이다. 씨가 많은 경우에는 물에 적시면 발아 과정이 시작될 것이다.
- 토양은 종자식물의 뿌리를 지탱하기 위하여 견고하면서 공기가 통하는 구멍이 있어야 한다. 토양은 녹색 식물의 뿌리를 지탱하도록 해주며 뿌리가 자랄 수 있는 공간을 공급한다.
- 토양에 용해된 무기물들은 식물이 뿌리를 통해 흡수하는 물을 따라 식물에 흡수된다.
- 토양의 무기물이 중요하지만, 녹색 식물은 토양에서 유기 양분을 얻지는 않는다. 녹색 식물은 광합성이라는 복잡한 과정을 통해 자신의 유기 양분을 만든다. 이것은 엽록소에 의해 도움을 받은 잎이 토양에서 온 물과 공기에서 온 이산화탄소 기체를 사용하여 포도당이라고 불리는 단당류를 만들고, 산소를 방출하는 화학적 과정이다. 이산화탄소는 잎의 뒷면에 있는 기공이라는 구멍을 통해 잎으로 들어온다. 또한 기공을 통해 산소가 공기 중으로 방출된다.

- 녹색 식물이 대기에서 이산화탄소를 흡수하고 기공으로 산소를 배출하는 광합성 과정을 이해하는 것은 녹색 과학의 기초이다. 이산화탄소는 여러 가지 **온실 가스들**(greenhouse gases) 중의 하나이다.

  온실 가스들은 햇빛이 대기로 들어오게 허락하지만, 복사 에너지의 일부가 적외선(때로는 '열복사'라고도 부른다)의 형태로 지표면에서 반사될 때, 온실 가스들은 이 복사 에너지를 흡수하여 대기에서 열을 잡아둔다. 시간이 지남에 따라 태양에서 지구로 보내진 에너지의 양은 공간으로 다시 방사된 에너지의 양과 거의 비슷해져서 지구 표면의 온도는 대략 일정하게 유지한다. 그러나 지구 바깥으로 배출되는 복사 에너지가 차단되었을 때, 지구의 표면은 온실처럼 점차 뜨거워진다.

녹색 식물이 어떻게 이산화탄소를 사용하는지 이해하는 것은 지표에 있는 많은 나무를 제거했을 때 나타나는 피해 효과에 대한 통찰을 제공한다. 다양한 용도를 위해 많은 나무들을 제거하면 할수록, 대기에서 이산화탄소를 흡수하는 가로수의 수는 더욱 줄어들 것이다.

♠ 이야기 속의 과학교육과정

기준 이 장의 앞쪽에 있는 과학 이야기처럼, 종자 이야기는 미국의 국가과학교육기준에서 K-4학년의 내용 기준과 관련된다. 그리고 특별히 다음의 개념과 원리에 관련된다(NRC, 1996).

- ♠ 각 식물 또는 동물은 생장과 생존, 생식에서 각각 다른 기능에 기여하는 다른 구조를 가진다.
- ♠ 개체의 행동은 배고픔 같은 내부의 신호와 환경 변화와 같은 외부 신호의 영향을 받는다. 프레이저 선생님이 학생들에게 종자의 발아를 위해 필요한 외부 신호에 관하여 생각하도록 격려한 방법을 주목하라.
- ♠ 식물과 동물은 탄생하고, 성체로 발달하고, 생식하고, 마침내 죽게 되는 생애 주기를 가진다. 학생들이 자라나는 콩 식물들을 지속적으로 지켜보면, 성숙한 식물이 마침내 새로운 콩을 생성하는 것을 볼 수 있다. 이러한 활동

은 교실에서 학생들이 콩의 전체 생애 주기를 볼 수 있도록 해준다.

심화 탐색

- 자몽이나 오렌지와 같은 밀감류의 씨를 심어 보아라. 자신의 집에서 그 씨들이 얼마나 잘 자랄 수 있을까? 그 활동이 당신은 놀라운가?
- 건강식품 가게에서 흔히 볼 수 있는 말린 밀씨를 구입하라. 얕은 파이 팬을 흙으로 채우고, 흙 위에 밀씨를 뿌린 후 물을 잘 준다. 무슨 일이 생기는지 살펴보아라.
- 녹색 식물은 자신이 양분을 만든다고 한다. 그것은 무엇을 의미하는가? 이것은 동물과 어떻게 다른가?
- 녹색 식물은 자신이 양분을 만든다. 가게에서 판매되는 식물성 "식품"은 무엇인가?

심화 탐색을 위한 자료

전자 미디어 자료

PlantingScience. 미국의 단체와 미주리 식물 공원에 의해 지원되는 자료이자 학습 도구이다. 이 웹사이트는 전 국가적으로 학생, 식물학자, 교사들이 협력하고 있다. 중학생과 고등학생들이 체험적인 식물 조사에 참여하여 동료 및 과학자 멘토와 함께 활동한다. 이 과제 활동은 지속적인 탐구를 위한 모델이다.

Teacher's Guide: Photosynthesis. 이 웹사이트는 광합성에 관한 배경 데이터를 제공하고, 중학생들이 사용할 수 있도록 비디오, 도전 시나리오, 예시 활동들을 제공한다.

Why Do Leaves Change Color in the Fall? 이 웹사이트는 낮의 길이가 짧아지고 서늘한 날씨가 되면 잎에 있는 엽록소가 분해되어 본래의 색이 변하는 과정을 설명한다. 가을이 시작되기 전에 잎에 숨어있는 색깔들을 학생들이 볼 수 있도록 중학교의 크로마토그래피 수업에 유용하다.

출판 자료

Gardiner, J.R.(1995). Top Secret. New York: Little, Brown. 이 책은 과학 과제를 위해 인간의 광합성을 탐색하기로 결정한 어린 학생들의 이야기이다. 4~5학년 학생들을 위해 쓰여진 책이며, 음독하기에 적합하다.

Kraus, R. (1945). The Carrot Seed. New York: Harper. 이 책은 작은 당근 씨앗과 그것이 자라나는 것에 관한 어린이 이야기의 고전으로서 K-2학년에 적합하다.

Margulis, L., Schwartz, K.V., Dolan, M.,& Delisle, K.(1999). Diversity of Life: The Illustrated Guide to the Five Kingdoms. 2d ed. Sudbury, MA: Jones & Bartlett. 생물의 계에 대해 자세히 설명하고 있으며 교사를 위한 자료로 적합하다.

National Science Resources Center(1991). Plant Growth and Development. 3학년을 위한 자료이다. 이 실험들은 조절된 탐구 조사를 계획하고 수행하는 방법을 학생들이 배우기에 유용하다. Carolina Biological Supply Co., Burlington, NC에서 구할 수 있다.

Olson, S., & Loucks-Horsley, S. (eds.) (2000). Inquiry and the National Science Education Standards: A Guide for Teaching and Learning. Washington, DC: National Academies Press. 미국과학교육의 기준을 제공하기 위하여 국가연구자문위원회에 의해 개발된 것이다. 이 책은 탐구 기반 교육을 위해 실천적인 안내를 제공하는 데 목적이 있다.

Pascoe, E.(1996). Seeds and Seedlings: Nature Close-Up. Chicago, IL: Blackbirch Press. Dwight Kuhnd가 사진을 촬영함. 이 책에서는 종자의 형태, 씨 안에 무엇이 있는지, 씨는 어떻게 여행하는지, 꽃에서 씨가 어떻게 자라는지 등을 설명한다. 조사를 위한 단원을 통해 씨에 관한 과학 탐구가 소개되고 있다. 사진도 무척 아름답다.

과학 이야기

공터에 식물 심기

녹색 과학

도시 빈민 사회에 살고 있는, 많은 학생들은 등굣길에 쓰레기로 뒤덮인 빈터를 지나간다. 5학년 교사인 몬테이로(Monteiro) 선생님은 이점을 주목하고, 수업 활동과 사회 참여 수단으로 종자를 심어 식물을 키우는 가능성에 대하여 생각했다. 최근에 이 선생님은 빈터를 정원으로 변화시키는 데 많은 노력을 기울인 다양한 클리블랜드(Cleveland) 이주자 사회의 즐거운 이야기인, 플라이슈만(Paul Fleischman)이 쓴 《Seedfolks》를 읽었다.

이 책에서 영감을 얻은 몬테이로 선생님과 학급의 학생들은 쓰레기를 제거하기 위해 지역 신문사와 시청 공무원에게 편지를 썼다. 몇 달이 걸렸지만 마침내 쓰레기가 치워졌다. 학생들은 쓰레기가 치워진 땅을 방문해서 자신들이 사용할 수 있도록 부탁했다.

변화

시청의 허락으로, 이 5학년 학생들은 빈터를 정원으로 변화시켰다. 학생들은 근교에 있는 원예품 가게에서 표토를 기부받아 땅을 개간하였다. 학생들은 쓰레기로 가득했던 예전에도 이땅에는 민들레와 바랭이가 자라고 있었다는 것을 알고 있었다. 그래서 그들은 식물을 심기로 했다. 학생들은 토양을 개간하기 위하여 열심히 일했고, 종자가 발아할 수 있는 조건을 조사하였다.

결정하기

학생들 중 일부는 채소를 일부는 꽃을 원했다. 몬테이로 선생님은 가능하면, 학생들이 심을 씨를 직접 선택하고 고르도록 하였다. 마침내 버터콩, 해바라기, 호박, 애호박, 금잔화와 금어초 등을 심기로 했다. 이른 봄까지 학생들은 교실에서 용기를 이용하여 씨를 싹틔었다. 종자가 싹이 터서 뿌리가 잘 형성되자, 학생들은 그 식물을 땅에 옮겨 심었다.

그러는 동안 교실에서 학생들은 종자와 그것을 심어 싹트는 식물의 잎을 조사하였다. 더불어 발아와 토양, 물, 태양의 역할을 공부했다. 학생들은 교실에서 야외와 같은 조건으로 식물에게 자극을 줄 수 있지만, 야외에서 식물에게는 독특한 생장 계절이 있음을 학습하였다.

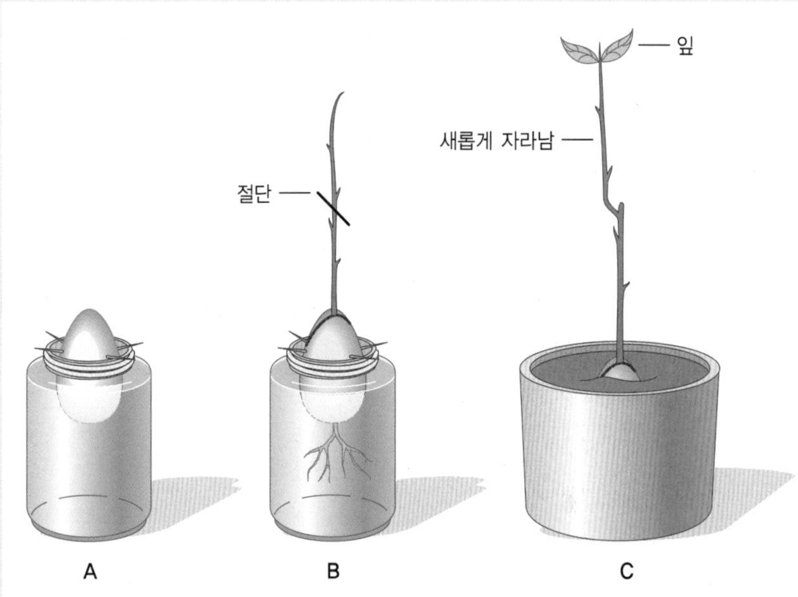

그림 7.3
아보카도씨를 심는 과정

(1) 아보카도씨를 씻고 표피를 벗겨낸 후 이쑤시개를 씨에 꽂아 옆으로 튀어 나오게 하여 물병에 걸치게 한다. 씨의 밑면이 물에 닿게 하고 어두운 곳에 둔다. (2) 뿌리가 자라고 줄기의 길이가 약 15 cm 정도 될 때까지 기다린다. 뿌리를 두껍게 하기 위하여 줄기를 위에서 반 정도 잘라낸 후 식물을 몇 주 동안 어두운 곳에 옮겨 놓는다. (3) 마지막으로 줄기가 다시 15 cm 정도까지 다시 자라났을 때, 묘목을 흙이 담긴 화분에 옮겨 심는다. 이때 뿌리가 충분히 덮히게 하고, 종자의 위쪽 2 cm 정도가 토양 위로 보이게 한 후 물을 잘 주도록 한다.

기후의 효과를 학습

캐리비언(Caribbean) 섬의 열대기후 지역에서 이주해온 일부 학생들은 추운 겨울 날씨 때문에 자신들이 좋아하는 식물들을 새 집에서 키울 수 없어 아쉬워했다. 한 소년도 정원에 열대의 아보카도 나무를 심고 싶었지만, 대신에 잘 조절된 환경의 교실에 아보카도씨를 심었다(그림 7.3).

학년말-과제는 아님

계절이 바뀜에 따라 학생들은 야외 정원을 규칙적으로 방문했다. 학생들의 눈에는 이 야외 정원이 가장 아름답게 보였다. 그곳은 학급의 학생들과 교사가 일체감을 느끼고 긍지를 갖도록 하였다.

이 중서부 도시에서는 봄이 짧아 더 이상 야외 정원을 가꾸기가 힘들어졌다. 그러나 학기 말 전에 학생들과 지역 지원자들의 도움으로 여름 동안 정원이 가꾸어지고 정리되었다. 가을이 되어 학생들이 돌아온 후에는 지역 사업가가 기부한 크로커스와 튤립의 구근을 심었다.

과 학 이 야 기

채소가 과일?

녹색 과학

바이른(Byrne) 선생님의 3학년 교실에서는 우리가 먹을 수 있는 식물에 관한 수업이 진행되었다. 어느 날 선생님은 사과, 오렌지, 셀러리, 완두 꼬투리, 상추, 시금치, 토마토, 청록고추, 망고, 마파야, 케일(콜라도 그린), 브로콜리, 당근, 아보카도, 감, 회향풀 등 많은 식용 식물을 가져왔다(선생님은 학생들이 서로 다른 문화 지역에서 왔고, 몇몇은 중앙아메리카에서 왔다는 사실을 알고 이 학생들에게 친숙한 식품들을 가져오려고 했다).

예전에 본적이 없는 식품

선생님은 학생들을 모둠별로 나누고, 시료를 조사하기 위해 플라스틱 칼을 사용하게 했다. 그러자 한 학생이 이 모든 과일과 식물들의 이름을 모른다고 말했다. 그러자 다른 학생도 예전에 본 적이 없다고 맞장구쳤다.

선생님은 이름을 아는 것이 그리 중요하지는 않다고 설명한 후 한 학생에게 말했다.

"만약 내가 여러분에 관해 안다고 했을 때, 이름만으로는 많은 것을 안다고 할 수 없죠?"

선생님은 학생들을 안심시킨 후 다음 과정을 진행하였다.

"먼저 여기 식물들 중에서 씨가 있는 것과 없는 것을 조사하여 봅시다."

학생들은 식물들을 절단하면서 기뻐하였고 소리도 지르기 시작했다. 존(John)은 아보카도를 들고 가장 좋아하는 것이라고 소리쳤다. 그리고 친구에게 다른 것에 대해 묻기도 하였다.

학생들은 식물을 씨가 있는 것과 없는 것으로 나누면서 자신들이 좋아하는 식품에 관한 정보를 나누기 시작했다. 존은 아보카도씨를 들고 화분에 심는 방법을 설명했다. 선생님은 다음 날 수업에서 존의 행동을 주목하였다.

그때 학생들은 한 더미의 식물에서 씨들을 관찰하고, 다른 더미에서는 씨가 없는 것을 관찰하였다. 선생님은 사과와 오렌지를 들고 학생들에게 식물의 이 부분을 무엇이라고 부르는지 질문하였다.

제시카(Jessica)가 열매라고 자신 있게 말하였고 모든 학생들도 옳다고 인정하였다. 선생님은 이 식물의 부분을 열매라고 일러주었다.

퍼즐: 토마토가 과일이라면…

그러나 학생들은 토마토, 청록고추, 완두 꼬투리, 아보카도, 감이 모두 과일 더미에 놓여있는 것을 보고 의아해했다.

루비(Ruby)는 만약 토마토가 과일이라면, 채소는 무엇인지 궁금해했다. 선생님은 이것에 대해 어떻게 생각하는지 물었다.

선생님은 학생들에게 당근이 식물의 어느 부분인지 질문했다. 어떤 학생은 그것이 뿌리라는 것을 알았다. 다른 학생들은 셀러리가 줄기이며, 브로콜리의 작은 부분들이 꽃이고, 녹색 케일, 상추, 시금치는 모두 식물의 잎이라는 것을 알고 있었다.

다른 문화의 정보를 공유

그때 학생들은 집에서 먹는 과일과 채소에 관하여 말하기 시작했다. 일부 학생은 망고나 파파야, 감을 먹을 때 즐겁다고 말했다. 다른 학생들은 회향풀이나 녹색 케일이 자기 집에서 어떻게 쓰이는지 설명해주었다. 이것은 식물이 어디에서 자라는지, 어떻게 먹는지, 특정 문화권에서 무슨 의미가 있는지 등을 토론하도록 이끌 수 있다.

이트는 종자와 식물에 관한 풍부한 정보와 설명들이 있다. 관련 학습 계획들도 제공한다.

EarthBox. 이 사이트에서는 씨와 묘목을 사용한 자체 정원 시스템을 갖춘 EarthBoxes를 주문할 수 있다. 이는 실외의 정원에서 활동이 어려운 교실에 큰 도움이 된다. Educators를 클릭하여 연결하면 상자의 사용법과 다양한 키트를 찾기 위한 동영상을 탐색하여 학생들에게 가장 적합한 키트를 찾을 수 있을 것이다.

출판 자료

Brunsell, E., & Hug, J.W.(2007). Plants and pollution. Science and Children, 44(8), 37–41. 이 논문은 5학년 교실에서 식물에 대한 오염 물질들의 효과를 공부하기 위하여 Wisconsin Fast Plants를 사용하는 방법을 탐색한다.

Fleischman, P.(2004). Seedfolks, revised edition. New York: Joanna Cotler Books. 이 책은 시민 정원을 만들기 위한 과제를 설명하고 있다.

National Science Resources Center(1992). Experiment with Plants. 앞서 인용한 Plant Growth and Development와 유사하다. 그러나 이 책에서 제시한 실험들은 5～6학년에 적합하게 계획되었다. Carolina Biological Supply Co., Burlington, NC에서 구할 수 있다.

교실의 무척추동물

이 장의 앞에서, 종자를 가지고 실험하는 어린 학생들을 살펴보았다. 1학년 학생들은 컵에 씨를 심은 반면, 3학년 학생들은 녹색 식물의 발아와 일부 특성들을 탐색했다. 동물 생활을 탐색하는 과제를 하기 위해 보통의 교실에서 동물을 사용하는 것은 쉽지 않다. 그리고 교실에서 동물을 사육하는 여건은 학교나 지역에 따라 다르다.

무척추동물과 척추동물

살아있는 동물을 사용할 수 없는 제한 속에서 유용하게 이용할 수 있는 것 중에 지렁이가 있다. 지렁이는 만져보면 미끈미끈하고 부드러우며, 붉은 갈색의 꿈틀거리는 무척추동물이다. **무척추동물**은 내부에 등뼈가 없다. 그들의 골격은 보통 몸의 내부보다는 외부에 있다. 반면에 모든 어류, 양서류, 조류, 파충류, 포유류를 포함한 **척추동물**(vertebrate)은 내부에 등뼈가 있다. 지렁이는 earthworm라는 이름이 의미하듯이 토양에 집을 만들기 때문에, 정원에 지렁이가 풍부하다면 그 정원은 건강하다고 말할 수 있다. 도시의 학생들도 공원 근처나 마을의 녹색 지대에서 지렁이를 볼 수 있다. 지렁이는 애완동물 가게나 낚시 미끼 상점에서 쉽게 구할 수 있다. 지렁이는 땅이 젖었을 때 지표면에 나오는 것을 좋아하므로 풀이 많은 지역이나 뒷마당 정원이 있는 곳에 사는 사람들은 비가 많이 온 뒤에 지렁이를 쉽게 찾을 수 있다.

지렁이 관찰과 조사

지렁이는 흥미 있는 특징들이 많아서 관찰하기에 좋다. 확대경을 사용하면 고리나 많은 체절을 뚜렷하게 볼 수 있다.(그림 7.4 참조). 지렁이의 체절은 170개 정도에 달한다. 첫 번째 체절에는 입이 있고 마지막 체절에는 항문이 있는데, 시작과 끝 부위는 유사하다. 지렁이가 움직이는 것을 보면 매혹적이다.

불쾌하거나 서늘해지는가? 일반적인 지렁이는 학생들이 공부하기에 편리하고 매력적인 무척추동물이다.

Somos/Veer/Getty Images

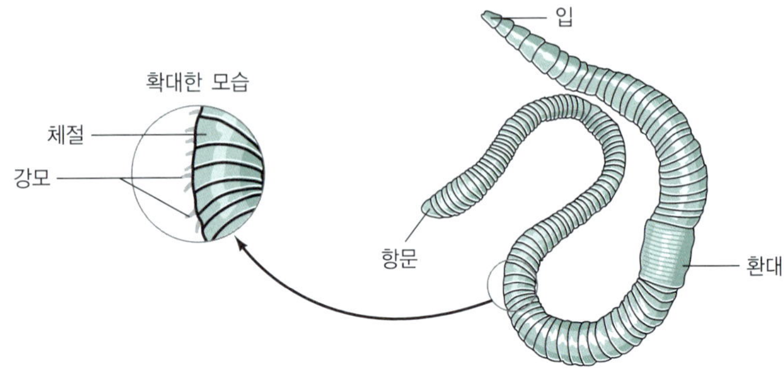

그림 7.4
지렁이의 외부 구조

원형인 긴 근육은 지렁이가 앞으로 가도록 추진해주고, 강모(setae)라 부르는 작은 털이나 억센 털은 느리게 움직이거나 멈추게 하는 데 도움을 준다. 환대(clitellum)라 부르는 몸의 두꺼운 부분은 액을 분비하여 지렁이가 알을 침전시키기 위한 액낭을 만드는 데 사용한다.

> 쟁기는 인간이 고안한 가장 가치 있고 가장 고전적인 것 중의 하나이다. 사실은 쟁기가 나오기 오래전부터 존재한 지렁이에 의해서 땅은 규칙적으로 경작되었고, 지금도 그러한 경작이 이루어진다. 이러한 하등한 생물이 하는 일처럼 세계의 역사에서 매우 중요한 역할을 수행하는 많은 다른 동물들이 있다고 생각한다.
> – CHARLES DARWIN, 1881.

교실에서 지렁이를 키우기 위하여 지렁이 사육병들을 만들 수 있다.

1. 학급에서 깨끗하게 건조한 2 L용 플라스틱 빈병을 모은다. 각 병의 목 아래쪽 약 10 cm 되는 곳을 자른다.
2. 각 병의 바닥에 얇은 층의 자갈을 깔고, 그 위에 토양을 두껍게 덮는다. 그리고 얇은 띠의 모래를 토양 위에 약 2 cm 두께로 덮는다. 이들 세 층을 병의 상단으로부터 약 5 cm 지점까지 채운다. 모래층은 지렁이가 파고들어가는 것을 관찰하기에 좋을 것이다.
3. 마지막 층 모래의 표면은 마른 흙으로 덮어야 한다.
4. 알루미늄 포일을 사용하여 지렁이 병을 느슨하게 덮고, 고무 밴드로 안전하게 밀봉한다. 이쑤시개를 사용하여 호일에 구멍을 몇 개 뚫어 주어 공기가 안으로 들어갈 수 있게 한다.
5. 병을 커다란 검은 종이로 감싸고 테이프로 붙여 어두운 땅속처럼 만들어 준다. 학생들이 관찰할 때는 이 종이를 벗기고 볼 수 있을 것이다.

지렁이를 위한 집 만들기

6. 각 병에는 지렁이를 3마리 정도 넣는 것이 적절하다.

지렁이 탐색

학생들은 확대경과 종이판을 사용하여 지렁이를 탐색할 수 있다. 작은 스프레이병은 지렁이를 축축하게 유지시키고 부드럽게 해주는 데 유용하다. 학생들이 지렁이의 행동을 관찰할 수 있도록 확대경과 종이판을 미리 나누어 준다. 각 학생에게 자신이 탐색할 지렁이를 나누어 주고, 두 명이 한 조가 되어 각각 다른 표본을 비교할 수 있게 한다. 일단 학생들이 관찰을 시작하면 교실의 여기저기에서 공포의 비명을 들을 수도 있다.

지렁이는 폐가 없고 축축한 피부로 숨을 쉬기 때문에 피부가 마르면 질식사할 것이다. 지렁이의 피부는 분비 세포인 점액 세포를 가지고 있어 몸을 끈적하게 한다. 점액은 지렁이가 토양을 파고 들어갈 때 도와주기도 한다.

교사는 학생들에게 지렁이의 몸 크기를 우리의 몸 크기와 어떻게 비교할 수 있을지 질문해볼 수도 있다. 이 질문에 4학년 학생들은 비율을 사용하여 두 물체의 크기를 비교할 수 있을 것이다.

학생들의 탐구력이 높다면 다음 예시에서 보는 바와 같이 그들 스스로 많은 질문들이 떠오를 것이다.

과 학 이 야 기

지렁이에 관한 학습

녹색 과학

슬로안(Sloan) 선생님의 4학년 학급에는 24명의 학생들과 24마리의 지렁이가 있다. 지렁이를 가져오기 전에 선생님은 학생들에게 지렁이가 무엇처럼 생겼을지 생각해보도록 하였다. 학생들은 상품 책자나 인터넷에서 지렁이를 찾아보고 이 질문에 답하였다.

학생들은 두 명씩 한 조가 되어 탐구를 시작하였고 과학 노트에 다음과 같이 즉각적으로 대답을 했다.

지렁이는 어떻게 생겼을까?

학생들의 지렁이 탐구

학생들의 대답은 다음과 같았다.

- 지렁이는 어두운 곳을 좋아한다.
- 지렁이는 미끈하다.
- 지렁이는 땅을 깊게 판다.
- 지렁이는 죽은 잎과 토양을 먹는다.
- 지렁이는 몸의 일부가 잘라져 나가면 다시 자란다.
- 지렁이는 세상에서 가장 훌륭한 정원사이다.

슬로안 선생님은 학생들의 대답을 듣고 매우 기뻐했다. 학생들의 조사가 끝나고 이제 관찰할 준비를 모두 마쳤다. 선생님은 학생들이 지렁이를 관찰한 후 학급에서 준비한 병에 지렁이를 다시 넣어야 한다고 설명했다. 그리고 한 병에 3마리씩만 넣어야 한다고 강조했다. 선생님은 왜 한 병에 넣는 지렁이의 수를 제한해야 하는지 질문했다. 그러자 학생들은 지렁이가 구멍을 파낼 방이 필요하다고 대답했다. 결국 지렁이 사육병은 공간을 제한하는 것이었다.

관찰을 위해 늘어난 시간

슬로안 선생님은 학생들에게 지렁이가 어떻게 땅을 뚫고 터널을 파는지 몇 주 동안 지렁이를 관찰할 것이라고 설명했다. 학생들은 각자 파트너와 관찰 내용을 비교한 후, 지렁이에 관한 심도 있는 시험 질문을 받았다. 그러나 학생들이 재생 실험을 하도록 지렁이를 자르게 하지는 않았다.

교실에서 지렁이를 다루기 전에, 선생님은 살아있는 표본으로 실험할 때는 책임감을 가지고 임해야 한다고 말했다. 그리고 선생님은 학생들이 지렁이와 상호작용할 수 있는 방법에 관하여 브레인스토밍을 하도록 유도했다. 학생들은 토의를 거쳐 포스터보드에 다음과 같은 많은 규칙들을 정하였다.

학급에서 브레인스토밍으로 정한 규칙

- 지렁이를 다루기 전 · 후에 손과 테이블을 아주 깨끗하게 닦는다.
- 지렁이를 관찰할 때 고무장갑을 사용한다.
- 지렁이를 부드럽게 다룬다.
- 지렁이를 너무 높게 들지 않는다.

- 지렁이를 축축하게 유지한다.
- 지렁이 배양 용기에 있는 흙을 젖어 있게 한다.
- 지렁이는 마른 나뭇잎 바로 아래에서 음식을 먹는다. 음식으로는 작은 생감자 조각, 사과, 마른 곡류 등을 준비한다.
- 지렁이 사육병을 불필요하게 흔들지 않는다. 관찰하지 않을 때에는 사육병을 검은 종이로 덮어 둔다.

조사를 위한 질문

질문을 이끄는 관찰

학생들은 지렁이를 사육병에 넣기 전에 지렁이 관찰을 한 후 무엇을 조사할 것인지 생각하였다. 어떤 학생들은 지렁이가 마른 잎, 사과, 감자, 또는 곡물 등의 음식들 중 무엇을 선호하는지 궁금해했다. 다른 학생들은 지렁이가 화분의 흙 속에서나 모래로만 된 화분에서, 또는 모래와 흙의 혼합물이라면 얼마나 깊이 땅을 팔 수 있는지 궁금해했다.

실험 설계

실험을 준비하는 것은 도전적이다. 학생들은 공정한 검증을 위한 조사 설계를 해야 한다. 3장에서 파커(Parker) 선생님의 학생들처럼, 학생들은 일정하게 해야 하는 조절 변인과 변화를 주어야 하는 실험 변인에 관하여 생각했다. 조절 변인은 실험을 통하여 내내 동일하게 유지해야 하는 요소이며, 실험 변인은 실험에서 변하는 요소들이다.

지렁이가 좋아하는 음식을 탐구하는 그룹은 동일한 흙과 습도를 구성하도록 하고 마른 잎 바로 아래에 있는 모래층의 맨 위쪽 표면에 다른 음식을 놓은 2 L 병을 지렁이 집으로 사용했다. 학생들은 2일마다 관찰을 하고 과학 노트에 관찰한 내용을 기록했다. 학생들은 의문점과 함께 정확한 관찰 내용을 기록했다. 학생들이 탐구하는 각각의 지렁이 사육병에 먹이를 주어야 하는 기간을 표시했다. 대부분 병마다 3마리의 지렁이가 들어있었다. 어떤 흙일 때 지렁이가 땅을 깊게 팔 수 있는지 관찰하기로 한 그룹에서는 습기와 음식을 일정하게 하고 3개의 병 각각에서 흙의 구성을 변화시켰다.

슬로안 선생님은 모든 그룹에게 다음 형식에 따라 지렁이 탐구를 기록하도

이의 반응을 조사하는 것에서, 슬로안 선생님의 학급 학생들은 이 기준 하에서 기본적 개념을 발전시킨 것이다.

♠ 생물의 행동은 배고픔과 같은 내부 자극과 환경 변화와 같은 외부 신호에 영향을 받는다. 인간과 다른 생물들은 내부와 외부 신호를 탐지하도록 돕는 감각이 있다.

♠ 생물의 행동 패턴은 다른 생물의 종류와 수, 음식과 자원의 유용성, 환경의 물리적 특성 등을 포함한 생물 환경의 특성과 관련되어 있다.

심화 탐색

- 주변 환경에서 지렁이를 찾을 수 있는가?
- 우리가 사는 곳에서 다른 작은 무척추동물을 찾을 수 있는가?
- 지렁이 연구에서 다른 흥미로운 것은 무엇이 있겠는가?
- 학생들이 "비천한 지렁이의 존엄성"으로 불리는 캠페인을 어떻게 시작하도록 격려할 것인가?

심화 탐색을 위한 자료

전자 미디어 자료

The Adventure of Herman the Worm. 이 웹사이트는 초등학생들에 의해, 또 그들을 위해 계획되었다. 지렁이에 관한 재미있는 정보를 풍부하게 제공한다.

The City Naturalist-Earthworms. 이 웹사이트는 온라인 도시 저널을 위해 쓰여진 것으로 도시의 환경에서 지렁이에 대한 개관을 제공한다.

Earthworm Digest. 이 인터넷 웹사이트는 많은 지렁이가 다른 생태계로 이동하고 발견되는지 등의 지렁이에 관해 알고 싶은 거의 모든 것에 대한 자료 출처를 제공한다.

Encyclopedia of Life. 이 웹사이트는 지구상의 생명에 관한 모든 종의 기록을 위한 노력의 시작이다. 생물의 사진 외에도 생물에 대한 풍부한 정보를 제공한다. 지렁이는 이들 체절동물들이 속하는 과학적 분류 그룹인 환형

동물(Annelids)의 설명에서 언급된다.

출판 자료

Barrett, K. (1996). Animals in Action. Berkeley, CA.: Lawrence Hall of Science. GEMS(Great Expectation in Mathematics and Science)는 6학년 학생들을 위해 계획된 이 활동들을 멋지게 할 수 있게 해준다. 또한 학생들이 스스로 동물행동 실험을 계획하고 평가하는 데 흥미를 느끼게 해준다. 역시 GEMS 시리즈에는 같은 저자의 동물 이동 지도(Mapping Animal Movements, 1987)가 있다.

Eidietis, L., Gray, S., Riggs, L. West, B., & Coffman, M.(2007). Goodbye critter jitters. Science and Children, 45(1), 37–41. 이 논문은 교사와 학생들이 작은 무척추동물을 이용하여 직접적인 경험을 발전시키도록 도와주는 중요성을 연구한다.

Jeanpierre, B., & Babyak, J.(2006). Inquiry with earthworms. Science Scope, 29(6), 36–37. 이 논문은 동물들이 선호하는 먹이와 환경에 관한 질문에 중학생들이 답하도록 하면서 지렁이를 이용한 실험을 탐색한다.

Minnich, J.(1977). The Earthworm Book. Emmaus, PA: Rodale.

오랜 기간 동안 함께 조사하기

학생들이 의문을 갖도록 격려하기

이 장에서, 우리는 몇몇 교실을 방문하고, 씨, 식물, 작은 동물들을 가지고 할 수 있는 다른 유형의 탐구를 언급했다. 과학 이야기의 공통적인 한 방법은 이 책 전반에서 강조하는 주제로서 학생의 생각을 존중하는 것이다. 특별히, 이 장의 이야기에서 학생들은 교실 이외에도 인터넷, 교과서, 상업서적, 빈터의 개간 등에서조차도 스스로의 질문을 탐색하였다. 이것은 과학에서 진정한 탐구의 기초이며, 학생들이 자신의 탐구 기술을 발전시킬 수 있는 방법이다.

지속적인 탐구

또한 분명히 이 장에서 묘사된 많은 경험은 시간 소요가 많은 것이다. 즉, 학생들은 많은 시간을 종자 발아, 과일과 채소, 지렁이 탐색에 사용했다. 식물과 동물은 시간이 흘러감에 따라 변화한다. 그리고 이러한 생물들을 이해하기 위하여 우리는 늘어난 기간 동안 학생들이 탐구를 지속할 수 있도록 격려해주어야 한다. 사실, 교사는 종종 학생들이 반복 실험을 하도록 지도하고 있다. 이러한 반복의 형태는 과학적 연구에서 일반적인 것이다. 가끔 학생들이 두 번째 탐구를 할 때는 첫 번째에 놓쳤던 것을 다시 놓치지 않도록 도와준다.

학생들을 계속 흥미롭게 할 수 있는 방법?

오랜 기간 동안 과학 탐구를 하는 것은 오늘날 "빠르고 편하게"의 문화 속에 살고 있는 학생들에게 중요하다.

며칠, 몇 주 또는 더 긴 시간 동안 이루어지는 단일 탐구에서 학생들이 흥미를 유지할 수 있는 방법이 있는가?

> 탐구의 모든 단계에서 교사는 학생들이 학습하도록 안내하고 초점을 맞추고, 도전하도록 한다.
> – 국가과학교육기준

여러분들이 학생들에게 조사에 대한 질문의 답변을 브레인스토밍 하도록 하면 학생 스스로 답을 찾는 것을 발견할 수 있을 것이다. 학생들은 답을 찾을 때 매우 흥미로워한다. 그리고 이 장의 이야기에서 설명한 것처럼, 학생들의 탐구가 지속될 때 새로운 질문이 자주 발생한다. 사실, 학생들은 수업 시간에 더 많이 탐구하기를 원한다.

교사의 역할 중 하나는 직접적인 실험을 통해 탐구할 수 있는 것과 외부 자원으로부터 조사할 수 있는 것을 학생들이 이해하도록 지도하는 것이다. 교사는 역시 어떤 것을 지적하고 학생들이 지금까지 행한 것을 교사에게 말하도록 적절하게 질문하는 역할을 해야 한다. 학기 초에 학생들은 자신의 경험 정도에 따라 많은 지식구조와 능력이 필요하다고 느낄 것이다. 학기가 진행되면 학생들은 자신이 이끄는 활동에서 더 많은 체험을 얻고, 더 유능한 연구자가 될 것이다.

이 장의 이야기는 탐구 조사의 협력적 특성을 강조하였다. 짝을 이루어 탐구하는 학생들은 그들의 생각을 공유하게 된다. 교사 역시 실험에서 학생들이 스스로 학습하도록 조절하면서 실험에 협력하였다.

협력자로서 학생들, 그리고 교사

협동 작업은 학생들 각 그룹이 애써 노력하고, 모든 학급 동료들의 일에 참여하도록 조정될 때 가장 잘 이루어진다. 종종 '보고서 발표' 시간은 학생 협력이 잘 이루어진다. 3장에서 보았던 것처럼 학생들이 학습한 것을 평가하는 것 역시 좋은 방법이다. 교사와 학생들이 이러한 협력적 탐색에 관여할 때 교사는 다음과 같이 스스로 질문해야 한다는 것을 기억하자.

"이 실험에 담긴 과학 개념은 무엇인가?

나는 학생들이 무엇을 배우기를 희망하는가?"

기술 대 직접적 상호작용

탐색을 위해 인터넷을 사용하는 것 이외에, 이 장에서의 탐구 방법은 비교적 간단한 기술이었다. 동물과 식물에 관한 학생들의 탐구에 좀 더 많은 기술을 통합하는 방법들이 있겠지만 살아있는 것과 직접 상호작용을 하는 것이 가장 좋다. 어떤 것을 심고 그것이 자라나는 것을 지켜보는 것, 생명체를 관찰하고 그것을 위해 일시적이지만 환경을 만들어 주는 것, 자연에 대한 의문을 가지고 스스로 대답을 찾는 것, 이러한 것들은 과학을 선호하는 학생들이 초등학교와 중학교 교실에서 활기차게 수행하는 방법들이다. 과학 이야기에서 제안한 것처럼, 만약 많은 학생들이 야외에서 탐구할 수 없다면 과학 교사로서 우리는 야외를 교실로 가져와야 한다.

자연 세계는 경이롭고 흥분으로 가득 차 있다. 그래서 우리는 학생들이 감각을 사용하여 만지고, 느끼고, 냄새 맡고, 소리치면서 살아있는 것과 교감하도록 해야 한다. 학생들은 학년이 올라가면서, 새로운 정보를 모으기 위해 실험 조건을 처리하고, 더 상세하게 자신의 탐구를 계획할 수 있을 것이다. 다음 장에서, 우리는 5~6학년 학생들이 밀도와 관련된 개념을 탐색하는 것을 볼 것이다.

8

나선형 교육과정

밀도의 탐구

초점 질문

- 콜라 캔과 다이어트 콜라 캔 중 어떤 것이 더 무거운가?
- 호수 또는 바다 중 어디에서 더 잘 뜰까?
- 왜 과학 교사들이 가끔 기대하지 않았던 발견을 걱정하는가?
- 왜 저학년에서 다룬 과학적 개념들이 고학년 때 갑자기 다시 나타나는가?

학생들이 성장함에 따라, 그들이 수행하는 자유로운 과학 조사들은 우리가 미리 알고 대처할 수 없는 방향으로 진행된다. 가끔 이러한 조사들은 우리가 기대하지 못했던 탐구와 과학개념으로 이끈다.

교사로서, 우리는 항상 학생들을 위해 구체적인 학습 목표를 마음 속에 가지고 있을 것이다. 또한 학생들의 수준에서 탐구가 가능한 방향에 대해 항상 고려할 것이다.

그럼에도 불구하고 대부분의 경우에 학생들은 우리를 놀라게 할 것이고, 의도하지 않았던 탐구 방법을 학습에서 중요한 의미로 받아들이게 될 것이다.

이 장에서, 우리는 5학년 학생들이 액체의 성질을 실험하고 생각하며 문제 풀이를 위한 더 높은 단계에 대해서 스스로의 질문을 추구하는 이야기를 탐구할 것이다. 교사들은 학생들이 밀도의 개념에 대한 추론을 해나가는 것에 놀랐다. 이는 교사가 계획했던 것이 아니었다. 그러나 선생님은 학생들의 흥미를 지속시키기로 결정하고, 학생들이 자신의 사고를 확장시키는 것을 도왔다.

우리는 5학년 수업이 어떻게 진행하는지를 지켜본 후, 더 단순해보이는 2학년 수업도 살펴볼 것이다. 2학년 활동은 뜨고 가라앉는 물체를 학생들에게 제시함으로써 밀도 뒤에 있는 기본적 아이디어를 제시하는 것이다. 우리는 이런 초기 경험들이 나중에 같은 과학 개념을 더욱 세련되게 적용하기 위한 사전 지식으로서 학생들에게 제공되는 것을 볼 것이다. 학생들이 저학년에서 손끝으로 겪은 과학 경험들이 다양하고 빈번할수록, 고학년 때 조사해오는 사전 지식과 준비는 더 풍부해질 것이다.

마지막으로, 우리는 7학년 수업에서 밀도에 대한 개념을 다시 만나게 된다. 학생들은 자신들의 이론을 검증하고 실제로 밀도를 측정하는 것을 눈으로 보면서 뜨고 가라앉는 물체를 조사한다. 우리가 이 이야기들을 탐구할 때, 교실에 있는 교사로서 자신의 역할에 대해 생각해보고, 학생들이 단순히 실험을 확인하는 것을 넘어서도록 학생들에게 허용할 경험들을 어떻게 안내하고 촉진할 것인지 생각해보아야 한다. 교사들이 다음과 같이 해야 하는 순간을 찾아보자.

- 학생들의 아이디어를 인정하고 수업에 거꾸로 그것을 반영하자.
- 다음으로 넘어가기 전에 경험할 수 있도록 도와주자.
- 학생들이 더 깊게 통찰할 수 있도록 자극하자.
- 새로운 아이디어를 추구하고 질문을 할 수 있도록 수업을 확장하자.

과 학 이 야 기

액체 관찰하기

드레셔(Drescher) 선생님은 큰 도시에서 북쪽으로 35마일 떨어진 작은 도시에서 5학년을 가르치고 있었다. 학생들은 근로자 가정이고 다양한 민족의 중산층 출신이다. 대부분의 학생들은 이민자였고 영어를 능숙하게 사용하기 위해 노력했다. 드레셔 선생님은 인종, 능력, 성, 민족이 혼합된 이질 집단으로 학생들을 배치했다. 협동하는 태도가 수업에 배어 있었고, 모든 학생들은 자신의 아이디어를 탐구할 기회를 가질 수 있다는 것을 알고 있었기 때문에 기꺼이 조사에 참여했다.

연결하기

학생들은 물상 단원에서 액체의 성질을 공부하고 있었다. 학생들이 배우는 것은 여러 종류의 액체가 보통 몇 가지 성질을 가진다는 것이다. 더구나 학생들은 이미 액체를 보아왔기 때문에, 액체의 차이점으로 10가지 이상 다양한 가능성을 제기할 수 있다. 오늘 학생들이 다루게 될 액체는 노란 옥수수기름,

두 가지 다른 액체를 혼합하면 어떤 현상이 일어날까? 학생들은 각 액체의 부피를 측정하고 조심스럽게 관찰한 후 결과를 기록할 것이다.

Corbis Royalty Free/Jupiter Images

투명한 옥수수 시럽, 푸른 식품 착색제가 포함된 물의 성질을 조사할 것이다.

학생들이 점심식사 후 교실에 돌아와서 세 가지 액체가 포함된 투명한 플라스틱 컵과 병을 보았다. 푸른 식용 색소가 든 물병에는 푸른색 라벨이 붙어 있었다. 또한 옥수수 시럽과 옥수수기름의 병에 붙은 라벨은 누구나 보이는 곳에 있었다. 드레셔 선생님은 이 컵과 병들을 보통 어디에서 볼 수 있는지 물어보았다.

학생들은 옥수수기름과 옥수수 시럽을 직접 사용하거나 다른 사람들이 요리하기 위해 사용하는 것을 본 경험을 이야기했다. 이 학생들 중 대부분은 튀김 요리를 준비할 때나 샐러드 드레싱에서 옥수수기름을 보았다고 했다. 한 학생의 가족은 옥수수기름을 가지고 바나나 요리를 하였다. 학생 몇 명만이 예전에 옥수수 시럽을 본 적이 있다고 했다. 두 학생들은 사탕을 만들 때 사용된다는 것을 알았고, 다른 학생의 가족은 그것을 피칸 파이(pecan pie)를 만들 때 사용하였다. 어떤 학생들은 부활절 달걀을 염색하기 위해 식용 색소를 사용한 경험이 있었다. 드레셔 선생님은 파란 식용 색소가 물과 혼합되어 어떻게 색을 내는지를 학생들에게 보여주었다.

> **드레셔 선생님의 생각** 드레셔 선생님은 학생들이 조사에서 작업한 것과 학생들의 개인적인 경험과 관련된 모든 물질을 사용하기를 원했다. 대인 관계를 세우도록, 선생님은 학생들이 이 액체들에 대해 이미 무엇을 알고 있는지 토의하도록 격려했다. 선생님은 학생들의 사전 지식에 접근하고 있었다.

용어 강화시키기

세 그룹으로 나누어 실험하면서, 학생들은 세 개의 액체가 담긴 컵을 조사했다. 교사는 학생들에게 눈금실린더를 사용하여 각 액체를 150 mL씩 측정하도록 하였다.

"우리가 이 액체에 대해 계속해서 같게 유지하는 것은 무엇이죠?"

드레셔 선생님은 질문했다. 그러자 일부 학생들이 대답했다.

"같은 양이에요."

드레셔 선생님은 교실을 바라보고 전체에게 말했다.

"과학적으로 '같은 양'이 무엇을 의미하는 것인지 우리는 알고 있지요. 정확한 용어를 사용해보죠."

몇 명의 학생들은 그 후에 대답했다.

"부피라고 해요."

> **드레셔 선생님의 생각** 드레셔 선생님은 학생들이 부피의 의미를 알고 있다고 확신했으나, 학생들이 그 용어를 사용하는 것을 연습하길 원했다.

선생님은 3가지 액체를 같은 부피만큼 보여주고, 이 액체들은 어떤 점에서 같고 어떤 점에서 다른지 질문했다. 학생들은 색, 두께, 투명도에 대한 관찰 결과를 나누었다. 그러자 마리사(Marisa)가 말했다.

"파란색 물과 옥수수기름을 이용해 병 뒷편을 볼 수 있어요. 그러나 옥수수 시럽을 통해서 보는 것은 어려워요."

어떻게 증명할까?

다른 학생은 옥수수 시럽의 컵이 다른 컵보다 더 무겁게 느껴지는 것에 주목했다. 드레셔 선생님은 훌륭한 관찰이었다고 말해주었다. 그리고 정말 더 무겁다는 것을 어떻게 증명할 수 있는지 물었다. 그러자 학생은 컵의 질량을 재어 보자고 대답했다. 그리고 디지털 저울을 이용하여 옥수수 시럽 150 mL가 파란 물 150 mL나 옥수수기름 150 mL보다 더 질량이 나가는 것을 관찰했다.

드레셔 선생님은 만약 하나의 용기에 세 개의 액체를 합하면 어떤 현상이 일어날지에 대해 학생들에게 생각해보도록 했다. 학생들은 얼마간의 시간 동안 과학 노트에 자신들의 아이디어를 썼다. 그리고 선생님이 질문했다.

"공정한 실험을 위해 우리가 같게 유지시켜야만 하는 것이 무엇일까요?"

"부피요."

그러자 드레셔 선생님은 그렇다고 대답했고 액체를 혼합할 때 부피를 같게 유지하는 것이 얼마나 중요한 것인지 설명했다.

> **드레셔 선생님의 생각** 드레셔 선생님은 학생들이 가지고 있는 물질의 어느 정도 양이 다른 물질과 작용하는 데 어떤 영향을 줄 수 있는지를 알기 원했다. 선생님은 "과학을 한다는 것"은 측정하는 것과 처리하는 것을 의미하는 것이지만, 또한 조사를 계획하고 절차에 대해 생각하는 것도 의미한다는 것을 알고 있다.

계속해서 드레셔 선생님은 말했다.

"여러분이 액체를 섞을 때, 같은 부피 또는 양을 유지해야 정확하게 무슨 일이 일어났는지 관찰할 수 있어요. 우리는 액체의 부피를 일정한 상수가 되도록 같게 유지시킬 거예요. 그러면 우리가 변화시키고 있는 것은 무엇일까요?"

학생들은 부피가 같더라도 액체는 다르다고 대답했다. 드레셔 선생님은 하

학생들이 궁금해하는 것은…

학생들이 각각 샘플을 재기 시작하였고 기름과 물이 시럽보다 같은 질량에서 차지하는 공간이 더 크다는 것을 알 수 있었다. 옥수수 시럽은 꽤 무거웠다. 옥수수 시럽은 조금만 덜어내도 옥수수기름이나 물을 많이 덜어낸 것과 질량이 같았다. 바꿔 말하면, 학생들은 세 개의 액체의 질량이 같을 때, 옥수수 시럽이 가장 작은 부피를 갖는다는 것을 알아냈다. 학생들은 옥수수 시럽이 조금 있을 때에도 여전히 바닥에 가라앉을지 궁금해했다.

계획 ㅅ

다시 실험하기

학생들은 실험을 수행하고 나서 옥수수 시럽은 작은 양일 때에도 항상 바닥에 가라앉는다는 현상에 대해서도 '예' 라고 대답했다. 학생들은 왜 그렇게 되는지 이유를 알지 못했기 때문에 드레셔 선생님에게 도움을 청했다.

"기억해보자. 우리는 옥수수 시럽이 바닥에 가라앉는다고 말했어요. 왜냐하면 "내용물"을 더 가졌기 때문이었지요? 여러분은 물질(matter)의 다른 성질을 발견했어요. 물질에서 "내용물"이 더 많을수록 그것은 더 밀해져요."

새로운 개념 명명하기

선생님은 밀도에 대해 계속 설명했다.

"밀도는 입자들이 얼마나 가깝게 자리를 차지하고 있는지 그 정도를 말해요."

어떤 학생들은 그 후 기름이 물만큼 밀하지 않기 때문에 물 위에 기름이 뜰 것이고, 물은 시럽만큼 밀하지 않기 때문에 시럽 위에 뜰 것이라고 판단했다. 그들은 질량이나 부피와 관계없이 밀도는 같다는 아이디어를 깨닫고 있었다.

드레셔 선생님의 생각 밀도의 아이디어는 이번 실험에서 드레셔 선생님의 계획에 포함되어 있지 않았다. 선생님은 액체들의 질량에서 차이점을 관찰하기 위해 학생들이 이미 주목했던 다른 성질과 함께 학생들을 위한 다른 내용을 생각하고 있었다. 그러나 학생들이 부피와 질량 사이의 관계를 탐구하기 원했기 때문에 선생님은 학생들의 호기심을 충족시키기 위해 뜻밖의 수업을 하기로 결정하고 수업 내용을 확장시켰다.

다음 날: 밀도를 설명하기 위해 과학 장난감 만들기

다음 날 드레셔 선생님은 매력적인 착각과 움직임을 만들기 위해 다양한 밀

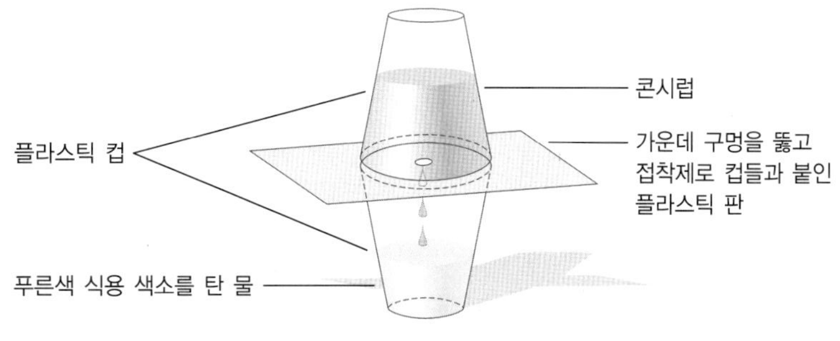

그림 8.1
투명한 옥수수 시럽과 파란색 색소를 탄 물을 사용한 단순한 과학 장난감이다.
옥수수 시럽이 파란 물에 똑똑 떨어지면서 바닥에 가라앉는다. 컵의 위아래 방향을 바꾸자 그 과정이 다시 반복되어, 시럽은 물을 통과해서 바닥에 가라앉는다.

도와 색을 가진 액체를 사용하여 만들어진 장난감을 가져왔다. 우리는 아마도 이런 장난감을 가게에서 본 적이 있을 것이다. 학생들은 이 장난감이 실험했던 것과 닮은 것을 보고 놀랐다. 한 학생이 그건 옥수수 시럽과 물처럼 보인다고 말했다.

드레셔 선생님은 후에 열이 발생하는 용기에 옥수수기름을 넣고 천천히 판 위를 가열했다. 선생님이 붉은 액체를 몇 방울 떨어뜨리자, 붉은 액체 방울들이 따뜻해진 기름에서 춤을 추며 빙빙 도는 것처럼 보였다. 그 모습을 본 한 학생이 용암램프처럼 보인다고 말했다. 갑자기 전체 학급의 학생들이 다른 장난감 액체의 유형을 추측하기 시작했다.

새로운 도전

드레셔 선생님은 다양한 투명 플라스틱 컵, 다시 봉할 수 있는 비닐봉지, 접착제, 테이프, 식용 색소, 액체를 학생들 앞에 놓았다.

"이 재료들을 가지고 여러분 자신의 과학 장난감을 만든다고 상상해봅시다. 여러분이 만들 수 있는 가능한 디자인은 무엇인가요?"

학생들은 상상하는 것만으로도 흥분했고, 드레셔 선생님은 학생들의 계획을 발전시키기 위해 조별로 작업하라고 했다. 그리고 자신의 장난감을 어떻게 만들 수 있을지 물었다.

"어떤 액체를 가지고 시도할 것인가요? 사용할 부피는 얼마인가요? 여러분의 장난감이 어떻게 만들어지기를 바라나요?"

그룹들의 아이디어 토의

각 그룹은 주어진 시간 동안 아이디어를 탐색하고, 절차를 계획했다. 학생들은 열의를 가지고 아이디어(과학적이고 미학적인)를 논의했다. 조별로 장난감을 만들기 전에, 과학적이면서 미학적인 측면에서 그들의 디자인을 검토해야 했다.

드레셔 선생님의 생각 학생들에게 자신의 계획대로 만들 자유를 주는 동안, 선생님은 학생들이 정말 이 재료들을 가지고 만들 수 있는 장난감을 디자인하는 그 과정이 안전할 것이라고 믿었다. 나는 학생들이 장난감을 만들기 전에 학생들의 계획을 확인하는 것이 뿌듯했다.

장난감 발명하기

컵과 비닐봉지를 사용하여, 세 명이 한 조로 활동하면서, 학생들은 자신의 과학 장난감을 만들었다. 어떤 액체가 물에 뜨고 가라앉는지에 대해 학생들이 이해했기 때문에, 자신의 디자인을 창조할 수 있었다. 컵과 비닐봉지를 고정시키기 위해 테이프와 접착제를 사용하여, 학생들은 한 용기에서 다른 용기로 액체가 흐르도록 만들 수도 있었다(그림 8.1 참조).

의미 확장하기

■ 이야기 속의 교수 방법

- 드레셔 선생님은 학생들이 자신의 생생한 경험을 활동에 연결시키도록 어떻게 자극했는지 주목하자.
- 학생들의 사고를 존중하고 실험을 격려하기 위해, 드레셔 선생님은 그들이 질량을 상수값으로 사용하도록 실험의 반복을 허용한다. 새로운 개념을 향하여 탐구가 진행될 때, 선생님은 자신의 계획을 수정하고, 조사를 확장시키기 위해 새로운 재료를 가지고 왔다.
- 학생들이 참여하는 활동들은 과학 수업에서 중심이지만 그것이 수업의 모두는 아니다. 선생님은 학생들이 발견하고, 그들의 아이디어에 대해 이야

기하고, 과학 경험을 확장시키는 것에 대해 반성해볼 기회를 제공하였다.

이야기 속의 과학 개념

- 고체와 액체, 기체에 대한 처음 이야기를 기억하자. 드레셔 선생님은 수업에서 학생들은 액체의 범주를 깊이 탐구하고, 이 범주에 있는 물질들이 다른 것과 매우 다르다는 것을 깨달을 것이다.
- 5학년까지, 실험에서 우리가 같게 유지하고 변화시킨 것에 대한 기본적인 질문들은, "무엇이 상수이고 무엇이 변수인가?" 이다.
- **눈금실린더**는 우리가 이전 장에서 본 것처럼 과학적인 측정 용기이다. 이는 유리나 플라스틱 실린더로 액체 부피를 측정하기 위해 밀리리터 단위로 눈금이 그려져 있다. 교실에서 손으로 다룰 수 있는 도구이다.
- **부피**는 대상이 차지하는 공간의 크기이다. 액체 부피는 밀리리터(mL)와 리터(L)로 측정되고 고체 부피는 세제곱센티미터(cm^3)와 세제곱미터(m^3)로 측정된다. 우리가 대상의 크기를 언급할 때 보통 그것의 부피를 의미한다.
- 우리가 앞 장에서 본 것처럼, **질량**은 대상에서 물체의 양을 말한다. 학생들은 자주 디지털 저울을 사용하여 그램(g)으로 질량을 측정한다. 수업 중에는 이 책의 앞 장에서 언급한 것처럼 천칭을 사용하기도 한다. 이때 한쪽에는 물체를 올리고 다른 쪽에는 분동을 올려 조정한다. 그러나 디지털 눈금이 더 정확하다.
- **밀도**는 수학적으로 대상의 질량을 부피로 나눈 것으로 정의된다. 이는 세제곱센티미터당 그램(g/cm^3)으로 숫자적으로 표현한다. 여러분은 항상 입자가 얼마나 가깝게 쌓여있는지, 또는 주어진 양의 공간에 얼마나 많은 입자가 있을 수 있는지를 밀도로 생각할 수 있다.
- 물질의 질량이나 부피는 다양하지만, 입자의 밀도(질량과 부피 사이의 관계나 비율)는 항상 일정하다. 몇 가지 일반적인 물질의 밀도가 표 8.1에 제시되어 있다.
- 밀도의 개념은 복잡하다. 왜냐하면 이는 주어진 재료에서 두 가지 요소와

표 8.1 몇 가지 일상적인 물질의 밀도

재료	밀도(질량/부피)
코르크	0.2
나무(활엽수)	0.8
알코올	0.8
올리브 오일	0.9
물	1.0
석영	2.6
알루미늄	2.7
철	7.8
니켈	8.9
은	10.5
금	19.3

관련이 있기 때문이다(재료의 질량은 부피와 비례한다). 두 가지 변인을 비교하기 위해서는 신중한 계획과 여러 번의 측정이 필요하다.

♠ 이야기 속의 과학교육과정

기준 이 이야기는 미국의 국가과학교육기준(National Research Council, 1996)에서 특별한 부분을 설명한다:

- ♠ **내용 기준 B, 5~8학년(물상)** 5~8학년에 있는 활동의 결과로, 모든 학생들은 물체에서 성질의 변화와 성질에 대한 이해를 발달시켜야 한다. 물질은 밀도, 끓는점, 용해도와 같은 특징적인 성질이 있으며, 이것 모두는 시료의 양에 의존하지 않는다. 물질의 혼합물은 종종 하나 또는 그 이상의 특징을 가지는 고유한 물질로 나누어질 수 있다.
- ♠ **내용 기준 E, 5–8학년(과학과 기술)** 5~8학년에 있는 활동의 결과로, 모든

학생들은 기술적 디자인을 하는 능력을 발달시켜야 한다. 중학교 과정에서 학생들이 과학적 조사를 하는 동안, 생성물을 발달시키기 위한 목적을 가진 활동들로 보완되어질 수 있다. 학생들이 액체의 특성을 이용하여 자신들의 장난감을 계획하고 고안하도록 함으로써, 드레셔 선생님은 학생들을 일종의 기술적 디자인에 참여시켰다. 우리는 다음 장에서 더 깊게 과학 교육에서 이루어질 수 있는 디자인의 통합을 논의할 것이다.

심화 탐색

- 드레셔 선생님은 교실에서 신뢰받는 분위기를 어떻게 만들었는가?
- 몇 가지의 다른 일상적인 액체의 밀도에 대해 생각해보자. 예를 들면, 주방세제, 레드 와인, 우유, 엔진오일, 올리브 오일, 가정용 페인트 등의 밀도도 알아보자. 옥수수기름과 옥수수 시럽의 밀도를 학생들은 어떻게 비교했는가?

심화 탐색을 위한 자료

전자 미디어 자료

Densities of Common Materials. 엔지지어를 위한 참조표는 인터넷을 통해 다운로드 할 수 있다. 또한 일상적인 재료의 밀도 목록이 다양하게 수록되어 있다.

Home Science Tools: How to Choose a Balance. 집에서 다루는 도구에 대한 이 웹사이트는 K-12에서 사용하는 일상적인 교실 눈금자와 저울에 대하여 설명하는 그림이 있다.

Science NetLinks: Sink or Float? 과학의 진보를 위해 미국과학발전협회(AAAS)의 지원으로 만들어진 과학 네트링크 웹사이트에서는 어린 학생들이 뜨고 가라앉는 대상에 대한 예측을 실험해보는 활동을 묘사하고 있다.

출판 자료

Vinvent, D., Cassel, D., & Milligan, J.(2008). Will it float? Science and children 45 (6), 36-39. 이 논문은 5학년 학생들이 교실 주위에 있는 다양한 코너에서 다른 재료들을 탐구하는 학습 활동을 설명한다. 학생들은 강

철구, 나무, 점안기, 물이 담긴 용기를 사용하며, 무엇이 이 물체들을 뜨게 하는지 탐구한다.

과 학 이 야 기

밀도 깊게 파고들기

학생들의 아이디어를 따라가기

밀도의 개념을 찾는 수업을 한 후에, 드레셔 선생님은 내용을 더 깊게 진행시키기로 결심했다. 그래서 며칠 후에 뚜껑을 따지 않은 음료 캔 두 개를 가지고 왔다. 하나는 보통 콜라이고 다른 것은 다이어트 콜라였다. 선생님은 또한 크고 깊고, 주둥이가 넓은 항아리를 가지고 와서 여기에 물을 반 이상 채웠다. 그리고 난 후 드레셔 선생님이 말했다.

"우리는 물이 담긴 깊은 항아리에 이 음료 캔을 넣었을 때 무슨 일이 일어나는지를 알아보려고 해요."

선생님은 실험을 수행하기 전에, 학생들에게 결과를 예측해보라고 하였다.

무엇이 일어날 것이라고 생각하는가?

티파니(Tiffany)는 캔이 무겁기 때문에 가라앉을 거라고 말했다. 그리고 저스틴(Justin)은 캔 속에는 공기방울이 있기 때문에 캔이 뜰 것이라고 말했다. 어떤 학생들은 다이어트 콜라가 가라앉을 것이고, 보통 콜라가 뜰 것이라고 생각했다. 다른 학생들은 다이어트 콜라가 "다이어트"이기 때문에 뜰 것이라고 믿었다. 어떤 것이 물에 뜰지 아닐지를 학생들이 음료 캔을 들어 본다고 바로 알 수 있는 것은 아니었다.

검증 결과

모두가 생각하고 예측한 후에, 드레셔 선생님은 물속에 캔을 넣었다. 그러자 다이어트 콜라는 뜨고 보통 콜라는 가라앉았다.

학생들은 몇 개의 다른 방법으로 실험을 시도했다. 그들은 다른 순서로 물에 캔을 넣었다. 거꾸로도 넣어 보았다. 그러나 항상 같은 결과가 나타났다.

드레셔 선생님은 학생들에게 캔에 대해 더 깊이 관찰을 해보라고 하였다. 학생들은 디지털 저울뿐만 아니라 천칭으로 캔을 재어 보고 캔 라벨에 있는 데이터를 조사하기도 했다. 여기에 학생들이 관찰하고 추리한 몇 가지를 제시하였다.

수업에서 관찰과 추리

캔의 부피는 같다: 335 mL.

보통 콜라는 다이어트 콜라보다 질량이 크다.

보통 콜라는 다이어트 콜라보다 더 밀도가 크다. – 이것이 가라앉는 이유이다.

콜라는 그 안에 설탕이 39 g 들어있다. 그러나 다이어트 콜라에는 설탕이 없다.

더 많은 질문!

학생들은 설탕이 들어있는 음료 캔과 다이어트 음료 캔에 같은 물질이 들어있는지 알아보기를 원했다. 그래서 드레셔 선생님은 다른 음료 캔을 가지고 와서 생각해보도록 하였다.

떠 있는 계란

또 다른 사후 실험

다음 주에 드레셔 선생님은 플라스틱 숟가락, 소금 용기, 완전하게 삶아진 계란을 몇 개 가지고 왔다. 선생님은 삶은 계란을 물이 3/4 채워진 투명한 플라스틱 컵에 넣으면 무슨 일이 일어나는지 학생들에게 탐구하도록 하였다. 그러자 학생들은 계란이 가라앉을 거라고 대답했다.

이 학교는 대서양에서 멀지 않았기 때문에 드레셔 선생님은 학생들이 소금물과 관련된 경험을 가지고 있을 것이라고 확신하고 말했다.

"우리가 물에 소금을 천천히 넣고, 소금이 녹도록 저었을 때 계란에 무슨 일이 일어나는지를 살펴보도록 해요."

하나의 변인을 변화시키기

학생들은 두 명씩 함께 실험하면서 조금씩 컵에 소금을 넣었다. 한 스푼을 넣고 다시 또 한 스푼을 더 넣었다. 세 스푼을 넣자, 계란은 뜨기 시작했다. 그러다 다섯 티스푼을 넣자, 계란이 물에 떴다. 그러자 드레셔 선생님이 물었다.

"좋아요. 이 현상에 대해 얘기해봅시다. 무슨 일이 일어났지요? 일정하게 유지된 것은 무엇일까요?"

학생들이 "계란"이라고 대답했다.

"그러면 변수는 무엇일까요?"

"물에 들어 있는 소금의 양이에요."

드레셔 선생님은 계속해서 질문했다.

"좋아요, 그럼 여러분이 주목한 것은 무엇이었나요?"

학생들은 동시에 말하기 시작했다. 선생님은 교실 앞에 있는 포스터 판에 언급한 것을 목록으로 적었다.

더 많은 추론과 연결이 나타나다

- 물에 소금을 더 많이 넣을수록, 계란은 더 잘 뜬다.
- 소금은 물이 무거워지게 한다.
- 소금물은 계란이 더 잘 뜨게 돕는다. 이것은 수영장보다 바다에서 더 쉽게 뜨는 이유이다.
- 소금물은 수돗물보다 더 밀하다.

학생들은 수돗물에 소금을 녹이면, 같은 양의 물에 더 많은 입자가 있게 된다고 판단했다. 이는 물을 더 밀하게 하는 것이다. 소금을 넣은 후에 계란은 물에 뜰 수 있고, 이 물은 본래의 수돗물보다 밀하다.

한 학생이 옥수수 시럽에도 계란이 뜰 수 있는지 물었다. 그래서 드레셔 선생님은 그 학생에게 어떻게 생각하는지 되물었다. 학생들은 그 문제를 실험해 보기를 원했다.

그리고 학생들이 원하는 대로 실험을 시작했다. 학생들이 무엇을 발견했다고 생각하는가?

의 미 확 장 하 기

■ 이야기 속의 교수 방법

- 드레서 선생님은 밀도의 개념으로 되돌아가, 학생들에게 그것을 개념화할 수 있는 다른 방법을 제공하고, 그것이 무엇을 의미하는지 살펴보도록 하였다.
- 학생들은 매우 익숙한 재료들(소다, 계란, 소금)을 가지고 실험하였다.

● 이야기 속의 과학 개념

- 39 g의 설탕과 같은 맛을 내기 위해서는 소량의 인공감미료가 사용된다. 이는 보통 콜라가 다이어트 콜라보다 질량이 더 큰 이유이다.
- 소금이 물에 녹을 때, 소금 분자는 분리되어 이온으로 분리된 입자 형태로 용해된다. 이 이온들은 물 분자 사이에 들어가고, 물이 같은 부피에 더 많은 입자를 포함하도록 만든다. 이는 물의 질량을 증가시키거나 부피에는 영향을 주지 않는다. 그러므로 소금물은 신선한 물이나 수돗물보다 밀도가 크다.
- 물은 대상을 들어 올리는 힘을 가진다. 이 들어 올리는 힘을 **부력**이라고 한다. 모든 물질들은 물에서 더 가벼워진다. 이는 물의 부력 때문이다. 소금물은 수돗물보다 들어 올리는 힘이 더 크다.

♠ 이야기 속의 과학교육기준

기준 우리가 이 책의 시작에서 확인한 미국 국가과학교육기준의 5가지 주요 주제는 이 수업의 경험에서 구현되어 있다. 드레서 선생님의 수업은 모든 시간 동안 실행하기, 탐구하기, 협동하기 그리고 개인적 지식을 발달시키기 등의 학습 기회를 제공했다.

특히 이 이야기는, 미국 국가과학교육기준에서 5~8학년 학생을 위해 제시한 내용 기준 B(물상)를 설명한다. 여기에는 어떤 물질이 “밀도, 끓는점, 용해도와 같은 특성을 가지며, 이는 모두 시료의 양에 독립적인 특성을 가진다.”는 아이디어가 내재되어 있다(National Research Council, 1996). 드레서 선생님의 반복된 실험은 밀도의 개념과 연관되어 있으며, 이는 "과학 교사들은 과학 내용을 선택하고 적용하며, 학생들의 흥미, 지식, 이해, 능력, 학생들의 경험을 만족시키기 위해 교육과정을 디자인한다. 학생 경험에서 나온 질문으로 시작되는 탐구는 과학을 가르치는 중심 전략이다."라는 교수 기준 A를 설명한다.

심화 탐색

- 드레셔 선생님과 함께 과학을 학습하는 것은 무엇이 좋다고 생각하는가?
- 순수한 물과 소금물의 실제 밀도는 얼마인가?
- 어떤 다른 음식이나 일상의 재료들이 밀도를 탐색하는 좋은 재료가 될 수 있는가? (힌트: 다음 이야기를 보자.)

심화 탐색을 위한 자료

전자 미디어 자료

The Floating Golf Ball. 인터넷에서 찾아 이용할 수 있는 흥미로운 활동이다. 학생들이 소금을 가지고 물의 밀도를 증가시켜서 골프공을 뜨게 만든다. 그 후 학생들은 골프공이 떠 있는 물에 수돗물을 넣어서 용액 중간에 떠 있도록 만들 수도 있다. 이 활동은 고학년 학생들에게 적절하다.

Zoom Activities: Make an Egg Float. 계란 뜨게 하기 활동은 PBS Kids 웹사이트에서 이용할 수 있으며, 계란을 뜨게 하는 활동을 수행할 때 학생들의 반응이 어떻게 나타나는지 설명한다.

출판 자료

Barber, J., Buegler, M., Lowell, L., & Willard, C.(2001). Discovering Density. GEMS series. Berkeley, CA: Lawrence Hall of Science. GEMS stands for Great Expectations in Mathematics and Science, a curriculum project from the Lawrence Hall of Science. Lawrence Hall of Science. 웹사이트를 이용할 수 있다.

National Science Resources Center(2004). Floating and Sinking: Science and

Technology of Children. Washington, DC: National Academies Press. 4~5 학년 학생들을 위해 고안된 이 이야기는 학생들이 자연에서 관찰하는 것뿐만 아니라 뜨고 가라앉는 원리를 탐구하여 공학과 세계에 적용할 수 있다.

교육 과정 확장하기: 새로운 관련성 이용하기

드레셔 선생님은 왜 그렇게 오랫동안 수업을 진행했을까?

여러분은 드레셔 선생님이 이렇게까지 깊이 액체 단원을 확장하도록 한 계기가 무엇인지 궁금해할 수도 있다. 선생님은 학생들이 밀도의 개념을 도출했을 때 이를 이해했을 뿐만 아니라, 그 후에 며칠 동안 그것을 가지고 계속 수업을 했다. 선생님은 학생들에게 개념에 접근하는 다양한 방법들을 제공하고, 변화시키면서 반복하고 새로운 적용을 시도하였다. 우리는 앞 장에서 이 과정을 보았으나, 특별히 드레셔 선생님의 수업은 이에 대한 좋은 예에 해당한다. 선생님은 중요한 교육학적 결정을 했다. 즉, 학생들의 자연스러운 호기심이 이끄는 대로 단원의 내용을 확장하기로 선택한 것이다. 분명 학교 현장에서 드레셔 선생님의 수업은 교육과정의 확장을 촉진한다. 더불어 학생들은 자신들의 아이디어가 과학 수업의 중심이 되는 며칠 동안 이 수업을 더욱 가치 있게 느꼈다.

관련성 나타내기

우리는 학생들이 "연관성이 드러난" 과학 문제에 접근할 때(Brooks & Brooks, 2001), 문제 해결에 더 큰 흥미를 느끼고, 용액을 이해하기 위해 개인적 탐구를 한다는 사실을 알고 있다. "연관성이 드러난다는 것"은 드레셔 선생님이 그랬던 것처럼, 교사 중재를 통해 나타날 수 있다는 것이다. 이러한 연관성은 사전에 미리 존재해야 하는 것은 아니다.

확실한 것은 학생들이 경험이나 다른 내용과 관련된 것으로써 문제를 본다는 것이다. 여러분은 새로운 관련성에 대한 질문이나 아이디어가 여러분의 교실에서 일어나고 있다는 것을 알 것이다. 몇 가지 방법으로 학생들의 살아있는 경험과 연결시킬 수 있는 과학 문제들을 이용해 시작하는 것이 핵심이다. 이 후에 이 질문들은 다른 질문과 문제들을 위한 출발이 된다.

복잡한 질문으로 두렵게 하지 말자. 질문들을 분해하고 탐구하게 하자 – ELEANOR DUCKWORTH(1991)

드레셔 선생님의 학급에서 세 개의 액체가 겹쳐진 것과 같은 복잡한 문제들은, 학생들이 깊이 탐구할 수 있는 깊이 있는 질문들을 만들어 낸다. 지나친 단순화는 학생들에게 큰 흥미를 주지 못한다는 사실을 기억하자. 오히려 단순화는 가끔 학생들을 당혹스럽게 한다. 그러나, 복잡한 질문으로 학생들을 위축시키지 말자. 복잡함을 분해하고, 학생들과 탐구하고, 학생들 수준에서 가능한 실험들을 고안할 수 있도록 안내하자. 만약 드레셔 선생님이 세 가지의 액체를 수업에서 계속 탐구하지 않았다면, 밀도와 같은 복잡한 개념을 5학년 학생들은 기억하지 못했을 것이다.

새로운 문제를 추구하는 선생님의 결정은 몇 가지 요인에 기초하여야 한다:

고려할 요인

- 재료의 이용 가능성
- 자신의 과학 수업에서 다루는 전체 대상들과 최근에 발생한 문제의 관련성
- 학생들이 자신과 관련된 탐구를 보는 방법들
- 독립적인 조사를 하는 학생들의 재능에서 선생님이 배우는 것들
- 이러한 사고의 확장이 학생들의 자연세계에 대한 이해를 강화시킬 것이라는 선생님의 신념

충분한 시간 허용하기

일반적으로 선생님이 처음 생각한 것보다, 과학 수업을 위해 더 많은 시간을 허용한 것은 좋은 생각이다. 탐색의 과정에는 시간이 걸리고, 이어지는 실험 또한 시간이 걸린다. 또한, 선생님은 상대적으로 쉽게 구할 수 있는 비교적 싼 물질들로 실험할 수 있는 과학적 경험을 가지고 있어야 한다.

다음 이야기에서, 우리는 드레셔 선생님이 근무하는 같은 학교의 2학년 수업 모습을 볼 것이다. 크기와 재료들에 대한 초기 아이디어가 어떻게 교실 토의에 영향을 주는 지에 대해 주목하자. 이 글을 읽을 때, 우리가 드레셔 선생님의 5학년 수업에서 본 것처럼, 2학년 수업에서도 이와 같은 경험이 나중의 활동에 어떻게 관련되는지에 대해 생각해볼 것이다.

과 학 이 야 기

뜨고 가라앉는 과일들

할로윈(Halloween) 주간이다. 그래서, 사코(Sacco) 선생님의 2학년 교실에서는 다양한 크기의 호박들과 계절 과일로 가득 차 있다. 학생들은 호박의 성질을 탐구하고 있었다.

호박 측정하기

학생들은 끈을 가지고 호박의 크기를 측정하였는데, 각 호박의 가장 두꺼운 부분 주위에 끈을 두른 후, 두께를 표시하기 위하여 끈에 표시를 하였다. 그런 다음 학생들은 미터 자의 센티미터 척도 위에 끈을 펼쳐 놓았다. 이런 과정을 통해 학생들은 호박의 가장 두꺼운 부분이 몇 센티미터인가를 알아내었다. 학생들은 이런 측정을 통해 호박의 원둘레를 배우고, 원둘레를 지구의 적도와

어떤 과일과 장난감들이 뜰까? 어떤 것이 가라앉을까? 학생들이 실험하면서 밀도에 대한 생각이 발달하기 시작한다.

Michael Newman/PhotoEdit, Inc.

비교할 수도 있다.

초기 관찰

학생들은 계절 활동에 흥미를 느꼈다. 그들은 가장 큰 호박을 잘라서 그 안에 무늬를 새기려고 하였다. 그러나 사코 선생님은 학생들에게 호박에 관하여 가능한 많이 관찰하도록 요구하고, 포스터 칠판 위에 관찰 사실들을 열거했다.

호박은 크다.	**호박은 냄새가 없다.**
호박은 둥글다.	**호박은 줄기가 있다.**
호박은 오렌지색이다.	**호박 표면 위에 선이 있다.**
호박은 딱딱하다.	**호박의 원둘레는 60 cm이다.**

학생들의 예측

사코 선생님이 "호박을 물이 담긴 대야 안에 넣으면 무슨 일이 일어날까요?"라고 묻자, 학생들이 웃었다. 그리고 호박이 가라앉을 것이며 물이 크게 튈 거라고 대답했다.

놀라운 결과

사코 선생님은 학생들을 큰 대야가 있는 곳으로 데려갔다. 그리고 선생님이 물을 채우자, 학생들이 그 주위를 맴돌았다. 그리고 물에 호박을 넣자, 학생들은 호박이 상하좌우로 움직이더니 뜨는 것을 보았다. 교실로 다시 걸어 들어가는 동안 학생들은 관찰 결과에 놀라 소리를 지르고 재잘거렸다.

이유 찾기

학생들은 호박이 왜 떴는지를 몰랐다. 사코 선생님은 말했다.

"호박을 열어서 그 안을 탐색해보세요. 그리고 우리의 미스터리를 해결하기 위해 더 실험을 해봅시다."

선생님은 호박의 줄기 주위로 뚜껑을 잘라냈다. 그리고 학생들은 그 안을 들여다보았다. 학생들은 호박 안에 큰 구멍과 펄프(섬유질을 연결하는 죽 같고 축축한 씨)를 보았다. 또 호박을 열었을 때 냄새를 맡았다.

사코 선생님은 호박 속에 또 무엇이 있는지 물었다. 그러자 학생들이 아무것도 없다고 대답했다.

그 다음 날, 사코 선생님은 포도, 오렌지, 사과, 감귤류와 피망을 학급에 가져왔다. 선생님이 이 먹을 것들의 공통점은 무엇인지 묻자, 2학년 학생들이 대답했다.

둥글다.
먹을 수 있다.
껍질이 있다.
식물에서 나온다.

비슷한 물체들 시험하기

그런 다음 학생들은 이 품목들이 가라앉을 것인지 뜰 것인지를 탐색하기 위해 큰 대야를 사용했다. 학생들은 포도가 가라앉는 것에 놀랐다. 다른 모든 품목들은 떴다. 미카엘(Michael)은 왜 작은 포도는 가라앉는데, 아주 큰 호박은 뜨는지 궁금해했다.

개념이 발달하기 시작하다

사코 선생님은 오렌지와 감귤류의 껍질을 벗겼다. 그러자 둘 다 가라앉았다! 학생들은 확대 렌즈를 가지고 이 두 가지 과일의 껍질을 관찰했다. 껍질을 관찰하던 학생들은 구멍이 있다는 것을 알아차렸다. 사코 선생님은 그 구멍에 대해 어떻게 생각하는지 물었다. 몇몇 학생들은 아무 것도 아니라고 대답했다. 또 "공기"라고 답하기도 했다. 선생님은 학생들이 사과의 신선한 부분에 공간이 있다는 것을 알아차릴 수 있는지를 보기 위하여 학생들에게 사과를 자세히 관찰해보라고 요구했다.

사코 선생님은 학생들에게 다른 과일에도 공기가 들어있는 공간이 있을 수 있는지 조사하도록 하였다. 학생들은 뜨는 과일들은 씨가 자리한 중앙 구멍에 공간이 있다는 것을 발견했다. 피망과 호박은 안쪽에 큰 빈 공간이 있었다. 오렌지는 껍질에 공간이 있었다. 로젤리아(Roselia)는 오렌지 껍질이 오렌지를 위한 구명 재킷이었다고 말했다. 그 말에 다른 학생들은 웃었다.

사코 선생님의 생각 물질의 상태에 대한 앞의 단원에서, 학생들은 안쪽에 공기가 있는 플라스틱 가방을 탐색하였다. 사코 선생님은 많은 학생들이 과일과 채소의 안쪽에 공기를 포함할 공간이 있다는 것을 인정하려 하지 않을 것이라고 인식했다. 선생님은 학생들이 이런 생각을 하길 기대했다. 또한 선생님은 학생들이 과일이 뜨거나 가라앉는 것에 과일의 크기가 영향을 주지 않는다는 것을 알게 되길 바랐을 것이다. 크기(혹은 부피)는 물체 안에 있는 공간보다 덜 중요하다.

학생들이 스스로 결론에 도달하다

함께 수업을 하기 위하여, 사코 선생님은 어떤 것은 뜨고 또 어떤 것은 가라앉는지에 관하여 학생들이 생각하도록 이끌었다. 선생님은 포도와 확대경을 나누어 주고 학생들은 플라스틱 칼로 포도를 반으로 잘랐다. 학생들은 포도 안에 열린 공간이 없다는 것을 관찰했다. 학생들은 그 점이 포도가 가라앉는 이유라고 결론을 내렸다. 학생들은 과일의 안쪽에 공간이 있으면 아마도 뜰 것이라고 결론을 내리게 된다.

의 미 확 장 하 기

■ 이야기 속의 교수 방법

- 학생들이 과학과 관찰한 자연 세계를 연결하게 하기 위하여, 사코 선생님은 계절과 관련 있는 재료들을 사용하고 있다.
- 사코 선생님은 학생들이 여러 가지 과일의 성질을 비교하고 생각하도록 도전하는 방법을 알고 있다. 선생님은 과일에 관한 학생들의 선지식을 가져오고 있다.
- 사코 선생님은 호박과 우리의 행성 사이를 연결하고, 다른 물체들이 지구에 대한 모델로 사용될 수 있다는 인식에 대한 길을 열어두었다.(9장 참조)
- 학생들이 호박의 원둘레를 측정할 때 수학적 기술들을 사용한다.
- 학생들이 호박이 뜨는 이유를 찾았을 때, 사코 선생님은 답을 직접 말하지 않았다. 선생님은 학생들의 질문을 확인하고, 그들에게 스스로 답을 찾을 수 있다는 믿음에 대한 자신감을 주었다. 그런 다음 선생님은 학생들이 그렇게 하도록 도와주는 추가적인 경험을 제공하였다.
- 사코 선생님은 뜨는 과일 안쪽에 공기가 있다고 강조하는 것을 피했다.

● 이야기 속의 과학 개념

- 몇몇 과일들은 물에 뜬다. 왜냐하면 과일들은 안쪽에 공기가 있기 때문이다. 공기는 과일의 전반적인 밀도를 감소시키고, 물보다 덜 밀하게 만든다.

심지어 사과도 뜨는데, 왜냐하면 사과의 약 75 %는 물이고, 20 %는 공기이며, 사과의 평균 밀도는 물의 밀도보다 작기 때문이다.

- 물의 평균보다 작은 밀도를 가진 물체들은 물 위에 뜰 것이다. 물의 평균 밀도는 1 g/cm^{3}이다. 이것은 물의 1 cm^3(물의 1 mL와 같음)가 1 g의 질량을 갖는다는 것을 의미한다.

♠ 이야기 속의 과학교육기준

기준 사코 선생님의 학급에 대한 이야기는 내용 기준 A(탐구로서 과학)의 가이드라인, 즉 미국의 국가과학교육기준(the National Science Education Standards) A의 K–4학년을 예시한다. 이 기준은 다음과 같다. "K–4학년에서 활동의 결과로, 모든 학생들은 과학 탐구를 하는 데 필요한 능력을 개발해야 한다(National Research Council, 1996)." 기준에 대한 설명은 다음과 같은 점들을 포함한다.

♠ 완전한 탐구는 단순한 문제를 질문하고, 조사를 완성하며, 문제에 답하며, 그리고 다른 사람에게 결과를 제시하는 것을 포함한다. 여러분은 사코 선생님의 학급 학생들이 이 과정에 어떻게 참여하는지 보았다.

♠ 과학자들은 관찰(증거)과 그들이 이미 자연 세계에 대하여 알고 있는 것(과학적 지식)을 사용하여 설명을 발전시킨다. 좋은 설명은 조사로부터 온 증거에 근거하고 있다. 이 이야기에서, 사코 선생님은 몇몇 과일이 물에서 뜨는 이유에 대한 임시적인 설명을 지지하는 증거를 발견하였다.

심화 탐색

- 철의 밀도는 7.8 g/cm^3 이다. 왜 강철 배가 뜨는가?
- 포도의 질량과 부피 사이의 비는 얼마인가? 1보다 큰가? 1보다 작은가?
- 다른 일상적인 물질 중에 학생들이 뜨거나 혹은 가라앉는 테스트를 하기 위하여 사용할 수 있는 것은 무엇인가?

심화 탐색을 위한 자료

전자 미디어 자료

The Pumpkin Patch. 인터넷에서 이동 가능한 이 통합 단원은 Alabama Agriculture in the Classroom에서 개발하였는데, 호박에 대해 과학적 탐색, 문헌 고찰, 수학과 시에 관련된 탐구를 한다.

A Pumpkin Unit. 이 웹사이트의 내용들은 호박이 뜨고 가라앉는 것에 대한 사코 선생님의 탐구를 다른 영역으로 확장시킨다.

출판 자료

Challoner, j.(1998). Floating and Sinking, Austin, TX: Raintree Steck-Vaugh. 4세부터 8세까지의 학생들을 위하여 뜨고 가라앉는 물체의 특징을 기술한 이 책에서는 뜨는 것과 수영하는 것의 차이도 설명하였다.

Simon, S., Fauteux, N., & Cushman, D.(2001). Let's Try It Out in the Water. New York: Aladdin Paperbacks. 어린 아이들을 위하여 만들어진 이 책은 뜨고 가라앉는 현상에 내포된 과학을 설명하였다.

나아가기 전에 되돌아보기

여러분은 우리가 왜 부피, 질량, 밀도를 공부하는 드레셔 선생님의 5학년 수업을 지켜본 후에 사코 선생님의 2학년 수업을 관찰했는지 이상하게 생각할 수도 있다. 2학년들은 단순하게 뜨고 가라앉는 과일들을 탐색하였다. 이 둘 사이의 연결은 어디에 있는가?

개념 구성하기-복잡하고 반복적인 과정

정돈되고 선형적인 과정과는 거리가 멀지만, 새로운 개념을 만드는 것은, 선개념에 대한 반성적 사고를 일으키고 다시 살펴보는 것에 근거하고 있으며, 새로운 경험에 근거하여 자신의 선개념을 변경하고, 동료 집단에서 이러한 관점들을 고찰한 후에 비로소 새로운 개념이 형성된다. 이런 이유 때문에, 사코 선생님의 반에서 일어난 활동은 드레셔 선생님의 학생들이 수업 경험에서 배울 수 있는 것에 대한 중요한 함의를 가지고 있다. 드레셔 선생님의 학생들이 사코 선생님이 제공한 경험과 같은 선경험을 가지고 있었다면, 학생들은 부피와 밀도와 같은 개념을 이해하기 위하여 더 잘 준비되었을 것이다. 그들은 새롭고 더 복잡한 개념을 형성하기 위하여 획득한 선지식을 사용할 수 있다.

학생들이 훌륭한 생각을 가지도록 도와주고, 우리가 그들 자신에 관하여 그 생각을 가지는 것이 좋다고 느끼도록 해 주면 해줄수록, 학생들은 누구도 가지지 않았던 생각을 더 많이 하게 될 것이다.
– ELEANOR DUCKWORTH(2006)

사코 선생님의 학급에서 학생들은 큰 호박이 가라앉을 것이라고 믿었다. 학생들은 그 믿음이 정확하지 않다는 것을 알아내었고 더 탐구하였다. 이런 활동을 통해 물체 안쪽에 있는 물질들이 뜨는 성질을 결정한다는 이해에 부분적으로 도달하였다. 그들은 몇몇 물체들은 다른 것들보다 안쪽에 더 작은 “공간”이 있고, 이런 성질은 물체의 크기보다 더 중요할 수 있다는 것을 이해하기 시작하였다. 사코 선생님의 학생들은 밀도의 개념에 접근하였다. 밀도는 입자들이 빽빽하게 들어차 있는 정도이다. 드레셔 선생님의 학급 혹은 어디에서든, 학생들이 밀도에 대한 완전한 교과 수업을 받을 때까지 밀도에 대해 학습할 준비가 되어 있을 것이다.

나선형 교육과정

대부분의 과학교육과정은 과학 주제와 이에 관련된 주요 개념들이 다른 학년에서 반복적으로 다시 나오도록 구성되어 있다. **나선형 교육과정**(Bruner, 1960)이라고 부르는 이런 교육과정은, 주제에 대한 이해를 깊이 있게 발달시키는 한 가지 방법이다. 물론 나선형은 학생들이 동일한 활동에 참여하는 것을 의미하지는 않는다. 오히려, 그들이 성숙해짐에 따라, 이전에 과학 경험을 통해 형성한 이해의 깊이를 더욱 깊게 발달시킬 것이다.

이제 학생들이 좀 더 복잡한 측정 기구와 실험을 수행하기에 충분한 나이가 되면, 밀도의 주제를 어떻게 접근하는지 알아보기 위하여 7학년으로 넘어가 보자.

과 학 이 야 기

사과, 감자, 그리고 밀도

태평양 북동쪽에 위치한 레이크빌 중학교에서 허천(Hutcheon) 선생님의 7학년 반 학생들은 생활과학, 물리과학 그리고 지구과학에 관련된 주제를 다루었다. 물리과학 시간의 강의 개요서에는 학생들이 밀도, 끓는점, 용해도와 같은 물질의 특성을 탐색하도록 제시되었다. 허천 선생님은 뜨고 가라앉기 탐색을 통하여 밀도의 개념에 접근하기로 결정하였다. 학생들은 물체가 뜨고 가라앉는 이유를 알아내기 위하여 자신이 세운 이론들 중 일부를 시험해보는 과정을 거쳤다. 이 단원을 준비하기 위하여, 허천 선생님은 뜨고 가라앉기의 광범위한 연구를 해왔고, 나에게 학생들이 참여하는 수업을 참관해줄 것을 부탁했다.

첫 번째 탐구를 위하여, 허천 선생님은 다음과 같이 뜨는 것과 가라앉는 것 5세트를 모았다.

두 개의 크기가 다른 코르크
지름 3 cm의 소상용 점토(plasticine) 공 1개
두껍고 광택이 있는 초 1개
분필 1자루
나무판 1개(4 cm × 7 cm × 2 cm)
대리석 1개
동전 1개
사과 1개
감자 1개

물체가 가라앉을 때 어떤 일이 발생할까?

플라스틱 대야의 안쪽에 각각의 물질 세트가 놓여있다. 사용이 용이하도록 플라스틱 칼과 야채 껍질을 벗기는 기구도 있었다.

허천 선생님은 물이 든 4,000 mL 비커, 감귤류와 포도를 그 단원에 도입했다. 학생들이 지켜보고 있을 때 학생들에게 물체가 가라앉을 때, 그리고 물체가 뜰 때 어떤 일이 일어날 것인가에 대해 생각해보라고 지시했다. 학생들은 물체가 가라앉을 때는 바닥까지 닿고, 뜰 때는 꼭대기까지 뜬다고 재빠르게 대답했다. 포도와 감귤류에 관한 예측은 반반씩 나타났다. 학생들 중에 약 반

정도는 감귤류가 가라앉고 포도는 뜬다고 예측했다. 학생들은 반대 현상이 일어나자 환호를 지르고 그 이유를 알고 싶어 했다. "우리는 물에 몇 개의 물체를 넣어보고 물체가 뜨고 가라앉는 이유에 관하여 알아볼 거예요. 그러나 그 전에 우선 뜨고 가라앉는 것에 대한 의미부터 정의하도록 해요."라고 허천 선생님이 설명했다.

> 허천 선생님의 생각 뜨고 가라앉는 것은 일상적으로 나타난다. 그러나 과학자들은 그것에 대한 과학적 의미를 알고 있고, 이는 학생들이 생각해왔던 것처럼 단순하지 않다.

우리가 알고 있는 '뜨다는 것'은 무슨 의미일까?

허천 선생님은 물 위와 아래에 몇 개의 물체를 높이가 다르게 제시한 도표를 그렸다. 그런 다음, 학생들에게 그것에 대해 말해보도록 하였다. 우선 물 꼭대기에 놓여있는 물체의 그림은 표면장력에 의하여 유지되고 있었고, 그것은 마치 잎 혹은 소금쟁이 같았다. 몇몇 학생들은 물 위에 "바로 앉아 있는" 것이라 생각하였지만, 다른 학생들은 실제적으로 떠 있는 것이라고 말했다.

다음에는 꼭대기 부분이 물 위에 떠 있고 일부는 물 아래에 있는 물체의 그림이 있었다. 몇몇 학생들은 윗부분은 떠 있고 아랫부분은 가라앉아 있는 것이라고 말했다. 허천 선생님은 실제적으로, 과학자들은 이런 것을 뜨는 것이라고 부른다고 알려 주었다.

다음 그림에서는 물체가 물 안에 잠겨 있었다. 그러나 물고기처럼 자유롭게 떠다녔다. 몇몇 학생들은 그것은 물 아래에 있는 것이며 가라앉고 있는 것이라고 말했다. 허천 선생님은 다음과 같이 이 점을 분명히 했다.

"이것은 뜨는 것의 또 다른 형태예요. 액체에서 뜨는 것은 물체가 바닥에 완전히 닿지 않는 한, 부분적으로 혹은 전체적으로 액체 안에 잠겨있는 물체에 대해 말하는 것이에요. 떠 있는 물체는 움직이고 있거나 정지할 수 있어요. 뜨는 것과 뜨지 않는 것으로 물체를 생각해봐요."

종이 울렸다. 그리고 허천 선생님은 학생들에게 빙산이 뜨는지 그리고 그것들을 어떻게 "가라앉은 것"으로 정의할 것인가에 관해 생각해보라고 하였다.

저자의 생각 나는 학생들이 우선 단순해보이는 주제에 어떻게 몰입하는지, 그리고 어떻게 과학 시간이 빠르게 지나가는지에 대하여 생각했다.

그 다음 날, 허천 선생님은 2시간 동안 수업을 했다. 학생들은 이제 가라앉는 것의 의미에 대해 토론을 준비했다. 학생들은 빙산이 떠 있다는 것을 알았다. 이제 허천 선생님은 칠판 위에 다른 물건을 그렸다. 첫 번째는 배였다. 보통의 배보다 물 속에서 더 낮게 위치해 있어서 학생들은 그 배가 가라앉고 있다고 생각했다. 허천 선생님이 말했다.

"아마도 그림에서 배는 떠 있어요. 물체가 어쨌든 물에 의하여 지지되면, 떠 있는 거예요."라고 덧붙였다.

다음 그림에서, 물체는 액체를 통하여 아래쪽으로 움직이고 바위와 같은 바닥에 착륙하고 있었다. "이 물체는 가라앉고 있다."라고 모두 동의했다.

조 역할

허천 선생님은 학생들의 조를 편성했다. 허천 선생님의 반은 3장에 소개한 파커(Ms. Paker) 선생님의 반과 같은 형태로 조를 나누었다. 각 조의 학생들은 지시자(director), 기록자(recorder), 자료 관리자(materials manager)와 발표자(speaker)의 역할을 담당했다. 이것은 생물교육과정연구(Biological Science Curriculum Study, BSCS)에서 교육학자에 의하여 개발되었고 The Australian Academy of Science(1996)에 의하여 개정된 것이다.

워크시트 없음

학생들이 물질을 탐구하기 전에 허천 선생님이 학생들에게 준 유일한 안내는, 대야에 물을 채우라는 것과, 각각의 물체들에 대해 예측한 후에 가라앉거나 뜨는 지를 시험해보라는 것이었다. 허천 선생님은 워크시트를 주지 않았기 때문에 학생들은 개인 과학 노트에 기록을 해야 한다. 그러나 이 단원에서 학생들은 과학 노트에 "왜 물체가 뜨거나 가라앉는가?"란 질문을 쓰도록 안내받았다.

저자의 생각 나는 학생들이 자신의 과학 노트를 계속 쓰고 워크시트에 의지하지 않는 것이 인상적이었다. 가끔 7학년에서, 학생들의 탐색 목표는 워크시트를 완성하는 것처럼 보인다. 그러나 허천 선생님은 학생들의 이해를 돕는 것에 관심이 많았다.

학급의 동의

학생들이 과제를 잘 수행하도록 지켜보았다. 학생들은 모든 물체에 관심이 있고, 서로 연결하였다. 각 조의 발표자는 차트 안에 자신의 조에서 얻은 결과를 칠판에 적었다. 다음 리스트는 반에서 일치된 대다수의 의견이다.

물체	뜨는가? 혹은 가라앉는가?
코르크	**뜬다.**
초	**뜬다.**
대리석	**가라앉는다.**
분필	**가라앉는다.**
나무판	**뜬다.**
동전	**가라앉는다.**
사과	**뜬다.**
감자	**가라앉는다.**
소상용 점토	**뜨고 가라앉는다.**

"우리가 가지고 있는 자료를 봐요. 여러분들은 어떤 점이 놀라웠나요?"

허천 선생님이 말했다. 그러자 학생들이 손을 들기 시작했다.

"저는 분필이 뜰 거라고 생각했어요. 왜냐하면 분필은 아주 가볍기 때문이에요. 그리고 초는 가라앉을 것이라고 생각했어요."라고 한 학생이 말했다.

"뜨는 현상을 관찰하기 위해서는 소상용 점토를 사용하면 안 된다고 생각해요. 왜냐하면, 곧바로 가라앉았기 때문이에요."라고 또 다른 학생이 말했다.

"그러나 우리는 그것을, 작은 배와 같은 모양으로 쫙 펼쳤죠. 그러자 바로 떴어요."

바로 다음 학생이 물었다.

"그리고 왜 사과는 뜨고, 감자는 가라앉죠?"

허천 선생님은 학생들에게 칠판 위에 열거된 다음의 문제들에 관해 생각해 보라고 지시했다.

계속된 질문

모든 가벼운 것들은 뜨는가?

왜 나무판은 뜨지만, 작은 분필은 가라앉는가?

같은 나무인 통나무는 뜨는가?

더 짧은 초는 뜨는가? 가라앉는가?

왜 소상용 점토는 다른 모양으로 펼쳐 만들었을 때 떴겠는가?

밀도의 정의를 내리는 시도

학생들은 질문에 대해 생각했다. 허천 선생님은 한 학생의 질문을 다 같이 생각하도록 수업을 이끌었다. 케이티(Katie)는 감자가 사과보다 밀도가 더 크다고 말했다. 이 생각을 시작점으로 해보자. 그리고 우리가 그것을 시험할 수 있는지를 알아보자. 선생님은 케이티에게 '밀도에 의하여'가 무슨 의미라고 생각하는지 물었다. 그러나 케이티는 정확하게 그 용어가 어떻게 정의되는지를 확신할 수 없었다. 그러나 물체를 구성하는 입자와 관련이 있을 것이라고는 말했다. 허천 선생님은 칠판 위에 이를 기록했다. 그런 다음 루크(Luke)가 사과 속에는 공기를 포함하는 공간이 있고, 그곳에는 씨들이 있지만, 감자는 그렇지 않다고 말했다. 허천 선생님은 칠판에 다른 학생들의 생각도 썼다. 카라(Kara)는 사과의 껍질은 윤기가 흐르고 이것이 방수 막처럼 작용한다고 제안했다. 제나(Jenna)는 아마도 감자는 뜰 것이라고 하였다.

> **저자의 생각** 나는 이 학생들이 드레셔 선생님과 사코 선생님의 학급에서와 같은 과학 경험을 가지고 있다는 사실이 좋았다. 왜냐하면 학생들은 신속하게 아이디어들을 제안했기 때문이다. 학생들은 밀도에 대한 개념에 익숙했지만, 그것을 배우기 위해 많은 활동들을 하였다. 나는 허천 선생님이 학생들의 선지식 위에 어떻게 수업을 구성할 수 있는지 보고 싶었다.

학생들이 조사 방법을 설계하다

허천 선생님은 학생들에게 생각을 시험할 조사 방법을 고안해보도록 하였다. 그는 학생들에게 플라스틱 칼들을 주의해서 사용하라고 말했다. 그리고 교실 주위를 걸었다. 나도 역시 교실 주위를 걸었다. 한 조에서는 학생들이 사과와 감자의 껍질을 벗기기로 결정했다. 또 다른 조는 사과의 중심을 도려냈다. 모든 학생들은 자신들의 문제를 탐색하느라 바빴다.

한 조의 학생들이 가라앉는 사과를 발견하려고 노력하고 있었다. 그러나 학생들은 과일의 가운데 핵이 있거나 없거나 상관없이, 껍질이 있거나 없거나 상관없이 사과가 뜬다는 것을 발견했다. 다른 학생들은 감자의 껍질을 벗기고 얇게 저몄다. 그러나 그 학생들이 조각을 얼마나 얇게 저미는 것에 상관없이, 감자는 뜨지 않았다.

허천 선생님의 생각 학생들이 물속에서 사과와 감자의 뜨고 가라앉히기를 시도하는 많은 다양한 방법들을 탐색함으로써, 그들이 밀도를 기술하는 정상적인 방법을 이해하길 기대하고 있다.

정의 발달시키기

수업 시간이 다 끝나기 전에, 허천 선생님은 각 조의 자료 관리자들에게 자료를 가지고 나오라고 하였고, 학생들은 감자와 사과 껍질, 그리고 물 때문에 생긴 어수선함을 깨끗이 정리했다. 그런 다음 허천 선생님은 학생들에게 왜 사과는 뜨고 감자는 가라앉는지 물어보았다. 마침내, 메건(Megan)은 감자의 섬유는 사과의 섬유보다 훨씬 빽빽하게 밀집되어 있다고 대답했다. 허천 선생님은 반 학생들에게 메건의 추론에 대해 생각해보도록 하고 학생들에게서 그 추론이 옳다는 동의를 얻었다. 케이티는 메건의 설명으로부터 감자가 사과보다 더 밀도가 크다는 것을 의미한다고 말했다. 허천 선생님은 칠판 위에 밀도의 정의를 썼다.

"입자는 얼마나 서로 가깝게 밀집되어 있는가"

저자의 생각 나는 밀도의 이 정의가 드레셔 선생님이 5학년 학생들에게 제안한 것과 비슷하다는 것을 인식했다. 그러나 이 7학년 학생들은 그들 스스로 정의를 발달시켰다. 그들은 새로운 수준에서 추론하고 있었다.

다음 날: 심화된 실험과 측정

다음 수업을 위하여 허천 선생님은 껍질 벗긴 사과와 감자 조각과 자르개를 준비했다. 선생님은 학생들에게 앞 시간과 같은 조에서 공부하도록 지시하고, 사과와 감자를 정확하게 똑같은 크기로 자르라고 하였다. 그런 다음, 학생들은 그 두 조각들을 비교했다. 학생들은 대야 안에 잘린 조각들을 놓고 무게를 잴 수 있는지 물었다. 허천 선생님은 그렇다고 대답했다. 그리고 학생들은 같은 크기일 때 사과보다는 감자가 더 무겁다는 것을 확인하기 위하여 저울을 사용했다.

부피 계산하기

다음 수업에서, 허천 선생님은 매우 큰, 깨끗한 플라스틱 대야 안에 정확하게 같은 크기로 잘린 나무 벽돌 4조각을 사용하는 시범 실험을 보여주었다. 수학적 용어로, 이 나무 벽돌은 직사각형 고체이고, 허천 선생님은 나무 벽돌의 길이, 넓이, 높이를 재는 것을 도와줄 학생 자원자를 요청했다. 각 벽돌은 길이 7 cm, 넓이 4 cm, 그리고 높이 2 cm로 측정되었다. 이 측정 결과를 사용하여, 학생들은 높이, 넓이, 길이를 곱하여 부피를 계산했다. 루크는 56 cm^3라고 답을 했다. 반 학생들은 각 나무 벽돌이 같은 부피라는 것에 동의했다.

저자의 생각 이것은 앞의 수업보다 더 교사 주도적인 교과 수업이다. 그러나 학생들이 뜨기와 가라앉기에 대해 실험을 해온 지금의 단계에서는 적절한 것처럼 보인다. 이것은 필요할 때, 그리고 적절한 시기에 교사가 정보를 제공하는 사례의 예이다.

표본 조사하기

이제 학생들은 4개의 나무 벽돌에 대한 다른 특성을 조사했다. 관찰 자료를 수집하면서, 학생들은 하나의 벽돌이 눈에 보이는 매우 작은 나무 입자들로 되어 있다는 것을 알았다. 반면에 두 개의 다른 샘플은 아주 오톨도톨한 나뭇결을 가지고 있었다. 4번째 샘플은 검은 조각이었는데, 한 학생이 나무를 검은

표 8.2 허천 선생님 학급에서 조사한 나무 벽돌의 자료

나무 벽돌	질량	부피
1	6 g	56 cm^3
2	30 g	56 cm^3
3	43 g	56 cm^3
4	62 g	56 cm^3

색으로 칠한 것이냐고 물었다. 허천 선생님은 그에게 페인트를 칠했는지 아닌지 알아보기 위해 조사를 해보라고 하였다. 각 샘플에는 번호가 붙어있고, 이 검은 토막은 4번이었다.

그리고 예측하기

이제 허천 선생님은 학급의 학생들에게 이 4개의 벽돌이 물에서 어떻게 될지 예측해보도록 했다. 모든 학생들은 벽돌 4개가 모두 뜰 것이라고 생각했다. 이전 실험에서 나무는 모두 떴다. 허천 선생님은 조심스럽게 각각의 샘플을 물에 내려놓았다. 숫자 1은 표면에 떴다. 2번은 떴지만 부분적으로 잠겼다. 그리고 3번은 조금 더 잠겼다. 4번은 바닥에 가라앉았다!

디지털 저울을 사용하여 학생들은 4개의 나무 벽돌의 질량을 각각 측정했다. 허천 선생님은 칠판 위에 자료를 적었다(표 8.2 참조). 선생님은 학생들에게 표를 분석하도록 하고, 가라앉는 것에 대한 패턴을 찾아 결론을 내리도록 이끌었다.

학생들은 재빠르게 나무 벽돌이 물에 가라앉을수록 무게가 더 많이 나가고, 그 검은 나무 벽돌은 같은 부피에 비하여 가장 무게가 많이 나간다는 것을 알았다. 허천 선생님은 학생들에게 각각의 나무 벽돌의 질량을 부피로 나누고 그 결과값을 비교하라고 하였다.

한 학생이 4종류의 나무의 정체를 궁금해하자, 허천 선생님은 그 이름을 알려주었다. 1번은 발사(balsa, 열대 아메리카에서 생산된 가볍고 단단한 관목), 2번은 소나무, 3번은 참나무(oak), 4번은 흑단나무(ebony)라고 말했다. 카트리나(Katrina)는 흑단나무가 피아노 건반에 사용되는 것인지 묻자 허천 선생님은 그렇다고 대답했다.

결과 분석하기

각각의 샘플 질량을 부피로 나눈 후, 학생들은 오로지 흑단나무(ebony)만 그 값이 1.10으로 1보다 더 큰 수임을 알게 되었다. 허천 선생님은 흑단나무 1 cm^3당 질량이 1.1 g이라는 개념을 알려주어 그 수를 학생들이 분석하는 것을 도와주기로 하였다. 그는 학생들에게 밀도를 기술하는 또 다른 방법(물체의 단위 부피당 질량의 양)에 관하여 생각해보도록 하였다. 발사의 밀도는 겨우 1 cm^3당 0.1 g이고, 소나무는 1 cm^3당 0.54 g이며, 참나무는 1 cm^3당

0.76 g이다.

뜨는 것에 밀도를 연결하기

허천 선생님이 물의 밀도에 대해 질문했다. 케이티는 물의 밀도는 1 cm^3당 1 g이라는 것을 기억했다. 그래서 허천 선생님은 학급에서 관찰한 자료에 근거하여 결론을 내리고자 하였다. 루크는 1보다 작은 밀도를 가지는 물체는 물 위에 뜰 것이고, 1보다 큰 밀도를 가진 것들은 뜨지 않는다고 제안했다. 허천 선생님은 학생들이 어떤 것은 뜨고 어떤 것은 뜨지 않는지에 대한 이유를 이해하는 좋은 시발점이 되었다고 언급했다.

> **저자의 생각** 허천 선생님이 결론을 "시작"이라고 부르는 것이 얼마나 훌륭한가! 학생들은 올바른 답에 도달했다. 그러나 선생님은 뜨고 가라앉는 현상이 많은 복합적인 변수들을 포함하고, 그것은 부력과 물의 밀도를 변화시킬 수 있는 방법들을 포함한다는 것을 알고 있었다.

웹 애니메이션은 학생들의 시각화를 돕는다

재료들과 저울들을 치우고, 허천 선생님은 PBS 텔레비전 시리즈인 NOVA와 연결된 부력에 대한 웹사이트에 접속하기 위하여 교실에서 SMART 칠판(화이트보드와 상호작용적인)을 사용했다. 거기에서 학생들은 동화로 된 예와 물속에서 다른 형태로 가라앉는 소나무와 참나무의 설명을 들었다. 학생들은 그들이 막 경험해온 것과 유사한 내용이라서 흥미로워 했다. 한 학생이 시원하다고 했고 다른 학생은 방금했던 활동이라고 말했다. 웹사이트는 학생들이 벽돌에 의하여 밀려진 물을 시각화하는 것을 도와주고 나무의 부피만큼 밀려난 물과, 나무에 작용하는, 위로 향하는 부력의 크기를 연결하는 것을 도와주었다.

> **저자의 생각** 나는 허천 선생님의 인터넷 사용에 대하여 감명을 받았는데, 그것은 뜨고 가라앉는 또 다른 접근을 제공하고 밀도의 개념과 부력의 개념을 연결하는 것이었다. 그 시각화는 발산적인 학습 스타일로, 학생들이 지금까지와는 다른 방식으로 이 개념을 보도록 도와주었다.

허천 선생님은 숙제로 학급 학생들에게 공 모양의 소상용 점토가 왜 뜨지 않고, 보트 같은 모양은 왜 떴는지를 생각해보라고 하였다. 선생님은 학생들에게 NOVA 웹사이트에서 기술된 부력의 개념에 대하여 생각해볼 것도 요구했다. 그리고 그는 무거운 금속으로 만들어진 배가 왜 뜰 수 있는지에 대해서도 숙고해보라고 말했다.

의미 확장하기

■ 이야기 속의 교수 방법

- 이해하는 데는 시간이 걸린다. 이 7학년 학생들이 사과와 감자가 뜰 수 있거나 가라앉을 수 있도록 하는 많은 방법들을 탐구하기 위하여 걸린 시간은 깊게 복잡한 개념을 생각하도록 준비하는 것을 가능하게 하였다. 그러면 물체의 무게와 부피를 비교하는 것, 이것은 뜨는 것과 가라앉는 것뿐만 아니라, 밀도의 기초가 되는 핵심 개념이다. 그리고 교사들은 초등학교와 중학교에서 이 개념을 다시 탐구해보는 것이 좋다.
- 학생들은 궁극적으로 밀도의 수학적 정의인 단위 부피당 질량에 도달한다. 그러나 우선 그들은 정성적인 방법으로 밀도를 정의했다. 그러고 나서 수학적 상황을 그들에게 제공했다. 종종 선의에서 교사들은 학생들에게 미리 밀도의 의미를 전달하지 않고 숫자를 제시한다.
- 허천 선생님의 학급에서, 하나의 심화된 활동은 긴 초와 짧은 초를 관찰하는 것인데, 더 긴 조각이 물에서 더 낮게 뜨는지를 보기 위해서였다. 다른 활동은 불규칙한 물체의 부피를 결정하기 위해 물을 치환하는 것이다(그림 8.2 참조). 학생들은 소상용 점토를 다시 탐구하고 변한 모양이 부피를 변화시킨다는 것을 깨닫게 되었다. 이 주제를 복잡하게 만드는 많은 활동들은 학생들이 고학년으로 올라가면서 의미를 만드는 기회를 제공한다.

● 이야기 속의 과학 개념

- 부력에 의하여 물체가 뜨게 되면, 심지어 물체의 어떤 부분도 물의 표면 위에 있지 않더라도, 물체는 물에 뜨는 것이다.

대체될 때까지 그런 설명을 받아들이고 사용한다. 이런 대체가 일어날 때, 과학은 발전한다.

부력에 대한 만화로 된 웹사이트를 이용할 때, 허천 선생님은 또한 교사를 위한 국가기술 기준(NETS-T)를 제시했다. "디지털 세대의 학습 경험"에 대한 기준은 교사들이 "학생들의 다양한 학습 스타일을 위하여 사용자의 눈높이에 맞추고 개별화된" 동시대적 기술을 사용하여야만 한다는 것을 기술했다(International Society for Technology in Education, 2008).

심화 탐색

- 물체들은 다른 액체에서는 다른 방식으로 뜨는가?
- 우리는 뜨는 물질을 가라앉힐 수 있는가?
- 우리는 가라앉는 것을 뜨도록 만들 수 있는가?
- 왜 썩은 달걀은 뜨고, 날달걀은 가라앉는가? 완숙 달걀은 어떠한가?

심화 탐색을 위한 자료

전자 미디어 자료

Buoyancy. 이 흥미롭고 정보가 많은 웹 사이트는 뜨는 배의 원리를 이 장에서 사용한 것보다 전문용어로 사용한다.

Why Boats Float and Elephants Sink. 이 사이트는 부력의 다른 설명을 제시하고 뜨고 가라앉는 물체의 크기와 모양의 효과를 설명한다.

출판 자료

Bendick, J.(1995). Archimedes and the Door of Science. Bathgate, ND: Bethlehem Books. 이 책은 5~6학년 학생들을 위해 쓰여진 과학과 역사 이야기이다. 히에로 왕의 왕관에 대한 장에서는 아르키메데스가 물질의 성질을 이해하기 위한 도구로 대체된 물의 효과를 발견하는 과정이 제시되어 있다.

이해의 "변화"

마지막 밀도 이야기에서, 우리는 또 다른 학년에서 같은 기본 과학 개념을 이끌어 냈다. 우리는 이러한 나선형 교육과정이 점진적으로 학생들의 지식을 깊게 하고 더욱더 복잡한 내용을 이해하는 수준으로 이끄는 방법을 볼 수 있다. 허천 선생님이 부력의 개념을 탐색하기 위하여 NOVA 웹사이트를 사용하여 교과를 확장했을 때, 그는 물리과학을 배우는 학생들이 더욱 복잡한 개념을 생각하도록 준비하였다.

새로운 생각은 단순히 옛날 생각을 더하는 것이 아니다

자끌린 그레논 책(Jacqueline Grennon Brooks)을 보면, "배움의 과정은 이해를 계속 추가하는 것이 아니라, 현재의 이해를 더욱 풍요롭고 깊은 이해로 끊임없이 대체하는 것이다(Brooks, 2002, p.95)."라고 하였다. 잠깐 이에 관하여 생각해보자. 학생들이 성장함에 따라, 단순히 그들은 머릿속으로 새로운 과학 지식을 밀어 넣는 것이 아니다. 그 대신, 어떤 과학 개념은 통합되고, 혹은 새롭고 더 복잡한 것에 의하여 대체된다. 학습자가 쉽게 포기하지 않는 대안 개념에 대한 연구에서 우리가 알게 된 것은, 마음속 깊이 내제된 개념을 드러내는 것은 학생들이 더 깊고 의미 있는 이해의 수준에 도달할 수 있게 도와준다는 것이다.

다음 장에서, 우리는 초등 고학년과 중학교에 대한 추가적인 활동을 탐색할 것이다. 여러분도 이 학년에서 학생들이 새로운 개념을 구성하는 것을 도와주는 선 경험에 대하여 생각해보자. 또한 고등학교와 그 이상의 학년에서 학생들이 더욱 심화된 과학 공부를 할 때 필요한 선지식을 중학교에서 어떻게 제공해줄 수 있는지 생각해보자.

9

가상 모델과 현실 모델

태양계 탐험

초점 질문

- 어떤 모델을 만들었는가? 모형 비행기를 만들어본 적이 있는가? 점토 모델인가? 추상적인 모델인가?
- 자연의 어떤 대상들 중 모델을 통해서만 탐구될 수 있는 것은 무엇인가?
- 모델을 만드는 것이 학습을 어떻게 촉진할 수 있는가?
- 자연현상의 가상 모델을 어느 곳에서 찾을 수 있는가?

화성, 목성, 토성 여행을 마치고 방금 돌아왔다. 이들 행성에 대한 자세한 것을 많이 보여주는 흥미로운 여행이었다. 와우! 목성이 얼마나 큰지! 지구에서 목성까지 가는데 화성에 도착하는 시간보다 더 많은 시간이 걸렸다.

맞아, 이건 가상 여행이었다. 그러나 그 모습은 깜짝 놀랄 만한 것이었고, 컴퓨터 마우스로 우리 태양계나 우주 전체를 여행할 수 있다는 것을 알게 되어서 정말 신났다. 나는 인터넷에 있는 월드와이드 망원경을 사용하고 있었다. 최고급의 우주 망원경과 지상 망원경으로 찍은 실제 영상으로 가득한 이 컴퓨터의 포털 사이트는 관람자에게 태양계, 은하계, 그리고 다른 은하계 밖의 풍경까지 영상으로 볼 수 있게 했다. 나는 지구에서 시작해서 화성, 목성, 토성까지 차례로 여행하고 다시 지구로 돌아왔다. 그 여행은 실제 시간으로 빠른 여행이었다. 그러나 우리와 더 가까이 있는 행성, 멀리 있는 행성, 우리 지구보다 훨씬 더 큰 행성, 그리고 훨씬 더 작은 행성 등 천체의 관계에 대하여 확실히 느낄 수 있었다.

우주를 컴퓨터 영상으로 만든 것은 한 형태의 모델일 뿐이다. 이번 장에서는 과학 교육에서 여러 종류의 모델을 사용하는 것에 대하여 탐구하게 될 것이다. 앞 장에서 설명한 활동은 학생들이 그들의 학습 대상에 대하여 직접적으로 관여하게 한다. 그러나 때로는 학습 대상을 직접 탐색하는 것은 불가능하기도 하다. 대상이 너무 크거나 너무 작은 경우, 또는 너무 멀리 있거나, 다른 이유로 접근할 수 없는 경우가 있다. 이런 경우에는 자연 세계에 대하여 많은 것을 배우기 위해 학생과 교사들이 물리적인 또는 가상의 모델을 사용할 수 있다.

모델의 유용성

물리적 모델

과학자들은 어떤 물질에 대하여 직접 연구할 수 없을 때, 그 물질의 구조나 기능에 대하여 더 잘 이해하기 위한 노력으로 그 물질에 대한 모델을 만든다. 모델은 물리적 구조일 수도 있고 그 대상 물질이나 시스템의 작거나 큰 표상일 수도 있다. 예를 들자면, 내가 5학년 때, 초등학교에서 치아 건강 주간에 치아의 모델을 만들었다. 치아 모델을 만들기 위해 나는 치아의 사진을 모으고 치아의 여러 부분에 대하여 이해해야 했다. 나는 어떤 형태의 치아를 모델로 할 것인지 결정해야 했고, 모델의 크기와 성분을 알아내야 했다. 내가 치아 모델 만들기 작업에서 가장 기억에 남는 것은 진흙에서 석고 모델을 만드는 것이 아니라 놀랍게도 치아가 여러 층으로 구성된 복잡한 구조라는 것이다. 일상생활에서 우리는 단지 눈에 보이는 치아의 겉 부분만 보고 있다. 그러나 내가 만든 치아 모델에서는 치아의 뿌리, 신경, 치아의 골수 부분까지 모두 포함되어 있었다.

내가 만든 치아 모델이 정확하지는 않았지만, 그 치아 모델은 치아 건강 주간 동안 계속 전시되었다. 덕분에 나는 절대로 치아의 구조를 잊지 않게 되었다. 10년 후 내 어금니 중 한 개가 세균에 감염되어서 치아의 골수가 있는 부분의 내용물을 제거해야 했는데, 그때 나는 내 모델에 있는 치아의 뿌리 부분을 머릿속에 그릴 수 있었다.

이와 비슷하게 과학자들은 오래전부터 그들이 이용할 수 있는 소재면 무엇이든 그 소재로 물리적 모델을 만들어 왔다. 가장 유명한 모델 중 하나는 DNA로 알려져 있는 디옥시리보핵산의 화학 구조와 관련된 것이다. DNA는 우리 몸 세포에 있는 물질로 한 세대에서 다음 세대에 유전 정보를 전달하는 물질이다. 그 모델은 제임스 왓슨(James Watson), 프랜시스 크릭(Francis Crick), 로잘린드 프랭클린(Rosalind Franklin), 모리스 윌킨스(Maurice Wilkins)라는 과학자에 의하여 개발되었으며, 20세기 가장 중요한 과학적 혁명 가운데 하나로 알려져 있다. 이 모델은 자이언트 팅커 토이• 라는 장난감과 비슷한 소재로 만들었다.

과학자들은 합리적인 모사물을 만들기 위하여 연구 대상에 대해 충분한 데이터를 수집한 후에 모델을 만들었다. DNA의 경우 과학자들은 그 당시 프랭클린이 사용한 X-선 결정학으로 얻은 데이터를 사용하였다. 프랭클린 박사는 DNA 분자에서 반사된 X선에 의하여 만들어진 형태의 영상을 수집할 수 있었다. 프랭클린 박사의 데이터는 왓슨과 크릭이 개발한 DNA 모델의 기초가 되었다.

관념 모델

모델은 우리가 만져서 느낄 수 있는 것이 아니어도 된다. 모델은 실제 과정이나 대상을 여러분의 마음속으로 그려내는 형상으로서 관념적인 개념일 수도 있다. 예를 들자면 내 마음속에서 원자 모델을 상상할 수도 있다. 이것은 내가 배운 것을 기초로 원자를 개념화한 방법이다.

컴퓨터 프로그램과 가상 모델

모델은 컴퓨터 프로그램, 컴퓨터로 그려낸 영상, 또는 큰 규모의 가상 구조물일 수도 있다. 월드와이드 망원경은 "영상 소프트웨어 환경"으로 묘사된다. 오늘날 많은 과학 연구는 다양한 복잡성을 가진 컴퓨터 모델을 사용하여 수행되고 있다. 한 예로 기상학자는 종종 실제 기상 위성 데이터에 근거한 컴퓨터 시뮬레이션을 사용하여 잠재적인 기상 변화를 연구한다. 매일 여러분은 기상을 예보하는 사람이 텔레비전 뉴스에서 폭풍이 움직일 수 있는 경로를 설명할 때 이와 같은 컴퓨터 모델의 결과를 보는 것이다.

과학 이야기에서 알게 되겠지만, 모델을 만드는 것은 학생이 직접 만지거나 조작할 수 없는 대상 또는 사건에 대하여 학생이 보다 더 잘 이해하게 할 수 있는 방법 중 한가지이다. 모델 만들기는 어떤 수준의 과학 교육에서도 가능하다. 먼저 우리는 존스턴(Johnston) 선생님과 5학년 학급에서 태양계에 대한 모델을 만들고 탐험할 때, 어떤 일이 일어나는지 보게 될 것이다. 다음 장에서는 8학년 학생들이 원자의 모델을 만드는 것을 볼 수 있을 것이다.

- 자이언트 팅커 토이 : 여러 가지 색의 튜브와 튜브를 끼울 수 있는 구멍이 있는 바퀴처럼 연결부로 구성된 조립식 장난감으로 어린아이 키 정도의 크기로 조립할 수 있다.

과 학 이 야 기

먹을 수 있는 태양계

존스턴 선생님은 노련한 고참 초등학교 선생님이다. 교외에 있는 작은 초등학교에 선생님의 과학 교실이 있는데, 학생들이 일주일에 한 번 자신의 학급 선생님과 과학 교실을 방문하였다. 학생들은 존스턴 선생님의 과학 교실에서 과학 활동에 함께 참여하였고, 그 과학 활동은 학생들의 일반 교실에서도 계속되었다. 과학 교실에는 흥미로운 물체들이 교실 벽면 둘레에 있는 보관용 진열장에 전시되어 있었다. 존스턴 선생님의 과학 교실에는 햄스터 세 마리, 토끼 한 마리, 그리고 수많은 식물 등이 있었다.

친숙한 물질

5학년 학생들이 과학 교실을 방문하는 특별한 어느 날 아침, 존스턴 선생님이 준비한 물건들은 다양한 크기의 둥근 과일과 채소뿐이었다. 구체적으로 포도, 완두콩 양배추, 자몽, 다양한 형태의 멜론, 다양한 크기의 사과, 오렌지, 살구, 그리고 토마토였다.

"선생님, 이번에도 과일과 채소의 절단면을 관찰하는 것인가요?"

존스턴 선생님은 웃으면서 대답했다.

"아니에요. 우리는 이 과일과 채소를 사용해서 우리 태양계에 있는 행성들의 모델을 만들 거란다."

학생들은 하늘에 있는 물체를 탐구하고 있었다. 그리고 태양의 큼직한 포스터 판 모델을 이제 막 완성하였기 때문에 이 과제는 학생들이 이해할 수 있는 것이었다. 학생들은 과제를 하게 되어서 신이 났다. 그래서 그 과제를 어떻게 해야 하는 건지 물었다.

존스턴 선생님은 과일과 채소를 사용해서 태양계에 있는 행성 모델을 만들기 전에 많은 정보를 수집해야 한다고 설명해주었다.

"우리가 태양계에 대하여 연구한 것들을 모두 기억하고 있나요? 그리고 태양계에 대한 합리적인 모델을 만들기 위하여 어떤 정보가 필요할까요?"

학생들은 대답해야할 다양한 질문을 다음과 같이 브레인스토밍으로 토의하였다:

학생들의 질문 목록

- 태양계에 있는 물체는 모두 어떤 것이 있는가?
- 다른 행성은 지구에서 얼마나 멀리 떨어져 있는가?
- 각 행성은 위성을 몇 개씩 가지고 있는가?
- 행성들은 무엇으로 만들어져 있는가?
- 대기를 가지고 있는 행성은 몇 개인가?
- 각 행성은 얼마나 큰가? 각 행성들은 태양에서 얼마나 멀리 떨어져 있는가?
- 각 행성의 색깔은 무엇인가?
- 명왕성은 행성인가? 아닌가?

존스턴 선생님은 학생들이 과학 노트에 기록하는 것과 같이 포스터 종이에 이와 같은 질문을 기록했다. 선생님은 학생들에게 네 명이 한 그룹으로 활동하도록 하고, 연구하고 싶어 하는 특정 질문에 대하여 결정하도록 했다. 선생님은 학생들이 현재 모델을 만드는 연구 과제에서 "자료 수집" 단계에 있으며, 학생들이 가장 관심이 있는 탐구 질문을 선택해야 한다고 설명했다.

왜 명왕성이 재분류되었을까?

이 시점에서 존스턴 선생님은 수업 중에 명왕성에 관한 이야기도 나누기로 했는데 이는 과학자들이 어떻게 하늘에 있는 물체를 분류하는가에 대하여 이야기할 수 있는 기회이기 때문이었다. 선생님은 명왕성이 천문학자 클라이드 톰보(Clyde Tombaugh)에 의하여 1930년에 발견되었으며 처음에는 행성으로 분류하였다고 설명했다. 그 이후로 우리는 허블 우주 망원경처럼 성능이 더 좋은 망원경을 개발하였고 덕분에 태양계 밖에 있는 것에 대하여 더 많은 것을 배울 수 있었다고 설명했다. 최근 2006년에 명왕성은 일반적인 행성이 아닌 소행성으로 다시 분류되어 우리의 태양계에는 8개의 행성만 남아 있게 된 것도 설명했다. 존스턴 선생님은 학생들이 왜 명왕성을 소행성으로 다시 분류하게 되었는지 조사해보도록 했다. 선생님은 힌트로 행성을 정의하는 특성이 무엇인지 알아보도록 했다.

> **저자의 생각** 나는 존스턴 선생님이 과학 교실에서 명왕성에 관한 모든 이야기를 하지 않고 학생들이 흥미를 가질 만큼만 정보를 준 것에 대하여 느끼는 것이 많았다. 그것은 학생들에게 얼마만큼 많이 알려주어야 하고, 학생들이 태양계를 이해하도록 하기 위하여 학생 그룹에게 얼마나 많은 것을 요구해야 하는지 알게 하는 도전적인 것이다.

월드와이드 망원경에 대한 흥분

존스턴 선생님은 과학 교실 노트북 컴퓨터에 월드와이드 망원경 소프트웨어를 내려받고 "하늘에 있는 물체"라는 단원을 소개하기 위하여 웹사이트를 사용했다. 그때 킴(Kim)이 노트북 컴퓨터를 사용해서 월드와이드 망원경에 접근할 수 있는지 무심코 물었다. 존스턴 선생님은 학생들에게 이 신나는 자료를 사용할 수 있다고 대답하고 행성에 대한 정확한 데이터를 구하기 위하여 다른 행성의 웹사이트에 접속할 수 있다는 것도 알려주었다. 선생님은 학생들이 과일과 채소로 모델을 만드는 데 필요한 데이터를 찾는 것이 학생들의 목표라는 것을 일깨워 주었다.

학생들이 결정적인 정보를 이해하는 것을 도움

학생들이 연구하고 싶어 하는 질문을 선택한 후에 학생들은 인터넷에 접속하여 각각의 행성과 전체 태양계에 관한 많은 양의 정보를 수집했다. 모든 학생들이 태양에서 행성까지의 거리가 하나의 결정적인 정보라고 하였다. 여기에서 존스턴 선생님은 행성 사이의 거리나 태양과 행성 사이의 거리가 너무 멀어서 교실에서의 모델로 거리를 정확하게 나타낼 수 없다고 설명하였다. 존스턴 선생님은 4학년의 한 선생님이 행성 사이의 거리를 정확하게 나타내기 위해 행성 모델을 지역 사회에 진열해놓았다고 학생들에게 말했다(Whitney, 1995).

> **존스턴 선생님의 생각** 존스턴 선생님은 과일과 채소의 모델이 완벽하게 정확할 수 없다는 것을 알고 있다. 그러나 학생들이 그 모델이 진짜 태양계와 얼마나 닮았는지 그리고 얼마나 다른지 이해하게 된다면 그것은 괜찮았다. 나중에 선생님은 학생들에게 모델과 실제 물체를 비교하게 할 것이다.

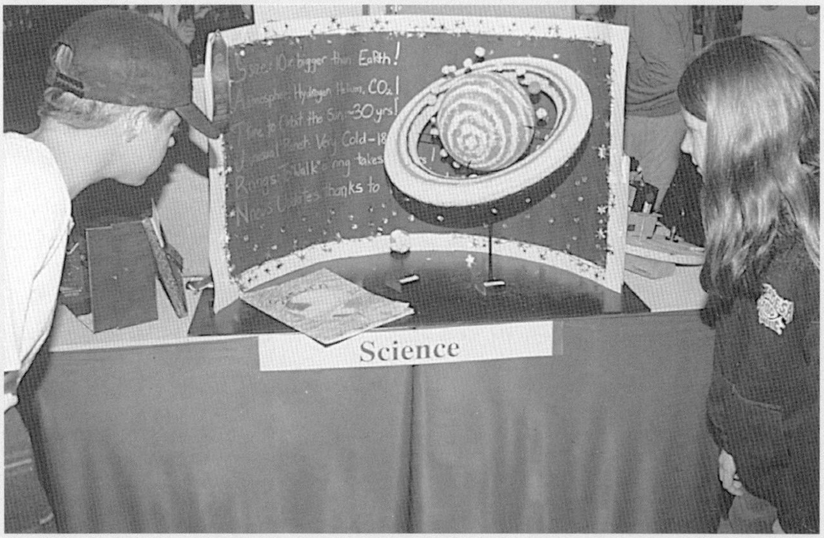

우리는 직접 손으로 다룰 수 없는 물체를 이해하기 위해 모델을 만든다. 행성에 관한 정보를 개념화하는 것을 돕기 위해 학생들은 토성에 관한 이 모델을 만들었다.

Anthony Freeman/PhotoEdit

(학교) 건물의 한쪽 끝에 있는 태양을 3 m라고 하면 우리가 만든 행성 모델의 규모는 학교 안과 맞지 않는다. 사실 명왕성은 거의 15 km나 멀리 떨어져 있다.
– David Whitney

존스턴 선생님은 학생들이 계산을 더 잘할 수 있도록 천문단위(AU)로 거리 치수를 제공했다. 천문단위 1 AU는 93,000,000마일(62,762,700 km)이며, 태양과 지구의 평균 거리이다. 모든 천문단위로 나타낸 거리는 태양과 지구와의 평균 거리에 대한 상대적인 거리이다. 존스턴 선생님이(표 9.1 참조) 데이터를 쓰기 위하여 교실 앞에 있는 스마트보드를 사용하는 동안 학생들이 수치를 알아볼 수 있도록 계산기를 나누어 주었다. 학생들은 함께 천문단위로 표시된 행성 간 거리에 93,000,000마일을 곱했다. 엄청난 크기의 숫자로 나타나면서 태양계가 실제로 얼마나 큰 것인지 학급에 보여주었다.

자료 탐색

이제 학생들은 km로 주어진 행성의 지름에 관하여 수집한 데이터에 관심을 돌렸다. 이 정보를 사용해서 학생들은 가장 작은 것에서 큰 것까지 순서를 정했다. 그 다음에 학생들은 태양계를 가장 잘 나타낼 수 있는 과일과 채소를 선택할 준비를 했다.

태양으로는 존스턴 선생님이 가져온 커다란 호박을 선택했다. 실제로 태양의 지름은 지구 지름의 109배이며, 만일 태양이 속이 비어있는 공이었다면 백만 개의 지구가 그 속에 들어갈 수 있을 것이다. 따라서 학생들은 호박이 태양을 정확하게 나타내기에는 실제로 충분하게 크지 않다는 것을 알고 있었다. 행성들에 관해서는 다른 그룹의 학생들이 다른 결정을 하였다. 한 그룹이 내린 결정은 다음과 같다.

모델에 대한 한 그룹의 선택

- 수성: 작은 체리토마토
- 금성: 오렌지
- 지구: 사과, 오렌지보다 조금 큼
- 화성: 살구, 대략 사과의 절반 크기
- 목성: 허니듀• 멜론
- 토성: 캔탈롭•• 멜론
- 천왕성: 양배추
- 해왕성: 자몽, 양배추보다 약간 작음

거리 모델링

많은 학생들에게 어떤 과일이 어떤 행성을 모델링한 것인지 기억하게 하는

표 9.1 존스턴 선생님의 학급에서 사용한 태양계 자료

행성	태양으로부터의 평균 거리(천체 단위, AUs)	지름(km)
수성	0.4	4,878
금성	0.7	12,104
지구	1.0	12,756
화성	1.5	6,796
목성	5.2	142,796
토성	9.5	120,300
천왕성	19.0	52,400
해왕성	30.0	48,600

• 허니듀 : 서양 멜론의 일종이다. 겉은 매끈매끈하며 하얗고 과육(果肉)은 녹색이다.

•• 캔탈롭 : 서양 멜론의 일종이다. 겉은 머스크 메론과 비슷하며 과육은 주황색이다. 허니듀 멜론보다 약간 크다.

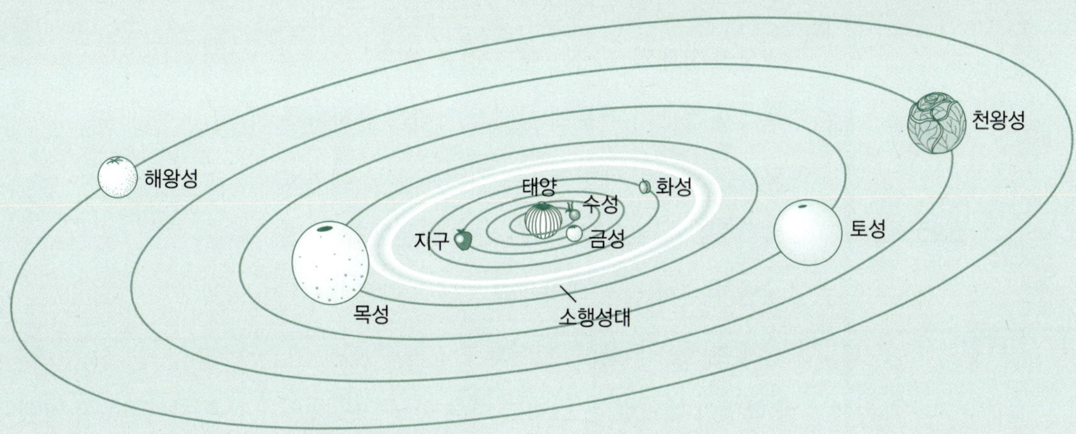

그림 9.1
존스턴 선생님의 학급에서 선택한 먹을 수 있는 행성을 이용한 태양계 모델

것이 어렵기 때문에 존스턴 선생님은 개개 그룹에게 해결의 실마리를 만들도록 했다.

일단 학생들이 어떤 과일로 어떤 행성을 나타낼지 선택을 하면 각 행성 사이의 거리와 태양과의 상대적인 거리를 모델로 만드는 방식으로 밖에 나가면서 행성 모델을 제자리에 놓을 차례였다. 학생들은 밖으로 가져갈 목록에 있는 일련의 과일과 채소를 선택했다. 존스턴 선생님은 1천문단위(1 AU)를 1 m로 나타내면 어떤지 물었다. 이러한 방법으로 학생들은 1.5 m의 공간을 차지하는 첫 번째 4개의 행성을 관찰했다. 반면 해왕성은 태양을 나타내는 호박에서 30 m 밖에 있었다. 해왕성의 자몽 모델을 가지고 있는 학생은 태양의 커다란 호박 모델을 가진 학생들을 보기 어렵다는 것을 알게 되었다(그림 9.1 참조).

모델과 실체: 비교

학생들이 교실에 돌아와서 자신들의 모델에 대해 토론하고 있을 때, 존스턴 선생님은 학생들에게 우리의 모델이 실제 태양계와 어떤 점에서 같은지 질문했다.

학생들은 다음과 같이 다양하게 대답을 했다:

"모든 행성의 표면과 내부는 다르다."

"행성의 상대적 크기는 어느 정도 같다."

"우리가 정했기 때문에 상대적 거리는 유사하다."

"모델은 행성이 태양에서의 거리 순서로 되어있다."

그리고 비교

그런 다음 존스턴 선생님은 다시 질문했다.

"어떤 면에서 실제 태양계와 모델이 다른가요?"

"실제 행성은 먹을 수 없어요."

한 학생이 대답했다. 그리고 다른 학생들도 다음과 같은 차이점을 추가했다.

"모델은 실제보다 너무 작아요."

"행성이 움직이지 않아요."

"행성 사이의 거리가 훨씬 더 멀어요."

"어떤 행성은 달(위성)이 있어요."

모델에 대한 중요한 사실

"해왕성은 파란색인데, 모델 자몽은 노란색이에요."

> **존스턴 선생님의 생각** 학생들이 이 특정 모델을 잘 평가하고 있었다. 그리고 일반적으로 모델에 대하여 중요한 한 가지 사실을 배우기 시작했다. 모델이 나타내는 실체와 여러분의 모델이 얼마나 다른지 항상 알고 있어야 한다는 것이다.

모델의 확장

위성을 갖고 있는 행성을 언급한 것이 모델에 위성을 추가하려는 관심으로 이어졌다. 다음 날 다양한 행성의 위성을 나타내기 위하여 작은 마시멜로와 이쑤시개를 사용하기로 결정했다. 그 활동에서 학생들은 수성과 금성은 위성이 없고, 태양계에서 155개 이상의 위성이 다른 행성들의 궤도를 돌고 있다는 것을 배웠다. 목성은 60개 이상의 가장 많은 위성을 가지고 있는 행성이다. 사실 과학자들은 지금도 태양계에서 새로운 위성을 발견하고 있다. 이 활동은 더 많은 질문을 유발했다. 예를 들어서 한 그룹이 작은 마시멜로 위성들이 행성들과 유사한 비율의 크기인지 궁금해했다. 그 그룹은 지구의 위성인 달과

목성의 위성들에 대한 조사를 한 후, 지구의 사과 모델 크기의 약 1/5인 보통 크기의 마시멜로가 우리의 달 모델에 더 좋을 것이라는 것을 알게 되었다. 학생들은 또한 모델에 행성의 위성을 모두 포함시키는 것이 어려울 것이라는 것도 깨달았다.

수업을 마무리하기 전에 존스턴 선생님은 학생들에게 자신의 모델을 자세히 관찰한 후, 무엇을 배웠는지 생각하여, 내린 결론을 과학 노트에 기록하라고 말했다. 선생님은 다음과 같이 학생들에게 질문했다:

크기가 비슷한 행성은 무엇인가요?

태양계에서 지구에 인접한 행성은 무엇인가요?

존스턴 선생님의 질문

태양계에서 태양으로부터의 거리 순서로 나열했을 때, 지구는 어디에 있을까요? 크기 순서로 했을 때는 어떻게 되나요?

테양계는 대부분 무엇으로 구성되어 있나요?

학생들은 모델의 가장 좋아하는 부분을 먹으면서 수업을 마쳤다.

의 미 확 장 하 기

■ 이야기 속의 교수 방법

- 학생들이 태양계에 대해 궁금증을 가지게 되는 것은 학생이 데이터를 수집하는 과정을 주도하게 하는 첫 번째 단계이다.
- 일반적으로, 태양계 모델은 다양한 크기의 스티로폼으로 만든 공을 이용하여 만든다. 이런 모양의 모델을 관찰할 때 사람들이 하는 가정은 모든 행성이 크기만 다르다는 것이다. 그러나 그것은 사실이 아니다. 행성은 크기뿐만 아니라 구성 성분, 색, 그리고 표면 특성이 다르다. 그런 이유로 존스턴 선생님은 과일과 채소가 행성을 더 잘 나타낼 수 있고, 더 흥미로울 것이라고 생각했다.
- 존스턴 선생님이 학생들이 모델의 정확성과 한계를 모두 발견할 수 있도록

어떻게 격려하였는지 주목해야 한다. 또한 존스턴 선생님은 명왕성이 행성에서 소행성으로 등급이 낮아진 것에 대하여 학습할 수 있도록 유도했다.

- 데이터를 수집하고 먹을 수 있는 태양계 모델에 대하여 위에서 나타낸 것과 같이 경험하려면 4학년 이상의 학생들에게 적용한다. 이 활동을 3학년 이하의 학생에게도 적용할 수 있다. 숫자로만 되어있는 데이터 대신에 행성의 상대적인 크기를 나타내는 미리 잘라놓은 원들을 사용해도 된다. 학생들은 이 원들을 행성에 대한 데이터로 사용하여 과일과 채소를 선택할 것이다. 3학년 이하 학급에서는 각 천문단위가 하나의 "큰 걸음"이 된다.
- 모델로 쓸 수 있는 다양한 과일과 채소를 선택하는 것은 선생님이 해야 할 일이다. 여러분의 데이터를 사용해서 조심스럽게 선택해야 한다. 과일은 크기가 균일하지 않기 때문에 계절에 따라서 구할 수 있는 과일에 근거하여 선택하면 된다.
- 존스턴 선생님이 수업 그 자체로 끝나지 않게 하면서 어떻게 기술을 수업에 접목시켰는지 주목해야 한다. 월드와이드 망원경을 사용하면 학생들이 행성을 마음속에 그릴 수 있도록 해주고 태양과 행성들 사이의 엄청나게 긴 거리를 이해하는 데 도움이 된다. 그러나 존스턴 선생님은 학생들이 수치 데이터를 모아 조금 더 전통적이고 실체적인 행성 모델을 만들어서 자세히 비교하고 대조할 수 있기를 원했다. 컴퓨터를 사용하여 멀리 떨어져 있는 대상을 탐색하는 것과 자신이 수집한 자료를 이용하여 여러분 자신의 모델을 만드는 것 사이에는 상당한 차이가 있다.
- 모델을 만드는 것은 모델을 잘 다룰 수 있도록 한 걸음 앞으로 나아가는 것이다. 이는 더 많이 조사를 하게 하고, 더 많은 모델을 만들게 하며 더 깊이 이해할 수 있게 한다.

이야기 속의 과학 개념

- 우리 **태양계**(Solar system)는 태양의 주위를 움직이는 천체 그룹으로 구성되어 있다. 태양계의 주요 구성원은 8개의 **행성**(planets)이다. 여러분이 존

표 9.2 학급 모델로 적합한 단위로 표시된 행성 사이의 상대적 거리

행성	태양을 나타내는 점에서부터의 거리
수성	4.4 cm
금성	8.3 cm
지구	12.1 cm
화성	17.8 cm
목성	61.0 cm
토성	111.8 cm
천왕성	226.1 cm
해왕성	355.6 cm

스턴 선생님처럼 학생들을 교실 밖으로 데리고 나갈 수 없다면 표 9.2를 사용하여 교실 안에서 행성 간 거리에 대한 모델을 만들어 볼 수 있다.

- 태양은 태양계에서 유일한 항성이다.
- **항성**(Stars)은 스스로 빛을 낸다.
- 행성은 태양이나 다른 항성에서 받은 빛을 반사하여 빛을 낸다.
- 모든 행성은 자기 자신의 **궤도**(폐쇄 통로)에서 태양의 주위를 이동하는데, 태양을 중심으로 시계 반대방향인 서쪽에서 동쪽으로 움직인다.
- 화성과 목성 사이에는 각기 다른 크기인 수천 개의 **소행성대**(asteroids)가 있다. 이 소행성은 작은 행성 덩어리 같으며 이 소행성들과 태양을 중심으로 움직인다.
- 명왕성은 카이퍼 벨트(Kuiper belt)라는 커다란 다른 소행성대에 속한다. 이 소행성들은 태양을 중심으로 무리를 지어 회전하지만 명왕성은 이 띠에서 가장 큰 물체도 아니다. 행성의 정의는 태양계에 있는 자신의 궤도에서 가장 무게가 많이 나가는 물체로 정의된다. 따라서 2006년에 명왕성보다 조금 더 큰 물체가 카이퍼 벨트에서 발견되어 천문학자들은 투표로 명왕성을

왜소행성으로 재분류하기로 결정하였다.

♠ 이야기 속의 과학교육과정

기준 존스턴 선생님 학급의 이야기는 국립과학교육기준에 있는 5~8학년을 위한 교과 내용 기준(지구와 우주 과학) 학습 지도안을 설명한다. 이 기준은 부분적으로 "5~8학년의 학급 활동의 결과로서 모든 학생은 태양계의 지구에 관하여 이해를 하도록 해야 한다(미국연구자문위원회, 1996)." 이 기준의 토대를 이루는 개념으로 다음과 같은 것이 있다:

- ♠ 지구는 달과 태양, 8개의 다른 행성과 위성, 소행성, 혜성과 같은 작은 물체를 포함하는 태양계에서 태양으로부터 세 번째 행성이다.

학생들이 먹을 수 있는 태양계 모델을 개발함으로써, 존스턴 선생님의 학생들은 이 개념을 비롯해 더 많은 것을 배웠다.

존스턴 선생님의 학급은 또한 교과 내용 기준 A(탐구과학)의 부분을 설명하고 있으며 이것은 "과학 탐구에 대한 이해를 가리킨다." 이 기준에 대한 잠재적인 능력은 조사를 설계하는 것, 데이터를 수집하는 것, 모델을 만드는 것을 포함하며 이는 모두 존스턴 선생님의 학생들이 성취한 것들이다. 존스턴 선생님의 학생들은 또한 과학적 탐구에 대한 본질에 관한 다음과 같은 기본적인 것을 이해하고 있었다:

- ♠ 다른 종류의 질문은 다른 종류의 과학 조사를 제시한다. 어떤 조사는 더 많은 정보를 찾는 것 그리고 어떤 것은 모델을 만드는 것을 포함한다.

  존스턴 선생님이 학생들에게 먹을 수 있는 모델을 위하여 스스로 질문을 생각해내고 행성으로서 명왕성의 지위를 탐구하고, 인터넷에서 자료를 수집하라고 하였을 때, 선생님은 미국과학교육기술기준, 또는 NETS-S(교육기술 국제학회, 2007)의 기준을 실행하고 있었다.

- ♠ 비판적 생각, 문제 풀이, 그리고 의사 판단: 학생들은 연구를 계획하고, 수행 연구를 관리하고, 문제를 풀고, 적절한 디지털 도구와 참고 자료를 사용하여 정보에 기반한 결정을 하기 위해 비판적으로 생각하는 기술을 사용한다.

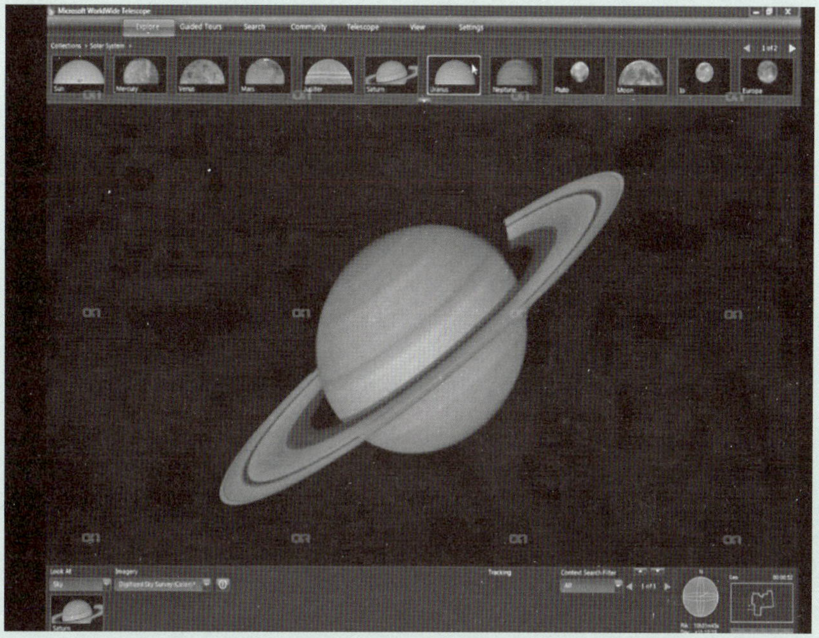

월드와이드 망원경에 있는 토성의 영상. 307쪽 사진에 있는 모델과 어떻게 비교할 수 있겠는가?

Courtesy, Microsoft

학생들은: (a)조사하려고 하는 실제 문제가 무엇인지, 중요한 질문이 무엇인지 알아내고 정의한다. (b)해답을 찾아내거나 연구 과제를 완성시키기 위하여 계획을 세우고 활동을 관리한다. (c)해답을 찾아내기 위하여 데이터를 수집하고 분석한다. 그리고/또는 정보에 기반한 결정을 한다. (d)대체 해답을 탐구하기 위하여 여러 가지 과정과 다양한 관점을 사용한다.

더구나 학생들이 월드와이드 망원경과 다른 인터넷 웹 자료를 이용했을 때, 학생들은 NETS-S의 연구 표준을 실행하였다:

♠ 학생들은 데이터를 수집하고, 평가하고, 사용하는 데 디지털 도구를 적용한다.

심화 탐색

- 태양계 모델을 만들기 위하여 사용할 수 있는 다양한 색과 표면을 가진 원형 물체로 다른 어떤 것들이 있는가?
- 호박을 사용할 수 없는 경우 태양의 모델로 어떤 것을 쓸 수 있는가?

- 월드와이드 망원경으로 행성을 둘러보면 무엇을 배울 수 있는가?
- 태양은 어떻게 빛을 내는가?
- 행성의 세 가지 기본 특성은 무엇인가?

심화 탐색을 위한 자료

전자 미디어 자료

New Horizons: NASA's Pluto-Kuiper Belt Mission. 이 웹사이트에는 왜소 행성 명왕성에 대한 더 많은 자료가 들어있다.

Planet of the Solar System. 이 웹사이트는 8개의 행성과 달에 대한 데이터에 쉽게 접근할 수 있다.

Students for Exploration and Development of Space. 이 웹사이트에서는 우주 탐험에서 일어나는 새로운 개발에 관한 최근 정보를 제공한다.

The WorldWide Telescope. 이 인터넷 웹 페이지에서는 우주를 탐구하기 위한 응답형 소프트웨어의 개요를 제공한다.

출판 자료

Hurst, A., & Gurton, S. (2007). What to do about Pluto? Science Scope 30(9), 51-53. 이 논문은 모형 만드는 반죽을 이용하여 학생이 8개 행성 모델을 만드는 것을 도와주는 카드 찾기 활동을 묘사하고 있다.

Seidel, D. (2007). It's a big, busy solar system. Science Scope 30(9), 12-15. 이 논문은 지구-달-화성의 거리와 상대적인 크기에 대한 다른 모델을 만드는 활동을 설명한다.

모델과 의미

나는 가끔 초등학교 학생들과 먹을 수 있는 태양계를 만들었다. 그리고 학생들은 몇 년이 지난 후에도 그 과제를 기억하곤 했다. 나는 내 딸이 공부하고 있는 3학년 학급에서 처음 지도했었는데, 딸이 고등학교를 졸업할 때

내 딸과 같은 3학년 학급에 있던 학생이 나에게 인사하면서 말했다.

"우리 학급에 선생님이 오셔서 과일과 채소로 수업하셨던 것을 기억해요."

모델에서 의미를 찾는 것

모든 학생에게 과일과 채소는 모델을 만드는 데 매우 유용하다. 특히 모양을 비교하고 데이터를 해석하기 위하여 실제적인 물체로 활동하기를 원하는 사람에게는 더욱 유용하다. 같은 방법으로 월드와이드 망원경을 이용하는 것은 학생들이 모델을 만들기 위하여 데이터를 수집하는 데 귀중한 수단이다. 그러나 이와 같은 모델들은 모델 자체가 전부가 아니라는 것을 기억하자. 이 두 가지 모두 태양계에 있는 물체의 의미를 이해하는 단계이다. 존스턴 선생님의 학급에서 한 그룹이 달의 크기에 대하여 궁금해하고 그 주제에 대하여 조사하기로 결정했을 때와 같이, 초기의 활동이 더 많은 연구를 만들어 냈다.

향후 학습 준비

모델을 만들고 모델에 기초하여 데이터를 해석하고 모델과 실체를 비교하면서 탐색하고 실물인 것처럼 모델을 움직여 보는 활동이 향후 학습에 대한 중요한 의미를 갖는다. 추상적 개념을 쉽게 이해하는 것 외에도 모델을 사용하는 것은 학년이 올라갈 때 접하게 되는 과학적 개념을 준비하도록 도와준다. 예를 들어 화학 방정식을 계산하는 것은 실제 원자와 분자의 움직임을 모델로 만들기 위한 화학기호의 사용과 수학적 과정을 필요로 한다.

과학 이야기

궤도의 모델

다음 과학 이야기에서 존스턴 선생님의 5학년 학생들은 태양을 중심으로 운동하는 행성의 궤도 진로의 특성을 조사했다. 이 학습은 다른 형태의 모델을 만드는 것을 필요로 하였다.

다음 날, 존스턴 선생님은 끈, 연필, 센티미터 줄자와 압정을 학생에게 나누어 주었다. 선생님은 학생들에게 2인 1조로 실험을 하라고 했고, 행성이 태양을 중심으로 움직이는 궤적을 나타내는 모양을 그릴 것이라고 설명하였다.

계획

첫째, 선생님은 한 쌍의 학생에게 30 cm 길이의 끈을 동그란 띠 모양으로 묶으라고 하였다. 그런 다음에 선생님은 학생들에게 과학 노트 가운데에 8 cm 정도 간격으로 두 개의 압정을 놓고 노트 몇 장을 뚫을 정도로 압정을 눌러 넣었는지 확인시켰다. 압정은 단단히 고정되어 있어야 한다고 존스턴 선생님은 다시 한 번 설명하였다. 선생님은 학급을 둘러보며 학생들이 압정을 잘 고정시켰는지 확인했다.

실험

이제 학생들은 다음 단계로 진행할 준비가 되었다. 학생들은 끈으로 만든 띠를 압정에 걸쳐 놓았다. 그 다음에 끈으로 만든 띠가 팽팽하게 연필을 띠에 대고 달걀 모양으로 궤적을 그렸다(그림 9.2 참조). 각 팀의 학생들은 자신들이 그린 것과 다른 팀이 그린 것을 비교하였다. 정말 누가 그렸는가에 상관없이 그린 모양이 항상 달걀 모양이다.

새 용어 – 왜 선생님은 용어를 정의하지 않을까?

존스턴 선생님은 학생들에게 달걀 모양을 다른 용어로 **타원형**(ellipse)이라고 말했다. 그리고 선생님은 압정으로 눌러 놓은 두 점을 타원의 **초점**(foci)이라고 표시하라고 하였다. 선생님이 이 모양이 원과 어떻게 다른지 질문했다.

학생들은 압정 하나 만으로 원을 그릴 수 있다고 말했다. 또 학생들은 원은 중심이 한 개이지만 타원은 중심점이 하나가 아니라고 말했다.

존스턴 선생님은 학생들에게 행성은 태양을 중심으로 타원 궤도로 움직인다고 설명했다. 선생님은 태양이 타원의 한 초점에 있는 것으로 생각할 수 있다고 말하였다.

변인 통제하기

또한 존스턴 선생님은 커다랗고 두꺼운 하얀 스티로폼 세 조각을 칠판 꼭대기에 있는 고리에 매달아 놓았다. 각 조각은 한 변의 길이가 1 m인 정사각형이다. 선생님은 학생들에게 스티로폼 판의 각각 다른 점에 압정을 눌러 놓으라고 하였다. 그 다음에 선생님은 학생들에게 끈의 길이와 초점의 위치가 변할 때 타원의 모양이 어떻게 달라지는지 결정하기 위하여 각각 다른 길이의 끈으로 만든 둥근 띠를 사용하라고 제안하였다(안전을 위하여 존스턴 선생님은 학생들이 칠판에 올 때만 압정을 나누어 주었다).

그림 9.2
연필, 끈, 두 개의 압정으로 타원(달걀 모양) 그리기

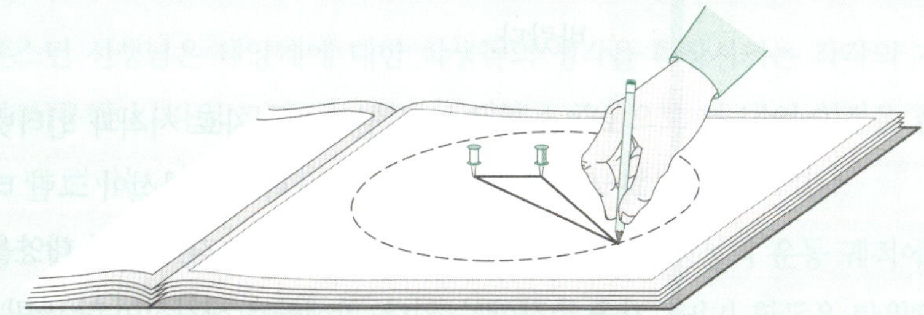

존스턴 선생님의 생각 존스턴 선생님은 학생들이 새롭게 그리는 연필 궤적이 끈의 길이와 압정 사이의 거리가 증가할 때 모양이 바뀐다는 것을 알고 있었다. 학생들이 하게 될 도전은 이와 같은 연필로 그린 그림에서 태양과 행성 사이의 거리가 증가할 때 행성의 타원 궤적에서 일어나는 변화를 이해하게 하는 출발점이 되는 것이다.

학생들의 관찰

학생들은 압정 사이의 거리를 증가시킬 때 타원 모양이 어떻게 커지는지 주목했다. 존스턴 선생님은 두 압정 사이의 거리를 일정하게 유지하고 끈의 길이만 변화시키면서 학생들은 그 방법으로 실험을 시도했다.

모델 특성 탐색

존스턴 선생님이 제안했다.

"이제, 이 타원 중에 하나가 태양을 중심으로 움직이는 지구의 타원 궤도를 나타내는 것이라고 상상해보자."

선생님은 초점 중 하나에 태양을 나타내는 "S"를 표시했다.

"지구가 태양에서 가장 가까운 위치에 있는 것을 나타내는 타원 궤도의 점까지 태양으로부터의 거리를 나타내는 선을 그려보자. 그리고 지구가 태양에서 가장 멀리 떨어져 있는 위치를 나타내는 타원 궤도의 점까지 태양으로부터의 거리를 나타내는 선을 각각 그려보자."

학생들이 지켜보는 가운데 존스턴 선생님은 자를 대고 선을 그렸다.

존스턴 선생님의 생각 달걀 모양의 행성 궤적이 타원형이기 때문에 행성이 태양에 가장 가까운 지점과 태양과 가장 멀리 떨어져 있을 때

달의 모델이고 사과는 지구의 모델이라고 상상하도록 하였다. 학생들은 찻잔의 손잡이가 사과를 향하도록 돌렸다. 선생님은 학생들에게 사과를 중심으로 하는 경로로, 찻잔의 손잡이가 항상 사과를 향해 움직이도록 지시했다.

공전과 자전

2인 1조의 학생들이 지구를 중심으로 "달"이 한 바퀴 움직일 때(공전), 달도 보이지 않는 달의 축을 중심으로 한 번 회전한다는 것을 알 때까지 이것을 몇 번 계속했다. 학생들은 그 다음에 서로의 둘레를 걸어서 이 과정을 모델로 만들었다. 달의 모델을 만드는 학생은 지구를 모델로 하는 학생의 팔꿈치를 향하게 했다. 지구를 중심으로 달이 한 번 회전하는 동안 달이 한 번 회전하거나 한 번 돌기 때문에 이 행동은 항상 달의 같은 면이 지구를 향하게 한다는 것을 학생들이 알게 하는 것에 도움이 되었다.

달의 위상 모델 만들기

학생들이 밤하늘의 달을 관찰했기 때문에 다음 단계는 달의 위상에 관하여 조금 더 정교한 모델을 만드는 것이었다. 학생들은 달을 나타내기 위하여 배구공을 사용하였고, 시작하기 전에 교실을 깜깜하게 만들었다.

엘렌(Ellen)은 넓은 공간의 가운데에 서서 지구를 상징했다. 배구공을 들고 있는 패트릭(Patrick)은 엘렌을 중심으로 빙 돌아 걷는데, 항상 배구공의 같은 면이 엘렌을 향하도록 유지하며 천천히 돌았다.

요한나(Johanna)는 태양을 나타내는데, 배구공을 밝혀주는 강한 전등을 들고 달-지구계의 한쪽에 섰다. 배구공이 전등의 불빛을 반사할 때, 다음과 같은 과학적 아이디어가 떠올랐다:

- 배구공은 구이기 때문에 한 번에 배구공(달)의 반쪽만 비출 수 있다.
- 달이 지구를 중심으로 움직일 때, 반쪽을 비춘 일부분만 지구에서 볼 수 있다.
- 달이 지구를 중심으로 한 바퀴 움직일 때 달은 한 바퀴 회전한다.
- 달의 같은 면이 항상 지구를 향한다.
- 지구를 향하는 달 측면의 다른 부분이 달이 이동하는 다른 시간에 빛을 받

는다.

- 하늘에서 우리가 보는 달의 모양을 위상이라 한다.

떠오르는 아이디어

- 보름달을 볼 때, 지구를 향하는 달의 전체 측면에서 빛을 반사한다.

새로운 질문

이 시기에, 달의 위상에 관한 여정과 다음 활동이 학생들에게 새로운 질문이 생기도록 이끌 것이다. 학생들은, 예를 들어, 오렌지색의 달이 떠오르거나 지는 것에 대하여, 달 주위에 가끔 나타나는 "달무리"에 대하여, 그리고 왜 달이 하늘에 낮게 떠 있을 때 더 커 보이는지에 대하여 의아하게 생각할 것이다. 이런 질문들은 복잡한 문제이기 때문에 학생들은 자료 서적이나 인터넷에서 그 문제들을 탐구하게 된다.

의 미 확 장 하 기

■ 이야기 속의 교수 방법

- 학생들에게 과제 기간을 한 달 이상 주어 학생들이 반복되는 달의 위상을 관찰할 수 있게 한다. 이것은 지속적인 탐구의 또 하나의 예이다. 달에 대하여 더 잘 이해할 수 있도록 하는 것 외에도 이 과정은 학생들에게 다른 자연 과정과 자신의 인생에서의 주기에 관한 개념에 의미를 부여하는 데 도움이 된다.
- 호건 선생님은 달의 위상이 반복되어 예측할 수 있다는 것을 학생들이 이해하기 원했지만 선생님은 학생들에게 미리 이 정보를 주지 않았다.
- 학생들이 달의 위상 일지를 기록하여 얻는 정보는 찻잔-사과 가상 실험에 대한 기초를 제공하고, 달의 위상에 대한 배구공 모델을 만드는 것을 가능하게 한다. 따라서 존스턴 선생님의 먹을 수 있는 태양계와 같이 달의 위상 일지는 그것으로 끝나는 것이 아니라 더 탐구할 수 있게 하는 기초가 된다.

● 이야기 속의 과학 개념

- 행성처럼 달은 태양 빛을 반사하기 때문에 눈으로 볼 수 있다. 다른 표현으

로 우주의 모든 방향으로 비추는 태양의 광선이 달의 표면에 부딪혀서 되돌아 나온다.

- 달이 지구를 중심으로 한 바퀴 돌 때, 달은 하늘에서 다른 모양인 것처럼 보인다. 이 다른 모양이 **달의 위상**이라 불린다(그림 9.3 참조).
- 달이 보름달에서 다음 보름달로 진행하는 데 29일이 걸린다. 달이 지구를 한 바퀴 도는 데 걸리는 시간이다. 그리고 달이 자전축을 중심으로 한 바퀴 도는 데 걸리는 시간과 같다. 달이 지구를 한 바퀴 돌 때 달이 한 번 회전하기 때문에 우리는 지구에서 달의 한 면만 본다.
- 달이 지구를 중심으로 돌아 움직일 때, 태양과 지구와의 상대적인 달의 위치 때문에 빛이 비추는 달 측면의 다른 부분을 지구에서 볼 수 있다.
- 보름달로 진행될 때, 달이 더 크게 보이기 때문에 달이 찬다고 한다. 보름달이 지나면 달이 더 작게 보이기 때문에 달이 기운다고 한다.

♠ 이야기 속의 과학교육과정

기준 이 장의 초반부의 과학 이야기와 같이 호건 선생님의 학생들은 태양계의 본질에 관한 미국과학교육기준의 교과 내용 기준 D에 관련된 것을 이해하는 단계에 있다(국립연구위원회, 1996). 학생들의 달 위상 일지와 학급에서의 후속 활동은 5~8학년을 위한 교과 내용 기준 A(탐구의 과학)의 좋은 실례이기도 하다. 탐구의 과학 기준에 기초가 되는 기본 능력은 다음과 같이 표현된다:

♠ [학생이 할 수 있어야 하는] 묘사하고, 설명하고, 예측하고, 증거를 사용하여 모델을 만드는 능력의 개발.

심화 탐색

- 어떤 다른 유형의 물체를 교실에서 달의 위상 모델을 만드는 데 사용할 수 있는가?
- "지구의 그림자"가 의미하는 것이 무엇이라 생각하는가?
- 성능 좋은 쌍안경이나 망원경으로 밤하늘을 관찰한 적이 있는가? 쌍안경이나 망원경을 사용하면 육안으로 관찰할 수 없는 어떤 것들을 볼 수 있다고

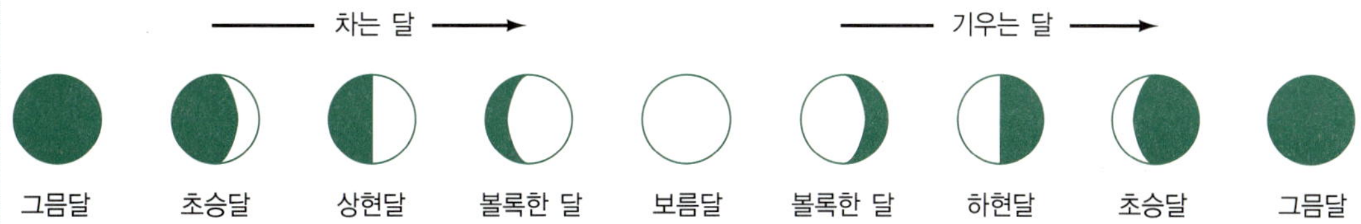

그림 9.3
북반구에서 보는 달의 위상
새로운 달의 모양 변화가 시작될 때는, 지구를 마주보는 달의 측면이 완전히 어둡고 보이지 않을 때이며, 그 후로 달은 꽉 찬 원형으로 빛나는 보름달이 될 때까지 차오른다(커지는 것으로 보인다). 그 후 달은 기운다(작아지는 것으로 보인다). 초기 과정의 거울상인 달의 위상을 거치게 된다.

생각하는가?

- 남미에서 달 위상 일지를 기록한다고 생각해보자. 달의 모양이 어떻게 보이겠는가?

심화 탐색을 위한 자료

전자 미디어 자료

Keeping a Moon Journal. 이 전자 지도서는 인터넷에서 다운로드할 수 있다. 더 구조적인 접근 방식으로 달의 위상 일지를 탐구하고 몇 가지 흥미로운 제안을 한다.

Photos of the Moon Phases. 인터넷의 이 웹 페이지는 달이 각 위상에 들어갈 때의 선명하고 아름다운 달 사진들이 있다.

출판 자료

Simon, S. (2003) The Moon. New York; Simon and Schuster. 이 책은 학교에 다니는 어린이를 위한 것이며 달과 지구와의 관계를 아주 자세하고 정확하게 설명한다.

Trundle, k. C., & Troland, T. (2005). The Moon in Children's Literature. Science and Children 43 (2), 40–43. 이 논문은 몇몇 인기 있는 어린이 문학 작품에 등장하는 달에 대한 오개념을 어떻게 이야기하는지를 논의한다.

달-위상 일지의 사용

달-위상 일지를 작성하는 것은 과학 일지를 작성하는 것과 유사한 점이 많다. 이 책의 초반부에서 주목한 것과 같이 "일지 작성"은 학생들에게 어떤 방법으로 자연을 관찰하게 하고, 관찰한 것을 반영하게 한다. 이 실습을 위해서는 학생들이 밤에 자주 밖에 나가야 하기 때문에 달의 위상 일지는 5학년 이상 학생들에게 적합하다. 어떤 날 밤에는 창을 통해 달을 볼 수도 있지만 가족들에게 이 과제에 대하여 충분히 설명한 후 가족의 도움과 협조를 요청하는 것이 중요하다.

성공적이거나 성공적이지 않은 경험의 기록

달을 관측하는 1개월 동안 어떤 날에는 학생들이 잠자리에 들 시간까지도 달이 보이지 않을 수 있다. 날씨가 안 좋으면 달 관측이 어려울 수도 있다. 호건 선생님이 하신 것처럼 달 관측이 성공적이지 않은 것 등 학생들이 경험한

달의 위상: 다른 전망

어느 곳에 가더라도 나는 달을 관찰했다. 그때마다 나는 달의 위상이 무엇인지 생각했다.

나는 고향에서 19,312 km 떨어진 호주에서 학생들을 가르칠 때, 나에게 어떤 일이 생길지 상상해보았다. 내가 호주에 도착한 후 하늘에 구름이 있는 것을 보고 신문에서 일기예보를 확인했다. 일반적으로 신문의 기상 관련 페이지에서는 일출, 일몰 시간뿐만 아니라 월출, 월몰 시간도 알려준다.

그 당시 나는 신문에서 제공한 정보가 틀렸다는 것을 발견하고 많이 놀랐다. 차는 달이 항상 그런 것이라고 알아왔던 것처럼 오른쪽이 아니라 왼쪽이 빛을 받는 것으로 나타났다(그림 9.3 참조).

그래서 나는 신문사에 전화를 해야 겠다고 생각했다. 그러나 나는 신문에 있는 달의 모양을 계속 생각해보면서 구에 대하여 생각했다. 내가 지구의 남반구의 한 지점에 서 있는 것을 상상하자 해답이 떠올랐다. 정말 지구 적도의 남쪽인 여기에서는 차는 달이 왼쪽에 나타난다. 이것을 상상해보면 여러분도 그것을 볼 수 있을 것이다.

중요한 것은 가끔 우리는 사물을 있는 그대로 보는 것이 아니라는 점이다. 이것은 많은 사람들을 같은 현상에 대하여 여러 번 관찰하게 하는 것이 과학에서 왜 필요한지에 대한 이유이다. 나는 호주에 살고 있는 사람들에게는 북미에서 보는 달이 이상하게 보일 것이라고 생각한다.

모든 것을 기록하게 하는 것이 좌절감을 느끼지 않게 하는 데 도움이 된다. 그리고 달의 공전 주기가 4주 정도이기 때문에 4주 이상으로 연구 기간을 설정하는 것이 중요하다. 학생들이 주기가 반복되는 것을 관측할 수 있도록 연구 기간을 5주 또는 6주 정도로 하는 것도 좋다.

내 경험에 의하면 5학년 이상 모든 연령의 학생들은 달의 위상 일지를 작성하는 것에 대해 자랑스럽게 생각한다. 내가 교사를 교육하는 교실에서도 이 과제를 사용하였는데, 예비 교사들이 이 과제에 똑같이 몰두하였다. 나는 이 경험이 학생들이 관찰하는 능력에 대한 자신감을 향상시킬 수 있기를 바란다고 설명했다. 나는 또한 학생들이 선택한 어떤 방법으로 자신들이 관찰한 것을 설명하고 발표할 수 있는 시간을 주는 것이 중요하다고 주장했다. 나는 학생들에게 "자신이 해야 할 과제를 모험으로 생각해야 한다."고 말했다.

많은 사람들은 자세히 관찰하는 것만으로 자신들이 평생 보아왔던 자연 물체에 대하여 많은 것을 발견할 수 있다는 것을 깨닫고 놀라기도 한다.

일지 공유

학생들이 일지를 교실에 가져왔을 때, 나는 학생들이 관찰한 내용을 기록하기 전에 일지를 서로 공유하게 하는 것이 도움이 된다는 것을 발견했다. 학생들이 여러 날 동안 일지를 기록한 후에 얻은 모든 정보를 다시 살펴보고 토론을 할 때, 과학적인 아이디어가 정말로 떠오른다.

숨겨진 재능을 나타내게 함

만일 여러분이 학생들과 달의 일지 작성 과제를 시작한다면 장점들이 많다는 것을 알게 될 것이다. 그 과제는 여러분이 학생들의 숨겨진 재능의 일부를 개발해줄 수 있을 것이다. 특히 예술이나 시는 학생들의 창조 능력을 보여주기도 한다.

10

과학 키트를 넘어선 움직임

전기와 원자의 탐구

초점 질문

- 여러분은 손전등 내부를 탐구한 적이 있는가?
- 여러분의 집에는 퓨즈나 회로 차단기가 있는가?
- 왜 결함 있는 전기 배선은 화재를 일으키는가?
- 얼마나 많은 원자가 문장 끝에 있는 ●(마침표)에 들어갈까?"

에너지는 과학에서 기본적인 개념이다. 사람들은 우리가 충분한 에너지를 갖고 있지 않다거나 에너지를 절약하기 위해 전등을 꺼야 한다는 말을 하는 것처럼 일상 대화에서 에너지라는 단어를 사용한다. 그러나 이미 일상생활과 관련성이 있음에도 불구하고, 에너지는 학생들에게 추상적인 개념으로 남아있다. 왜냐하면 에너지는 물질처럼 쉽게 측정할 수 있는 구체적인 실체가 아니기 때문이다.

에너지는 여러 가지 형태로 존재한다. 그리고 한 가지 형태의 에너지에서 다른 형태의 에너지로 전환되는 것을 이해하는 것은 어렵다. 초등학생들은 보통 4가지 형태의 에너지에 해당하는 소리, 빛, 열, 전기를 공부한다.

학생들은 중학생이 될 때까지 에너지라는 개념에 노출되는 횟수가 계속 증가하므로, 에너지의 측정과 전환이라는 추상적인 개념을 명확하게 다룰 수 있는 이해력이 증가한다. 소리, 빛, 열 그리고 전기 공부에서 밑바탕을 이루고 있는 과학적인 몇 가지 개념은 12장에서 다룬다.

에너지는 복잡한 과학적 개념이기 때문에 여러분은 아마 많은 학생들이 에너지에 관한 대체 개념(alternative conception)을 가지게 될 것이라고 생각한다. 여러분은 다음에 나오는 이야기들을 읽으면서 그 생각이 옳다는 것을 알게 될 것이다. 그러나 이 장은 또한 과학교육 자체에 존재하는 대체 개념에 중점을 둔다. 그 대체 개념은 선생님, 관리자, 교육과정 자료 개발자들과 그 외 많은 이들에게서 찾을 수 있다.

처음의 두 가지 이야기에서, 우리는 4학년 2개 학급에서 전기 단원의 시작을 탐구하는 방법을 검토한다. 두 명의 선생님들에게 전형적인 과학 "키트"가 주어지는데 그것은 학생들이 사용하게 될 재료가 든 상자이다.

키트에는 교사를 위한 구체적인 설명서와 학생들을 위한 작은 책자가 동봉되어 있다. 이 글을 읽으면서 이 두 학급에서의 과학 활동의 본성에 대해서 생각해보자. 또 진정한 탐구가 발생하는 순간을 찾아보자. 과학 교육에 관한 어떤 종류의 대체 개념이 이 두 학급 모두에 충분한지 스스로에게 물어보자.

과 학 이 야 기

전지, 전구 그리고 전선

중서부 교외에 위치한 스톤(Stone) 선생님의 4학년 교실에서는 막 전기 단원에 대해서 공부하기 시작하였다. 이 학군의 학교들은 그 지역의 상업적인 공장들에서 전기 키트를 공급받았다. 스톤 선생님은 전기 단원을 가르칠 수 있는 새로운 재료들을 사용할 수 있게 되어 매우 기뻤다.

세심하게 준비 중인 스톤 선생님

전기 단원이 시작되기 전날 밤, 스톤 선생님은 그 키트의 "교사를 위한 지침서"를 읽으면서 수업을 준비했다. 선생님은 과학 키트의 내용물에서 D-형 전지, 전지 끼우개, 손전등 전구처럼 생긴 작은 1.5볼트 전구, 전구 소켓, "종 전선"이라고 표기된 가느다란 전선 뭉치를 발견했다. 또한 키트에는 스위치와 와이어 스트리퍼도 여러 개 들어 있었다.

키트에 있는 지침서를 따라 스톤 선생님은 전선을 30 cm씩 잘랐고, 와이어 스트리퍼를 이용해 각 전선 끝의 플라스틱 절연체를 제거하였다. 그리고 작은 글자 표식을 이용하여 전선의 한쪽 끝에 "A"를 붙이고, 반대편 끝에는 "B"라고 붙였다.

다음 날 아침 스톤 선생님은 학생들에게, 오늘은 전기 단원에 관해서 공부하게 될 것이라고 설명했다. 그리고, 칠판에 학생들에게 필요한 세 가지 정의를 적어 놓고, 학생들에게 각자의 노트에 옮겨 적도록 하였다.

스톤 선생님의 정의

- 전기 회로는 전류 또는 전하가 계속 흐르는 연속적인 경로이다.
- 직렬 회로는 오직 하나의 전기 흐름을 가지는 단순한 회로이다.
- 병렬 회로는 동일한 전원에서 한 개 이상의 전기 흐름을 가진 회로이다.

스톤 선생님은 큰소리로 정의를 읽고, 단어를 검토하였다. 학생들은 조용하게 이 용어들을 노트에 필기했다.

스톤 선생님의 생각에 동의하는가?

> 스톤 선생님의 생각 스톤 선생님은 학생들이 의미 있는 탐구를 수행하기 위해서는 어휘력이 필요하다고 믿었다. 그리고 학생들이 탐구를 시작하기 전에 먼저 의미를 파악하는 것이 중요하다고 믿었다.

각 그룹의 재료

스톤 선생님은 학생을 4개의 그룹으로 나누고 각 그룹에게 전구 4개와, 전지 2개, 전구 소켓 4개, 그리고 전지 끼우개 2개를 가져가라고 하였다. 또한 각 그룹들은 "A"와 "B" 라벨을 붙인 30 cm 길이의 전선 7개를 받았다. 전지 끼우개의 한쪽 끝에는 "B", 또 다른 끝에는 "A"가 적혀 있었다. 선생님은 학생들에게 지시를 내리기 전까지는 재료들에 손대지 말라고 주의를 주었다. 그리고 모든 재료들을 나누어 주고 말했다.

"자, 그룹 중 한 명이 전지를 가져가서 전지 끼우개에 끼우세요. 다음에 또 다른 사람이 각 전구를 전구 소켓에 부드럽게 돌려 넣으세요."

학생들은 지시받은 대로 행동했다. 그리고 스톤 선생님은 계속 진행했다.

"여러분, 전지 끼우개 끝에 "A"가 표시되어 있고, 전선 끝에도 "A"라고 표시되어 있는 것이 보이죠? 좋아요. 그럼 다음 순서로 넘어가서 "A"라고 표시된 전기 끼우개의 끝 부분에 "A"라고 표시된 전선을 덧대고, 연결이 잘되도록 고리 모양으로 전선을 꽉 잡고 전선을 돌리면서 전지 끼우개와 연결하세요. 이번에는 "B"라고 적힌 전지 끼우개와 "B"라고 적힌 전선을 고리 모양으로 해서 방금 전에 했던 것과 똑같이 반복하세요."

철저한 지침서

스톤 선생님은 지금까지 설명했던 똑같은 샘플을 들고 학생들에게 보여주면서 말했다.

단원을 시작하기 전에 이런 방식으로 학생들의 선행 개념을 가져오려고 노력했다.

학생들은 트레비스 선생님의 질문을 주의 깊게 들었다. 한 학생이 전기는 실제적인 물건이 아니기 때문에 전기 1파운드를 살 수 없다고 말했다.

트레비스 선생님은 바로 좀 더 자세히 말해주기를 바랐고 학생이 잠시 뒤 말을 이었다.

"우리는 실제 손으로 전기를 잡을 수가 없어요. 만약 전기에 닿으면 충격을 받을 수도 있어요."

트레비스 선생님은 학생들에게 이 현상에 대해 생각해보자고 권유했다. 그런 다음 다음과 같은 개념을 공유했다.

"우리는 질량을 가지고 공간을 차지하는 모든 것들이 물질이라는 것을 알고 있어요. 만약 전기가 물질이 아니라면, 무엇일까요?"

학생들은 열에너지를 몇 주 동안 공부했기 때문에 선생님이 의미하는 것이 "에너지"임을 알고 있었다. 그러나 트레비스 선생님은 에너지는 우리 손으로

이 학생들은 전지, 전구 그리고 전선들을 가지고 조사를 하고 있다. 학생들은 특정 문제를 해결하려고 노력한다.

Ellen Senisi/The Image Works

잡을 수 없기 때문에 물질보다 이해하기가 어려워서 학생들에게 다시 상기시켜주는 것이 중요하다고 생각했다.

활동 시작

이제 활동을 위한 모든 준비가 끝났다. 선생님은 손전등을 탐구는 것을 좋아한다고 말했다.

"이 손전등을 분리해서 내부를 꺼내 보세요."

그리고 선생님은 두 개의 손전등을 4명의 학생으로 구성된 각각의 그룹에게 나눠 주었다.

"이 탐구는 짝과 함께하는 것이 훨씬 좋아요. 여러분은 예전에 손전등을 몇 번이나 열어보고 탐구해보았나요?"

선생님이 질문하자 대략 절반의 학생들이 손을 들었다.

"제일 윗부분의 덮개를 열고, 전구를 포함한 몇 가지의 부품들을 꺼내 보세요. 가끔 부품들이 떨어져 깨질 수 있으니 손전등을 너무 높이 들지 마세요. 지금부터 손전등 내부를 살펴보면서 과학 노트에 각각의 부품들을 그린 후 이름을 붙여보세요."

학생들의 도전과제

학생들은 손전등을 분리했고 자신들의 노트에 개략적인 그림을 그렸다.

그런 다음 트레비스 선생님은 2인 1조로 된 그룹들에게 전선 가닥들을 나눠 주었다.

지침서 없는 제안

"자, 여러분들이 이 전선과 전지, 전구를 사용해서 불을 밝힐 수 있는지 알아보죠. 시작하기 전에 이 도구들을 살펴보세요."

그녀는 와이어 스트리퍼를 높이 들고 예전에 이 물건을 본 적이 있는지 물었다. 몇몇 학생들은 집에서 가지고 온 공구함에 와이어 스트리퍼가 있다는 것을 알고 있었다.

트레비스 선생님은 우리 실험에서 그 공구가 왜 중요한지 물었다. 그러자 와이어 스트리퍼에 대해 이미 알고 있었던 몇몇 학생들은 대답했다.

트레비스 선생님은 와이어 스트리퍼를 나눠 주고 학생들에게 전선 끝을 벗겨내라고 말했다.

트레비스 선생님의 생각 트레비스 선생님은 학생들이 활동을 통해 배우기를 원했다. 그러나 선생님은 전지, 전구와 전선을 다루는 것이 매우 힘들다는 것을 알고 있었다. 또 학생들이 성공하지 못해 흥미를 잃어 낙담하게 되는 것을 바라지 않았다. 그래서 선생님은 이러한 문제를 해결할 수 있는 더 나은 기회를 주기 위해 학생들이 직접 전선의 끝을 벗기도록 했다.

몇몇 노력들의 성공과 다른 이들의 실패

그룹의 학생들은 작동하는 방법을 발견하기 전에 여러 번 시도를 했다. 대부분의 그룹들은 만약 전선의 한쪽 끝으로 전구의 아랫부분을 감고 전지의 한쪽 끝부분을 접촉하면서, 전선의 반대쪽 끝을 전지의 반대편 끝부분과 연결한다면 전구에 불을 들어온다는 것을 알게 되었다.

한 그룹의 학생들이 작은 전구의 둘레 일부분을 감싸고 있는 전선의 중심부분을 벗기고 나서, 전선의 끝부분을 전지 한쪽 끝에 접촉해서 불을 밝히는 것에 성공하였다.

학생들은 다른 그룹의 실험을 보러 다녔고, 전구의 불을 밝힐 수 있는 여러 가지 방법들을 시도해보았다. 트레비스 선생님은 학생들에게 불이 켜지는 방법과 그러지 못한 방법들을 노트에 그리도록 하였다.

또 다른 제안

그런 다음 학생들에게 손전등용 전지와 전선을 이용하여 전구에 불을 밝히라고 말하였다. 두 개의 전지와 하나의 전선을 조작하는 것은 솜씨를 요하는 일이었다. 그러나 학생들은 마침내 전구에 불을 밝힐 수 있도록 조작할 수 있게 되었고 하나의 전지를 사용하는 것보다는 두 개의 전지를 사용하는 것이 더 밝다는 것을 알아차렸다.

트레비스 선생님은 분해된 손전등을 다시 조립하여 켠 후, 손전등에서 꺼내어 두 개의 전지로 실험했던 밝기와 손전등으로 불을 밝힌 것과의 밝기를 비교해보라고 하였다. 학생들은 밝기는 거의 동일하다는 것을 알게 되었다.

노트 필기

트레비스 선생님은 과제로 학생들에게 오늘 아침에 실험했던 한 개의 전지, 두 개의 전지로 전구에 불을 밝히기 위해 발견한 "규칙들"의 목록을 과학 노트에 기록하도록 하였다.

키트 열기

그 다음 날 아침, 트레비스 선생님은 교실의 테이블 앞에서 과학 전기 키트의 내용물을 꺼냈다. 그리고 이 실험도구들 중에서 우리가 알아볼 수 있는 것은 무엇인지 물었다.

몇 개는 비슷, 나머지는 비슷하지 않음

학생들은 손전등에서 보았던 전구와 똑같은 전구를 알아보았다. 전선 역시 학생들이 사용했던 것과 동일한 것이었다. 비록 전지의 크기는 좀 컸지만 학생들이 인식하는 데 별다른 어려움은 없었다. 그러나 이 과학 키트는 전지 끼우개와 작은 전구 소켓도 있었다. 몇몇 학생들은 예전에 이것을 본 적이 있지만 다른 학생들은 처음 보는 것들이었다.

문제 해결하기

트레비스 선생님은 다음과 같이 말하였다.

"각 그룹에서는 실험을 위해 전구 2개, 전구 소켓 2개, 전지 1개, 전지 끼우개 1개, 그리고 60 cm의 전선을 가져가세요. 또한 와이어 스트리퍼도 필요할 겁니다. 우리 수업의 주제는 우리가 두 개의 전구를 동시에 밝힐 때 더 밝은 빛을 내기 위해서는 어떻게 해야 하는지 알아보는 것이에요. 여러분의 도구들을 유심히 살펴보는 것부터 시작하세요. 전지 끼우개와 전구 소켓을 어떻게 연결할 것인지 생각해보세요. 또 서로 전선을 어디에 연결할지를 떠올려 보세요. 지난번 숙제에서 여러분들이 발견한 규칙들을 사용해보세요. 그런 다음 그룹의 모든 구성원들이 계획을 세워 보세요. 여러분들의 많은 아이디어들을 시험해보기 바랍니다. 자, 시작하세요!"

> **트레비스 선생님의 생각** 학생들은 도구들을 다룰 때 매우 즐거워한다. 그러나 트레비스 선생님은 전지 끼우개와 전구 소켓에 전선을 연결하는 것이 다소 까다롭다는 것을 알고 있었다. 미리 이러한 과정을 계획하는 것은 학생들의 불필요한 수고를 줄일 수 있다. 또한 학생들 스스로 토론하는 것은 자신들의 학습에도 도움이 된다.

학생들 계획을 세우다

학생들은 도구들을 모아서 계획을 세웠다. 몇몇은 어디부터 해야 할지 알고 있었고, 몇몇은 어디부터 시작해야 할지 선생님에게 물어보았다. 그럴 때마다 선생님은 다음과 같이 대답했다.

"여러분은 먼저 전구 끼우개에 전구를 돌려 넣어야 해요."

추가적인 제안들

학생들은 전선 끝을 벗겨내기 시작하였다. 그룹 전체가 분주하게 움직였다. 트레비스 선생님은 교실을 돌아다니면서, 이러한 도구들을 능수능란하게 사용할 수 있는 수준이 다양하다는 것을 알아차렸다. 선생님은 지적을 해주고 더 나은 제안을 하기도 했다. 그리고 어떤 한 그룹에 다가갔다.

"여러분들은 전선을 준비해서 먼저 잘라야 해요."

그리고 학생들에게 전선이 필요하다면 더 많이 가져가라고 말하였다.

트레비스 선생님의 생각 트레비스 선생님은 교실을 돌아다니면서 학생들이 어떻게 생각하는지를 알고 싶었다. 또 어제의 학습 경험이 새로운 기구들을 사용해서 자신들만의 전기 회로를 꾸미는 데 도움이 되기를 원했다.

학생들의 해결책

대부분의 그룹은 전구의 불을 밝히기 위해 전선 세 개를 사용하는데, 첫 번째 전선은 전지 끼우개와 첫 번째 전구를 연결하고, 두 번째 전선은 첫 번째 전구와 두 번째 전구를 연결하고, 세 번째 전선은 두 번째 전구와 전지를 연결하였다. 학생들은 전날에 전지 한 개와 전구 한 개를 사용했을 때보다 전구의 밝기가 훨씬 더 약해진다는 것을 알아차렸다.

이름과 정의 공동 작업하기

학생들의 노력에 박수를 보낸 뒤에, 트레비스 선생님은 그들이 실험했던 것에 몇 가지 이름을 붙이기로 하였다.

"우리가 만든 전지, 전구와 전선들의 연결 방법에 이름을 붙여보세요. 과학자들은 이러한 연결법을 무엇이라고 부를까요?"

몇몇 학생들이 소리쳤다.

"회로라고 해요."

트레비스 선생님은 칠판에 회로라고 썼다. 선생님과 학생들은 함께 전지의 한쪽 끝에서부터 전선을 통하여 전구와 전지의 다른 부분, 그리고 다시 전지를 통과하는 완전한 경로를 회로라고 정의하였다.

그리고 선생님은 학생들에게 이러한 경로는 전자라고 부르는 아주 조금 대전된 입자들이 흐르는 '연속적인 길'이라고 말했다.

"이들 전자들은 회로를 통해 전하를 운반해요. 모든 대전된 입자들이 전선을 따라 흐르는 것을 전류라고 합니다."

선생님은 칠판에 학생들이 설계했던 회로를 그렸다(그림 10.1). 그리고 새로운 질문을 던졌다.

새로운 질문-답 없음

"이와 같은 활동들이 왜 전선이 코팅이 되었는지를 밝히는 데 도움이 되었으면 좋겠어요. 자 우리가 실험했던 것을 생각해볼까요?"

> 트레비스 선생님의 생각 이때, 트레비스 선생님은 학생들이 만들어낸 연결들을 정확한 이름과 관련짓기를 원했다. 선생님은 지금 전선을 코팅하는 것에 흥미를 가진 것은 아니다. 단지 학생들이 전선을 가지고 실험을 할 때 이러한 개념들이 학생들 머릿속에 심어지기를, 싹이 틀 수 있는지 알아보기를 원했다.

더 풀어보기

이제 트레비스 선생님은 학생들이 두 개의 전구가 동시에 켜진 상태에서 더 밝게 빛나는 회로를 만들 수 있는지 도전하게 했다.

선생님은 학생들에게 전선이 더 필요할 경우 더 가져가도록 하였다. 그리고 그룹들을 돌아다니면서 학생들을 지도하고 가르쳐 주며, 학생들의 생각을 면밀히 살피고 어려워하는 학생들에게 격려를 해주었다.

트레비스 선생님은 진전이 없는 한 그룹에게는 한 번에 하나의 전구로 실험

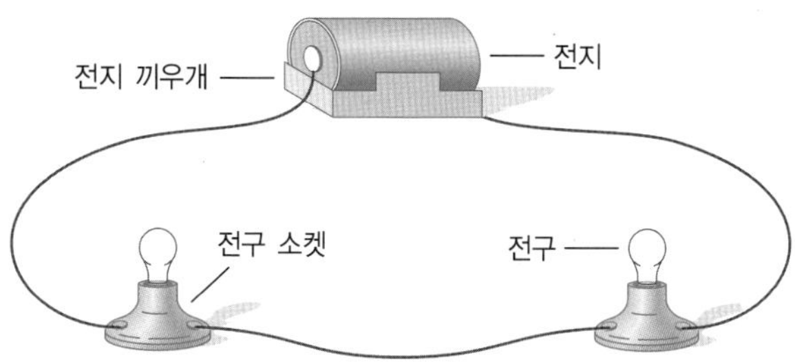

그림 10.1
전지 끼우개 안에 하나의 전지, 전구 소켓 안에 두 개의 전구, 그리고 세 개의 전선으로 연결된 직렬 회로.

해보라고 말했다. 또 다른 그룹에게는 이미 한 것은 그려 두면 꼭 성공할 수 있을 것 같다는 의견을 주었다.

반면 다른 그룹에게는 교실 뒤편에 더 잘하고 있는 그룹이 어떻게 하고 있는지 살펴보도록 하였다. 학생들은 내내 어떻게 하면 두 개의 전구가 하나의 건전지로 어두워지지 않고 밝게 빛나게 할 수 있는지 알아내려고 하였다.

해결책 함께하기

잠시 후, 트레비스 선생님은 각 그룹당 한 사람씩 나와서 칠판에 자신들이 설계한 회로를 그리라고 하였다. 정답 회로는 모두 4개의 전선을 사용하고 각각의 전구가 전지의 양쪽에 각각 연결되어 있는 것이다(그림 10.2 참조). 밝기의 차이는 매우 뚜렷하다. 독립적으로 연결된 두 개의 전구는 하나의 회로를 공유하는 두 개의 전구보다 훨씬 밝게 빛난다. 트레비스 선생님은 학생들에게 말했다.

회로 설계 후 이름(라벨) 붙이기

"이제는 여러분들이 설계한 두 종류의 회로에 이름을 붙일 시간이에요."

트레비스 선생님은 처음 만든 회로를 그린 것을 가리키며(그림 10.1과 유사) 설명하였다.

"이 회로의 경우에는 전하가 건전지에서 전선을 통해 두 개의 전구까지 한 방향으로 흘러요. 이것을 직렬 회로라고 합니다."

다음에는 학생들이 과제를 하며 그린 회로를 가리키면서(그림 10.2와 유사) 설명하였다.

"여러분이 두 번째로 설계한 회로를 보면 각각의 전구는 건전지와 연결되는 독립적인 회로가 있어요. 이것을 병렬 회로라고 해요. 자 이제 건전지, 전선 그리고 전구를 더 사용해서 직렬 회로와 병렬 회로를 동시에 설계해봅시다."

학생들은 직렬 회로와 병렬 회로를 각각 건전지 하나와 전구 두 개를 사용하여 설계하였다. 트레비스 선생님은 학생들에게 하나 또는 두 개의 전구 모두의 불빛을 끄는 다양한 방법들을 찾아보라고 하였다. 그리고 학생들이 발견한 방법들을 노트에 쓰도록 하였다.

실험에 변화 주기

몇 번의 실험이 끝나고 학생들은 직렬 회로에서는 회로에 어떤 장애가 생기면 두 전구 모두에 바로 그 영향이 미치지만 병렬 회로에서는 두 전구가 따로

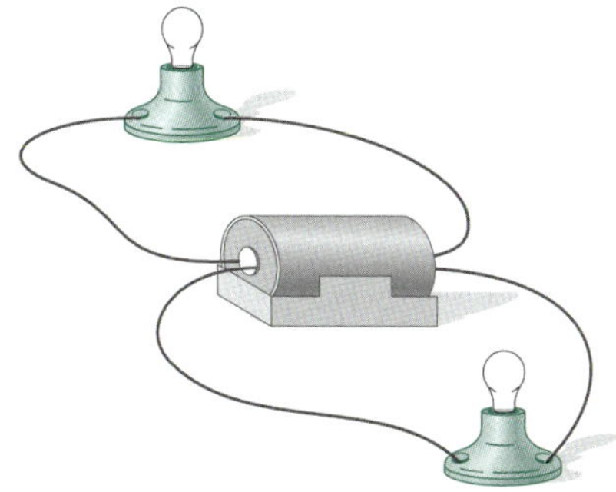

그림 10.2
건전지 1개, 전구 2개, 그리고 전선 4개로 설계된 병렬 회로이다.
전구들이 각각 독립적으로 건전지에 연결되어 있어 그림 10.1의 전구들보다 더 밝게 빛난다.

영향을 받으며 두 개의 전구를 한 번에 끄려면 각각의 회로가 파손되어야 한다는 것을 알게 되었다.

더 나아가 학생들은 직렬 회로에서 하나의 전구를 빼면 다른 전구가 꺼지지만 병렬 회로에서는 하나의 전구를 빼도 다른 전구는 계속 빛나는 것을 알게 되었다. 트레비스 선생님은 학생들에게 각 그룹당 더 조사해보고 싶은 것을 생각해보라고 하였다.

"무엇을 가장 알아보고 싶나요? 여러분들이 건전지, 전구, 그리고 전선으로 실험하여 궁금증을 해소해줄 수 있는 질문거리를 써 보세요. 실험에 필요할 재료를 적는 것도 잊지 말고요."

학생들의 질문

다음은 학생들의 질문들 중의 일부이다:

- 전구는 병렬 회로에서 항상 더 밝은가?
- 직렬 회로에서 건전지가 두 개이면 어떻게 될까?
- 병렬 회로에서는 직렬 회로에서 전구가 3개이면 그 밝기는 어떻게 될까?
- 백열전구는 무엇으로 만들어졌을까?
- 만약 다른 그룹의 회로와 우리 그룹의 것을 합치면 어떻게 될까?

트레비스 선생님은 학생들의 질문과 이름을 적은 종이를 교실 앞에 붙였다. 이제 학생들은 자신들의 궁금증을 해결하기 위해 향후 며칠간 실험을 계속할 것이다.

다음 날: 신발 상자로 만든 집 밝히기

간단한 가정집 조명 모형

다음 날, 트레비스 선생님은 인형의 집처럼 만들어진 큰 신발 상자를 가져왔다. 그 안에는 판지로 만든 의자와 작은 소파가 있었고 벽의 한쪽에는 벽난로 그림이 그려져 있었다. 상자의 윗면에는 미니어처 전등(학생들이 그동안 실험에서 사용했던 것과 비슷한 작은 전구)이 마치 천장 조명과 같이 달려 있었다. 이 전구 소켓은 상자 바깥쪽으로 두 개의 긴 전선이 전지까지 연결되어 있었다. 불도 잘 켜졌다! 하지만 일반 가정집 조명과 달리 이 전구는 스위치가 없었다. 이제 학생들에게는 스위치가 어떤 모양일지 생각해볼 시간이 주어졌다.

모형을 통한 수수께끼

학생들은 상자 집을 정말 좋아하였다. 트레비스 선생님은 학생들이 회로와 연결할 여러 스위치를 꺼내 보이며, 각 그룹이 회로와 스위치를 실험해볼 수 있도록 하였다(이 지역 4학년을 지도하는 선생님들에게 제공되는 재료 상자에 이 스위치가 포함되어 있다).

트레비스 선생님은 학생들에게 이 상자집을 어떻게 하면 더 밝게 빛나게 할 수 있을지 질문하였다. 학생들은 모두 전구를 하나 더 추가하자고 제안했지만 그 새로운 전구를 어떻게 연결할지가 토론의 중심이 되었다.

트레비스 선생님은 직렬 회로와 병렬 회로 각각의 경우에서 두 개의 전구를 사용하여 방을 밝혔을 때의 상황을 보여주었다(그림 10.3 참조). 학생들은 곧바로 지난 실험에서 만든 병렬 회로의 전구가 더 밝았듯이, 상자집이 병렬 회로에서 더 밝게 빛남을 알아차렸다.

잘 가! 백열전구

녹색 과학

트레비스 선생님은 전구에 대한 토론을 학생들에게 백열등과 소형 형광등에 대해 알려주는 기회로 사용하려 했다. 학생들은 백열등에 익숙하지만, 미란다(Miranda)의 가족은 집의 모든 백열등을 소형 형광등으로 교체했다. 트레비스 선생님은 미란다에게 왜 모든 전구를 바꾸었는지 물었다. 그러자 미란다는 새 전구가 빛을 낼 때 전기가 덜 소모된다고 답하였다.

백열등은 어떻게 빛을 낼까?

트레비스 선생님은 학생들에게 교실의 노트북 보관함에서 네트워크에 연결된 노트북을 가져오도록 하였다. 그리고 인터넷으로 전구가 어떻게 빛을 내는지 알아보게 하고 학생들을 두 개의 그룹으로 나누었다. 한 그룹은 백열전구가 어떻게 빛을 내는지 알아보았다. 그 그룹의 학생들은 백열전구의 구조 그림을 발견하고 전기가 전구의 텅스텐 필라멘트를 지날 때 필라멘트가 아주 뜨거워지고 달아오르면서 우리가 보는 빛을 만들어 낸다는 것을 알았다.

트레비스 선생님은 학생들에게 실험에 사용하고 있는 전구를 자세히 살펴보도록 하였다. 학생들은 곧 그 전구들에도 필라멘트가 있고 전기 에너지가 열에너지로 전환되면서 전구가 빛을 내는 것임을 알았다.

형광등과 백열등 비교하기

형광등의 구조를 탐구하는 다른 그룹은 형광등이 백열등과는 매우 다른 방식으로 빛을 내는 것임을 알았다. 이 전구는 아르곤과 수은으로 된 기체를 가둔 유리관인데 이 관의 내부는 인광 물질로 불리는 금속 화합물로 된 하얀 코팅으로 덮여져 있었다. 이 기체는 전기에 의해 '들뜬 상태' 가되고, 눈에는 보이지 않는 자외선(UV)을 발생시킨다. 이 자외선이 인광 코팅을 때리면서 눈에 보이는 빛이 되는 것이다. 소형 형광등은 코일이 내장된 유리관과 표준 전구 소켓에 맞게 끼울 수 있는 구조로 이루어져 있다.

트레비스 선생님은 각 그룹의 보고자들에게 자신의 그룹에서 다룬 전구에 대해 알아낸 정보를 제출하라고 한 후 학생들에게 'How Stuff Works' 라는 웹사이트에 접속하도록 하였다.

이 페이지에는 '형광등이 일반 전구보다 더 효율이 높은가?' 라는 질문이 있었다.

전체 학생들은 다 함께 이 질문을 탐구하였다. 학생들은 형광등이 빛을 내기 위해 열에너지를 사용하지 않으므로 백열등보다 에너지 효율이 더 높음을 알았다.

실제로 소형 형광등 한 개가 사용하는 에너지는 백열등이 소모하는 에너지보다 75 % 적게 들고, 10배 더 오래 간다! 일반 전구의 경우 많은 양의 전기 에너지는 열에너지로 "소모"된다(여러분은 일반 전구가 켜 있는 동안 얼마나 뜨

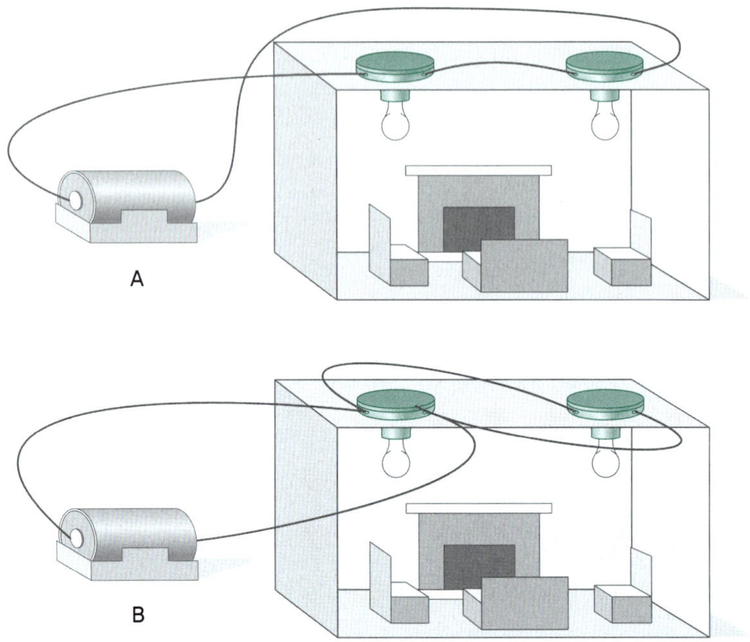

그림 10.3
두 개의 전구가 빛나는 상자집
(a) 직렬 회로
(b) 병렬 회로.
어느 상자의 전구가 더 밝게 빛나는가?

거운지 잘 알 것이다).

전체 학생들은 평범한 일반 전구는 사용하지 말고 상점에서는 오직 소형 형광등만 판매해야 한다는 결론을 내렸다.

탐구 계속하기

전기에 대한 탐구가 계속되면서 트레비스 선생님은 학생들이 집에서 생각해볼 질문들의 목록을 주었다.

질문지

- 여러분의 집은 퓨즈 또는 회로 차단기로 연결되어 있는가?
- 부모님이나 보호자에게 퓨즈나 회로 차단기를 보여 달라고 할 수 있는가?
- 집에서 전기로 작동되는 물품은 어떤 것이 있는가?
- 집에 있는 가전제품 중 직렬 회로로 작동하는 것과 병렬 회로로 작동하는

그림 10.4
간단한 전기 검사기

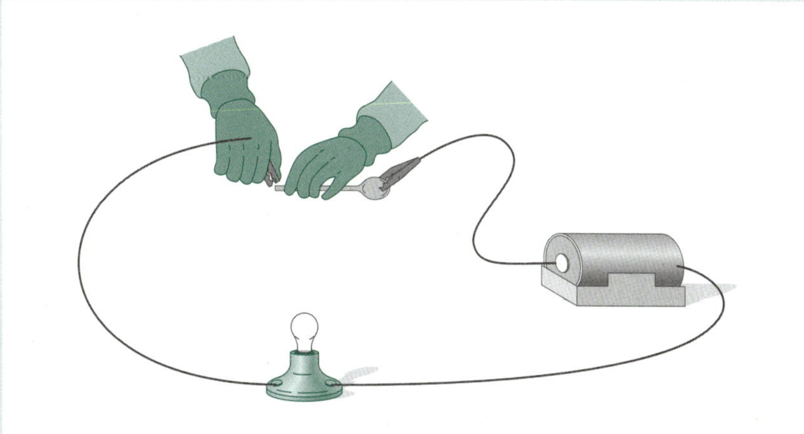

것은 각각 무엇인가? 어떻게 그걸 알아냈는가?

- 여러분의 집에서는 소형 형광등을 사용하는가? 그렇다면 어느 방인가?
- 왜 전기를 절약하는 것이 중요한가?
- 전기는 온실가스와 어떻게 연관되어 있는가?

학생들은 집에서 뿐만 아니라 이후 며칠 동안 교실에서도 다양한 흥미로운 활동들을 하였다.

비록 그룹들이 같은 활동을 동시에 하지는 않았지만, 각 그룹은 자신들의 발견 사항을 학급 전체에 자세히 발표하였다. 예를 들면, 한 그룹은 한 개의 전지에 병렬 회로를 많이 연결할수록 그 전지는 더 빨리 소모됨을 알아내었다. 다른 그룹은 직렬 회로로 시험기를 만들어 어떤 물건이 전기 전도성을 갖는지 실험하였다(그림 10.4 참조).

두 그룹은 교실의 일부 지역에 전지 4개와 전구 8개로 된 직렬 회로를 만들고 하나의 전구를 빼낼 때 전구의 불이 어떻게 꺼지는지를 보여주었다. 또한 트레비스 선생님은 학생들이 회로로 어떤 물건이든 만들어 볼 수 있게 하였다. 몇몇 학생들은 손전등 모델을 만들고 다른 학생들은 깜빡거리는 등대와 비밀 회로를 가진 퀴즈판을 만들었다. 트레비스 선생님은 호기심 많은 학생들

> 그것이 필수적인 내용과 활동이든, 새로운 활동을 만들어 내는 것이든, 선생님들은 학생들이 특정한 흥미나 지식, 그리고 기술을 익힐 수 있게 지도하고 학생들이 자신만의 의구심과 그에 대한 해답을 가질 수 있도록 지도한다.
> — 국가과학교육기준

로 구성된 그룹에게 주택이나 아파트에서 소형 형광등을 사용하는 것의 장점을 5가지 이상 조사하여 제기할 수 있는 발표를 하도록 하였다.

의미 확장하기

■ 이야기 속의 교수 방법

- 스톤 선생님은 수업을 시작하면서 개념을 먼저 알려주는 반면에 트레비스 선생님은 새로운 개념들을 알려주기 전에 학생들이 어느 정도 이해를 할 수 있는 단계까지 기다렸다는 점에 주목하자.
- 스톤 선생님은 자신의 방식대로 학생들이 전기 회로를 탐구하도록 하였다. 또한 탐구 활동들, 학생이 각 단계마다 소모하는 시간, 성취해야 할 결과를 통제했다. 그런데 트레비스 선생님은 실험의 설계나 최초의 문제를 제시하는 데에는 통제했지만, 그 후에는 학생들이 스스로 진행 과정과 결과를 통제하도록 하였다.
- 스톤 선생님은 모든 학생들이 동시에 자신으로부터 과학적 사실을 "배우는지"에 중점을 두었다. 그러나 트레비스 선생님은 모든 과학적 개념은 시간이 흐르면 학생들에게서 나올 수 있음을 확신했다. 트레비스 선생님은 초기 활동에서는 나올 수 없는 개념들을 제출한 그룹별 보고서를 신뢰했다.
- 스톤 선생님의 진행 과정은 틀에 박히고 딱딱하다. 학생들이 어떻게 탐구할지 스스로 생각할 수 있는 여유가 없었다. 반대로 트레비스 선생님은 진행 과정의 다양성을 인정했다. 이런 차이가 학습에 중요하다고 생각했다.
- 스톤 선생님은 전기 단원에 대한 개인적인 공감대나 개인적인 맥락을 제공해주지 않았다. 하지만 트레비스 선생님은 손전등, 가짜 인형집, 학생들이 집에서 본 전구, 그리고 자신의 집의 배선 방식에 대한 질문 등을 제공함으로서 맥락을 제시했다.
- 모든 면에서 트레비스 선생님의 학생들은 탐구를 진행하고 품은 의문점을

해결할 수 있었기에 더 깊게 잘 배우는 것 같았다. 학생들은 그저 지시 사항을 따르고 선생님의 지식을 받아들이는 것 이상으로 학습하였다.

이야기 속의 과학 개념

- **전기**는 에너지의 한 형태이다. 존경받는 몇몇 과학자들은 아직도 전기가 무엇인지 확신하진 못하고 있지만, 전기라는 용어는 전자들의 흐름을 묘사하는 데 사용된다.
- **전자**는 모든 원소의 원자에서 발견되는 음으로 대전된 입자이다. 각각의 작은 전자는 음전기를 나타내는 입자로 여겨진다.
- **전류**는 전자의 흐름 또는 운동이다. 전선에서의 전류는 전자가 전선을 따라 움직이는 것에 의해 생긴다.
- **전기 회로**는 전류가 흐르는 경로이다. 회로를 구성하는 데에는 전지나 발전기와 같은 전력원, 구리선과 같은 전자가 흐를 수 있는 길, 그리고 전구나 벨과 같은 전기를 소모하는 전기 제품이 필요하다.
- 하나의 전구와 하나의 건전지로 구성된 단순한 전기 회로에서 전자는 전지의 음극(납작한 부분)에서 나와 전선을 통해 전구 아래(또는 전구 소켓의 측면)로 연결되고, 전구의 필라멘트와 전구 아래(또는 전구 소켓의 다른 측면)를 거쳐 반대편의 전선을 통해 전지의 양극(볼록한 부분) 끝으로 흐른 다음, 전지의 내부를 통하면서 전류를 형성한다. 회로의 일부가 막히거나 끊어지지(예를 들어, 전구의 수명이 다 하거나, 전선이 느슨해지거나 전지가 다 닳는 경우) 않는 한 에너지 흐름은 위의 소자들을 지나면서 계속된다.
- **직렬 회로**와 같은 단순 회로의 한 형태에서는 전류가 오직 회로의 한쪽 방향으로만 흐른다. 이것은 각 전기 소자들을 통과하는 전류가 같다는 것을 의미한다. 전구와 같은 전기 소자가 직렬 회로로 추가되면, 전압의 총량은 늘어난 전기 소자의 수만큼 나눠져야만 한다. 이런 까닭으로 새 전구가 추가되면 각 전구들의 불빛이 약해진다.
- 반대로 **병렬 회로**는 각 소자가 회로에서 분리된 각각의 경로를 가진다. 그

러므로 만약 한 전구가 꺼지면 병렬로 연결된 다른 전구나 소자들은 그에 따른 영향을 받지 않는다.

- 회로상에서 각각의 소자들은 전류가 흐를 때 저항을 가진다. 직렬 회로에서, 두 개의 전구는 한 개 전구의 두 배 저항을 가진다. 그러므로 전류는 전압과 마찬가지로 저항에 의해 나눠지고, 각 전구는 절반의 전류만 가진다. 반면에 병렬 회로에서는 한 개의 전구가 한 개의 길만 가지므로 각각의 길은 저항을 덜 받으며, 각 전구에 공급되는 전류는 크고, 전구의 밝기는 더 밝아진다. 이것은 전지를 두 배로 빨리 소모하는 것을 의미하며, 직렬 회로보다 병렬 회로에서 두 배의 전류가 공급된다. 12장에서 전기 에너지에 관해 더 많은 정보를 알아볼 것이다.

♠ 이야기 속의 과학교육과정

기준 전지와 전구를 이용해 실험한 4학년 2개 교실에 관한 이야기는 "국가 과학교육기준의 K-4학년 내용 기준 B(물리과학)"를 보여준다. "K-4학년에서 활동한 결과는 모든 학생들이 빛, 열, 전기, 자기에 대한 이해력을 계발해야 한다(National Research Council, 1996)." 이 기준의 근원이 되는 기초 개념들은 다음을 포함한다.

♠ 회로에서 전기는 빛, 열, 소리, 자기 효과를 만들어 낸다. 전기 회로는 전류가 통과할 수 있는 완벽한 폐회로를 요구한다.

트레비스 선생님의 수업 활동들은 '내용 기준 A(탐구로서의 과학)' 의 기초적인 개념을 잘 보여준다.

♠ 과학적 탐구는 질문을 묻고 답하는 것을 포함하며, 세상에 대해 이미 과학자들이 알고 있는 답들과 비교하는 것이다.

트레비스 선생님의 학급 학생들이 어떻게 스스로 질문하고 자신의 대답을 찾았는지 주목하자.

또한 트레비스 선생님 학급의 학생들의 웹 연구는 다음과 같은 점에서 국가기술교육기준(NETS-S)과 관련이 있다.

- ♠ 학생들은 정보를 모으고, 평가하고, 사용하기 위해 디지털 도구를 활용한다. 학생들은 다양한 자원과 미디어로부터 위치시키고, 조직화하고, 분석하고, 평가하고, 합성하고, 윤리적으로 정보를 이용한다(International Society for Technology in Education, 2007).
- ♠ 학생들은 협동적으로 공부하고, 소통하기 위해 개별 학습을 지원하고, 다른 이의 학습에 기여하기 위해 디지털 미디어와 환경을 사용한다.

심화 탐색

- 전구에 불을 어떻게 밝히는지를 알기 위해 작은 손전등을 탐구해보자.
- 왜 가정에는 직렬 회로가 아닌 병렬 회로로 연결되어 있는가?
- 과학 이야기에서 묘사된 실험에서, 왜 플라스틱 피복으로 싸인 구리선으로 된 전선을 사용하는 것이 중요할까?

심화 탐색을 위한 자료

전자 미디어 자료

Energy Star: Compact Fluorescent Light Bulbs. 에너지 스타에 의해 만들어진 이 인터넷 웹사이트는 소형 형광등(CFLs: compact florescent light bulbs)을 사용하는 전기 절약에 대해 설명하고 있다. 또한 가정의 다른 영역에서 소형 형광등을 사용할 때 필요한 유용한 점을 안내해준다.

Theater of Electricity. 보스턴의 과학 박물관의 후원을 받고 있는 곳이다. 번개, 안전에 관한 퀴즈 등 교사를 위한 자원과 정보를 제공하는 전기에 관한 사이트이다.

출판 자료

MarKle, S. (1989). Power Up: Experiments, Puzzles and Games Exploring Electricity. New York: Atheneum. A book full of neat ideas to enhance any electricity unit.

Parker, S. (2000). Eyewitness: Electricity. New York: DK Publishing. One in a series of books that explore science topics.

과 학 이 야 기

원자 모델 만들기

머레이(Murray) 선생님은 변두리 지역의 중학교 8학년 교사다. 8학년 과학에서 학생들은 화학과 물리학의 주제를 다루는 물리과학을 탐구한다.

학기 초에 머레이 선생님은 "원자 구조"라는 주제가 학생들에게 거부감을 갖게 하고 매우 추상적인 개념이어서 걱정했다. 원자 구조와 관련된 개념을 소개하는 가장 최선의 방법을 연구하고 난 후, 선생님은 원자 이론의 역사를 탐구하기로 결정했고, 학생들로 하여금 특별한 원소의 원자 모델을 만들고 설계할 수 있는 원자에 관한 학생들의 지식을 사용하도록 했다.

머레이 선생님의 학생들이 배우길 바라는 개념

나는 이 학교의 방문자로서 가려고 했지만, 이 수업이 시작되기 전 머레이 선생님에게 무엇 때문에 그녀는 학생들이 원자 구조 단원을 넘어서 뭔가 얻기를 바라는지 질문할 수 있는 기회를 가졌다. 선생님은 원자에 관한 기본적인 개념들 중 몇 가지들을 언급했다 :

- 원자는 원소가 쪼개질 수 있는 가장 작은 입자이며 모든 원소의 특징이다.
- 원자는 하나의 핵과 전자구름으로 구성되어 있다.
- 원자핵은 양성자와 중성자 등을 포함한다.

그리고 머레이 선생님은 다음과 같은 말을 덧붙였다.

"과학자들이 원자 이론을 개발하고 노력해온 어려움과 그것을 단지 연구를 위한 정신적 모델로 여겨 왔다는 것을 학생들이 이해할 수 있었으면 좋겠어요. 원자 이론은 시간이 흘러감에 따라 항상 변화를 겪어 왔지요. 이런 이유로, 나는 학생들이 원자 이론은 정확하지 않다는 것을 이해하고 있기를 바라고 있어요."

저자의 생각 나는 머레이 선생님이 유동적으로 계속 개념들을 수정하여 전개시키는 원자 이론에 대한 관점이 인상적이었다.

원자 구조 단원을 시작할 때, 머레이 선생님은 뉴스 사진과 확대경을 나눠 주었다. 학생들에게 확대경을 사용하여 사진을 관찰하고 관찰 결과를 과학 노트에 기록하도록 하였다.

몇 분이 지난 후 선생님은 무엇을 발견했는지 물었다. 그러자 몇몇 학생들은 작은 점들을 보았다고 대답하였다. 잠시 후에는 확대경 없이 그 점들을 보도록 하였다. 그러자 학생들은 볼 수 없다고 말했다.

이후 머레이 선생님은 만약 육안으로 볼 수 없는 작은 부분으로 이루어진 물체가 있다면 예를 들어서 말해보라고 하였다. 학생들의 대답은 다양했다.

브라이언(Brian)은 "분자"라고 대답했고, 나트(Nat)는 "그림물감"이라고 말했고, 또 다른 학생은 "원자", 헤더(Heather)는 "세포 역시 또 다른 예가 될 수 있어요."라고 말했다.

몇 개의 원자가 •(마침표) 안에 들어갈까?

머레이 선생님은 이제 원자를 모든 사물의 건물 벽돌로 설명했다. 생명체의 건물 벽돌인 세포와 같이 원자는 육안으로 볼 수 없다고 설명하였다. 그런 다음 다음 질문들을 노트에 기록하고 해답을 생각해보라고 하였다.

"이 문장 끝에 있는 •(마침표)에 몇 개의 원자가 들어갈까요?"

질문을 하자마자 즉시, 손이 올라갔다. 학생 한 명이 칠판 위의 점인지 종이 위에 있는 점인지 궁금해했다.

"어떤 크기의 •(마침표)를 말하는 거예요? 칠판 아님 종이 위에 있는 것인가요?"

머레이 선생님은 그 학생의 질문이 매우 훌륭하다고 생각했고 문장 끝에 있는 12포인트 크기로 인쇄된 점에 관해 생각해보라고 하였다. 그리고 학생들에게 •(마침표)의 크기를 조사하기 위해 이전에 나누어 주었던 프린트물을 꺼내 보라고 제안했다.

몇 분 후 머레이 선생님은 대답할 수 있는 사람이 있는지 물었다. 그러자 여기저기서 학생들이 손을 들었다.

머레이 선생님이 칠판에 쓴 답은 그 개수가 약 백만 개에서 1조 개 정도였다. 그러나 모든 학생들이 정확한 답을 알기를 원하자 대략 12포인트 크기의 점 안에 1조 개 정도의 원자가 들어 있다고 했다.

학생들이 실제 숫자 보기를 원했기 때문에 선생님은 그것을 칠판에 썼다. 칠판에 적힌 숫자를 보고 한 학생이 말했다.

"와우~ 1페니 동전은 그럼 굉장히 많은 원자를 가지고 있구나!"

머레이 선생님은 1페니의 원자 수를 과학적인 표기로 제시하였다.

"그래, 1페니에는 2×10^{24}개의 원자가 있단다."

선생님은 칠판에 2,000,000,000,000,000,000,000,000.를 썼다.

머레이 선생님은 숙제로 학생들에게 페니(penny)와 .(마침표)를 기준점으로 해서 페니 동전보다 더 작은 물체의 원자 수를 측정할 수 있는 방법을 알아보도록 했다.

원자 이론의 역사 탐구하기

원자 이론의 발달 방식

그 다음 수업은 교실 주위에 배치된 여섯 개의 접시 안에 있는 재료로 시작하였다. 각 접시에는 웹사이트 주소 목록 카드와 다양한 책 등 서로 다른 과학자들에 관한 정보가 담겨 있었다.

머레이 선생님은 학급 학생들에게 원자 이론은 2,500년에 걸쳐 존재했기 때문에, 역사를 탐구하는 것은 유익한 활동이라고 말하였다.

6명의 과학자들은 데모크리토스(Democritus), 돌턴(John Dalton), 톰슨(J.J. Thomson), 러더퍼드(Ernest Rutherfold), 보어(Niels Bohr), 마이어(Maria Goeppert Mayer)이다. 머레이 선생님은 학생들에게 연구팀을 만들도록 지시했다. 각 팀은 한 접시에 있는 정보를 사용하여 다음에 나오는 정보를 설명하는 포스터를 구성하고 디자인 했다:

- 과학자가 살았던 시대
- 과학자가 원자에 관해 연구해온 주요 발견
- 과학자들의 이론이 여전히 수용되는지에 대한 여부

이 포스터를 교수 도구로 사용하기 위해, 각 그룹은 과학자와 역사적 상황을 나머지 학생들에게 설명해야 했다. 학생들은 자신들의 프로젝트를 잘 수행하였고 다음 날에도 탐구는 계속되었다. 머레이 선생님은 학생들의 연구의 진행 상황을 확인하고 조언을 해주기 위해 각 그룹을 방문하였다.

> 저자의 생각 각 그룹의 학생들은 자신들의 용어로 원자를 연구한 특정 과학자에 관해 풍부한 지식을 습득할 수 있을 것이다. 학생들은 어떤 데이터를 포함해야 할지 결정해야 한다. 어떤 성과가 드러나게 될지 지켜보는 것도 흥미롭다. 또한 나는 머레이 선생님이 각 그룹을 학생들의 성별, 능력, 민족을 적절하게 조화해서 조직화하는 것에 감명을 받았다.

발견 연대표

포스터가 준비된 후, 머레이 선생님은 연대기 순서에 따라 가장 초기 과학자에서 최근 과학자의 순서대로 그룹을 불렀다. 각 그룹에서 준비한 과학자들을 발표하자, 원자 이론 역사의 새로운 일면이 전개되었다. 포스터는 과학자들의 발견 순서대로 칠판에 붙여졌고, 다채로운 색깔의 원자 이론 역사 연대기가 생성되었다.

발표가 진행되는 도중 한 학생이 불쑥 끼어들었다.

"오! 저는 알겠어요. 과학자들이 서로의 학문에 기초를 두고 있어요."

또한 머레이 선생님은 각 시대에 등장하는 중요한 개념들을 학생들에게 설명하도록 했다. 학생들의 발표는 표 10.1에 요약되어 있다.

그런 다음 머레이 선생님은 학생들에게 실제로 얼마나 많은 과학자들이 원자라는 개념을 정립하는 데 기여했다고 생각하는지를 질문했다. 몇몇 학생은 100명이라고 답하였다. 머레이 선생님은 물었다.

"왜 그렇지? 과학자들의 이론은 시간이 지나도 옳다고 생각하니?"

"아마 과학자들의 발견은 미약했지만 더 큰 발견이 이루어지도록 했어요."

마지막으로 머레이 선생님은 원자 이론이 100 % 정확한지 물어보았다. 학생들은 시간이 더 지난 미래에도 이 이론이 끈임없이 수정될 것이라고 토의했

표 10.1 머레이 선생님 학급에서 만들어진 원자 이론 연대기

시기	과학자	실험 또는 이론	당시의 주요 개념
530 B.C	데모크리토스	원자로 이루어진 물질들은 우리가 육안으로 보기에는 너무 작다.	모든 사물은 원자로 구성되어 있으며 더 작은 입자로 쪼개질 수 없다.
1808	돌턴	어떤 원소의 모든 원자는 동일하다. 다른 원소의 원자들은 서로 다르다.	현대 원자 이론: 모든 원소는 원자로 이루어져 있다.
1897	톰슨	음극선 실험은 음으로 대전된 입자들의 존재를 밝혔다.	원자 내부에는 전자라고 불리는 음전하를 띤 입자가 있다.
1911	러더퍼드	알파 입자 실험은 원자가 빈 공간을 많이 가지고 있음을 보여준다.	원자에는 양전하를 띠는 핵과 그 주위를 도는 전자들이 있다.
1922	보어	전자가 한 에너지 준위에서 다른 에너지 준위로 이동할 때 에너지가 방출한다.	전자는 핵 주위의 특정 궤도 "껍질"을 돈다. 각 껍질은 불연속적인 에너지 준위를 나타낸다.
1963	마이어	핵입자의 "magic number"는 핵의 껍질 모형을 암시한다.	핵 속의 입자들도 "껍질"에 배열되어 있다. 양자와 중성자는 핵 속에 쌍으로 존재하고, 이러한 배열은 서로 다른 안정도를 부여한다.

다. 학생들은 지금 스스로 실험을 준비하고 자신의 정신적 모델을 정립하였다.

과학의 본성에 대한 분명한 말

저자의 생각 나는 머레이 선생님이 과학의 본성과 과학적인 활동을 명백하게 만들어 내는 방식에 감명을 받았다. 머레이 선생님은 한 과학자의 업적은 다음 사람의 초석이 되기 때문에 새로운 개념은 낡은 것으로 교체될 것이고 이것은 오랜 기간 동안 지속된다고 설명한다. 비록 많은 사람들이 이 개념은 중학교 과정에서 가르치는 것이 매우 중요하다고 생각하지만 선생님들은 항상 그것이 타당하다고 생각하지는 않는다. 머레이 선생님은 원자 구조에 관한 논의에서 이러한 인식이 뿌리내리도록 잘 다루었다.

미지의 상자

다음 날 학생들은 2차시 동안 진행될 과학 수업에서 각 상자 속의 내용물을 결정지어야 하는 "미지의 상자"에 관한 실험을 하게 되었다.

머레이 선생님은 학생들이 볼 수는 없지만 증거를 통해 알 수 있는 정신적 모델을 발달시키기를 원하였다. 이 과정이 과학자가 직접 볼 수 없는 소립자에 관한 자료를 수집하여 모델을 만드는 방식이기를 바랐다.

보이지 않는 물체 규명하기

두 명씩 짝을 지은 학생들은 여러 가지 물체를 담고 있는 밀봉된 상자를 하나씩 받았다. 학생들은 상자를 흔들어서 소리를 들어보는 등 모든 감각을 활용하여 상자에 들어있는 물체의 개수를 정하고 각각 어떤 물체인지 알아보았다.

[미지의 물체는 잭스(역주: 고무공을 튀기면서 정해진 방식으로 잭스톤(jack-stone)을 치뜨렸다 받았다 하면서 노는 놀이), 열쇠, 구슬, 몽당연필, 지우개, 주사위, 동전 등이 있다.]

머레이 선생님은 학생들이 추론하고 답을 찾는 모든 과정을 기록하도록 했다. 학생들이 학급 전체를 대상으로 자신들의 결과에 대해 발표한 후, 상자를 열어보고는 자신들이 얼마나 많은 물체를 정확하게 추론했는지에 대해 놀랐다. 이 과정이 성공하자 학생들은 감각과 추론 기능을 사용하는 자신들의 능력에 대한 자신감을 얻었다. 그런 다음 머레이 선생님과 학생들은 상자에 관해 생각한 모델을 계속 발전되어온 원자의 과학적 모델과 관련지었다.

핵에 관한 토의

핵에 관한 토의

다음 날, 머레이 선생님은 학생들에게 원자핵과 관련한 단어를 들어본 적이 있는지 물어보았다. 학생들은 핵분열, 핵폭탄, 원자력, 핵탄두, 원자력 발전소 등을 거론하면서 알고 있다고 대답하였다.

그러자 머레이 선생님은 원자 핵(nuclear)이라는 단어의 유래에 대해서도 질문했다. 학생들 몇 명이 핵(nucleus)에서 유래되었다고 대답하였다. 어떤 학생은 핵이 세포 안에 있다고 말하고, 반면에 다른 학생들은 핵은 원자의 한 부분이라고 말하였다.

학생들은 다 함께 러더퍼드의 원자핵 발견과 발표 자료에서 몇 가지 또 다른 발견들을 재검토하였다. 학생들은 원자 내에 존재하고, 양전하를 띠며, 밀도가 높고, 입자를 이루는 핵에 대하여 토의하였다. 학생들은 핵이 양성자와 중성자로 이루어져 있다는 것을 상기하고, 그 이름에 근거하여 양성자는 양전하를 띠며 중성자는 음전하를 띨 것이라고 추론하였다.

이때 머레이 선생님이 학생들에게 중성자(neutron)라는 단어를 탐구하는 다른 방법을 제시하자, 학생들은 이를 중립(neutral)이라는 단어와 연관 지을 수 있음을 깨달았다. 학생들은 중성자는 전하를 띠지 않는다는 개념에 도달하였다.

원자에 관한 수수께끼

학생들은 이번에는 같은 전하가 서로 가까이 있으면 어떻게 되는지에 대해 논의하였다. 학생들이 자석을 참고로 하여 서로 같은 두 전하가 만나면 서로를 밀어낸다는 결론을 내리자, 머레이 선생님은 다음과 같이 질문하였다.

"핵에서는 어떻게 될까요? 양성자들이 같은 전하를 가지고 있다면 이들도 서로를 밀어내서 핵에서 떨어져 나오지 않을까요?"

선생님은 학생들에게 질문에 대한 답을 생각할 시간과 자신들의 이론을 만들 수 있는 시간을 주었다. 그리고 학생들에게 정답이나 오답 여부에 상관없이 학생들의 생각에 관심이 있다고 재차 강조했다.

"과학자들은 항상 부정확하거나 부분적으로만 옳은 이론들을 내놓습니다. 여러분들의 답이 확실하지 않아도 좋아요."

학생들에게 자신의 생각을 시각화하기 위해서 그림을 그리도록 하고, 학생들이 답을 준비하도록 10분간의 시간을 주었다. 10분이 지나자 머레이 선생님은 학생들에게 의자를 옮겨 커다란 원을 만들도록 지시하였다. 선생님은 작은 개구리 공기인형을 보여주며 토론 규칙을 설명하였다.

"여러분은 이제 개구리 인형을 가지고 있을 때에만 발언을 할 수 있어요. 그러니 손을 들고 있는 사람에게만 그 개구리 인형을 전달하도록 하세요. 만약 여러분이 답의 일부분만을 알고 있다면 다른 사람에게 개구리를 전달해도 좋아요."

자신의 이론에 대한 학생들의 토론

학생들은 주위로 개구리를 넘겨 가며 자신들의 이론을 토론하였다.

케이트(Kate)는 전자의 음전하와 양성자의 양전하 사이에 인력이 작용하여 핵이 안정적으로 유지된다고 말하였다. 브라이언(Brian)은 자신도 그것을 고려해보았으나, 만일 전자가 양성자에 끌어당겨진다면, 전자는 핵에서 양성자를 떼어낼 것이라고 말하였다.

아이작(Issac)은 아마도 중성자가 양성자를 밀어내는 것을 막을 것이라는 다른 견해를 보였다. 그는 양성자–중성자–양성자와 같이 샌드위치 구조로 된 핵을 생각하고 있었다. 제이미(Jamie)는 중성자가 핵 속에 존재하는 별다른 이유가 없기 때문에 어떤 역할을 하는지를 이해할 수 있다고 하였다.

> 저자의 생각 머레이 선생님은 학생들이 원을 만들고 둘러앉아 개구리를 전달하는 방식을 사용하여 학생들에게 참여 의식을 고취했다. 이는 학생들이 스스로 자신의 이론을 말하도록 하는 효과적인 방법이다.

강한 상호작용력

머레이 선생님은 학생들이 내놓은 생각들을 모두 칭찬한 후, 과학자들이 강한 상호작용력이라 부르는 핵을 유지하는 힘에 대해서 설명하였다. 이 힘은 중성자에서 비롯된다고 여겨지지만 아직까지 정확히 그 작동 방식이 알려진 바는 없다.

그런 다음 선생님은 학생들에게 원자가 어떤 모습일지 자신의 그림을 창조하기를 권하였다. 학생들은 그들의 역사 연구로부터 핵 속에 양성자와 중성자가 있으며, 전자들은 핵 주위를 서로 다른 방식으로 움직이고 있다는 것에 대한 충분한 증거를 가지고 있었다.

학생들이 그림을 다 그리자, 머레이 선생님은 원자를 그리는 방식이 단 한 가지뿐인지 물어보았다. 한 번도 원자 내부를 관측한 적이 없던 학생들은 아니라고 대답하였다. 그러나 선생님은 칠판에 모델 그림을 그리고는, 원자를 그리는 단 하나의 방식이라고 설명하였다.

주기율표

주기율표 탐구하기

그 다음 주, 머레이 선생님은 학생들에게 원소 주기율표를 소개하였다. 주기율표에서 원자의 질량과 번호 사이에 어떠한 연관성이 있는지를 보여주었다. 원자 핵 속에 양성자 2개와 중성자 2개를 가지는 헬륨을 예시로 삼아, 머레이 선생님은 학생들에게 전자 2개를 어디에 놓아야 할지를 질문하였다.

학생들은 모두 전자가 핵 바깥에 있는 것으로 이해하고 표현하였다. 양성자와 중성자의 전하에 관한 논의 후, 머레이 선생님은 다음과 같은 방식으로 전자구름 이론을 소개하였다.

학생들은 궤도에서 전자의 움직임에 관한 보어의 학설을 재검토한 후, 보어의 이론이 아직도 유효한지에 대해 논의하였다. 학생들은 전자 "구름"에 관해 들었던 것을 기억하며 유효하지 않을 것이라고 생각하였다.

머레이 선생님은 교실 앞에 선풍기를 가져다 놓고 날개의 한쪽을 계속 지켜보라고 말하였다. 선풍기가 작동하기 시작하면 시선을 날개에 따라 움직이는 것이 과제였다.

전자구름 모델 시범 실험

머레이 선생님이 선풍기를 약하게 작동시키자마자 누군가가 놓쳤다고 외쳤다. 선풍기 실험을 보조하고 있던 나는 학생들에게 날개가 어디에 있다고 생각하는지를 물었다.

그러자 샤나(Shana)가 저 동그라미 안에 있다고 대답하였다. 머레이 선생님은 날개가 정확히 어디에 있는지 물었다. 그러자 학생들은 모른다고 했다. 선생님은 다음과 같이 대답했다.

"여러분들이 날개가 어디 있는지 짐작은 할 수 있었지만 정확히는 몰랐던 것처럼 과학자들도 전자가 어디 있는지는 알지만 정확한 장소는 못 찾아요. 그래서 과학자들이 전자구름을 이야기하는 거죠. 과학자들은 칠판에 그려 놓은 그림의 전자 주변의 색칠된 넓은 공간의 어딘가 쯤에 있을 거라고 생각하고 있어요. 하지만 정확한 장소는 모른답니다."

곧이어 머레이 선생님은 양파 껍질을 벗겨본 적이 있는 학생들은 손을 들어

보라고 하자 너도나도 손을 들었다. 선생님은 양파 하나를 꺼내서, 첫 번째 껍질을 벗기는 것이 어려울지 혹은 쉬울지 물어보았다. 그러자 모든 학생들이 쉽다고 대답하자, 선생님은 첫 번째 껍질을 벗겨 내었다.

선생님이 두 번째 껍질에 대해서도 같은 질문을 하자 학생들은 조금 동요하는 듯하였다. 선생님이 두 번째 껍질도 벗겨 내자 학생들이 이제 조금 힘들 것이라고 말하였다. 선생님이 계속해서 세 번째 껍질에 대해 질문하자 학생들은 껍질을 벗기기 힘들 것이라고 말하였고, 실제로도 그랬다.

이제 머레이 선생님은 양파 껍질과 원자 속 전자의 유사점에 대해 말해주었다. 학생들은 오랜 시간 동안 전자껍질과 전자구름에 관해 토론하고, 원자핵부터 서로 다른 거리로 매우 빨리 움직이는 작은 입자에 대해 이해하려고 노력하였다. 양파는 이를 증명하기에 좋은 도구였다.

다음 날 학생들은 주기율표와 그 표의 각 번호들을 살펴보았다. 그런 다음 학생들은 과일과 야채를 사용하여 모델을 만들었다. 각 원소의 원자들에 대한 이해도가 정말로 자라기 시작했다.

원자 디자인 도전 과제

도전 과제:
자신의 모델 만들기

3주째가 되자 머레이 선생님은 디자인 과제를 냈다. 선생님은 각 학생들에게 "원자 디자인 포트폴리오"라는 소책자를 주었다. 이 소책자의 표지는 그림 10.5와 같이 과제에 관해 언급하고 있다. 그룹에서, 학생들은 특정한 원소의 원자를 묘사하는 자신만의 모델을 만들어야 한다.

소책자에는 원소 선택, 연구, 자원, 브레인스토밍, 가능성 있는 답안 스케치, 최적 답안 선택, 과정 반성, 평가의 단계에 대해 학생들에게 자세히 안내하는 내용들이 포함되어 있었다. 머레이 선생님은 그림 10.5에 열거된 사항을 상세히 설명하고 창의성과 독창성이 중요함을 강조하였다. 학생들은 들떠서 질문을 쏟아 내었다.

머레이 선생님은 자신이 구해올 재료(풍선, 마커펜, 점토, 고무줄, 사탕 막대) 등에 대해 설명하였다. 학생들은 자신들이 집에서 쉽게 구해올 수 있는 재

그림 10.5
원자 디자인 도전 과제 표지 페이지

표 10.2 디자인 프로젝트의 평가 항목

범주	점수	설명
해답의 성공	4	해결책은 진술된 문제를 해결한다. 세부 사항 및 디자인이 훌륭하다. 열심히 수행하였고, 계획이 분명하다.
	3	해결책은 진술된 문제를 해결하고, 제한 사항과 디자인 명세서에 충족한다.
	2	해결책은 진술된 문제를 해결하지만, 모든 제한 사항과 디자인 명세서를 충족하는 것은 아니다.
	1	해결책은 문제를 해결하지 못한다: 제한 사항과 디자인 명세서를 충족하지 않는다.
설계의 창의성	4	해결책은 독창적이다: 이전과는 전혀 다른 또는 드문 디자인으로 이루어졌다.
	3	해결책은 기능적이지만 독창성이 없다.
	2	해결책은 다른 학생들과 유사하다: 다른 그룹의 해답을 개량하거나 변형하였다.
	1	해결책은 다른 그룹의 것을 모방하였다.
정확한 측정과 계산	4	자는 계획부터 아이디어를 실행하는 과정 내내 재료를 측정하는 데 자가 적절하게 사용되었다.
	3	자는 아이디어를 실행하는 동안 자가 적절하게 사용되었다.
	2	측정 도구를 거의 사용하지 않았다. 수학적인 계산이 몇 가지 정확하지 않다.
	1	측정의 오류가 분명하다.

> 자신들의 연구가 훌륭하다고 말할 필요가 없다. 학생들은 그 연구, 상호 관계, 지식에서 자신감을 얻었다. 머레이 선생님은 학생들이 매우 자랑스럽다.

학생들이 자신의 최종 디자인 프로젝트를 발표할 때, 원소의 구체적인 쓰임새뿐만 아니라 원자 구조에 대해 이해한 것을 설명하였다. 학급 학생들은 전체적으로 붕소, 탄소, 알루미늄, 마그네슘, 인, 네온 등의 모델을 만들었고, 이 모델들은 각자가 서로 달랐다.

모델 발표

네온을 선택한 그룹은 10개의 양성자, 10개의 전자, 10개의 양성자 모델을 만들기 위해 사탕 막대, 구슬, 테이프, 두루마리 휴지, 그 외 재료 등을 사용하

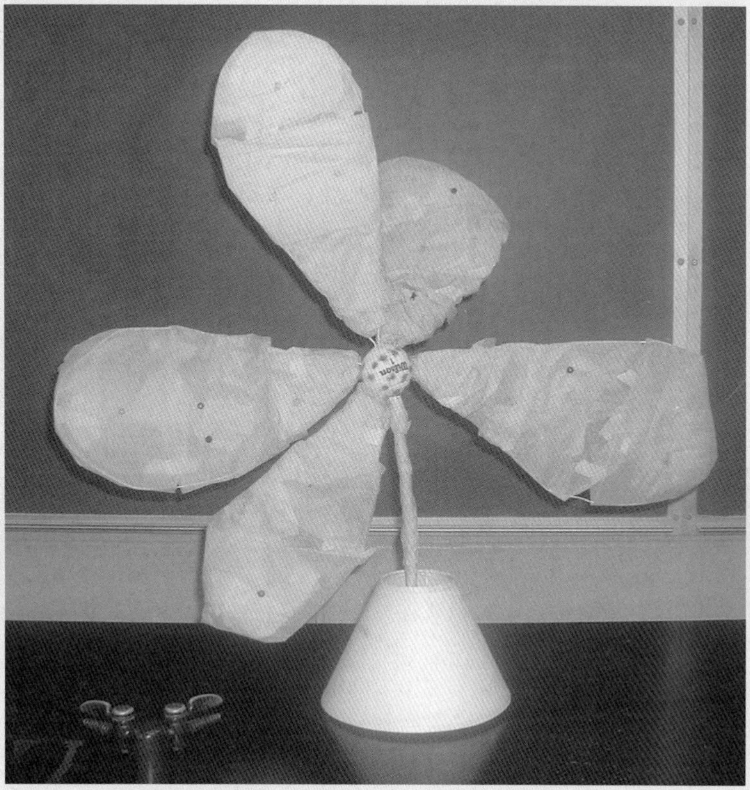

그림 10.6
머레이 선생님의 학급에서 학생들이 만든 붕소 원자 모델 사진

였다. 학생들이 이 모델을 발표할 때, 네온은 색과 향이 없는 기체로 공기보다 가볍고 네온등에 사용되고 있다고 설명하였다. 학생들은 네온의 전자들이 가진 두 개의 에너지 준위를 지적하였고, 전자구름을 재현하기 위해 막대 주변에 담배 파이프 청소 도구를 휘감는 방식으로 보여주었다.

붕소를 선택한 그룹은 삼각형 모양의 하얀 스티로폼을 양성자 5개와 중성자 6개를 가진 핵을 지지하는 받침으로 사용하였다. 핵 주변의 부채꼴 날개가 붕소의 두 가지 에너지 준위 속에 있는 5개의 전자를 재현하였다(그림 10.6 참조). 학생들은 특히 이 전자구름을 자랑스러워하였다. 그들은 붕소를 발견한 과학자들에 대한 이야기를 하면서 불꽃놀이에서 녹색 빛을 낼 때 붕소를 사용한다는 정보를 나누었다. 또한 붕소는 몇몇 로켓의 점화원으로도 사용되고 있다.

저자의 의견 나는 선풍기 수업이 이 그룹의 전자구름 모델과 연결되는 것이 훌륭하다는 것을 알게 되었다.

의 미 확 장 하 기

■ 이야기 속의 교수 방법

- 머레이 선생님은 역사적인 과학적 모델을 살피면서, 학생들에게 과학적 지식을 발달시키는 데 있어 과학의 본성과 역사적, 철학적, 기술적 맥락의 역할에 관한 통찰력을 심어 주었다.
- 머레이 선생님은 원자의 모양에 관한 완고한 견해는 배제하고 좀 더 개방적인(동시에 과학적으로 정확한) 접근을 선호한다. 이렇게 함으로써 머레이 선생님은 학생들이 그저 보편적인 사진을 보고 상투적인 모델을 만들 때보다 원자 구조에 관해 더 깊은 지식을 쌓을 수 있도록 하였다.
- 추상적인 개념을 구체화하기 위해서 머레이 선생님은 쉽게 볼 수 있는 자신만의 도구인 선풍기나 양파를 사용했다.
- **디자인 도전 과제**에서, 학생들은 계획하고, 연구하고, 설계하고, 산출물이나 진행 과정을 이끌면서 해답을 구성한다. 본질적으로 디자인은 탐구 과정으로서의 과학과 기술적으로 대응되는 것이다. 다음 절에서 디자인 도전 과제에 관해 더 상세히 다룰 것이다.

● 이야기 속의 과학 개념

- 9장에서 보았듯이 과학 연구에서 모델은 실험할 가설을 형성하는 것, 과학적 현상을 묘사하는 것에서 모두 중요한 역할을 한다.
- 20세기에 과학에서는 원자 구조에 관한 많은 것들이 밝혀졌다. 현재 과학자들은 핵의 구조와 핵을 서로 결합시키는 힘을 탐구하는 실험을 수행하고 있다.

- 원자는 너무 작아서 일반 현미경으로는 볼 수 없다. 그러나 지난 30년간 원자 현미경과 같은 새로운 형태의 현미경을 통해 원자를 관측하고 그 특성을 조사하였다.
- 다른 원소의 원자는 크기와 특성이 서로 다르다.
- 모든 원자는 전기적인 성질을 지닌다. 원자는 핵 속에 **양전하**를 띠는 양성자와 원자핵 주위에 **음전하**를 띠는 전자를 가진다. 한 원자에서 양성자의 수는 전자의 수와 동일하다. 따라서 원자는 전기적으로 중성이다.
- 원자핵은 양성자뿐만 아니라 전하를 띠지 않는 **중성자**도 가진다.
- 양성자의 질량은 중성자의 질량과 동일하다. 전자의 질량은 양성자나 중성자 질량의 1/1,800 정도밖에 되지 않는다.
- 전자는 서로 다른 에너지 준위 또는 "껍질"에서 핵 주위를 회전한다. 오늘날의 과학자들은 이 경로를 궤도(orbit)보다는 전자의 파동성을 의미하는 오비탈이라는 용어를 선호한다. 전자는 입자와 파동으로서 존재한다. 다양한 오비탈이 원자핵으로부터 서로 다른 거리에 존재한다.
- 오비탈 내부에서 전자의 정확한 위치를 알 수 없기 때문에 이를 전자가 발견될 수 있는 전체 영역을 나타내는 **전자구름** 속에서 움직이는 입자로 생각하는 것은 유용하다. 구름의 농도가 짙은 부분이 전자가 존재할 가능성이 가장 높은 곳이다.
- 전자구름이나 에너지 준위에는 저마다 가질 수 있는 최대 전자 개수가 있다. 첫 번째 에너지 준위에서는 최대 2개의 전자를 가지며, 두 번째 에너지 준위에서는 최대 전자 8개, 세 번째 에너지 준위에서는 최대 전자 18개를 가질 수 있다.
- 전자가 원자핵에서 멀리 있을수록 더 쉽게 원자의 핵으로부터 이탈할 수 있다.

♠ 이야기 속의 과학교육과정

기준 머레이 선생님 수업의 원자에 관한 확장된 탐구는 국가과학교육기준(NRC,

1996)의 다음 부분을 보여준다.

- ♠ 내용 기준 G, 5~8학년(과학의 역사와 본성): 5~8학년 학생들의 활동의 결과로, 모든 학생들은 인간의 노력, 과학의 본성, 과학의 역사로서 과학을 이해해야 한다. 역사적 사례를 소개하는 것은 학생들이 과학적인 진취성(scientific enterprise)을 보다 철학적, 사회적, 인간적으로 볼 수 있게 도울 것이다. 그렇게 함으로써 중학생들은 과학과 사회의 상호작용과 과학 탐구에 대해 더 깊이 이해를 할 수 있다. 과학의 역사와 본성에 관한 이해력을 키우기 위해, 과학 교사는 조사, 사례 연구, 역사적인 삽화 등 학생들의 실제 경험을 이용할 수 있다.
- ♠ 내용 기준 E, 5~8학년(과학과 기술): 5~8학년 학생들의 활동 결과로, 모든 학생들은 기술적 디자인 능력을 개발해야 한다. 과학적 조사를 포함한 학생의 연구는 인간의 요구를 충족시키고, 인간의 문제를 해결하며, 제품을 개발하기 위한 활동들에 의해 보완될 수 있다. 학생들은 자신들이 선택한 기준을 감안하여 서로 다른 의견들을 만들고 비교해야 한다. 학생들은 비용, 시간, 균형, 재료와 같은 제약을 반드시 고려해야 하며, 도안 및 단순 모델을 통해 서로의 생각을 주고받아야 한다.

원자 이론가에 대해 파악하고 원자 디자인 프로젝트의 의문에 답을 찾기 위해 웹사이트를 이용하는 학생들은 NETS-S(International Society for Technology on Education, 2007)의 많은 부분을 보여준다. 특히 다음의 내용을 보여준다.

- ♠ 학생들은 연구 계획을 세우고 이를 수행하며, 프로젝트를 관리하고, 문제를 해결하고, 적절한 디지털 기기와 자원을 사용하여 정보에 근거한 결정을 내리는 데 비판적 사고력을 사용한다. 학생들은 (a)조사를 위한 중요한 질문과 확실한 문제를 정의하고, 명확히 한다. (b)해답을 구하거나 프로젝트를 완성하기 위한 활동을 조절하고 계획한다. (c)해결책을 확인하거나 정보에 근거한 결론을 내리기 위하여 데이터를 수집하고 분석한다.

심화 탐색

- ■ 머레이 선생님의 원자 구조 단원은 과학 "상자"를 어떻게 깨뜨리고 열었

나노 과학과 원자 연구

여러분은 아마도 원자 혹은 분자 단위의 구조 설계 및 생산, 장치, 시스템인 나노 기술에 대해서 들어보았을 것이다. 이 용어는 1 m의 10억 분의 1에 해당하는 단위인 나노미터에서 유래되었다. 이 기술은 컴퓨터 프로세서부터 테니스공의 햇빛 차단제에 이르는 제품까지 개선하고 있으며, 질병을 치료하기 위해 혈관 속을 따라 헤엄치는 작은 기계와 같은 나노 규모의 로봇에도 무한한 가능성을 보이고 있다. 교육자들이 과학 시간에 나노 기술을 가르치기 위한 과학 단원을 개발하기 시작한 것도 이제 놀랄 일이 아니다. **나노 과학**(Nanoscale science)은 중 · 고등학생들이 나노 규모 물질들의 독특한 행동과 특성을 탐구하는 데 도움을 주기 위해 설계된 탐구 실험 기반 활동에 참조된다(Jones, et al.,2007).

학생들과 나노 규모를 탐구할 때, 교사는 '너무 작아 볼 수 없는 물질의 정신적 모델을 학생들이 형성하도록 안내하는 방법' 면에서 머레이 선생님과 같은 문제에 직면하게 된다. 나노 과학을 탐구하는 한 교사에 의해 다음과 같은 방법이 개발되었다(Jones, et al.,2007).

해당 교사는 칠판에 천(1,000)이라는 숫자를 적고 학생들에게 십 억(1,000,000,000)은 몇 배가 더 큰 수인지를 물어보았다. 정답은 백만 배로, 십 억은 천보다 백만 배 큰 수이다. 그런 다음 학생들에게 십 억 개의 골프공을 담을 수 있는 상자는 얼마나 커야 하는지를 물어보았다. 학생들은 이 질문에 대한 답을 생각하는 과정에서 골프공이 교실 약 400개를 합친 크기(교실 크기를 10 m×10 m×3 m로 가정했을 때)의 10억 분의 1이라는 것을 알게 된다. 교실 부피의 10억 분의 1을 손에 놓고 학생들은 미터 단위의 10억 분의 1인 놀라운 규모의 나노 기술을 배우게 되는 것이다. 만일 욕조를 소금으로 채운다면 아마 소금 알갱이 십 억 개가 필요할 것이다. 욕조 속의 소금 알갱이 하나가 바로 십억 분의 일이다.

학생들이 원자 구조에 대해 배우는 동안, 나노 과학과 과학자들은 원자 규모의 물질을 능숙하게 조작할 수 있는 새로운 미개척 영역을 접하게 될 것이고, 다방면에서 사회에 기여할 수 있는 새로운 구조를 생산할 수 있게 될 것이다. 다음은 나노 과학과 관련한 수업 및 활동 자원이다.

■ Jones, M. G., Falvo, M. R., Taylor, A. R., & Broadwell, B. P. (2007). Nanoscale Science : Activities for Grades 6–12. Arlington, VA: NSTA Press.
20개의 조사 활동은 학생들이 나노 물질의 행동과 특성을 탐구하는 데 도움을 준다.

■ Nanoscale Science. 이 사이트는 나노 기술에 사용되는 도구를 이해하고 이 도구들이 생산할 수 있는 이미지를 탐구할 수 있다. 고등학교와 중학교의 상위 학급에게 적절한 수업 및 활동들이 있다.

■ NanoScale Science Education. 이 웹사이트에는 초 · 중학생을 위한 활동들이 링크되어 있다.

는가?

■ 머레이 선생님의 학급 학생들은 우리가 알고 있는 학생들의 학습 방식을 어떻게 보여주었는가?

■ 설계 도전 과제를 시행할 수 있는 중학교 과학의 다른 주제는 어떤 것이 있겠는가?

- 이 과학 단원에서 역사 교사와 협력하여 가르칠 수 있는 부분은 어떤 것이 있겠는가? 영어 교사와는 어떠한가?

심화 탐색을 위한 자료

전자 미디어 자료

Chem4kids: Atoms Around Us. 이 웹사이트의 원자에 관한 페이지는 학생들의 연구를 위해 매우 많은 정보와 친숙한 환경을 제공한다.

The Periodic Table Online. 이 온라인 주기율표는 원소들에 대한 많은 정보를 제공한다.

출판 자료

Farinelli, J. (2002). Simple Chemistry. Monterey, CA: Evan-Moor Educational Publishers.

Robertson, W.C., Kralik, M.S., & Diskin, B. (2007). Stop Faking It! Chemistry Basic. Arlington, VA: NSTA Press.

디자인 기술

머레이 선생님이 학생들을 위해 채택한 디자인 도전 과제는 디자인 기술 혹은 디자인으로서의 기술로 잘 알려진 과목과도 연관된다. 그렇다면 **디자인 기술**이란 정확히 무엇인가?

여러분이 방금 읽었던 "이야기 속의 과학교육과정"에서 알 수 있는 바와 같이 국가과학교육기준에 학생들의 "기술적 디자인 능력"을 개발하기 위한 권고가 포함되어 있다.

일반적인 설명은 다음과 같다:

기준 과학의 탐구 기준에 맞춘 능력에 대한 보완으로 이 [과학과 기술] 기준은 학생들이 문제를 명백히 규명하고, 해결책을 도안하고 해결책을 실행하고, 평가하는 능력을 개발할 것을 요구한다.

> 탐구로서의 과학은 디자인으로서의 기술과 대등하다. 두 기준 모두 학생들의 능력 개발 및 이해를 강조한다(National Research Council, 1996, pp.106-107).

디자인 기술과 과학 탐구가 어떻게 대등할까?

이와 유사하게, "창의성과 혁신"이라는 주제하에서 학생을 위한 국가기술교육기준(NETS-S)은 학생들이 "기존의 지식을 새로운 생각, 제품, 과정을 생산하는 데 적용하고, 개인 혹은 집단 표현 수단으로서 독창적인 작품을 창조한다."고 제시하고 있다(International Society for Technology in Education, 2007).

다음과 같은 방식으로 생각해보자: 과학 탐구의 일부로서 학생들은 자연 현상을 탐구하고 분석하게 된다. 학생들은 재료들을 조작하고, 실험을 계획하며, 관찰과 추론을 통해 그들이 집중한 문제의 해결책을 찾으려고 노력한다. 디자인 기술의 일부로서, 학생들은 제품이나 그 과정에 이르게 할 해결책을 계획하고 연구하고, 설계하고, 구성한다. 탐구와 마찬가지로 디자인은 한 가지 해결책을 시험해보는 반복되고 되풀이되는 과정 도중에 다른 방법을 찾기도 한다.

디자인 포트폴리오

우리가 디자인 기술을 탐구에 추가할 때, 학생들에게 탐구 과정에서 학생들이 과학적 사고 혹은 수학적 사고력을 사용하여(설계 도전 과제로 불리는) 문제를 해결할 것을 요구한다. 그 해결책은 전형적으로 설계 명세서를 충족시키는 과정이나 제품 만드는 것을 포함한다.

어린 학생을 위한 디자인 도전 과제

머레이 선생님의 학급에서 보았듯이, 디자인 프로젝트는 학생들의 디자인 과정을 돕는 도구로 가끔 포트폴리오를 사용한다. 디자인 포트폴리오는 문제 진술, 디자인 명세서, 제한 사항, 몇 가지 다른 영역을 포함한다.

디자인 기술이란 그 용어의 의미에서 미루어 볼 때 이것이 주로 중학교와 고등학교에 적용될 것이라 생각할 수 있다. 그러나 미국의 국가과학교육기준에서는 기술적 디자인은 모든 학년에서 개발되어야 하는 능력임을 명시하고 있다. 어린 학생들을 위한 디자인 도전 과제는 무엇이어야 하겠는가?

트레비스 선생님의 수업 시간에 4학년 학생들이 전기 회로를 공부하던 것을

11

과학을 계획하기

수업 계획과 교수 전략

초점 질문

- 과학 활동과 과학 수업의 차이점은 무엇인가?
- 개별적으로 배우는 것을 좋아하는가? 혹은 소그룹으로 배우는 것을 좋아하는가?
- 기대되지 않는 것은 어떻게 계획을 세우는가?
- 한 차시 수업에 40분만 주어진다면 여러분은 어떻게 과학 수업을 구성하겠는가?
- 수업 계획에서 여러분 자신의 개인적인 스타일은 무엇인가?

내 친구 중의 한 명은 매 학기를 시작할 때마다 다음과 같이 이야기하곤 한다.

"제니스(Janice), 선생님들도 완벽하게 준비가 되어 있을 수는 없어."

내가 학생들을 가르치는 선생님이 되었을 때, 나는 그가 말하는 것이 무엇인지 알게 되었다.

'준비됨'이란 맨 먼저 계획하기를 의미한다. 여러분의 행동이나 교수 전략 계획을 세우기 위해서는 자신이 제공하고자 하는 학습 경험을 아주 심도 있게 고려해야 한다. 그때 여러분은 자신과 가르치고 있는 학생들에게 이치에 맞는 방식으로 경험들을 조직화하고 구성할 필요가 있다. 여러분이 수업 계획을 준비한 후 학교에 왔을 때, 학생들은 그것을 인식하고 여러분을 아주 열심히 가르치는 선생님으로 그려 나갈 것이다. 이러한 이미지는 여러분이 교실에서 커뮤니티를 형성하는 데 도움을 줄 수도 있을 것이다.

이 책의 앞부분에서 나는 "우리가 누구인지"를 가르친다는 것을 언급했었다. 그것은 교실에서 여러분의 행동은 물론 계획하기에 해당된다. 이 단원에서 여러분은 학교 과학을 계획하기 위한 유용한 제안들을 볼 수 있을 것이다. 그러나 나는 여러분이 이러한 생각들을 여러분의 개인적인 스타일에 적용하기를 바란다. 12장에서는 전체 과학 수업을 위한 큰 규모의 계획하기를 알아볼 것이다.

활동은 수업이 아니다

활동 계획하기

계획하기의 주요한 요소는 학생들이 해야 할 활동을 준비하는 것이다. 이전 단원에서 예시로 보았듯이 우리 학생들이 세상을 비판적으로 탐색할 수 있게 하는 것은 액체로 실험하기, 원자 구조 탐색하기, 지렁이 탐구하기 등과 같은 의미 있는 과학 활동을 제시하는 것으로만 가능하다.

아이디어와 반성을 위한 계획

그러나 이러한 단계들은 단지 계획하기 과정의 시작일 뿐이다. 학생들은 여러분이 제공하는 자료들을 이용해 실험하면서 많은 즐거움을 느끼겠지만 활동은 수업이 아니다. 여러분은 학생들에게서 어떤 과학 아이디어(개념)를 발전시켜야 하는지를 알아야 한다.

더욱 중요한 것은, 새로운 아이디어의 구성을 이끌 수 있는 것은 활동 자체가 아니라 반성의 과정이다. 여러분은 실제적인 경험은 물론 사고의 경험도 활성화시킬 책임이 있다.

활동을 수행하고 그것을 반성하는 과정은 과학 '**수업**'으로 여겨질 수 있다. 이어지는 내용에서는 수업 계획 그 자체로 시작해서, 질문의 역할, 협동적 학습 그룹의 사용, 모든 학생들이 완전히 참여하였는지를 확인하는 방법, 여러분의 교수 경험을 반성하기 위한 가이드라인 등을 소개할 것이다.

계획을 포기하도록 계획하기

한 가지 더 중요한 것 중에서 사려 깊은 계획하기는 계획을 포기하도록 계획하는 것이다. 마치 이 말은 모순처럼 들릴지도 모른다. 그러나 학생들이 진지하게 탐구를 하다 보면 하나의 질문은 또 다른 질문을 불러일으킨다. 학생들의 자발적인 호기심은 여러분이 만든 처음의 계획을 바꾸고 그들의 경험을 자신의 용어로 반영할 훌륭한 기회를 줄 것이다. 훌륭한 과학 아이디어들이 성공적인 과학 경험들로부터 나올 수 있다는 것을 기억하자.

수업 계획하기

여러분이 새로운 과학 수업을 계획하고 있다고 생각해보자. 어떤 유형의 **수업 계획**(즉, 수업을 위한 여러분의 계획을 묘사하는 문서)이 학생들을 의미 있는 과학 활동에 참여하게 하고 그 활동에서 아이디어를 생각하고 반성하고 구성하게 하는 것을 도와줄 수 있을까?

여러분이 수업 계획을 세울 때 도와줄 수 있는 많은 수업 계획 템플릿이나 가이드가 있다. 그것들은 일반적으로 학생들의 행동이나 교사로서의 여러분의 행동을 예상하곤 한다. 그러나 나는 이 책을 통해서 여러분의 의미 있는 활동이 어디로 흘러갈 것인지 항상 예상할 수는 없다는 것을 이해할 수 있도록 구성했다. 3장에서 월슨 선생님은 고드름의 무게를 어떻게 재야 할지 방법을 예상하지 않았다. 선생님은 학생들과 탐구를 시작하면서 수많은 실험 방법이 있다는 것을 이해할 수 있었다.

계획 지도서

"과학 수업 계획을 설정하는 것에 대한 지도서"의 요점은 수업 계획을 위해 기본적인 과정들을 설정하는 것이다. 각 과정은 여러분이 자신에게 요구하는 질문이다. 과정이 이 책 앞부분에서 읽은 순환 학습의 다섯 단계(참여, 탐색, 설명, 정교화, 평가)와 어떻게 관련이 있는지 알아보자.

이 과정을 수행하는 방법을 설명하기 위해 7장에서 언급한 지렁이 탐색에 대한 수업 계획을 말해보자. 학생들은 친구들과 함께 확대경과 종이접시를 사용해 지렁이의 특징을 탐색하게 될 것이다. 여러분이 이 과정에 대한 설명을 하기 전에 목표와 과학 개념으로 시작하는 것이 좋다.

목표 진술

목표 나는 학생들이 과학 체험을 하길 원하는가?

계획 중 이 부분은 학생들이 탐색할 문제와 현상 또는 학생들이 발견하는 것에 대해 여러분이 원하는 것이 무엇인지 자신에게 진술하길 요구한다.

지렁이 학습에서 여러분은 다음과 같이 말할 수 있다.

과학 수업을 계획하는 방법에 대한 지도서

아래 열거한 각각의 질문에 전부 대답하자.

목표 나는 학생들이 과학 경험을 하길 원하는가?

과학 개념 이 경험에 내재된 과학적 개념은 무엇인가? 수업 결과로 학생들이 이해하길 원하는 개념은 무엇인가?

절차참여 주제에 대한 학생들의 관심을 어떻게 끌어야 하는가?

탐색 과학 활동 : 학생들은 자신의 학습을 위해 무엇을 연구하게 될 것인가?

설명 이 경험으로부터 학생들은 어떤 종류의 의미로 구조화하는가? 학생들의 생각을 발판으로 어떻게 도와줄 수 있는가?

정교화 교실에서 우리가 하고 있는 것들과 활동을 어떻게 연결하는가? 학생들의 삶을 위한 것인가? 학생들이 자신의 생각을 조직화하고 이 수업을 함께 수행할 수 있도록 어떻게 도울 것인가?

평가 학생들이 학습하는 것을 어떻게 판단할 것인가?

학생들이 지렁이를 관찰했기 때문에 지렁이는 마디가 있고, 매끄러우며 표피의 축축함을 유지하기 위해 점액을 분비하고 내부 골격이 없다는 것을 알게 된다. 학생들은 '무척추동물' 이란 과학적 용어에 익숙하게 될 것이다.

개념을 명확히 말하기

과학 개념 이 경험에 내재된 과학적 개념은 무엇인가? 수업 결과로 학생들이 이해하길 원하는 개념은 무엇인가? 이 과정에서 여러분은 과학 개념(학생들이 활동에 참가함으로써 구조화하길 원하는 자연 세계에 대한 기초 개념)을 진술한다. 한 예로 지렁이 학습에서 여러분은 다음과 같이 할 수 있다.

> 지렁이는 앞으로 나아갈 수 있도록 도와주는 긴 근육과 환형 근육을 가졌고, 느리게 가거나 또는 멈추는 것을 도와주는 작은 머리를 가진 무척추동물이다. 지렁이는 첫 번째 마디에 입이 있고, 환대라 불리는 두꺼운 마디도 가지고 있다. 또 마디를 분별할 수 있는 체절을 가졌다.

학생들을 어떻게 동기 유발시킬 것인지 결정하기

참여 '관심 끌기' 라고 불리는 이 단계에서 여러분은 주제에 대해서 학생들의 관심을 끌기 위해 자신에게 물어보자. 또한 '동기' 라고도 부르는 이 단계의 전략은 학생들의 호기심을 자극하거나(터지지 않은 풍선을 기억하자) 흥미를 유발시키는 방법으로 탐구할 재료들을 보여줌으로써 학생들에게 주제에 대해 관심을 끌게 해야 한다. 지렁이 수업을 위해 여러분은 다음 질문과 설명을 가지고 시작할 수 있다.

> 여러분 중 몇몇은 외부 정원에 씨앗과 식물을 심어본 적이 있을 것이다. 여러분이 흙을 팠을 때 그 속에 살고 있는 지렁이를 발견할 수도 있을 것이다. 이것을 이용해 교실에서 바로 지렁이를 탐색할 수도 있다. 지렁이 두 마리를 꺼내서 종이접시 위에 두자. 교실을 돌아 다니면서 학생들에게 지렁이를 보여주자.

활동 설명

탐색 이 단계는 과학 활동이다. 학생들은 자신의 학습을 위해 무엇을 연구하게 될까? 여러분은 지렁이 수업을 할 때 다음과 같이 작성할 수 있다.

> 학생들은 지렁이의 외형적인 특징을 조사할 것이다. 각 그룹은 확대경과 종이접시 위에 있는 지렁이 두 마리를 가진다. 지렁이를 다룰 때에는 학생들이 고무장갑을 끼도록 해야 한다. 그리고 학생들에게 과학 노트에 지렁이를 그리라고 지시한다.

탐색 단계에서는 종종 재료 목록이 제시된다.

> 탐구를 위해 필요한 재료:
> 일회용 고무장갑, 종이접시, 확대경, 지렁이
> 교실에서 지렁이의 집이 될 흙이 담긴 커다란 단지가 준비되어 있는지 확인해보자. 학생들은 활동 후에 지렁이를 반납해야 한다.

물론, 모든 학생들이 참여할 수 있도록 재료를 충분하게 확보하는 것은 중요하다. 그렇다면 종이접시, 고무장갑, 지렁이, 확대경이 얼마나 있어야 할까? 또 큰 병은 몇 개나 필요할까?

질문과 비계를 설정하기

설명 이 경험에서 학생들은 어떤 종류의 의미를 구성하는가? 학생들의 생각을 발판으로 어떻게 도와줄 수 있는가? 여기서 여러분은 학생들의 생각을 모으는 방법을 계획하고 학생들이 연구 감각을 가질 수 있도록 도와주자. 수업 계획 중 이 단계에서 안내자와 중재자로서의 역할에 대해 여러분은 이미 생각하고 있어야 한다. 여러분은 수업 시간 동안 학생들에게 질문할 사항을 포함시켜야 한다. 학생들이 어떤 절차적 기술을 사용하도록 권할 것인지에 대한 질문들을 예로 들 수 있다. 지렁이 수업에 다음 질문들이 있을 수 있다.

> 여러분은 지렁이에 대해 무엇을 알았는가?
> 여러분의 노트에 관찰한 것에 대해 쓰고 그림을 그려보자.
> - 지렁이는 움직이기 위해 어떻게 하는가?
> - 지렁이가 앞으로 나아가기 위해 어떻게 하는가?
> - 지렁이가 가지고 있는 마디는 몇 개나 되는가?

아이디어를 조직화하도록 정돈하기

정교화 학생들이 생각을 구성하고 이 수업을 함께 수행할 수 있도록 어떻게 도울 것인가? 과학 수업 중 이 단계에서 여러분은 학생들에게 자신들이 경험으로 발견한 과학적 개념을 표현하고 구체적으로 설명할 수 있는 기회를 제공한다. 지렁이 수업을 통해 여러분은 다음과 같이 쓸 수 있다.

> 학생들에게 지렁이를 관찰한 것에 대해 말하게 하고, 관찰 내용을 포스터 용지나 교실의 스마트 보드에 기록하게 하자. 지렁이가 어떻게 움직이는지와 어떻게 먹는지에 대해 학생들의 생각을 모으자. 학생들은 지렁이의 두꺼운 부분의 기능에 대해 말할 수 있다. 동물의 범주를 설명할 때 '무척추동물'이란 용어와 지렁이의 두꺼운 부분을 설명할 때 '환대'란 용어를 가르치자. 학생들은 교실 컴퓨터로 지렁이에 대한 정보를 검색할 수도 있다.

과제 계획

평가 학생들이 학습하는 것을 어떻게 판단할 것인가? 단순한 사실들이 아니라 이해 정도를 점검하자. 우리는 활동, 작문 연습, 공식적인 과제를 계획할 수 있다. 여러분은 학생들이 학습할 때 기본 목표와 상위 목표를 어떻게 수행하였는지 확인하고 싶을 것이다. 예를 들어 지렁이 수업을 평가하기 위해 학생들에게 간단한 문제를 수행하도록 할 수 있다. 이것은 여러분이 색인 카드나 작은 종이를 나눠 주고 학생들이 학습한 지렁이에 대해 두 개의 내용과 질문 두 가지를 작성하도록 하는 1분 과제이다. 이 과제는 더 나은 수업을 계획하도록 도와줄 것이다.

알고 있는 것을 기록해야만 하는가?

이전 부분에서 우리는 수업계획을 작성했다고 가정했었다. 그러나 '수업계획을 종이에 적거나 컴퓨터에 입력하는 것이 정말로 필요할까? 그것에 대해서 충분히 생각해보았는가? 무엇보다도 나는 수업 중간에 멈추어 서서 계획서를 꺼내볼 계획은 없다.' 라고 생각해본 적이 있을 것이다.

반성의 일환으로 글쓰기

부담스럽겠지만 학교에서 계획을 작성하는 것을 요구하든 안하든 수업 계획을 작성하는 것은 중요하다. 이것은 여러분의 사고를 수집하고 표현하는 한 가지 방법이다. 그리고 여러분이 일을 진행하면서 그것을 수정할 수 있다. 반성적 교사가 되기 위하여 계획을 작성하는 것은 다른 단계이다. 여러분은 그 문서를 자신의 교수 일지의 일부로 생각해야 한다. 이것은 여러분이 반영하거나 다시 사용하기 위해서 또는 교재에 변화를 주기 위한 도구가 된다. 많은 선생님들은 수업 계획을 문서로 작성하고 저장하여 사용할 때마다 수정할 수 있도록 하고 있다.

나는 교사가 된 첫 해에 손으로 쓴 수업 계획을 여전히 가지고 있다. 지금 누렇게 변한 종이는 어떤 방식으로 내 사고가 변하고 있는지와 아직도 변하지 않고 남아있는 것들에 대해 알려준다. 나는 계획을 지속적으로 작성하는 과정이 나와 학생들 모두에게 도움이 된다는 것을 알고 있다.

시간 분배

여러분의 계획서는 학생들이 연구하고, 반성하고 또 다시 연구할 기회를 주는 과학 수업을 만들기 위한 도구이다. 때때로 어느 수업의 계획을 설정하는데 며칠 또는 그 이상이 걸릴 수도 있다.

여러분은 하루에 40분씩 진행되는 중학교 과학시간에 그러한 계획을 어떻게 실행하는지 그 방법에 대해 궁금해할 수 있다. 허천(Hutcheon) 선생님이 며

계획 점검표

여러분이 교실에서 과학 경험을 위한 수업 계획을 준비했다면 수행하기 전에 다음 점검표를 참고하자. 이 표는 여러분이 결정하는 데 도움을 줄 것이다.

- 자신의 연구를 충분히 하였는가? 이 주제에 대한 과학 개념을 이해하였는가?
- 살아있는 재료들을 위해 특별한 장치가 필요한가?
- 활동에 대해 부모 또는 관리자의 승인이 필요한가?
- 학생 배치를 어떻게 할 것인지 결정하였는가? 각 집단에 무엇을 하라고 요구할 것인가? 그룹은 서로 가지고 있는 정보를 어떻게 공유할 것인가?
- 학생들이 활동을 반영하도록 지도하는 방법을 이해하였는가?
- 만약 시간 예측이 잘못되었을 경우 수업과 여분의 시간을 충분히 고려하였는가?
- 계획을 수정하거나 학생들이 자신의 생각을 추구하려고 할 때 나는 수업의 목적을 확신하며 말할 수 있는가?

칠에 걸쳐 뜨고 가라앉는 것에 대해 지속적으로 문제를 만들었던 8장을 생각해보자. 가끔 중학교에서 선생님들은 학생들에게 활동을 하게 하고 일부는 과제의 형태로 별도의 배당된 시간에 하게 한다.

학생들과 이전 활동의 구조를 유지하고 있는 것은 중요하다. 고학년의 학생들은 재료를 분배하거나 정리하는 데 시간이 덜 걸린다. 대부분의 경우 여러분은 설치 및 정리할 시간으로 10분을 남겨두고 활동 자체에는 30분을 분배할 수 있다. 나는 시간 분배에 좀 더 융통성을 필요로 하는 초등학교에서 여러분이 아래 두 가지 원리를 수행해보았으면 한다.

시간 할당을 위한 팁

1. 적어도 1차시의 수업시간을 할애해서 학생들이 간단한 활동이라도 과학활동에 참여하도록 하자.
2. 여러분이 기본적으로 필요하다고 생각했던 것보다 활동에 좀 더 많은 시간을 소비할 수 있도록 융통성을 가지자.

계획에서 벗어나기!

지금 여러분은 과학 수업을 위해 구성했던 계획들을 포기하고 학생들의 관심, 생각, 질문들에 응답할 수 있도록 어떻게 준비하였는가? 8장에서 드레셔(Drescher) 선생님의 학생들이 액체를 연구했던 수업에 관한 과학 이야기를 기

이 학생들은 식물 구조에 대해 폭넓게 연구를 하고 있다. 이들의 선생님은 몇 주 동안 학생들이 식물을 주기적으로 돌보게 하기 위하여 수업을 구조화 하였다.

Elizabeth Crews/Stock Boston

억해보자. 이 경우에 상당히 간단했던 수업이었지만 원래 계획에 없었던 밀도에 관한 연구로 변경되었다.

관련성에 대한 질문

몇몇 선생님들은 자신의 수업 계획에 너무나 만족하여 계획은 유용한 가이드가 아니라 수업을 위한 교수 지도서가 되어 버린다. 이것은 학생들 자신의 개념이 수업을 또 다른 수준의 앎으로 나아가도록 할 때조차도 계획에 얽매이게 한다.

이 책에 나온 이야기들을 수집해보면 학생들이 발견한 문제들에 대해 질문하는 것을 확인할 수 있을 것이다. 학생들이 원래의 계획이 아닌 특정 실험을 시도할 수 있다면 여러분에게 직접적으로 요구하는 학생들이 있을 것이다. 학생들이 적절한 재료들을 이용할 수 있다면 발견한 문제들을 탐구하도록 유도하는 것도 좋은 생각이다.

그러나 여러분은 자신의 계획에서 벗어나야 할 때를 어떻게 정확히 알 수 있는가? 신중한 계획이 여러분에게 자신감을 줄 것이란 사실에 확신을 가지자. 이것은 여러분이 각 주제와 관련된 과학 개념에 대해 평가할 수 있고, 학생들이 새로운 활동을 통해 사고력을 확장시킬 수 있는 가능성을 고려하기 때문이다.

그리고 학생들이 더 많은 경험을 할수록 그들은 더 깊은 생각에 잠길 것이다.

여러분이 원래의 계획을 합리적으로 수정하거나 포기할 수 있는 상황들을 아래에 제시하였다.

학습 계획을 수정해야 할 상황들

- 여러분이 원했던 과학적 개념이 나타나지 않는다고 생각할 경우
- 학생들은 변화하는 데 저항하는 대체 개념을 제시한다(학생들이 병 바깥쪽에서 공기가 왔다는 생각을 버리기 전에 여러 다른 실험을 수행했던 3장의 병과 풍선 이야기를 생각해보라).
- 여러분들이 좋은 생각이라고 믿는 관련된 탐구를 학생들이 탐색하기를 원하는 경우(학생들이 밀도에 대한 흥미를 보일 때 드레셔 선생님이 실시한 액체 탐구에 대해 생각해보자.)
- 한 명 이상의 학생들이 자신의 용어로 현상을 탐구할 필요가 있는 경우(3장에서 제이미가 고드름에 대해 얼마나 다른 생각을 가졌는지 기억하자.)

여러분이 계획한 활동의 어디쯤에서 학생들이 참여할 것이란 예측은 불가능하다. 그러나 여러분이 학생들의 질문을 적극적으로 받아들이고 창의적인 탐구에 용기를 북돋아주는 것은 중요하다. 적극적인 경청은 학생들이 새로운 아이디어를 개발할 때 교사가 학생들의 사고를 알 수 있게 한다. 지식을 획득하고 협력한 시간 동안 탐구가 그들에게 준 특별한 의미들을 공유할 수 있다. 전체 학급은 학생들이 참여할 대체적인 경로들도 풍족해질 것이다.

질문의 역할

개방적 질문의 중요성

교사는 질문을 통하여 학생들의 과학 경험을 촉진할 수 있다. 다양한 답을 이끄는 **개방적 질문**들은 학생들이 탐구에 대해 비판적인 생각을 하도록 도와주기 때문에 특히 중요하다. 또한, 교사의 질문은 학생들이 자신만의 새로운 탐구를 하도록 이끈다. 이 장의 앞부분에서 읽은 대로, 여러분이 계획한 질문의 본질은 여러분이 작성한 학습 계획의 일부분을 형성할 수 있다. 이제 여러분이 학생들을 지도할 수 있게 도와주는 질문의 유형과 방법에 대해 자세히

살펴보자.

질문 유형

질문의 핵심 목적은 정보와 결론을 기억하도록 반복을 요구하는 질문보다 깊이 있는 이해를 유도하는 질문을 권하는 것이다.
– JIM MINSTRELL AND EMILY VAN ZEE(2003)

우리들의 질문은 다양하고 많은 방법들로 범주화 될 수 있다. 그래서 우리는 질문의 세 가지 유형을 생각해볼 수 있다.

(1) 학생들의 관찰 감각을 사용하는 활동에 학생들을 초대하는 질문

(2) 학생들의 생각과 사전 지식을 입수하는 질문

(3) 학생들의 이해 정도를 점검하도록 돕는 질문

활동에 학생들을 초대하는 질문 여러분들은 학생들이 다양한 탐구 기술을 활용하도록 조성하고, 활동에 초대하는 개방적 질문을 사용할 수 있다. 다음 목록은 특정 능력이 발휘될 수 있도록 도와주는 질문의 예를 제시한다. 물론 여러분이 사용할 수 있는 다른 질문들과 각 질문들을 표현하는 유용한 방법들이 많이 있다.

학생들의 생각과 사전 지식을 입수하는 질문들의 예

질문	탐구 능력
무엇을 알게 되었는가?	관찰
왜 이런 일이 일어났다고 생각하는가?	추론
어떤 방식으로 이것들이 동일한가?	비교
어떤 방식으로 이것들이 다른가?	대조
사물들을 어떻게 분류할 것인가?	분류
무슨 일이 일어날 것이라 생각하는가?	예상
이 생각을 어떻게 분석할 것인가?	연구 계획
여러분이 실험을 반복해야 한다면 실험에 어떤 변화를 줄 것인가?	연구 계획
여러분들이 한 행동을 바탕으로, 자신이 수집한 자료를 무슨 감각으로 해석하겠는가?	자료 해석/결론 도출
여러분이 말한 것은 무슨 의미인가?	개념 설명

학생들의 생각과 사전 지식을 입수하는 질문 이 책에서 각 장들의 앞부분에 있는 초점 질문들처럼 질문 기법은 때때로 특정 주제의 방향으로 학생들을 인도한다. 이러한 질문들은 학생들이 특정한 주제나 연구에 대해 자신의 생각을 제안하도록 요구한다.

다음에 7장의 지렁이 연구와 관련된 학생들의 생각이나 사전 지식을 알아보는 질문들 중 몇 가지 예가 있다.

탐구 능력 질문들의 예

- 지렁이가 움직이는 방법을 어떻게 설명할 수 있는가?
- 지렁이가 20초 동안 얼마나 멀리 움직이는지를 어떻게 조사할 것인가?
- 지렁이는 여러분이 보았던 다른 것들과 얼마나 비슷한가? 또는 얼마나 차이가 나는가?
- 지렁이는 음식을 어떻게 섭취하는가?
- 빛에 대한 지렁이의 반응을 탐구하기 위해 어떤 종류의 연구를 계획하겠는가?
- 지렁이가 재생하는 것은 무엇을 의미하는가?

이해 정도를 점검하는 질문 선생님들은 가끔 하나의 정확한 답을 완성하는 질문을 한 이후에 다음 질문으로 넘어간다. 이것이 학생들에게 과학은 "정확한 답"이 있다고 생각하게 한다. 그러나 우리는 학생들에게 그들의 생각을 드러낼 수 있도록 질문을 하여 수업을 진행하는 방법으로 학생들이 이해한 것과 그들이 놓쳤던 것을 사용할 수 있도록 할 수 있다.

이것은 여러분들의 질문이 복잡하다는 의미가 아니다. 단순한 질문들은 학생들이 실험이나 연구에 대해 깊이 있게 생각하도록 자극할 수 있다. 내가 가장 좋아하는 예는 "그럼, 여러분은 여기서 무슨 일이 일어날 것이라 생각하죠?" 이다. 나는 학생들이 사건이 일어난 의미에 대해 명확하게 말할 수 있도록 유인하는 질문을 사용한다.

일상생활과 관련된 질문

우리는 학생들에게 배운 것을 활용하도록 하였을 때 학생들의 이해 정도를 평가한다. 예를 들면, 학생들이 탐구한 현상이 일상생활에서 본 것과 어떠한 관계가 있는지를 질문하는 경우이다. 지렁이 수업과 관련하여 여러분은 학생

좋은 질문을 하기 위한 네 가지 비결

1. 학생들이 생각하고 있는 것을 알고자 한다면 질문을 하라.
2. 학생들이 자신들의 답을 구조화할 수 있게 도움을 주는 질문들을 계획하라.
3. 높은 수준의 학습과 참여를 촉진하기 위해 적절한 대기 시간을 사용하라(Tobin, Tippins, and Gallard, 1994).
4. 자신의 질문에 대해서 절대 답하지 말라. 여러분이 질문에 대해 대답을 하는 것보다는 잠시 동안 대답하지 않은 채로 질문을 남겨두는 것이 더 낫다. 여러분이 학생들에게 대답해주는 것보다 질문하는 것이 더 중요하다.

들에게 "다른 동물들이 지렁이처럼 움직이는 것을 본 적이 있는가?"에 관한 질문을 할 수 있다.

비판적 사고와 표현을 위한 질문

학생들을 평가하는 다른 방법은 학생들에게 "이 활동을 통해 발견한 것은 무엇인가? 과학 노트에 발견한 것에 대해 작성할 수 있는가?" 등의 간단한 질문을 하는 것이다.

또한, 여러분은 학생들이 좋아했던 연구와 좋지 않았던 연구, 가장 중요했던 연구가 무엇이었는지, 그것을 어떻게 변화시킬 것인지에 대해 질문할 수 있다. 이 유형의 질문들은 학생들이 비판적으로 생각하도록 유도한다. 게다가 서면으로 자신의 생각을 기록하도록 요구하는 것은 학생들이 과학과 과학적 탐구에 대한 의사소통 능력을 개발하는 데 도움을 준다. 이 과정은 과학자들이 연구를 수행할 때 하는 방식과 유사하다. 그들은 노트에서 발견한 기록과 다른 생각에 대해 연결을 시도하여 시험적인 결론을 내린다.

나이든 학생들은, 그들이 관찰한 현상을 자신의 이론으로 만들어 가도록 하는 것이 좋다. 머레이 선생님은 8학년들이 원자의 핵 안에 입자들이 어떻게 함께 공존하는지에 대해 공유하고자 서로가 '개구리 인형'을 던지면서 토의했던 10장을 떠올려보자.

마지막으로, 학생들의 이해 정도를 점검하기 위한 질문은 학생들의 생각을 여러분에게 넌지시 알려줄 수 있고, 그들이 대체 개념을 가졌는지도 알려준다. 학생들이 생각한 것을 말하도록 유도하지 않으면 아이디어의 교환은 일어날 수 없다는 것을 기억하자.

4. 나는 교실에서 소집단 학습을 어떻게 설정할 수 있는가?

5. 기술은 소집단 학습에서 학생들을 참여시키기 위해 어떤 도움을 줄 수 있는가?

협동 학습 집단

협동 학습에 대한 연구

공동 학습의 목표 성취를 위해 집단 내에서 학생들이 함께 공부하는 학습으로 정의된 **협동 학습**에 대한 많은 연구들이 진행되고 있다. 연구들은 협동 학습으로 인한 사회 · 교육적 다양한 효과를 보여주고 있다. 예를 들면, 협동 학습은 학생들이 더 많은 개념 지식을 쌓을 수 있도록 도와준다. 또한, 학생들이 서로의 학습을 신장시키기 위해 상호작용을 할 수 있도록 학습 환경을 조성한다(Johnson & Johnson, 1999; Kagan, 1997; Lazarowitz & Hertz-Lazarowitz, 1998; Slavin, 2009).

그럼에도 불구하고 이 분야의 연구자들이 정의한 협동 학습은 더 이상 소집단 교수가 아니라는 것을 인지하는 것이 중요하다고 하였다. 협동 학습은 학생들 간의 사회적 작용을 조직화하는 특유의 방법이다. 선생님이 말하는 동안 네 명의 학생이 소극적으로 앉아 있다면 그것은 소집단 교육이지 협동 학습은 아니다. 협동 학습 집단은 능력, 성, 성장 환경이 다양한 학생 집단이 개개인과 집단의 성공을 촉진하기 위해 공동의 목표를 향하여 연구하도록 하는 제도이다. 즉, 협동 학습 집단에서 각각의 학생들은 자신의 학습과 집단의 학습에 대한 책임이 따른다.

형식적 · 비형식적 집단

이러한 학습 집단을 구성하는 많은 방법들이 있다. 기본적인 특징 중 하나는 형식적 · 비형식적 집단이다. 형식적 협동 학습 집단에서 그 집단은 일을 하게 될 때까지 함께 머문다. 비형식적 그룹에서는, 각 학생들이 다른 친구가 이해하고 있는지를 보기 위해서 체크하는 것처럼 아주 짧은 시간 동안 수행이 이루어진다(Johnson & Johnson, 1999). 이 책에서 과학 이야기는 문제를 해결하고, 모델을 제시하거나 일을 성취할 때까지 함께 머무는 것을 형식적 학습 집단이라 말한다.

협력적 작업하기… 과학의 특징을 나타내는 많은 기술, 태도, 평가에 대한 연습을 장려한다.
– 미국과학교육기준

협동적 학습이 효율적으로 되기 위해서는 집단을 위한 다양한 구조들이 제공되어야 하고, 교사가 직접적으로 관련된 내용들을 보충해줘야 한다. 여러분은 10장에서 트레비스 선생님이 전체 학급에 '회로'의 의미에 대해 설명하는 예를 보았다. 다른 예로는 선생님이 전체 학생들에게 과학 활동 전 · 후의 생각들을 모으도록 했을 때가 있다.

구성주의와 소집단 학습

학생들이 상호작용할 때, 그들은 서로에게 지식을 얻는다. 학생들은 그들의 생각을 다른 사람들이 이해할 수 있도록 하기 위해서 언어로 표현하려고 노력하는 과정에서 배우게 된다.
– MARK GRABE AND CINDY GRABE(2007)

이 책에서 보여준 것과 같이, 협동 학습은 과학에서 개념적 지식을 얻을 수 있도록 하는 구성주의적 학습 과정을 조장한다. 이러한 집단에서 학생들은 다른 학생들과 그들의 생각을 토론하고 서로 의견에 대한 차이를 발견하고, 합의를 위해 집단의 노력으로 제시된 의견을 지지하거나 다른 사람의 생각을 바꿀 수 있는 기회를 가진다. 상호작용이 학습을 위해 중요한 이유는 무엇인가? 많은 이유들이 있지만 여기서 우리는 반성적 사고, 학습의 사회적 상황(social context of learning), 성과 문화적 다양성의 관계에 초점을 맞춘다.

협동 학습과 반성 우리는 학생들이 과학을 배우는 방법들을 연구한 이 책의 모든 부분에서 과학을 가르치고 배우는 것은 학생들의 활동 참여에 의존한다고 보고 있다.

그러나 우리는 또한 학생들이 활동에 육체적으로 참여하는 것뿐만 아니라 정신적으로도 활동할 수 있어야 한다고 생각한다. 이 장에서 '활동은 수업이 아니다.' 라는 말에 의해 우리는 구체적 활동을 수반하는 정신적 과정의 필요를 강조하고 있다.

소집단이 반성적 사고를 강화

소집단 협동 학습은 매우 중요한 반성적 사고의 과정을 강화한다. 학생들이 동료들과 함께 서로의 생각을 교환하고, 연구를 계획하거나 관찰과 결과들을 개선할 때 그들의 마음은 적극적이 된다. 각각의 학생들은 다른 학생들의 간섭이나 의견에 의해서 더욱더 반성적이 된다. 공동의 문제 해결자들은 새로운 생각들을 더욱 구조화할 수 있게 되고, 더 높은 수준의 생각들로 이끌어 낼 수 있게 된다. 선생님 또한 조력자로 각 그룹으로 찾아가서 그들이 생각하는 것을 도와주게 된다.

사회적 상황에 대한 학습 이 책의 앞부분에서 세계에 대한 우리의 이해도가 사회적 상황에 어떻게 구조화되었는지를 간략하게 언급하였다. 동료들과 함께 화성을 연구하는 가치에 대해 적극 반대할지라도 여러분은 화성이 어디에 존재하며 무엇인가에 대한 이해와 어떤 종류의 탐색이 실현 가능한지에 대해서 공부하고 있다. 여러분은 비슷한 언어를 모두 사용한다.

공유 개념과 언어

동일한 방식으로, 새로운 과학 설명에 대한 학생들의 구조는 사회의 통신 매체와 언어 기준에 의해 영향을 받는다. 소집단에서 동료 간의 대화는 집단의 구성원들이 그들의 의미를 표현하는 데 필요한 공통 언어를 찾고, 이 과정을 그들의 학습으로 조성하는 데 도움을 준다. 예를 들면, 밀도 수업에서 교과서는 밀도가 질량을 부피로 나눈 것이라고 하였다. 소통할 수 없는 언어의 종류는 많은 학습자들을 당황하게 할 수 있다. 그러나 소집단의 대화에서 학생들은 옥수수로 만든 시럽 100 mL의 무게가 얼마인지에 대해 또는 옥수수로 만든 시럽이 옥수수로 만든 기름보다 밀도가 더 높은지 아닌지에 대해 대화할 수 있다. 한 학생이 옥수수로 만든 기름 100 mL의 무게를 잴 수 있고, 이것의 무게가 옥수수로 만든 시럽의 무게보다 덜 나간다는 것을 발견할 수도 있다. 소집단 학습의 보편적인 사회적 토론으로부터 밀도에 대한 좀 더 정확한 의미를 나타냄으로써 각각의 학생들은 과학에 대한 폭넓은 생각을 개별적으로 더 계발할 수 있다.

협동 학습에서 문화적 다양성과 성 2장에서 언급하였듯이 과학자에 대한 이미지는 전통적으로 여성과 소수 민족들을 배제하고 있다. 우리는(미국의 경우) 소수 민족이라고 생각하는 학생들이 대집단 안에서 꾸준히 참여하지 않는다는 것을 알고 있다. 그러므로 여성과 소수 민족과 문화 집단의 학생들은 과학 수업에 거의 참여하지 않거나 학습하지 않고 거리를 두는 것은 놀랍지 않다.

다양한 학생들이 참여하도록 장려하기

소그룹 협동 학습 활동은 이 문제를 해결하는 데 도움을 줄 수 있다. 이러한 활동은 여성들이나 문화적으로 다양한 과학 학습자들이 개인적으로 학습 활동을 하는 것보다 훨씬 좋은 학습 활동에 참여하게 한다(Barba, 1998).

집단 연구와 협동 학습은 개별 경쟁을 줄일 수 있으며, 협력 수준을 향상시킬 수 있다(Dianmantes, 2002). 또한 도움을 주는 분위기는 전체 교실 상황에서는 자발적으로 나서려 하지 않거나 상호작용하지 않는 학생들이 잘 참여하도록 촉진한다.

모두를 위한 이익

우리는 문화적으로 다양한 학생들뿐만 아니라, 집단 안의 모든 학생에게 이익이 동반된다는 것을 잊지 말아야 한다. 7장에서 과일과 야채를 연구한 바이른 선생님의 세 번째 수업 이야기를 기억해보자. 다른 문화의 학생들이 잘 알려진 음식과 잘 알려지지 않은 음식에 대한 정보를 나누었다. 이와 같은 상호작용은 모든 사람들에게 지식을 확장시켜 주고, 학생들이 탐구에 대한 의문점을 밝힐 수 있도록 이끌어 준다.

우리는 이 장의 뒷부분에서 탐색할 것처럼, 육체적 장애나 학습장애를 가진 학생들이 협동 학습 집단의 다양성으로 인하여 도움을 받는다. 이러한 집단은 모든 집단의 구성원들에게 과학적 경험이 강화된 세상을 보는 방법을 알려준다.

과학적 연구와 집단 학습

성인 세계에서 과학적 연구는 사회적 과정이다. 과학 연구원들은 항상 서로 협력한다. 연구원들은 팀으로 일하고 중요한 기사들의 참고 자료도 공유한다. 또한 전자 통신매체와 인터넷으로 다른 사람들의 연구에 접촉한다.

실생활 모델

교실에서의 과학 학습 집단은 일어난 과학적 사실들을 밝히기 위해 필연적으로 협력하는 실제 모델이다. 전자 통신매체와 인터넷은 멀리 떨어진 실험실에서 고립된 과학자의 잘못된 생각들을 바로잡는 데 도움이 된다. 그것은 과학적 문제를 해결하기 위해 필수적인 상호 교환의 종류와 팀워크를 조성한다. 더욱이, 일반적으로 서로 관련되지 않은 학생들 간의 상호작용을 촉진함으로써, 학생들의 지식 범위를 확장시키고 학교 내에서의 연구 폭과 깊이를 증가시킨다. 존재하는 자연의 관점이 다양할수록 자연 현상 연구의 기회가 더욱 많아질 것이다. 게다가 과학자들은 의사소통 중에 관찰과 추측이 많을수록 개념도 더욱 명백해질 가능성이 더 높아진다는 것에 동의한다.

교실에서 협동 학습 집단의 구성

우리가 이전에 언급했듯이, 협동 학습 집단은 구조가 필요하다. 성공적인 학습이 되기 위해서는 집단과 행동을 신중하게 선택해야 한다. 집단을 구성하는 많은 다른 방법들이 있지만 몇몇 의문들은 항상 생길 것이다:

- 어떤 학생들이 어떤 집단에 속해야 하는가?
- 집단 안에서 지켜야 할 개인별 규칙들은 무엇이 있는가?
- 선생님으로서 나는 교실 내의 여러 집단을 위해 학습을 어떻게 선정해야 하는가?

집단의 규모와 다양성을 균형 잡기

집단에서 학생들 배정 대부분의 소규모 학습 집단은 2~4명의 학생들로 구성된다. 때때로 5명의 학생들로 구성된 집단이 효율적이긴 하지만, 통상적으로 학생들이 적을수록 더 좋다. 소규모 집단을 유지하기 위해서는 각각의 집단에서 성취할 수 있는 정도가 제한될 수 있다. 그렇지만 가능하면 이질적인 집단으로 구성하려고 노력하자.

다양한 능력, 성, 성장 환경들을 가진 학생들은 이 과정 안에서 서로에 대해 학습해나갈 수 있도록 공동 목표를 향해 함께 연구할 기회를 가져야 한다.

선생님은 학습 집단을 구성할 때 도움을 주어야 한다. 학생들에게 함께 할 협력자를 선택하도록 할 때, 그 집단은 종종 남자들끼리 공부하거나 백인 학생들끼리 공부하는 등 동종으로 구성된다(Johnson & Johnson, 1999, p.23). 이 결과는 협동 학습의 목표 중 하나인 '학생들이 폭넓은 사람들과 상호작용하는 것' 을 못하게 한다.

학생들의 정보 수집

여러분은 집단 구성을 계획하기 전에 학생들에 관한 정보를 수집하고자 할 수도 있다. 예를 들면, 여러분은 각각의 학생들에게 그들이 함께 하고 싶은 세 사람의 이름을 작성하도록 요구할 수 있다. 이 정보를 가지고 여러분은 구성원들을 위해 각 사람이 선택한 한 사람씩을 집단에 포함하여 집단을 배정할 수 있다. 집단이 성공하기 위해서는 오랫동안 함께 연구해야 하지만 각각의 학생들이 가능한 한 많은 다른 학생들과 연구할 기회를 갖도록 여러분은 집단을 재구성하길 바랄 수도 있다.

역할의 중요성

집단의 역할 구성 형식적 학습 집단에서 각각의 구성원들은 항상 개개의 책무와 역할을 정한다. 집단을 효율적으로 구성하는 것이 중요한 것이 아니라 모든 학생들이 전부 참여도록 하는 것이 중요하다. 누구나 문제를 해결하기 위한 특정한 역할이 있다면 각각의 학생들은 집단의 중요한 구성원이 될 것이다.

역할을 구성하는 방법

여러분은 이 책의 앞쪽 과학 이야기들 중 일부에서 선생님이 진행자, 지도자, 물품 관리자, 기록 담당자의 역할을 배정한 부분을 기억할 것이다. 협력 학습 집단을 계획하기 위한 다른 모델은 각각의 집단과 팀에서 세 가지 중요한 일들을 다룬다.

지도자는 팀이 연구를 이해하는지와 지시대로 각각의 책무를 수행하는가를 확인한다. 물품 관리자는 팀에서 필요한 물품들을 수집하고 반환한다. 진행자는 팀에 도움이 필요할 때 선생님과 다른 팀에게 요구한다.

세 가지의 역할 모델은 몇몇 학교 시스템에 보급되어 있고, 몇몇 학교들은 심지어 학생들에게 자신의 역할이 인쇄된 배지를 착용하게 한다(Biological Sciences Curriculum Study, 1996). 여러분이 원한다면 자신의 라벨을 만들 수도 있지만, 집단 역할을 위해 특별한 라벨 사용은 꼭 필요하지 않다. 여러분이 그 역할을 뭐라고 부르던 간에, 그룹의 활동은 여러 학생들이 다른 책무를 맡을 때 더욱 부드럽게 흘러간다.

내가 가끔 사용하는 과학 학습 집단의 모델에서 선생님이 집단을 설계하지만, 집단 구성원들은 전체 학급의 결과들을 보고할 책임을 맡은 진행자이자 리더를 선출한다. 리더는 매 주마다 바뀌거나 프로젝트 별로 바뀐다. 선생님은 실행해야 하는 다른 역할들을 구체화하여 말해주어야 하고, 집단은 그들이 실행할 역할을 선택해야 한다.

여러분이 생각하는 것처럼, 각각의 학생이 맡은 역할을 이해하는 것은 중요하다. 연구가 좀 더 복잡하거나, 집단이 더 클수록 좀 더 많은 역할들이 생긴다. 한 연구에서 맡은 역할이 무엇이든 프로젝트마다 역할이 바뀌어야 한다.

중재자로서의 역할

집단 학습의 중재 선생님으로서 여러분은 학생들의 집단을 운영하고 조정하여야 한다. 여러분은 일을 설계하고 배정할 수 있도록 지시해야 하며, 새로운 연구를 시작할 때 일의 변화를 조성해야 한다. 여러분은 집단이 얼마나 활동적인가와 계획을 잘 세우는가를 감독함으로써 효율적인 집단 활동을 증진시킬 수 있다(Johnson & Johnson, 1999).

각각의 학생들에게 "집단을 점검했는가?" 또는 "집단이 생각하는 것은 무엇인가?"와 같은 질문을 하는 것은 집단의 가치를 향상시키는 데 도움이 될 수 있다.

집단 연구의 감독

집단의 과정들을 감독하기 위한 방법 중 하나로 "머리 수 세기(numbered heads together)"라 불리는 협동 학습 구조가 있다(Kagan, 1997). 선생님은 집단 안을 벗어난 학생 수를 알아야 한다. 예를 들면 4명의 집단에서 각각의 학생들은 No.1, 2, 3, 4일 것이다. 선생님은 질문을 할 수 있고, 집단의 모든 학생들의 대답이 일치하는가를 확인하기 위하여 집단의 학생들이 머리를 맞대도록 요구할 수 있다. 집단 구성원들은 서로 의논할 수 있다. 예를 들면, 선생님은 No.3를 부를 수 있고 No.3인 학생은 집단의 생각을 말하기 위해 얼굴을 들 것이다. 새로운 문제를 제시할 때 선생님은 다른 번호를 부른다. 이 방법은 협력 학습 집단의 각 학생들이 집단이 결정한 것에 참여하는가를 점검하는 데 사용되곤 한다.

차이 존중

다른 집단들은 과학적 연구를 진행하는 방법에 대해 다른 결정을 할 것이고, 이러한 차이를 존중하는 것은 중요하다. 3장에서 윌슨과 제이미가 언급한 대로, 개개인이 연구를 그만 둘 수 있도록 허락하는 것이 때로는 필요할 것이다. 그러나 동시에 여러분은 그들이 문제 해결을 위하여 나아갈 수 있도록 집단을 지도하고 자극하는 것이 필요하다. 적절할 때 견해를 제시하거나, 초점을 맞춰주거나, 앞으로 해결해야 할 문제에 대해 명확한 설명을 해줘야 한다.

연구가 끝나고, 서로가 얼마나 협력을 잘 하였는가에 대한 논의를 할 때 각 집단 구성원들을 초대한다. 여러분이 집단의 효율성을 평가하고, 다음에 집단 과학 활동을 위한 계획을 세울 때에 그들의 비평은 도움이 될 것이다. 여러분이 교실에 이 모델을 적용할 때, 여러분은 학생들이 과학을 배우는 데 있어서 소집단 협동 학습이 필수적이라는 것을 알게 될 것이다. 개개인을 지도할 수 없다는 점에서 집단이 문제 해결 과정을 촉진하는 것을 여러분은 확인할 수 있을 것이다. 여러분은 집단 문제 해결에서 다양성의 중요성을 볼 것이다.

기술을 이용한 집단 학습: 웹퀘스트와 온라인 협력

인터넷 도구와 자원에서 학생들이 연구하는 방법들을 확장시킬 수 있다는 점을 많은 선생님들이 발견하였다. 기술이 향상된 협력적 과학 프로젝트를 위한 몇몇 모델들을 보자.

웹퀘스트 웹을 기초로 한 협력적 프로젝트 중 가장 잘 알려진 모델은 **웹퀘스트**(WebQuest)이고, 학습자들이 사용한 자원의 대부분을 인터넷으로부터 얻는 탐구지향 활동이다.

학생들은 연구를 완성하고 문제 해결 방안을 제시하거나 질문에 답을 제시하기 위하여 지정된 웹사이트인 웹퀘스트에서 연구를 한다. 이 사이트는 샌디에이고 주립 대학교에서 개념 개발에 대한 책임을 맡은 교육자 중 하나인 도지(Bernie Dodge)의 연구 홈페이지에 연결되었다. 이 글을 작성한 바와 같이 데이터베이스는 2500여 개의 웹퀘스트를 포함하고 있다.

웹퀘스트의 요소

웹퀘스트에 참여한 학생들은 몇 가지 편리한 웹 리소스에서 학생들을 단순하게 지도하는 것 이상으로 학생들이 일하도록 요구한다. 여러분은 주제 설정과 소개를 제공해야 할 필요가 있고, 주제에 대한 학생들의 질문들을 수집해야만 한다. 예를 들어, 지진에 대한 웹퀘스트는 단순한 범위의 질문(지진은 어디서 가장 자주 발생하는가?)부터 상당히 복잡한 질문(지진의 원인은 무엇인가?)까지 포함한다.

다음 과학 이야기는 웹퀘스트가 구조화될 수 있는 방법 중 하나의 예이다. 여러분이 그것을 읽으면서 연구 미션에 학생들이 얼마나 창의적으로 참여하는가와 소집단 안에서 연구를 얼마나 촉진시키는가를 주목하여야 한다.

과 학 이 야 기

해양 생물체에 대한 웹퀘스트

녹색 과학

7학년 과학 교사 집단은 해양 생물체와 서식지에 대한 복잡한 주제로 탐구 장치를 설계하고자 하였다. 교실에서 실제 수중 야생 생물을 구입할 수 없기 때문에 선생님들은 차선책을 택해야 했고, 인터넷으로 생물을 찾았다. 선생님들은 시각적으로 학생들을 참여시키고, 해양 생물체에 대한 그들 자신의 연구들을 수행하는 데 동기 부여를 하며, 협력적으로 문제를 해결하고 생각을 공유할 수 있도록 조성하기 위해 웹퀘스트를 계획했다.

일련의 웹페이지

선생님들은 웹퀘스트를 소개하기 위해 학생들이 이용할 수 있는 웹페이지를 만들었다. 웹페이지의 내용은 다음 절에 제시하였다.

인사말 페이지의 형태로 소개, 미션 형태의 과제들, 학생들이 관련된 웹사이트를 찾을 수 있는 자료 목록, 표제 형태의 평가 섹션, 결론과 같은 활동의 구조에 주목하자. 이 웹퀘스트는 학생들이 주니어 해양학자의 역할로 연극에 초대된 가상의 시나리오를 사용했다.

수중 모험

주니어 해양학자 훈련 센터(Junior Oceanographer Training Center, JOTC) 졸업반의 구성원으로서, 여러분의 마지막 미션은 다음과 같다.

오늘 아침 JOTC에 도착했을 때 우리는 입구 바깥쪽에서 큰 냉각기를 발견했다. 우리는 냉각기 안에서 갑각류 동물, 연체동물, 포유류, 어류, 무척추동물을 발견했다.

우리는 이러한 생물들을 이해하는 데 여러분의 도움이 필요하다. 그들은 적절한 환경 밖에서 오랫동안 살 수 없기 때문에 우리는 그들을 원래 상태로 되돌아가게 해야 한다.

각각의 생물들을 어디로 보내야 하는가?

다행히, 그들은 우리에게 수수께끼를 내었고, 각각의 생물에 대해 하나를 첫 번째 실마리로 제시하였다.

학생들의 미션

여러분이 미션을 받아들이기로 선택한다면, 여러분의 미션은 JOTC의 직원이 확인해줄 것이다. 해양 생물들 중 하나의 종을 연구하고 그것을 살리기 위해서는 어디로 보내야 하는지를 결정해야 한다. 이 미션을 완성하게 되면 여러분은 상급 해양학자로 인정받게 될 것이다. 행운을 빈다!

미션

여러분은 시작하기 전에 다음 페이지의 수수께끼를 해결해야만 한다. 이 수수께끼는 여러분이 JOTC 입구를 통과하여 냉각기에서 찾아야 하는 종류가 무엇인지를 말해줄 것이다. 여러분이 그 종류를 안다면 하나의 생물을 선택하여 연속된 미션을 완성해야 한다.

미션 1: 4명으로 구성된 모둠에서 수수께끼에 대해 말하고 그것을 해결해보자. 어렵겠지만 여러분은 할 수 있다. 수수께끼를 해결한 후 여러분이 옳은지 확인하기 위해 선생님께 점검받자.

연구 협력

미션 2: 4명으로 구성된 모둠에서 두 명씩 두 집단으로 나눌 것이다. 각각의 그룹은 특정한 표본을 연구하게 된다. 이 생물이 해양 어디에서 살아야 하는지, 무엇을 먹어야 하는지, 해양의 어떤 조건에서 살 수 있는지, 생물이 살고 있는 수중 근처에 다른 생물은 어떤 것이 있는지 발견해보자.

수업에 제출할 생물에 대한 프레젠테이션을 준비하자. 프레젠테이션은 표현한 과학적 지식과 발표력에 따라서 등급이 나눠지게 될 것이다. 프레젠테이션에서 집단 구성원들은 절반씩 나눠서 발표를 해야 한다.

모형 만들기

미션 3: 여러분의 파트너와 함께 프레젠테이션과 전시할 생물의 모델을 만들어 보자. 그리고 세부 사항에 주의해야 한다. 적절한 색상을 사용하고 생물에서 발견한 모든 특징을 포함시켜야 한다.

우리는 수학을 배웠기 때문에 모델을 축척으로 제도하여 만들 수 있어야 한다. 여러분이 결정한 비율만큼 적절하게 선택해보자. 모든 수학적 연구는 모델이 정확한 비율을 가졌는가에 대한 증명을 보여줄 수 있도록 제출해야만 한다.

(여러분의 구두 리포트에서 이것에 대한 질문들에 대답할 수 있도록 준비하자.)

평가 기준은 표 11-1과 같다.

자료

자료(리소스)를 찾았는가? 더 이상 자료 보는 것을 중지하고 아래의 링크들 중 하나를 선택하자.

갑각류 **연체동물** **어류** **포유류**

결론

축하합니다!

여러분은 JOTC에서 제시한 해양 생물들을 확인하고 연구하는 미션을 성공하였습니다. 모든 해양 동물들은 지금 가족, 친구들과 함께 집에 안전하게 있을 수 있게 되었습니다. 이제 여러분들은 승급식에서 상급 해양학자 직함의 표창을 받게 될 것입니다. 여러분의 도움에 감사드립니다! 이 미션은 여러분 없이는 성공할 수 없었을 것입니다.

교실 밖의 학습 집단 전개 웹퀘스트는 과학 프로젝트로 소집단 협력 내의 학생들을 참여하게 하는 훌륭한 방법이다. 그러나 여러분은 교실 밖 협력적 집단을 확장하여 인터넷 기술을 사용할 수 있다.

멀리 떨어진 사람들과 협동

인터넷 협력 적용에서 학생들은 다른 지역 학급 친구들과 이메일을 주고받는다. 일반적으로 친구들의 대화는 공통된 분모나 주제와 관련되어 있다. 예를 들어, 왕나비들은 동부와 서부로 이동 방법이 다르다. 한 나라의 반대편에서 이러한 방법을 찾아낸 학생들은 그들이 배운 것에 대해 서로 의사소통을

표 11.1 **수중 모험 웹퀘스트에 대한 평가 기준**

	우수(20점)	좋음(15점)	보통(10점)	부족(5점)
수수께끼	• 첫 번째 시도로 해결되었다.	• 두 번째 시도로 해결되었다.	• 세 번째 시도로 해결되었다.	• 네 번 이상의 시도로 해결되었다.
구두 프레젠테이션 (과학)	• 생물이 흔히 발견되는 장소뿐만 아니라 표본이 사는 해양의 수준까지 정확하게 명시하였다. • 생물이 먹는 음식을 최소한 세 개는 명시하였다. • 생물 근처에 사는 수중 생물들을 최소한 두 개는 정확하게 명시하였다.	• 생물이 흔히 발견되는 장소뿐만 아니라 표본이 사는 해양의 수준까지 정확하게 명시하였다. • 생물이 먹는 음식을 최소한 두 개는 명시하였다. • 생물 근처에 사는 수중 생물들을 최소한 두 개는 정확하게 명시하였다.	• 생물이 흔히 발견되는 장소를 명시하였거나 표본이 사는 해양의 수준을 명시하였다. • 생물이 먹는 음식을 최소한 한 개는 명시하였다. • 생물 근처에 사는 수중 생물들을 최소한 한 개는 정확하게 명시하였다.	• 생물이 흔히 발견되는 장소를 명시하지 않거나 표본이 사는 해양의 수준을 명시하지 않았다. • 생물들이 먹는 음식 또는 생물 근처에 사는 수중 생물들을 명시하지 않았다.
구두 프레젠테이션 (국어)	• 구두 프레젠테이션을 자세히 진술하였다.	• 구두 프레젠테이션을 자세히 진술하였다.	• 구두 프레젠테이션을 자세히 진술하지 못하였다(오직 일반적인 정보만 제공하였다).	• 구두 프레젠테이션을 자세히 진술하지 못하였다(오직 일반적인 정보만 제공하였다).
모형의 비율	• 모형은 모든 수학적 연구를 포함하였다. • 비율이 정확하였다.	• 모형은 대부분의 수학적 연구를 포함하였다.	• 모형은 몇몇 수학적 연구를 포함하였다. • 비율은 부분적으로 정확하였다.	• 모형은 수학적 연구를 포함시키지 않거나 모형에 적절하지 않은 연구를 포함하였다. • 비율은 거의 정확하지 않다.
독창성	• 모형의 색채가 적절하고, 생물의 특징들을 모두 포함하였다.	• 모형의 색채가 적절하고, 생물의 특징들을 대부분 포함하였다.	• 모형의 색채가 적절하지 않거나, 생물의 특징들을 대부분 포함시키지 못하였다.	• 모형의 색체가 적절하지 않았다. • 생물의 중요한 특징들을 많이 놓쳤다.

할 수 있다. 이러한 방법에서 학생들은 친구들의 관점에서 과학 주제에 대한 새로운 시각을 획득하고, 다른 지역 및 다른 문화 사람들과의 접촉은 종종 다양한 생활 방식의 이해를 폭넓게 이끌어 준다.

복잡한 프로젝트에서 학생들은 자신들의 자료를 웹사이트에 게재한다. 이 웹사이트는 나비의 이동에 대해 다른 사람들의 관찰과 반응을 읽을 수 있고 지도도 볼 수 있으며, 최신 업데이트된 자료도 볼 수 있다. 이것은 애넌버그(Annenberg) 미디어가 후원한 온라인 프로젝트의 자료인 북쪽여행(Journey North) 뒷부분의 자료이다.

멀리 떨어진 학교들이 도전 문제를 해결하기 위해 협동

비슷하게, 나사(NASA)에서 'NASACONNECT'라 불리는 프로그램을 중학교 학생들에게 제공한다. 나사 커넥트(NASACONNECT)는 수학과 기술에 과학을 연결시킨 프로젝트로 학생 집단을 참여시킨다. 'NASACONNECT'는 학교 간의 협력과 웹사이트의 자료와 동영상 제공을 통해 학생들이 과학과 엔지니어링 활동에 참여하게 했다.

예를 들어, 도전 과제가 '우주에서 더 건강하게 유지하기(Better Health form Space to Earth)'이고, 학생들은 특별한 의무를 가진 개인을 위한 매일의 식사와 운동 계획을 개발하는 집단에서 일하도록 요청받았다. 이때 한 중학교 학생들이 문제를 해결하는 데 다른 중학교 학생들과 협력할 수 있다.

다른 NASA 프로그램인 'NASALive'는 북미 전역의 학생들과 연구자들을 연결한 화상 회의를 제공한다.

다양한 멀티미디어 활동들을 포함한 화상 회의는 학생들을 상호작용 경험에 참여시킨다. 선생님과 학생들은 과학과 공학의 NASA 전문가와 함께 생각을 공유한다. 협력 집단 연구 중 이 유형은 교실 경계를 초월하고 전 지역에 걸쳐 과학 학습 집단을 조성한다.

포괄적인 과학교육

과학 선생님으로서의 목표는 문제 해결자, 비판적 사상가, 탐구하는 사람이 될 수 있도록 모든 학생들에게 과학교육을 충분히 받을 수 있는 기회를 제공하는 것이다.

앞 장에서 우리는 모든 학생들의 성공을 위한 가능성을 최대화시키는 과학교육 체험에 참여할 수 있도록 색다른 교육에 대해 토론하였다. 모든 학습자들을 위해 과학 교육을 설계하는 것은 많은 종류의 활동과 자료들을 가지고 다양하게 접근해야 한다는 것을 깨달았고, 일반적 계획 유형은 모든 유형의 학습자들이 과학 체험에 참여하는 것을 확인시켜 주었다. 우리는 여성과 소수민족 및 모든 학생들이 과학 분야에서 성공할 수 있는 자격이 있다는 것을 느끼길 원한다.

고정관념 극복하기

과학에서 성공할 자격이 있다는 느낌은 여러분이 미디어에서 보았던 것과 마음 안에 간직했던 오래된 고정관념에 기초한다. 우리가 태어나기 전부터 오늘날 우리의 삶에 상당히 공헌한 사람들을 학생들에게 일깨워주기 위해 미국

포괄적인 과학교육의 목표는 모든 학생들이 성공적으로 과학에 참여하는 것이다. 이때 기술은 종종 도움을 준다. 이 그림에서는 학습 능력이 떨어지는 학생들이 과학 연구의 일부분으로 컴퓨터를 사용하고 있다.

에서는 매년 여성 역사의 날과 흑인 역사의 날을 기념한다. 이 공헌들 중 과학과 기술 향상에 대한 것도 있다. 그러므로 매년 나는 중학생들에게 과학과 기술에 대한 지식을 발전시키는 데 공헌한 여성이나 흑인에 대해 연구하도록 할 것이다.

나는 학생들에게 보고서를 기록하는 대신에 자신이 선택한 과학자의 삶이나 연구에서 나타난 인공물을 계획하고 구조화하도록 요구할 것이다. 예를 들면, 노벨생리의학상 수상자인 매클린톡(Barbara McClintock)의 삶과 일을 연구한 학생은 매클린톡이 '돌연변이를 일으키는 유전자가 염색체의 한 장소에서 다른 장소까지 움직일 수 있다.'는 것을 발견하기 위해 옥수수를 광범위하게 연구했다는 것을 배웠다. 학생들은 인공물을 위해 3피트 모델의 옥수수를 설계하고 구조화한다. 이번 해의 특별한 날들만이 아니라 여러분이 학생들과 함께 비슷한 프로젝트를 개발하길 바란다.

장애인들은 보통 과학에 대한 자신감이 부족하다. 그러나 여러분은 세계의 가장 위대한 해양 생물학자 중 한 사람도 시각 장애인이라는 것을 아는가? 캘리포니아 대학교 데이비스(Davis) 캠퍼스의 한 교수는 해양에서 서식하는 무척추동물인 연체동물을 연구했다. 그의 놀라운 촉감은 이러한 생물을 연구할 수 있도록 하였고, 다른 과학자들이 느낄 수 없는 부분까지도 관찰을 하였다. 그의 이름은 버메이(Geerat J. Vermeij)이고, 그의 연구로 많은 명성을 얻었다.

학습 장애, 행동 문제나 육체적 · 감각적 손상 등으로 인해 학습자들은 특별히 부족한 점을 느낄 수 있다(Hardma, Drew, & Egan, 2008). 다음 절에서, 우리는 장애 학생들을 위해 차별된 교육 연구에 대해 토론할 것이다. 교육적 전략에 대해 여러분들을 도와줄 이용 가능한 웹사이트가 많이 있고, 이 장의 뒷부분에 있는 심화 탐색 자료에 전략들이 정리되어 있다. 모든 학생들이 교실에서 과학을 공부할 수 있도록 만들어 주는 것이 우리의 목표임을 기억하자.

과학과 통합 모델

일반 대중들이 이용하는 것과 동일한 서비스를 경험할 수 있도록 하기 위하여 IDEA(Individuals with Disabilities Education)와 ADA(Americans with

다른 학문과 과학의 연결

이 학생은 화학 실험을 하는 동안 관찰을 기록하면서, 과학이 다른 학교 과목들과 연계되는 방식을 보여준다. 관찰을 기록하는 것, 가설을 설정하는 것, 명확하고 이해할 수 있는 방법으로 결과를 제시하는 것은 과학에서 필수적이다.

심지어 매우 어린 학생들에게도 많은 과학 수업들이 쓰기와 문학이 잘 연계된다. 예를 들면, 7장에서 살펴본 유명한 어린이용 책인 "《벨버틴 래빗(The Velveteen Rabbit)》"에 대해 토론하는 1학년생들에 대한 과학 이야기를 봤을 것이다. 토론 과정에서 "생물"의 과학적 개념과 "무생물"을 비교하여 조사하면서 장난감 토끼와 실제 토끼가 얼마나 다른지 탐색한다.

교실 설문 조사: 여러분의 교실은 어떻게 사용하는가?

다음과 같은 설문 조사는 장애 학생들이 교실을 쉽게 이용할 수 있도록 개발되었다. 그러나 여러분은 여러 사항들이 모든 학생들을 위한 훌륭한 과학 학습 체험과 관련 있다는 것을 알아야 한다.

통로의 평균 너비는 얼마인가?

___

(통로는 최소 평균이 42~48인치이다. 이 너비는 휠체어와 다른 도움 장치들을 사용한 학생들이 접근할 수 있도록 해준다.)

작업대, 실험실 책상 등을 설명하자.

___

___

___

(작업대 아래 공간의 최소 깊이 20인치와 너비 36인치와 높이 29인치여야만 한다. 이 작업대는 바닥에서 32인치 이상을 넘지 않아야 한다. 이 크기는 휠체어와 다른 장치들을 사용하는 학생들이 접근할 수 있도록 해준다.)

안전 장치(소화기, 안약, 화재 담요, 구급 키트 등)에 쉽게 접근할 수 있는가?

___

(이것은 모든 과학 교실을 위해 중요하다.)

교실에서는 어떤 영상 장치를 사용하는가? 오버헤드 프로젝터? 컴퓨터를 활용한 데이터 프로젝터?

___

___

(프로젝터는 학생들을 위한 유용한 시각적 자료이다.)

교실의 조명 조건은 어떠한가?

___

___

___

___

(조명의 질은 모든 학생들의 학습을 위해 중요하다.)

교실의 음향은 어떠한가?

___

___

___

___

(여러분의 대답은 모든 학생들의 학습을 위해 중요하다.)

교실에 있는 물건들은 어떠한가? 과학 활동을 하기 위해 원하는 재료들에 쉽게 접근 가능한가? 또 잠겨 있는 시설 안의 가열기와 성냥 같은 위험한 재료들을 두는 것의 중요성에 대해 생각해보자.

___

___

___

___

출처: "Making Science Accessible and Inclusive: Strategies for Teachers in Science Education," a preconference workshop presented by Greg Stefanich, Marcia Fetters, Eric Pyle, Dawn Pickard, and Jim Ellis at the association for the Education of Teachers of Science In ternational Conference, St. Louis, Missouri, January 2003.

구분할 수 있다. 듣는 것이 힘든 사람은 의사소통 중 청각 정보를 사용하는 데 있어 충분할 수도 있고 충분하지 않을 수도 있지만 어느 정도의 청각을 유지하고 있다. 귀가 먼 사람은 들을 수 있는 능력이 없다. 청각 장애 학생들을 위해 아래의 기법들을 시도해보자.

청각 장애가 있는 학생을 위한 방법

- 교실 좌석 배치 계획에서 학생들이 여러분의 눈과 입을 볼 수 있도록 배치해보자. 학생의 관점에서 배경이 밝고 충분한 명암 대비를 가지고 있는가를 확인하자.
- 한 장소에서 학생들이 쉽게 읽을 수 있도록 많은 유형의 활동 카드를 인쇄하자.
- 게임을 하고 활동을 구조화하는 동안 도움을 줄 수 있는 조교를 정해주자.
- 학생과 그의 조교가 학교 밖이나 집에서 과학 활동을 지속할 수 있도록 허용하자.

학습 장애 학습 장애를 가진 사람들은 실독증, 관심 결핍증부터 뇌 손상을 확인하기에 이르기까지 하나 이상의 다양한 조건으로 힘들어 할 수 있다. 학습 장애의 정의는 상태마다 다양해서 연구자들 사이에 논쟁 주제로 남아 있다. 학습 장애의 가장 일반적인 정의는 음성과 서면 형태의 언어를 이해하고 사용하기 위한 능력이 현저하게 떨어진다는 것이다. 학습 장애 학생은 지능이 평균이거나 평균 이상인 데 반하여 장애는 그들의 고유한 능력과 실제 행동 사이에 큰 차이를 만든다.

다음 제안은 여러분이 학습 장애 학생들의 교육 효과를 향상시키는 데 도움을 줄 수 있다.

학습 장애가 있는 학생을 위한 방법

- 배경 소음과 주의를 산만하게 하는 물건들을 제거하자.
- 수업이나 과제 전에 학생들과 함께 지시 사항을 검토하자.
- 여러분이 장애 학생과 상호작용할 때 장애 학생들에게 주의를 집중하자. 학생들이 말하는 것에 집중하고 주의 깊게 들어보자.
- 진실한 마음으로 다가가야 한다. 여러분이 이해하지 못했다면 이해한 척 가장하지 말자.

- 경쟁이 없는 교실 활동과 게임에 참여를 허용하자.
- 적당할 때 책을 읽어주자.
- 적당할 경우 재료를 직접 조작하도록 허용하자.
- 활동을 계획하고 구조화하는 데 학생들을 참여시키자.
- 시각적 자료 이용을 최대화하자.

주의력 결핍 과잉 활동 장애 주의력 결핍 과잉 활동 장애 학생들은 쉽게 산만해지고 수업 시간 동안 학업에 집중시키는 것이 어렵다. 일반적으로 여성들이 주의력 결핍 과잉 활동 장애를 가지고 있는데, 이들은 활동이 적기 때문에 문제를 주목받지 못하게 된다. 이때는 다음 기법들을 추천한다.

주의력 결핍 과잉 활동 장애가 있는 학생을 위한 방법

- 학생들을 시각적으로 관찰하기 위해 필요한 경우 장애 학생들의 위치와 운동을 통제해야 한다.
- 참여한 학생들을 가만히 있도록 하기 위해 시각적 미디어와 모델을 추구하자.
- 학생들의 참여를 위해 활동의 속도를 늦추고, 충분한 시간을 허용하자.
- 우선 활동 과정을 살펴보고, 어떤 행동이 기대되는지를 구체적으로 말할 수 있는 학생들과 계약서를 작성하자.
- 학생들에게 진실한 마음으로 다가가야 한다.
- 적당할 경우 재료들을 가지고 활동할 수 있도록 허용하자.
- 학생들이 필요로 한다면 휴식 시간을 허용하자.

장애 학생의 성공을 촉진하기 위한 기술

한 대학의 국립과학재단사업에서 스템(STEM: 과학science, 기술technology, 공학engineering, and 수학mathmatics) 분야는 장애를 가진 사람들의 성공을 증가시키고 있다. 장애, 기회, 인터네트워킹, 기술을 의미하는 프로그램 DO-IT은 장애를 가진 사람들을 위해 의사소통의 중개 역할을 할 수 있는 컴퓨터, 보조 기술과 네트워크 수단을 사용한다(Burgstahler, 2006).

이 사업 제안처럼 장애 학생들이 과학 분야에서 성공하기 위해서는 그들이 어렸을 때부터 컴퓨터와 네트워킹 사용을 시작해야 한다. 이러한 기술은 자료에 쉽게 접근할 수 있도록 도와주고, 다른 사람들과 의사소통하게 해주며 독립적으로 학업을 수행할 수 있게 도와준다(Burgstahler, 2006, p.16). '**보조 기술**(AT)' 이란 용어는 장애를 가지고 있는 사람들이 어렵거나 불가능한 학업을 수행할 수 있도록 함으로써 독립 활동을 도와주는 장치를 의미한다. 보조 기술은 다양하다.

보조 기술

여러분이 과학 선생님이 되었을 때 모든 학생들에게 긍정적이고 접근하기 쉬운 학습 환경을 만드는 데 얼마나 도움이 될 수 있을지 자신에게 질문해보자.

수업 후 반응에 대한 질문

여러분은 학생들을 위해 계획한 과학 체험이 끝난 후 체험을 입증할 문서를 원할 수도 있다. 여러분이 구성주의적 접근을 사용한다면 수업이 어디로 가야 하는지, 학생들이 무엇을 말하고 무엇을 할 것인지 사전에 알지 못하는 것에 대해 작성할 것이 많이 있다.

여러분을 앞으로 나아가게 하는 것은 학생들의 사고력이다. 수업하는 동안 학생들에게 활동적으로 들려줄 것 외에 수업 후 학생들의 생각과 개발된 수업 방법에 대한 여러분의 반응을 기록하는 시간을 갖는 것이 좋다.

여러분이 수업에 반영하기 위해 여러분 자신에게 물어볼 몇 가지 질문들을 여러분의 과학 일기에 작성해보자.

수업 반응에 대한 질문

- 학생들은 이 체험에서 무엇을 발견하였는가? 놀라운 일이 있었는가?
- 각 집단의 학생들은 어떻게 함께 연구하였는가? 문제가 있었는가?
- 활동은 개방적이었는가? 각 집단은 동일한 활동을 하였는가?
- 학생들은 연구를 어떻게 전개하였는가?
- 학생들은 자신의 삶에 이 체험을 어떻게 연결시켰는가?

- 나는 학습과 육체적 차이를 가진 학생들을 어떻게 수용하였는가?
- 나는 효율적으로 기술을 사용하였는가?
- 전반적으로 학생들이 이 체험을 그만둔 것은 무엇이라고 생각하는가?
- 이 과학 활동에서 가장 기억에 남는 것은 무엇인가?
- 이 활동을 다시 할 것인가? 다음번엔 어떻게 계획을 세울 것인가?

계획과 의견을 저장

수업 계획의 의견과 반응을 기록하는 것은 유용하다. 노트북이나 컴퓨터 파일에 여러분의 계획을 함께 기록하는 것도 좋은 생각이다. 이 기록은 여러분이 다음번에 어떻게 수업을 할 것인지에 대해 알려줄 것이다.

심화 탐색을 위한 자료

전자 미디어 자료

ADDvance 주의력 결핍 장애를 가진 사람들을 위한 자료를 얻을 수 있다.

All Kinds of Minds 학습 장애를 가진 학생들을 위한 여러 가지 제품을 제공하는 단체이다.

American Speech-Language-Hearing Association 이 사이트는 청력 손상을 포함한 의사소통 장애에 대한 양질의 정보를 제공한다.

Council for Learning Disabilities 모든 종류의 학습 장애에 대한 정보를 담은 주요 자료원이다.

DO-IT: Disabilities, Opportunities, Internetworking, and Technology. 이곳에서는 장애를 가진 학생들의 개요와 교사와 학생들을 위한 적합한 학습 자료를 얻을 수 있게 해준다.

IMSEnet: Instructional Materials in Science Education. 과학 교육자를 위한 교수 자료의 네트워크(Network of Instructional Materials for Science Educators)로부터 이 웹사이트는 수업 계획과 활동에 대한 가치 있는 하이퍼텍스트 링크를 제공한다.

Inclusion in Science Education for Students with Disabilities. 이 사이트는 교수 전략에 대한 유용한 내용을 포함하고 있다.

Inclusive Education. 북아이오와 대학교의 사범대학(University of Northern Iowa's College of Education)에서 교사와 학부모를 위한 통합 교육 자료를 제공한다.

Kagan Publishing and Professional Development. Spencer Kagan은 협동학습의 구조적인 접근을 한 창시자이다. 이 웹사이트는 몇 유명한 협동 학습 구조와 교사들이 협동 학습 모둠에 더욱 더 숙달되도록 도울 수 있는 자료를 소개한다.

NASACONNECT. 이 사이트는 중등학교 학생들을 위하여 나사에서 개발한 통합된 과학, 수학, 기술 프로그램에 접근할 수 있게 해준다.

NASALive. 학생들과 연구자들을 연결하는 나사의 비디오컨퍼런스이다.

National Association for Multicultural Education. 이름에서 알 수 있는 것처럼 이 기관은 교육에서 문화적 다양성에 전념하고 있다.

Schwab Learning. 교사와 학습 장애를 가진 학생들의 부모님을 위한 자료를 얻을 수 있다.

Science Lesson Plan Template. 다운로드할 수 있는 템플릿은 교사들이 과학 수업을 잘 계획할 수 있도록 구조화된 형식을 제공한다.

출판 자료

Cohen, E. G. (1994). Designing Groupwork: *Strategies for the Heterogeneous Classroom*. 2d ed. New York: Teachers College Press.

Eltgeest, J. (1985). The right question at the right time. In W. Harlen (Ed.),

Primary Science: Taking the Plunge. Portsmouth, NH: Heinemann.

Freedman, R. L. H. (1994). *Open-Ended Questioning: A Handbook for Educators*. Menlo Park, CA: Addison-Wesley.

Furtak, E. M., & Ruiz-Primo, M. A. (2005). Questioning cycle: Making students' thinking explicit during scientifi c inquiry. *Science Scope 29* (5), 22-25.

Irvine Belson, S. (2003). *Technology for Exceptional Learners: Choosing Instructional Tools to Meet Students' Needs*. Boston: Houghton Miffl in.

Johnson, D. W., & Johnson, R. T. (1999). *Learning Together and Alone: Cooperative, Competitive, and Individualistic Learning*. 5th ed. Boston: Allyn and Bacon.

Kagan, S. (1997). *Cooperative Learning*. San Clemente, CA: Kagan Cooperative Books.

Minstrell, J., & van Zee, E. (2003). Using questioning to assess and foster student thinking. In Atkin, J. M., & Coffey, J. E. (eds.), *Everyday Assessment in the Science Classroom*. Arlington, VA: NSTA Press.

Slavin, R. E. (1995). *Cooperative Learning: Theory, Research and Practice*. 2d ed. Boston: Allyn and Bacon.

Slavin, R. E. (2009). *Educational Psychology: Theory and Practice*. 9th ed. Upper Saddle River, NJ: Prentice Hall.

Stefanich, G. P., ed. (2007). *Inclusive Science Strategies*. Dubuque, IA: Kendall/Hunt.

Wilen, W. W. (1991). *Questioning Skills for Teachers*. 3d ed. Washington, DC: National Education Association.

12

과학 학습 내용 및 교육과정

과학적 자아와 빅 아이디어

> **초점 질문**
> - 어떤 과학적 개념을 탐구하여야 하는가?
> - 어떻게 과학교육내용을 개별화하고 자기 자신의 것으로 만드는가?
> - 시스템에 대하여 생각할 때, 어떤 것이 마음속에 떠오르는가?
> - 과학적 기준에 관한 책과 교육과정 사이의 차이점이 무엇인가?
> - 환경에 관한 과학적 문제를 과학교육과정기준에 넣는 것이 왜 중요한가?

어린아이였을 때 나는 항상 사물, 특히 자연과 관련된 사물에 대하여 호기심이 무척 많았다. 그러나 내가 바로 이해할 수 있도록 내 질문에 답을 주는 수준의 자료들이 매우 적었다. 오늘날 내가 만나본 많은 선생님들과 여러분들도 이와 같이 느낄 것이다. 그리고 과학 주제와 관련된 정보를 더 많이 얻고 싶어 할 것이다. 그러나 종종 사용 가능한 자료가 지나치게 상세하거나 기술적인 전문 용어로 되어 있어서 기본적인 중심 아이디어나 개념을 이해하기가 어렵다는 것을 알게 된다.

과학 문헌에 있는 이와 같은 격차는 교사들에게 중대한 문제이다. 이 책 전체에 있는 과학 이야기에서 여러분이 주목해야 하는 것처럼, 유능한 교사는 학생들이 새로운 아이디어를 이해할 수 있도록 지도한다. 교사는 학생들이 과학 개념에 대하여 이해한 것을 듣고 지도에 반영하며, 대화를 통해 학생이 더 깊이 이해할 수 있도록 도와준다. 이렇게 할 수 있는 교사의 능력은 가끔 과학 소재에 대한 교사의 자신감 수준 및 교과 내용에 대한 이해 수준과 관련이 있다.

그 다음 여러분은 교사로서 과학적 개념에 대한 자신의 이해를 계속 발전시키도록 노력해야 한다. 이 장에서 나는 여러분의 학생들이 탐구하게 될 몇몇 과학 교과 내용에 대한 안내를 제시해서 여러분이 도약을 시작할 수 있게 되기를 바란다. 여러분이 깊이 탐구하게 될 모든 주제를 한 장에서 논의할 수 없으나 여기에 설명될 아이디어나 이해한 부분은 학생들을 위한 많은 학습 목표를 세우는 데 도움이 될 것이다. 이 장에 있는 심화 탐색을 위한 자료에서 여러분의 과학적 이해를 계속 확장시키도록 도울 수 있는 추가적인 참고 도서를 찾을 수 있을 것이다.

우리의 역할은 교육과정을 끝마치는 것이 아니라 학생들이 아이디어와 의미를 알도록 도와주는 것이다.

이 장에서는, 초등학교와 중학교 학생들이 조사하는 몇몇 주요 과학적 주제를 토론한 후, 이 주제를 지역, 주, 국가 기준에 맞는 교육과정으로 어떻게 구성되는가를 계속 탐구할 것이다. 여러분이 어느 곳에서 학생을 가르치던지, 아마도 여러분이 "모두 가르쳐야 할" 교육과정을 나타내는 교과서나 일련의 학습 자료를 받게 될 것이다. 그러나 이 책에 있는 과학 이야기 전반에 걸쳐서 여러분이 본 것과 같이 우리 교사로서의 역할은 단순히 교육과정을 "처음부터 끝까지 모두 가르쳐야하는 것"이 아니라 학생들이 자신의 경험을 통하여 나타나는 아이디어나 의미를 알 수 있도록 도와주는 것이다. 이 장은 여러분이 이와 같은 배움이 정말 일어날 수 있도록 과학교육과정에 대하여 어떻게 접근해야 하는가를 이해하도록 도와 줄 것이다.

여러분의 아이디어를 빅 아이디어로 만들기

주요한 지배적인 과학 개념은 과학의 "빅 아이디어"로 알려져 있다. 이 장에서 소개되는 내용은 반복되는 실험과 조사에서 나타난 것이다. 그리고 그것들은 과학자들이 "당연한 것으로 여기는" 사물을 보는 방법의 부분을 형성한다(Driver 등, 1994).

이와 같은 과학적 개념은 사람들에게 마술처럼 아주 멋지게 나타나는 것이 아니다. 그런 생각들은 서로 관련된 과학자들 사이의 많은 지적인 노력에 의해 그리고 개인적으로 자신들이 관찰하고 경험한 것을 해석하려는 데서 생겨났다. 이러한 아이디어는 교실에서 여러분이 경험한 것과 같은 종류의 지식 구축과 대화를 통하여 창조되었다.

이것을 이해하고 있다면, 여러분이 단지 과학적 아이디어나 개념을 읽는 것에 의해 자신의 것으로 만들 수 없다는 것을 인지하는 것이 중요하다. 여러분이 알고 있는 방법으로 아이디어에 관한 질문을 해야 하며, 이러한 질문들은 학생들 스스로 해야 하는 것이다. 이 장에서 과학적인 개념에 대해 자신의 의미를 구축하려면 초인지에 대한 여러분 자신의 능력에 접근하고 다음과 같은

질문을 자문해야 한다:

질문 내용

- 이 아이디어에 관해 어떤 경험이라도 한 적이 있는가?
- 여러분이 이해할 수 있는 것인가?
- 이 주제에 대하여 어떻게 하면 더 많이 알아낼 수 있는가?
- 내가 이미 자연에 대하여 믿고 있었던 내용과 이 개념이 어떻게 잘 들어맞는가?
- 이 아이디어를 어떻게 다르게 표현할 수 있는가?

자신과 이러한 대화를 하면 여러분이 과학적인 자아를 개발하고 이와 같은 아이디어를 자신의 것으로 만드는 데 도움이 된다. 과학 이야기를 통하여 여러분이 주목한 바와 같이, 자신과 다르게 해석하고 다른 사전 경험을 했을 수도 있는 다른 사람과 과학 개념에 대하여 토론을 하는 것이 더 도움될 수도 있다. 그런 대화를 하는 것이 자기 자신의 이해를 돕는 데 도움이 된다.

과학적 주제에 대하여 사고하는 방법

이전 장에서 언급한 것과 같이 학생의 과학적 탐구는 교실에서 키우는 동물, 전기 회로, 태양계에 이르는 폭넓은 다양한 주제를 다루게 될 것이다. 이와 같은 다양한 주제를 구성하는 전통적인 방법은 이 주제를 생활과학, 물리과학, 그리고 지구과학의 세 가지 분야로 나누는 것이다. 우리가 이 책에서 논의한 "녹색 과학"의 형태를 포함하는 환경과학은 종종 지구과학으로 분류된다.

그러나 이 장에서 나는 두 가지의 개념적인 범주를 사용하여 대안적인 과학 주제의 구성을 제안한다 :

두 가지 개념적 범주

- 시스템
- 상호작용과 변화의 형태

나는 이런 범주가 여러분이 과학 교과 내용을 다르게 보는 데 도움이 되리

학생들이 의미를 만들기 위해 행성들의 움직임 모델을 탐색하고 있다.

Stephan Frisch/Stock Boston

로는 천체라고 부른다. 이들 천체는 또한 위성이라도 부른다. 위성은 태양을 중심으로 움직일 수 있으며 또는 다른 천체를 중심으로 움직일 수 있다. 따라서 달은 지구의 위성이다. 지구 자체는 태양의 위성이다. 또는 지구–달 시스템이 태양의 위성이라고 말할 수 있다. 한 천체가 다른 것을 중심으로 움직일 때, 이 움직임을 공전이라고 한다.

태양과 행성 태양은 우주에 있는 수십 억 개의 별 중 하나이다. 지구와 다르게, 태양은 고체가 아니며 극도로 뜨거운 가스로 이루어진 거대한 공이라 할 수 있다. 태양은 지구보다 훨씬 더 크다. 사실, 태양의 적도에서 태양의 지름은 지구 지름의 109배이다. 앞 장에서 본 것과 같이, 태양의 속이 빈공이라면 그 속에 지구를 백만 개 넘게 채워 넣을 수 있을 것이다. 그럼에도 불구하고 우주에 있는 다른 별과 비교하면 태양은 특별하게 큰 별이 아니다. 태양이 지구에 정말 가까이 있기 때문에 다른 별에 비하여 우리에게 태양이 커 보이는 것이다. 그래서 우리는 종종 태양을 우리별이라 부른다.

행성의 궤도

태양을 중심으로 움직이는 행성이 8개 있다. 태양과 같이 이 행성들이 태양계의 주요 구성원으로 여겨진다. 행성은 태양보다 훨씬 작으며 스스로 빛을 내지 않는다. 행성은 밤하늘에서 태양의 빛을 반사하여 빛난다.

8개의 행성은 궤도라 부르는 특정한 진로로 태양을 중심으로 움직인다. 이 궤도들이 약간 타원형이기 때문에 8개의 모든 행성들이 각자 궤도상의 다른 지점에서 태양에 가장 가까이, 태양으로부터 가장 멀리 움직인다. 9장에서 본 것과 같이 태양에서 행성 사이의 평균 거리로 행성을 나열한다면 다음과 같은 순서로 놓을 수 있다(수성, 금성, 지구, 화성, 목성, 토성, 천왕성, 해왕성).

행성이 태양을 중심으로 움직이는 것처럼 대부분의 행성은 회전한다. 말하자면, 팽이처럼 돈다. 따라서 행성이 공전할 때 회전한다고 말한다. 행성은 북극과 남극을 통과하는 가상의 축을 중심으로 회전한다. 각 행성이 완전한 자전을 1회하는 데 걸리는 시간을 그 행성의 1일이라 부른다. 그리고 그 행성이 태양을 중심으로 완전한 공전을 1회하는 데 걸리는 시간을 그 행성의 1년이라고 부른다. 모든 행성은 태양을 중심으로 시계 반대방향으로 공전한다. 그러나 행성의 자전 주기와 공전 주기는 서로 상당히 다르다. 분명히 태양에서 가장 멀리 떨어진 행성이 가장 공전 주기가 길다. 반면에 가장 가까운 행성은 가장 짧은 시간에 한 번 공전한다. 수성은 88일만에 1년에 1번 공전하는데 지구의 365일인 지구의 1년보다 훨씬 짧다.

대부분의 행성은 자신의 위성을 가지고 있다. 지구의 위성처럼, 이 위성들을 달이라 부른다. 이 책에 쓰인 것과 같이 천문학자들은 태양계에서 160개 이상의 달을 발견하였다.

소행성

태양계의 작은 물체들 소행성(asteroid)을 포함한 태양계의 작은 천체 물체들도 물론 미행성(planetoid)이라 부른다. 바위 덩어리 같은 물체가 어떻게 형성되었는지에 관한 이론이 많으나, 소행성들은 소행성대라고 부르는 형태로 함께 이동한다. 소행성대에는 25,000개 이상의 소행성이 화성과 목성 사이에서 태양의 주위를 궤도를 그리며 돈다.

소행성은 행성보다 훨씬 더 작다. 행성처럼 소행성도 빛을 반사하며 크기와 밝기가 다르다. 소행성이 정말 작은 행성(planet)과 같기 때문에 미행성

(planetoid)이라고도 부른다.

유성 유성이라 부르는 다른 암석 덩어리는 지구가 태양 주위를 궤도로 그리며 이동하는 우주 공간에서 발견된다. 유성이 지구의 대기권에 들어서면 유성과 대기 사이의 마찰력이 유성을 가열시켜 타기 시작한다. 유성은 탈 때, 하늘을 가로지르며 날아가는 별처럼 보이기 때문에 유성을 진짜 별과 혼동시키는 "유성(shooting star)"이라고 자주 부른다. 지구에 떨어질 때 타지 않은 유성을 운석이라 부른다. 운석이 지면에 충돌하면 운석공을 만들 때도 있다.

혜성 혜성은 천체로서 긴 타원형 궤도로 태양 주위를 공전하며, 행성의 궤도를 가로지르기도 한다. 혜성은 작은 바위와 먼지로 구성되어 있으며 얼어붙은 기체와 섞여 있다. 혜성이 태양에 가까운 궤도상에 있을 때, "꼬리"를 형성하는 것이 보이는데 이것은 실제로 얼어붙은 가스가 기체로 변하는 것이다. 혜성의 꼬리는 길이가 수백만 마일일 수도 있으나 혜성의 궤도가 태양에 근접한 위치에서 벗어나면 혜성은 꼬리를 잃는다. 어떤 혜성은 주기적으로 나타난다. 예를 들어 핼리 혜성은 76년 주기로 태양 주위의 궤도를 그리며 돈다. 1986년에 지구에서 마지막으로 볼 수 있었다. 다른 혜성은 한 번 보이고 다시 돌아오지 않으며 사라진 것으로 보인다. 혜성이 어떻게 형성되는지 아무도 확실히 알지 못한다.

카이퍼 벨트와 명왕성 태양에서 8번째 행성인 해왕성 너머에는 소행성보다 훨씬 크고 행성보다 작은 천 개 이상의 다른 궤도를 움직이는 물체들이 있다. 태양계의 이 지역은 카이퍼 벨트라고 부르며, 암석 같은 소행성보다는 얼어붙은 가스에 더 가깝다. 이곳에서 명왕성이 발견되었다. 9장에서 본 바와 같이 명왕성은 이제 더 이상 행성으로 인정되지 않으며 소행성으로 간주된다. 2008년에 국제천문연맹은 에리스(ERIS)• 의 상대 짝인 명왕성을 지칭하는 새로운 용어를 승인하였다.

• 에리스: 에리스는 그리스 신화에 나오는 분쟁의 여신에서 이름을 딴 것으로 소행성 번호는 136199이다. 카이퍼 벨트에 위치하며 태양계에서 해왕성과 명왕성의 궤도 위에서 태양을 공전한다. 에리스라는 공식 명칭 이전에는 2003 UB313로 알려졌고, 발견자들(마이클, 브라운, 트루질료, 라비노비츠)에 의해 제나(Xena)라는 별명이 사용되었으며 태양계의 10번째 행성으로도 불렸다.

그리고 해왕성 너머의 다른 왜소행성은 명왕성 같은 물체라는 뜻의 플루토이드(plutoid)라는 이름으로 부르기로 하였다.

중력과 관성: 태양계를 지배하는 원리 이와 같은 모든 행성, 달, 소행성, 플루토이드, 카이퍼 벨트 물질(KBO), 그리고 수십 억 년 넘게 거의 같은 방식으로 서로 같이 움직이는 다른 천체 물체들에 대하여 생각해보자. 무엇이 이런 구성 요소들을 시스템으로 만드는가? 만약 전통적인 지구과학 단원이라고 한다면, 이것을 이해하기 위해서 물리과학의 두 가지 중요한 원리(만유인력의 법칙과 관성)를 생각해보아야 한다.

1. **만유인력의 법칙.** 여러분은 자문할지 모른다. 행성이 움직이는 길을 태양 주위의 궤도로 구부리게 만드는 것은 무엇인가?

과학자 아이작 뉴턴은 왜 행성, 달, 그리고 다른 태양계의 물체들이 그 나름대로의 방법으로 움직이는가에 대한 근본적인 이유를 설명하는 데 도움을 주었다.

뉴턴의 중력의 법칙

가장 중요하고 중대한 이론은 뉴턴의 **중력**(graribation)의 법칙이다. 이 법칙은 우주의 모든 물체는 중력으로 서로 끌어당기는데, 그 물체의 질량이 증가하면 중력은 증가하고, 물체가 서로 멀리 떨어져 움직이게 되면 중력이 감소한다.

태양계에서 각 물체들은 서로 다른 물체를 중력으로 끌어당기는 힘이 작용한다. 태양은 다른 행성이나 물체에 비하여 거대하기 때문에 태양계에 어떤 다른 물체보다 훨씬 더 큰 중력으로 끌어당긴다. 태양과 행성들 사이에 작용하는 지속적이고 상호적인 중력의 끌어당기는 힘에 의해 행성들이 태양 주위에서 각자의 궤도로 계속 공전하게 되는 것이다. 태양은 행성을 태양 쪽으로 끌어당기려고 하지만 행성과 태양 사이의 거리와 태양과 행성이 서로 끌어당기려는 중력이 행성의 정해진 궤도를 유지하게 한다.

2. **관성.** 움직이는 물체는 외력이 작용하지 않는 한 같은 속도로 같은 운동을 계속하려는 경향이 있다. 이와 유사하게 정지해있는 물체는 외력이 작용하지 않는 한 계속 정지해있으려고 한다. 이 아이디어도 아이작 뉴턴이 반복

생각해보기 **시스템**

부분의 상호 연결

학생들은 가끔 시스템의 더 큰 그림을 공부하지 않고, 시스템의 부분을 배우기 위해 몰두하는 경우가 있다: 어떻게 부분을 연결하는가? 태양계의 경우 각 행성과 각 행성 시스템(달을 하나 또는 한 개 이상 가진 행성)은 우주에 있는 물체 사이에 작용하는 중력의 끌어당기는 힘에 의하여 영향을 주고받는다. 전체 태양계가 계속 궤도 운동을 하는 형태로 유지하는 것은 서로에 작용하는 누적된 영향이다.

인체는 또 다른 복잡한 시스템이다. 사실 인체는 더 작고 많은 시스템으로 구성되어 있다. 초등학교나 중학교의 대표적인 생명과학 단원에서 학생들은 인체의 소화, 순환, 호흡 그리고 신경 시스템을 심도 있게 탐구한다. 따라서 다음 단원에서 나는 이 4개의 신체 시스템을 확장하기로 선택하였다. 그러나 사람이 생명을 유지하기 위하여 이 모든 시스템들이 서로 각각의 기능을 한다는 것을 강조하는 것이 중요하다. 따라서 우리가 4개의 주요 인체 시스템을 탐구할 때, 어떻게 서로 연결되었는지도 생각하게 될 것이다.

된 실험과 조사를 한 후에 밝혀졌다. 이것은 뉴턴의 제1운동법칙으로 알려져 있다.

왜 행성은 계속 움직일까?

물체가 같은 운동을 같은 속도로 유지하거나 계속 정지해있으려는 경향을 **관성**(inertia)이라 부른다. 이 원리는, 행성이 일단 일정한 경로로 움직이고 있을 때, 외부의 힘이 그 운동을 변화시키지 않으면 그 운동을 계속한다는 사실에 기인한다.

태양계는 매우 다양한 구성원을 가진 거대하고 복잡한 메커니즘과 같은 실제로 움직이는 시스템이라는 것을 알게 될 것이다. 태양은 소위 행성들의 지배자이다. 태양의 거대한 중력으로 끌어당기는 힘은 더 작은 것들을 궤도에서 움직이게 하고, 어떤 물체도 태양으로부터 떨어지지 않게 관성과 중력의 힘에 의하여 작은 물체들이 일정한 운동으로 각자의 경로를 움직이게 유지한다.

인체 시스템

7장의 "생명이란 무엇인가"의 과학 이야기에서 어린 학생들이 생물의 가장 중요한 측면인 환경과 물질을 교환하며 필요한 것을 흡수하고 불필요한 것을 제거하는 것에 대해 이해하는 과정을 보았을 것이다. 우리의 인체는 이러한 기능들을 수행한다.

'인체 시스템'은 특정한 신체 활동을 위하여 함께 작동하는 기관의 모임이다. 인간의 몸에는 많은 종류의 큰 시스템(계)들이 있는데, 이것들은 함께 작동함으로써 '인체'라는 기구가 잘 작동하게 만든다.

인체 시스템에 대해 생각하는 전형적인 방법 중 하나는 이들을 서로 연관된 10개의 독립적인 시스템(계)로 나누는 것이다.

인체 시스템

1. 피부 시스템은 인체를 덮고 있으며 손톱, 머리털, 피부 등이 이에 속한다. 피부는 몸에서 가장 큰 기관이다.
2. 골격 시스템은 우리 몸을 지탱하는 뼈로 이루어진다.
3. 근육 시스템은 신체와 그 부분을 움직일 수 있게 만든다. 이 시스템에는 근육, 인대, 힘줄 등이 속한다.
4. 소화 시스템에는 입, 위, 장, 간 등이 속한다. 여기서는 음식을 잘게 부수고 흡수하여 신체의 각 부분이 그 영양소를 에너지나 생장에 활용할 수 있게 한다.
5. 순환 시스템은 혈관과 많은 관들을 포함한다. 여기서는 영양분을 수송하고 노폐물을 제거한다.
6. 호흡 시스템은 코, 호흡관, 폐, 횡격막 등을 이용하여 숨을 들이쉬고 내쉬게 한다.
7. 배설 시스템은 신장, 방광 등을 포함하며 신체 내에서 만들어진 노폐물을 제거한다.
8. 생식 시스템은 자손을 생산하며 성별을 결정하는 기관이 있다.
9. 내분비 시스템은 호르몬이라 불리는 화학적 전달 물질을 분비하는 샘(선)들로 구성되며, 인체 활동을 조절하고 항상성을 유지한다.
10. 신경 시스템에는 뇌, 신경, 척수 등이 있다.

다음 절에서는 학생들이 학교 과학 시험에서 자주 접하는 4가지 인체 시스템을 기술할 것이다. 이것을 읽으면서, 인체 시스템 간의 상호 관련성에 대해 생각해보자. 한 시스템을 기술할 때, 다른 연관된 시스템을 얼마나 자주 참조해야 하는지도 주목하자.

소화 시스템 인체는 생명을 유지하거나 성장하기 위하여 음식을 필요로 한다. 우리가 먹는 음식에는 신체에 에너지를 공급하거나 세포를 생성 또는 수리하고 다른 활동들을 유지하게 하는 물질들이 들어있다. '**소화 시스템**(digestive system)'은 음식을 작은 조각들로 분해하여 이 양분을 혈액이 신체의 모든 부분에 공급하게 한다. 음식은 큰 덩어리에서 작은 조각으로 분해되면서 물리적 변화를 겪는다. 또한 화학적 변화도 겪는데 이를 통하여 기관의 막과 혈관을 통과하여 인체 세포로 들어갈 수 있는 용해성 영양분으로 바뀐다. 이 단원의 후반부에서 물리적 화학적 변화의 다른 측면들을 탐색할 것이다.

소화 과정

소화계의 주요 부분은 소화관이라 불리는 입에서 직장까지 이르는 9 m의 긴 관이다. 이 관의 근육은 그 속에 있는 음식이 관을 따라가게 만든다. '연동운동'이라고 부르는 이러한 근육 작용은 사람이 서서 음식물을 씹으면 그것이 위장까지 내려갈 수 있게(사실은 '올라가게') 만든다.

입에서는 음식물이 치아에 의하여 씹힐 때마다 물리적으로 변화되게 만드는데, 이때 침 속에 들어있는 화학 물질들에 의하여 화학적 변화도 일어난다. 이 음식은 '식도'라 불리는 관을 따라서 입에서 위장까지 이동하게 된다. 두세 시간 동안 음식물은 위장에 머물면서 소화액에 의해 추가적인 변화를 겪는다.

위장이 음식물을 뒤섞고 액화시키면, 이것은 매우 구불구불한 소장을 따라가는데 그 길이는 7 m에 이른다. 소장에서는 간, 소장, 췌장에서 나오는 소화액들이 다시 음식물을 잘게 부순다. 이렇게 부수어진 음식물들은 소장 내부의 손가락처럼 생긴 작은 조직들인 '융모'에 의해 걸러진다. 신체에서 사용되지 못하거나 소화되지 못하는 음식물들은 노폐물로 대장에 전해진다. 여기서 이 노폐물들은 변으로 되어 항문으로 배출된다. 이러한 과정을 '배설'이라 한다.

소화계의 모든 부분들은 협동하여 음식물이 잘게 부수어져서 흡수되거나 배출되게 한다. 이 시스템이 효과적으로 작동하려면 이 세 가지 과제들이 잘 완수되어야 한다. 순환계를 탐구할 때 우리의 혈액들이 소화된 영양분을 인체 세포에 잘 전달하지 못한다면 소화된 음식물은 쓸모가 없다는 것을 알게 될 것이다.

순환 시스템 '**순환계**(circulatory system)'는 심장과 혈관으로 구성되는데, 신체 전반에 걸친 연속적 혈액 흐름을 유지시킨다. 순환계는 세 가지 기능이 있다.

- 영양분을 신체의 세포들에 전달한다.
- 산소를 각 세포로 운반하여 영양분과 결합하게 함으로써 에너지를 방출하게 한다.
- 용해성 노폐물을 배설기관으로 운반하여 몸 밖으로 방출하게 한다.

혈관의 종류

심장은 산소가 풍부한 혈액을 대동맥과 소동맥이라 불리는 혈관을 통하여 폐에서부터 신체의 각 부분으로 전달한다. 혈액은 다시 좁은 혈관인 소정맥에서 큰 혈관인 대정맥으로 모인 후 다시 심장으로 돌아온다. 동맥은 심장에서 피를 보내고, 정맥은 심장으로 피를 되돌린다는 점을 기억하자.

모세 혈관이라 부르는 작은 혈관망은 소동맥과 소정맥들을 연결한다. 모세 혈관은 신체의 모든 부분에 도달하며, 여기서 혈액이 산소를 방출하고 이산화탄소를 포집하게 된다. 이러한 혈액과 인체 세포의 지속적인 교환은 순환계에 의하여 이루어진다.

심장은 혈액을 펌프질하여 인체의 모든 부분에 보내고 다시 30초 안에 되돌아오게 만든다. 액체 기관인 혈액은 네 가지 주요한 부분으로 되어 있다.

혈액의 구성

- '적혈구 세포'는 폐에서 산소를 포집하여 인체의 세포로 운반한다. 이 세포들은 산소를 이용하여 음식물을 산화시키고, 이산화탄소라는 부산물을 모아서 밖으로 배출할 수 있게 폐로 가져온다.
- '백혈구 세포'는 적혈구 개수의 1/600 정도이며, 박테리아 및 다른 병원균들을 파괴한다.
- '혈소판'은 적혈구보다도 작은 세포로서, 우리 몸이 상처를 입고 피를 흘릴 때 피가 응고되어 혈전을 형성하여 피의 흐름을 멈추도록 돕는 것이다. 혈전은 피가 신체 밖으로 나가는 것을 막는다.

- '혈장' 은 피의 액체 부분이다.

순환계는 어떻게 작동하는가?

심장은 강한 근육으로, 주먹만 한 크기이며 가슴의 왼쪽 중앙에 위치한다. 이것은 펌프처럼 수축과 이완을 반복한다. 수축할 때에는 피를 동맥으로 밀어내고, 이완할 때에는 정맥에서 피가 흘러 들어오게 된다. 인간의 심장은 4개의 방으로 나누어져 있다. 위쪽의 두 방을 좌심방과 우심방이라 하며, 아래쪽의 두 방을 좌심실과 우심실이라 한다. 심장의 두 부분들은 '중격' 이라는 벽에 의하여 완벽하게 분리되어 있어서, 이 부분의 피는 절대로 섞이지 않는다.

심방들은 정맥으로부터 혈액을 받아서 심실로 펌프질하여 보낸다. 두 부분 사이에 있는 판막은 혈액이 심실로 되돌아가는 것을 막는다. 심실은 다시 동맥으로 피를 펌프질해서 보낸다. 우심실은 폐동맥을 통하여 허파로 혈액을 보내고, 좌심실은 대동맥을 통하여 신체의 각 부분으로 혈액을 보낸다. 이 과정은 다음과 같다.

1. 혈액은 우심실에서 폐로 보내지고, 여기서 산소를 모으면서 이산화탄소를 배출한다. 이러한 교환은 다음 절에서 호흡계를 읽어보면 더 분명하게 알 수 있다.
2. 산소가 풍부한 혈액은 폐를 떠나 좌심방으로 들어가며, 거기서 좌심실로 보내진 후 신체의 모든 부분으로 보내져서 세포에 산소를 공급하게 된다.
3. 혈액은 세포에서 얻은 이산화탄소로 가득 찬 채 좌심방으로 돌아오는데, 이때의 혈액은 산소가 결핍된 상태이다. 이것은 다시 우심실로 보내져서 전체 순환 과정을 다시 반복하게 된다.

심장과 폐, 그리고 신체 각 부분 사이의 '혈액 순환' 은 이 시스템 명칭의 유래가 된다. 그림 12.2는 이 시스템의 개략도를 보여준다.

호흡계 '**호흡계**(respiratory system)는 신체의 세포가 필요로 하는 산소를 공급하며, 쓸데없는 이산화탄소를 운반하여 배출하게 한다. 흡입된 공기는 기도를 통하여 기관지라 불리는 두 개의 좁은 관을 통해 폐로 들어간다. 각 폐는 미세한 기관지로 이루어져 있으며, 그 끝에는 허파꽈리(폐포)라고 불리는 작은

그림 12.2
심장의 오른쪽은 혈액을 폐로 펌프질 한다. 혈액은 폐에서 이산화탄소를 버리고 산소를 취한다. 그 후 산소가 풍부한 혈액은 심장의 왼쪽으로 간다. 그곳에서 펌프질 하여 온몸으로 혈액이 이동한다. 몸에 있는 세포들은 산소를 이용하고 이산화탄소를 배출한다. 이후 혈액은 심장의 오른쪽으로 다시 이동하고 다시 순환을 시작한다.

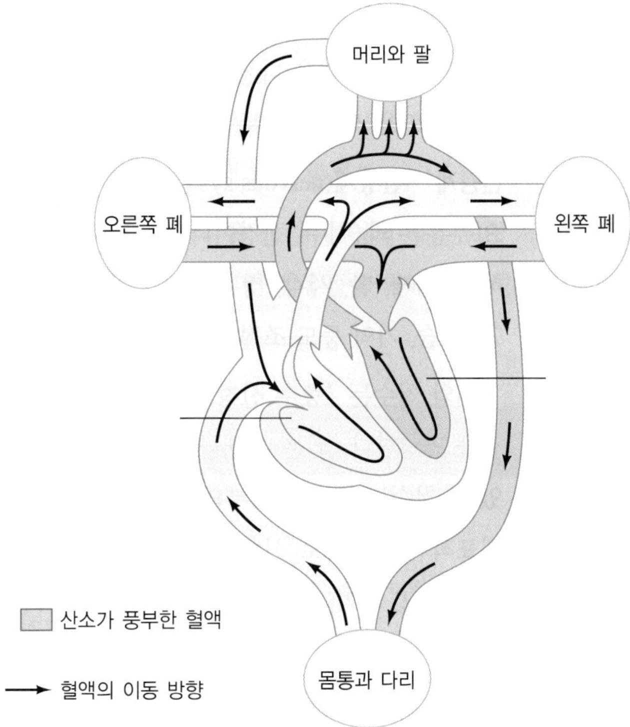

공기주머니들이 붙어있다.

폐의 구조

허파꽈리는 작은 포도송이처럼 생겼는데, 각 폐는 이러한 공기주머니의 덩어리이다. 공기 속의 기체들은 모세 혈관망을 통해서 허파꽈리의 막을 통과한다. 따라서 공기 속의 산소들은 이 꽈리들을 통해서 혈액으로 들어가게 된다. 모세 혈관은 산소가 풍부한 혈액을 심장의 좌측으로 보내고, 다시 이 혈액은 신체의 각 부분(조직)으로 보내진다.

신체의 세포들은 산소를 소화된 음식과 결합하여 에너지를 만들고 이산화탄소를 배출한다. 조직에서 혈액은 다시 심장의 우측으로 보내져서 폐동맥을 따라 폐로 보내지게 된다. 이제 이산화탄소는 모세 혈관과 허파꽈리의 막을 통해 확산되면서 혈액을 떠나게 된다. 이산화탄소를 포함한 공기는 다시 폐

지렛대 '지렛대'는 받침점 주위로 움직이는 단단한 막대이다. 시소는 지렛대의 한 예이다. 가위, 플라이어 등도 이에 해당된다. 이러한 지렛대들은 모두 '1종 지렛대'로 힘의 방향을 바꾼다. 한 방향으로 힘을 가하면, 들리는 물체는 반대 방향으로 움직인다.

시소 지렛대

시소에 대해 생각해보자(그림 12.3a). 아래로 움직이면 상대방은 위로 움직인다. 시소가 일을 돕는 이유를 이해하기 위해서는 상대방을 그 높이까지 들어 올리는 것이 얼마나 힘든지를 생각해보면 된다.

시소의 예는 어떻게 힘과 거리가 연관되어 있는지 보여준다. 내가 시소에 가하는 힘은 체중과 관련되어 있다. 상대방이 나보다 무겁다고 해보자. 시소의 안쪽 칸에 앉으면 내 체중으로는 상대방을 들어 올릴 수 없다. 어떻게 해야 할까? 시소의 가장자리로 옮겨 앉아서 받침점에서의 거리를 늘리면 상대방을

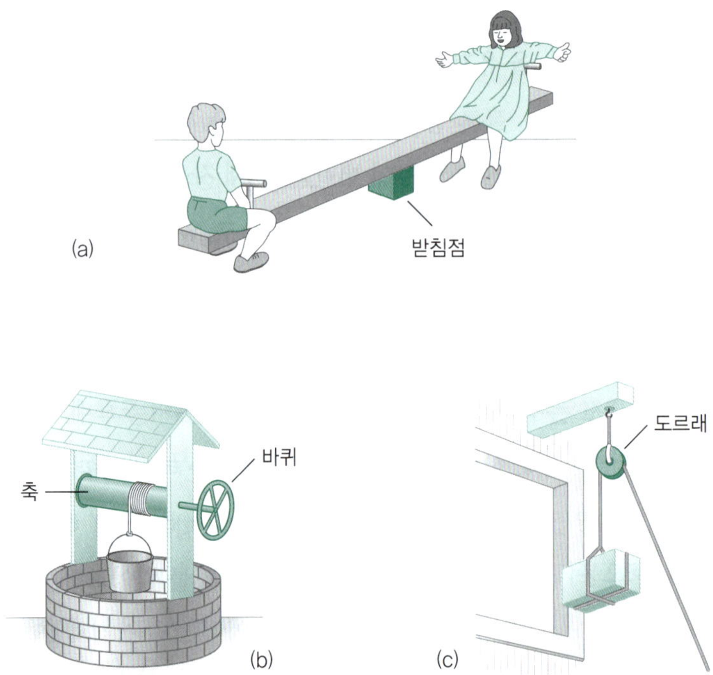

그림 12.3
단순 기계
(a) 시소는 1종 지렛대이다. 가벼운 사람이 받침점에서 더 멀리 앉으면 무거운 사람을 들어 올릴 수 있다.
(b) 바퀴와 축 (c) 도르래

들어 올리는 데 필요한 힘을 감소시킬 수 있다.

'2종 지렛대' 도 역시 사람이 가하는 힘을 감소시키지만, 작용하는 힘과 물체의 움직임은 같은 방향이다. 외바퀴 수레, 병따개, 보트의 노 등은 이러한 단순 시스템의 사례이다.

'3종 지렛대' 는 속도와 거리의 이득이 있다. 이러한 지렛대의 예로는 빗자루, 삽, 낚싯대 등이 있다. 더 큰 속도와 이동거리를 얻기 위해 3종 지렛대는 힘의 손실을 유발한다. 우리가 비질을 하면 빗자루 머리는 우리 손의 움직임보다 더 빠르고 멀리 움직이지만, 그만큼 바닥을 쓰는 힘이 약해진다.

바퀴와 축 '바퀴와 축' 은 회전하는 지렛대라고 할 수 있다. 큰 바퀴가 축이라고 불리는 작은 원형 기구에 붙어있다. 받침점은 축과 바퀴의 중심에 있다. 바퀴가 돌면 축도 돌게 된다(그림 12.3b). 바퀴와 축은 힘의 방향을 바꾸고 크기도 증폭시킬 수 있다.

일반적인 축–바퀴 기계

축–바퀴를 완벽하게 포함하고 있는 기계의 예로는 자동차의 조향 장치, 자전거의 기어, 문손잡이, 드라이버 등을 들 수 있다. 조향 장치의 바퀴가 조향축이라 불리는 축 주위를 회전하고, 자전거의 기어는 기어 축 주위를 회전하고, 문손잡이는 중심의 막대 축 주위를 돈다. 드라이버의 손잡이는 우리가 맨손으로 잡는 것보다 더 많은 것을 할 수 있다. 이것은 나사를 돌리는 데 필요한 힘을 증폭시킨다. 여기서 축은 드라이버의 날이 있는 원형 막대이다.

바퀴는 축 주위를 도는 동안 더 많은 거리를 움직이지만 힘의 손실을 겪게 된다. 이 말은, 우리가 바퀴를 돌리면 축이 바퀴보다 더 큰 힘을 낸다는 뜻이다. 이러한 방법으로 작은 회전 운동을 시켜서 잠겨진 문을 열 수 있다!

바퀴 대신 축에 크랭크가 붙어있는 경우도 있다. 크랭크가 있는 축–바퀴 기계는 수동 계란 거품기, 연필깎이 등이 있다.

도르래 '도르래(그림 12.3c)' 는 고정된 축 주위를 도는 바퀴이다. 도르래 바퀴가 회전할 때 축은 돌지 않는다. 대개 도르래에는 홈이 파여 있어서 도르래에 감긴 줄이 그 안에 일정하게 있게 된다. 두세 개의 도르래를 같은 축에 평행하게 붙여서 사용하기도 한다. 만일 도르래 바퀴가 고정된 점에 붙어있다면, 이를 '고정 도르래'라 한다.

도르래의 작용

도르래는 힘의 방향을 바꾸거나 일을 쉽게 할 때 쓰인다. 고정 도르래는 기를 올리거나 커튼을 내릴 때, 블라인드를 열고 닫을 때 사용된다. 고정 도르래는 회전하는 1종 지렛대로 볼 수 있다. 받침점은 축의 중심이다. 승강기는 한 개의 고정 도르래 기계이다. 건물 상부의 도르래가 돌면서 케이블이 오르내림에 따라 승강기가 움직이게 된다.

작은 힘과 큰 이동거리의 교환

경사면 '경사면'은 한 층에서 다른 층을 연결하는 비스듬한 면을 말한다. 언덕, 휠체어 길, 에스컬레이터, 평계단 등이 경사면의 예이다. 경사면을 따라 물체를 위로 운반하는 것은 수직으로 들어 올리는 것보다 힘이 적게 든다. 경사면이 길어질수록 경사각이 작아지므로 힘이 적게 든다. 그러나 그만큼 이동하는 거리가 길어지는 일종의 거래가 늘 일어나게 된다.

일반적인 쐐기

쐐기 '쐐기'는 물체를 분리시키거나 들어 올리는 데 사용되는 물체이다. 쐐기는 움직이는 경사면과 같다. 그 한쪽은 경사가 있지만, 물체 아래 또는 안쪽에서 움직일 수 있다. 열린 문을 고일 때 대개 단면 쐐기를 사용한다. 양면 쐐기를 사용하는 경우는 도끼, 가위 날, 쟁기 등을 들 수 있다.

생각해보기 **시스템**

시스템으로서 단순 기계

모든 기계는 사람이 일을 쉽게 하도록 돕는다. 이 단원에서 설명한 기계들은 여러 부분들이 함께 어떤 기능을 하는 시스템이다.

예를 들어, 쐐기는 움직이는 빗면이다. 이것을 단순 지렛대와 합치면 삽을 만들 수 있다. 지렛대는 막대와 받침점이 함께 작용해야 한다. 쐐기는 경사면과 평면을 필요로 한다. 이를 이용하면 문 앞이나 정원의 눈을 치울 수 있다.

기계에 대한 이해를 확장하기 위하여 다음 질문들을 생각해보자.

- 우리는 이 단원에서 기술된 기계 시스템의 어느 부분인가? 왜 그런가?
- 우리 몸의 일부는 단순 기계로서 작동하는가? 어느 부분인가?
- 이 단원의 초반부에서 태양계와 인체계가 그 자신들을 단순 기계처럼 작동시키는 힘을 가지고 있음을 보았다. 물리학, 생명과학, 지구과학에서 이 원리들을 찾아보자.

못은 쐐기의 한 종류이며 또한 뾰족한 침으로도 생각할 수 있다. 삽날도 쐐기의 한 예이다. 또한 끌은 완전한 쐐기라고 할 수 있다. 쐐기가 가늘거나 길수록 사용할 때는 장점이 많다.

회전판으로서 나사

나사 '나사'는 나선형으로 회전하는 경사면이다. 나사의 회전 날을 '나사산(thread)'이라 한다. 일반적인 나무 수나사와 암나사가 그 예이다. 다른 예로는 물병과 뚜껑, 전구와 소켓, 바이스 등을 들 수 있다. 대부분의 지렛대나 축과 바퀴 같은 단순 기계들은 힘을 줄이기 위해 나사를 같이 사용한다. 예를 들어 나무 나사를 사용하기 위해서는 드라이버가 필요하고, 바이스를 사용하려면 손잡이가 필요하다.

복합 기계와 기어 우리가 대면하는 삽과 같은 많은 기계들은 '복합 기계'이다. 즉, 이들은 여러 개의 단순 기계들로 만들어진다. 도끼를 생각해보자. 그 손잡이는 지렛대이고, 날은 쐐기이다. 그리고 다음과 같은 사례들도 있다.

- 가위 날은 두 개의 지렛대와 쐐기 날을 가지고 있다.
- 수동 연필깎이는 바퀴-축 시스템을 가지고 있어서 날카로운 쐐기 날의 나사를 돌린다. 이 날이 연필을 깎는다.
- 수동 깡통따개는 바퀴와 축, 쐐기들로 이루어진다.

여기에서 볼 수 있듯이, 이 사례들은 단순 시스템들이 모여서 복합 시스템을 이루는 것들로서, 마치 지구-달 시스템이 더 큰 태양계의 일부이고, 호흡 시스템이 더 큰 인체 시스템의 부분인 것과 같다.

자전거는 복합 기계의 대표적인 경우이다. 여기에는 기어 시스템을 사용하는 바퀴-축 기계가 사용된다. 기어는 다른 바퀴를 돌리기 위한 한 개의 바퀴로 되어 있다. 이 바퀴들이 톱니 모양의 원주를 가지고 있어서 서로 맞물릴 수 있게 되어 있다. 이 바퀴 주위에 체인을 서로를 연결한다. 체인은 홈을 가지고 있어서 바퀴의 톱니와 잘 맞게 되어 있다.

자전거의 페달은 크랭크를 돌려서 더 큰 기어를 돌리게 된다. 체인은 이에 맞추어 더 작은 기어를 돌리고, 더 작은 기어는 다시 뒷바퀴를 돌려서 자전거가 앞으로 가게 한다. 페달을 밟을 때마다 큰 기어가 한 번 돌고, 작은 기어는

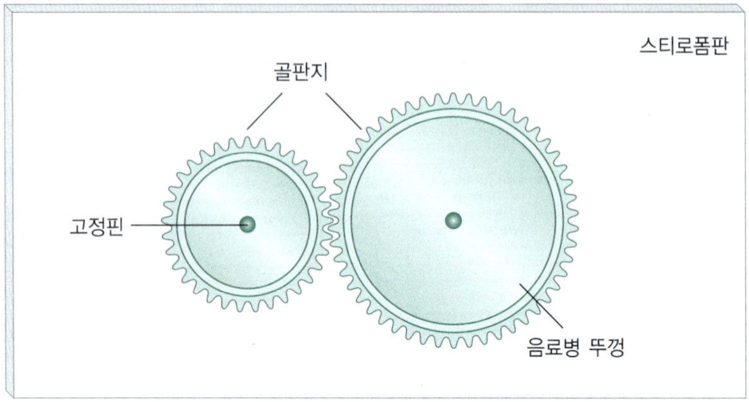

그림 12.4
크기가 다른 두 음료병 뚜껑을 이용한 단순 기어 실험
그림처럼 장치를 만든 후 큰 기어와 작은 기어의 회전수를 비교해보자. 두 캔의 지름을 측정해보자. 기어비와 지름비를 수학적으로 연관시킬 수 있는가?

뒷바퀴를 여러 번 돌린다.

기어 탐구

기어 바퀴의 반지름 비와 회전수를 비교하는 것은 흥미로운 탐구이다. 생수병이나 캔 음료 뚜껑과 골판지, 핀을 이용하여 그림 12.4와 같은 기어 모형을 만들 수 있다. 우선 병뚜껑 주위를 골판지로 감는다. 하드보드 위에 두 뚜껑이 서로 맞물리게 배치한 다음, 핀으로 각 뚜껑의 중앙을 고정한다. 큰 기어를 한 번 회전시키면서 작은 기어가 몇 번 도는지 세어보면 된다. 반대로 작은 기어를 회전시키면서 측정해보자. 두 뚜껑의 지름과 회전수를 비교하여 기어 이론을 만들면 된다.

거대 시스템으로서의 지구

이 글의 뒷부분에서 '녹색 과학'에 대한 '과학 이야기'를 읽을 것이다. 이 이야기는 교사와 학생들에게 인간의 활동과 지구의 자연 시스템 사이의 상호작용을 탐구하게 할 것이다. 최근 몇 년간 인간의 개발이 지구의 자연 시스템에 미친 영향을 깊이 탐색하면서, 공기, 수질, 토양 등에 많은 관심이 집중되었다.

시스템의 구성물 지구를 하나의 시스템으로 생각할 때, 이 행성을 중심핵에서부터 외곽의 대기권까지 그 안의 모든 것을 포함해서 고려해야 한다. 이러한 의미에서 지구는 거대 시스템이라고 할 수 있다. 그 안에는 기권, 수권, 지권, 생물권 등 서로 상호작용하는 구성물을 가진 많은 생물과 무생물이 섞여있다(Miller & Miller, 2000).

지구 시스템의 부분

- '대기권'은 지구를 둘러싸고 있으며 중력에 의해 유지되고 있는 기체층을 말한다. 대기권의 78 %는 수소이며, 21 %가 산소, 0.93 %가 아르곤이다. 이산화탄소와 수증기를 포함한 다른 기체들은 아주 소량으로 존재한다.
- '지권'은 대륙과 해양 지각을 포함한 고체 지구와 지구 내부의 여러 층을 말한다.
- '수권'은 해양, 호수, 강, 하천, 흙, 지하수, 극지방 얼음, 빙하와 대기 중의 모든 물들을 포함한다.
- '생물권'은 생명이 있는 유기체들이 있는 지역을 말한다. 생물권은 태양계 내의 다른 행성과 지구와의 차이를 보여준다.

지구를 하나의 시스템으로 통합된 것으로 이해하고 할 때, 인간이 이 시스템의 동적 성질을 변화시키는 데 주요한 역할을 해왔음을 이해해야 한다.

지구 시스템과 녹색 과학 시스템은 많은 부분으로 이루어져 있고 그 부분들은 대개 서로에게 영향을 미친다는 것은 환경 과학 탐구의 기초가 된다. 일부분이 사라지거나, 망가지거나, 소모된다든지, 불일치하고 제대로 결합되지 못한다면 무언가 잘못 작동되기 마련이다. 이러한 기초 개념을 가지고 세상의 70억 인류와 그 과학 기술이 기후, 대기, 생태계에 주는 영향을 이해할 수 있다. 과학 교육을 통하여 학생들이 우리 행성을 건강하게 유지하면서 살게 하는 방법을 학습하게 할 수 있다.

다음에 제시될 환경 변화에 대한 논의는 지구 온난화에 대한 최근의 과학적 연구 결과와 자동차, 가정, 공장의 온실가스 방출 사이의 관련성을 알게 할 것이다. 학생들과 기후 변화에 대해 이야기할 때, 과학자들이 어떻게 주요 개념들을 사용하는지 주의해야 한다.

기후 변화의 주요 개념

- 7장에서 다룬 바와 같이, '**온실 기체**(greenhouse gases)'는 대기 중의 이산화탄소, 메테인과 같이 태양의 에너지를 가두어 지표면의 온도를 올리는

생각해보기 시스템

과학적 소양을 위한 벤치마크

'과학적 소양을 위한 벤치마크(AAAS, 1993)'는 어린 학생들이 시스템의 속성을 개별 부분이 아닌 각 부분의 상호작용으로 생각하도록 제시하고 있다. 자전거를 생각해보자. 이 운송수단은 각 부분의 속성과는 전혀 다르다. 이는 태양계나 인체계도 마찬가지이다.

때때로 우리는 학생들이 시스템이라는 단어를 안다고 해서 그 의미도 이해하는 것으로 생각한다. 그러나 이는 잘못된 것이다. 낱말을 암기하는 것은 이해했다고 착각을 할 수 있다. '벤치마크'는 2학년 말에 학생들이 다음을 알게 해야 한다고 주장한다.

- 대부분의 물건은 부분들로 이루어진다.
- 부분이 고장 나면 물건을 사용할 수 없을 수도 있다.
- 부분이 한데 모이면 각각으로는 할 수 없는 일을 하게 된다.

5학년 말에는 학생들이 다음을 알아야 한다.

- 여러 부분으로 이루어진 물건들은 부분들이 서로에 영향을 미친다.
- 부분이 없어지거나 부서지거나 닳거나 잘못 결합되면 물건이 작동하지 않을 수 있다.

8학년 말에는 학생들이 다음을 이해해야 한다.

- 시스템은 물건뿐 아니라 과정도 포함한다.
- 물건을 시스템으로 생각하는 것은 그 부분이 어떻게 서로 연관되었는지 찾게 하는 것이다.
- 시스템은 다른 시스템에 연관되는 경우가 많다.

과학 활동에서 이 벤치마크를 이용하면 이 단원에서 기술한 시스템을 자연계의 다른 시스템에 연관시킬 수 있다. 다음 질문들이 이에 해당된다.

- 시스템의 특성은 그 부분의 특성과 어떻게 다른가?
- 이 계에서 상호의존성은 어디에 있는가?
- 시스템은 어떻게 유지되는가?

데 기여하는 기체들이다. 온실 기체는 자연적으로 발생하여 대기권이 냉각되는 것을 방지한다. 그러나 태양 에너지를 가둔 것이 과잉되면, 불필요한 지표면의 온도 변화를 유발하게 된다.

- '**화석 연료**(fossil fuels)'는 연소 과정에서 온실 기체를 방출하는 석유나 천연가스, 석탄 등을 말한다. 이들은 오래전에 살았던 식물이나 동물의 유물이다. 지하 깊은 곳에서 발견되는 화석 연료들은 수백만 년이나 걸려서 만들어졌으며 재생되지 않는다. 한 번 사용되면, 다시 생성되기 어렵다.
- '**기후**(Cilmate)'는 날씨의 평균 분포로 30년 이상 오랜 시간 간격 동안 일정 지역에 나타난 형태이다. 기후는 그 지역의 지리학적 배치, 위도, 빙하나

눈의 분포, 물의 인접성 등의 영향을 받는다.

- '**날씨**(Weather)'는 특정한 지역에서 대기의 단기적 상태를 말한다.

지구 온난화를 이해하는 데 도움을 주는 단서는 인간이 자신의 환경에 주는 영향을 어떻게 변화시킬 수 있을지에 대한 시사점을 제시한다. 분명히 정부와 산업체 수준에서 많은 변화들이 요구되지만, 초·중등학교 과학에서는 보존, 재활용, 자원 낭비 감소 등과 같은 분야만을 탐구할 수 있다.

예를 들어, 초·중등학교에서도 많은 양의 폐기물을 만들어 낸다. 그래서 학생들은 5장에서 우유 폐기물 문제를 다룬 것처럼 이것들을 감시하고 분석할 수 있다. 화석연료 연소가 지구 온난화에 미치는 영향을 과학적으로 이해함으로써, 학생들은 다음과 같은 책임감을 느낄 수 있다.

학생들이 할 수 있는 첫 걸음

- 폐기물 없는 점심 도시락 포장
- 걷거나 자전거 타고 등교하기
- 재생지 양면 활용하기

기후 변화에 대한 과학적 합의

지구의 기후 변화가 쟁점이 되어 왔지만 대부분의 환경과학자들은 다음 내용에 동의한다.

- 지구 전체의 기후는 분명히 온난화되고 있다.
- 지난 반세기 동안의 온도 증가는 인공적인 온실 기체 때문이다. 수학적으로 말하면 자연적 요인에 의한 기후 변화는 5 % 미만이다.
- 최근 20년간의 이산화탄소 방출은 온실기체를 늘리는 데 대부분의 영향을 미쳤다. 이 방출분 중에서 75~85 %는 화석연료의 연소에서 나오며, 15~25 %는 숲의 파괴와 다른 지표면의 변화 때문이다.
- 평균 온도 변화는 작아 보이지만, 이 때문에 1970년대 이후 홍수, 가뭄, 혹서, 산불 등이 증가하였다.
- 기타 많은 최근의 자연 현상들이 온도 증가와 관련이 있다. 그 예로는 열대성 폭풍의 강화, 북극해의 얼음 축소, 그린랜드와 남극의 빙벽 붕괴 등이다.

출처: Sources: Intergovernmental Panel on Climate Change (IPCC). (2007). *Climate Change 2007: The Physical Science Basis*. Contribution of Working Group I to the Fourth Assessment Report of the Intergovernmental Panel on Climate Change. New York: Cambridge University Press. Scientific Expert Group on Climate Change (SEG). (2007). *Confronting Climate Change: Avoiding the Unmanageable and Managing the Unavoidable*. Report prepared for the United Nations Commission on Sustainable Development. Research Triangle Park, NC: Sigma Xi, and Washington, DC: United Nations Foundation.

- 다른 교통수단이 없을 때 승용차 함께 타기
- 재활용품으로 만든 연필과 막대자 사용하기

학생들의 일상생활 중 경험과 과학 개념 간의 관련성을 만드는 것이 학교 과학을 일상화하는 것임을 기억해야 한다.

지구 시스템의 형태 지구를 하나의 시스템으로 이해하는 또 한 가지 방법은 우리가 물, 생물, 공기, 암석 등을 탐구할 때 분명히 나타나는 형태들에 주목하는 것이다. 가장 중요한 형태들은 다음과 같다.

- 연결망: 어떻게 내용물들이 서로 연관되어 있는지를 보여준다. 학생들은 생태계에서 먹이사슬을 탐구할 때 이를 볼 수 있다.
- 순환: 내용물들이 발생하고 다시 사용되는 과정들을 말한다. 암석 순환, 물의 순환, 탄소 순환 등이 그 사례들이다.
- 흐름: 내용물과 에너지가 어떻게 한 곳에서 다른 곳으로 이동하는지 보여준다. 예를 들면, 에너지는 먹이사슬을 통하여 태양에서부터 생태계로 광합성을 통하여 이동한다.

이러한 지구의 규칙적인 형태에 대한 관점은 '상호작용과 형태 변화'라는 과학 개념의 조직화로 이끌 수 있다.

상호작용과 형태 변화

지구에서 우리가 관찰하는 많은 현상들은 그 구성물인 공기, 토양, 물과 열, 빛, 소리, 전기와 같은 다양한 형태의 에너지 사이의 상호작용에서 나타남을 관찰할 수 있다. '상호작용'이란 용어는 물질과 에너지의 변화를 의미한다. 상호작용은 물과 대기 순환, 지진과 화산, 암석의 순환과 풍화, 침식 등 많은 형태 변화에 기여한다. 물질과 에너지 사이의 상호작용을 읽으면서 스스로 질문할 수 있다. '변화되는 것은 무엇인가?', '그대로 남아있는 것은 무엇인가?'

과학 법칙의 정의

중요한 과학적 기초 개념 중 하나는 알버트 아인슈타인의 업적에서 비롯된다. 1905년에 그는 물질과 에너지가 상호작용하는 이론을 제안했는데, 많은 과학자들이 원자에 대한 연구를 통하여 이를 확인하였다. 자연의 형태나 원리에 대한 진술이 오랜 연구와 시험을 통해 살아남으면 이것을 '**과학 법칙**(scientific law)' 이라고 한다. 시스템에 대한 앞 절에서 중력 법칙에 대해 읽었을 것이다. 일반적인 화학 반응에서 물질과 에너지 사이의 관계에 대한 아인슈타인의 설명을 '**물질-에너지의 보존 법칙**(law of conservation of matter and energy)' 이라고 부른다. 이 법칙의 내용은 다음과 같다.

물질과 에너지의 관련성

1. 물질이나 에너지는 창조되거나 파괴되지 않지만, 서로 상호의 형태로 변화될 수 있다.
2. 물질은 에너지로 바뀔 수 있다. 또 에너지는 물질로 바뀔 수 있다.
3. 우주 전체의 에너지와 물질의 총량은 항상 같다.

이 법칙은 생각하는 데 많은 시간이 걸린다. 아인슈타인은 $E=mc^2$으로 표현된 방정식에 나타난 특수 상대성 원리로 물질과 에너지의 관계를 정량화했다. 이 방정식에서 E는 에너지, m은 질량, c는 광속을 나타내는데 그 값은 300,000 km/s의 엄청난 값이다. 이 방정식은 아주 작은 양의 질량 변화가 많은 양의 에너지를 방출한다는 것을 나타낸다. 다음 절에서는 질량과 에너지의 변화를 통한 질량-에너지 관계를 생각해보자.

물질과 에너지의 정의

'**물질**(matter)' 은 공간을 차지하고 질량을 가진 것을 말한다. 공기, 물, 암석, 나무, 금속들은 이러한 물질의 예이다. 사람, 동물, 식물, 태양, 항성과 행성들도 물질이다. 이와 대조적으로 '**에너지**(energy)' 는 물체를 다른 곳으로 옮기거나 다른 물질로 변화되게 만드는 능력이다. 우리는 에너지를 '일을 할 수 있는 능력' 으로 생각할 수 있다('일' 은 힘을 가해 물체를 다른 곳으로 옮기는 과정이라는 것을 기억하자). 이제 다양한 형태의 물질과 에너지의 상호작용을 탐구하기로 한다.

열에너지와 물질

저장된 에너지를 '퍼텐셜 에너지'라고 부르고, 물체를 움직이는 에너지를 '운동 에너지'라고 부른다. 열에너지에 대한 탐구를 시작하면서 이것이 운동 에너지의 한 형태라는 것을 알게 될 것이다.

열이란?

'열에너지'란 실제로는 움직이는 입자들의 에너지이다. 어떤 물체가 더 많은 에너지를 가질수록, 그 입자들은 빨리 움직이고 물체는 뜨거워지게 된다. 지구에는 고체, 액체, 기체의 세 가지 주요 상태가 있다는 것을 기억하자(물질의 4번째 상태라는 '플라즈마'는 항성들의 구성 성분이다). 지구에서 대부분의 열에너지를 가진 물질은 기체 상태이다. 입자들은 기체 상태에서 가장 빨리 움직인다. 입자들이 액체에서는 천천히 움직이고, 고체에서는 아주 느리게 움직인다.

책상과 같은 고체들이 움직이는 물질들로 구성되어 있다는 것이 믿기 힘들겠지만 사실이다. 이 운동을 관찰할 수는 없지만, 모든 물질은 원자와 분자 등 부속 물질로 되어 있으며 이런 입자들은 항상 움직인다.

김을 볼 수 있을까?

물 물이 열에너지를 얻으면 점점 뜨거워지고 그 입자들은 더 빨리 움직여서 끓는점에 도달하게 된다. 그때에는 액체가 기체로 바뀌게 되고 '김'이라 불리는 증기 입자로 바뀌게 된다. 이 증기 입자는 액체보다 더 큰 에너지를 가진다. 사실 뜨거운 김은 뜨거운 물보다 더 큰 화상을 입힐 수 있는데, 김이 되려면 그만큼 더 많은 에너지를 흡수해야 하기 때문이다. 기술적으로 김 자체는 눈으로 볼 수 없다. 우리가 보는 김은 차가운 공기와 만나면서 응축된 것이다. 이것은 증기 입자들이 응결되어 볼 수 있게 된 것이다.

반대로, 우리가 충분한 열에너지를 제거할 수 있다면 물이 고체가 되게 할 수 있다. 더 많은 에너지를 제거할수록, 입자들은 천천히 움직이게 되고 마침내 물은 얼음이 된다. 이 과정이 발생하는 지점을 물의 어는점이라고 한다.

물리적 변화

물을 고체에서 액체로, 기체로 바뀔 때를 '**물리적 변화**(physical change)'라고 한다. 즉, 물의 '물리적 성질'만을 바꾸는 것으로써, 이 성질은 우리의 오감으로 쉽게 관찰할 수 있다. 분자 간의 거리 변화가 생겨서 고체일 때는 가장 가까이 있고, 기체일 때에는 가장 멀게 된다. 그러나 물의 기초적 상태는 변하지 않는다. H_2O라는 화학식으로 표현되는 수소와 산소의 배열은 그대로이다.

마찬가지로, 우리가 근육 힘을 이용해서 종이를 두 쪽으로 찢으면 이것은 종이의 크기를 줄일 뿐이며, 그 성분을 바꾸지는 못한다. 이것은 물리적 변화를 유발하는 물질과 에너지의 상호작용에 대한 다른 예이다.

설탕 설탕은 수소, 산소, 탄소로 만들어진 화합물이지만, 그 성질은 전혀 이 원소들과는 다르다. 사실, 설탕은 부분과 전체가 전혀 공통점이 없는 시스템으로 생각할 수 있다.

화학적 변화

그러나 설탕에 열에너지를 추가하면 거기에서 증기가 나오고 검은 석탄 같은 물질이 형성되는 것을 볼 수 있다. 이러한 변화를 '**화학적 변화**(chemical change)' 또는 '화학 반응'이라 한다. 특히 이러한 화학 반응을 '분해'라고 한다.

물질의 '화학적 성질'은 그 조성물의 특성과 다른 물질과 작용하는 방법을 말한다. 화학 변화는 대개 원래 물질과는 아무 유사성이 없는 새로운 물질을 생성한다.

풍선 실험

병과 풍선 크기가 같은 두 개의 텅 빈 소다수 병을 상상해보자. 한 병에는 100 mL의 물을, 다른 병에는 같은 양의 식초를 붓는다. 그리고 베이킹 소다 2스푼을 찌그러진 풍선에 넣고 풍선을 각 병의 윗부분에 덮는다. 동료의 도움을 받아 두 풍선을 동시에 세워 베이킹 소다가 모두 각 병의 액체 속으로 쏟아지게 한다.

잠깐! 이 두 병-풍선 시스템은 베이킹 소다가 액체와 섞일 때 다른 반응을 생성하게 된다. 식초병에서는 많은 거품이 생기고 풍선이 부풀어 오른다. 물병에서는 베이킹 소다가 병의 바닥까지 떨어지고 아무런 변화도 일어나지 않는다. 베이킹 소다를 제자리로 돌아가게 하려면 물을 증발시키면 된다. 그러나 식초병에서는 새로운 물질이 형성된다. 베이킹 소다와 식초가 결합해서 이산화탄소 기체의 거품을 생성한다. 풍선은 이산화탄소가 생성되면서 부풀게 된다.

이 시스템들의 공통점은 무엇인가? 다른 점은 무엇인가? 또 이 두 가지는 처음에 유사하게 보이는가? 어떻게 물병과 식초병이 다른가?

열에너지의 원천 열에너지를 더 잘 이해하려면 지구에서 다양한 열에너지의 원천에 대해 생각해보아야 한다.

열은 어디에서 오는가?

- 태양 에너지는 열에너지를 생성한다. 사실 태양-지구 시스템은 우리에게 가장 주요한 열의 원천이다.
- 기계적 마찰력은 열에너지를 생성한다. 예를 들어 두 손이나 막대를 맞비비면 열을 생성할 수 있다. 이는 역학적 에너지를 열에너지로 변환시키는 것이다.
- 열에너지는 화학적 에너지를 변환시켜 얻을 수 있다. 석유, 천연가스, 석탄, 나무 등을 태우는 것은 열을 얻기 위한 화학적 과정이다.
- 전기 에너지는 전류가 가는 전선을 지날 때 열을 내는데, 그 예로는 전구의 필라멘트나 토스터를 들 수 있다.
- 원자의 핵에 저장된 에너지, 즉 핵에너지는 많은 양의 에너지를 생산한다.

움직이는 열에너지 열에너지는 복사, 전도, 대류 등 세 가지 과정으로 이동한다.

공간을 통한 열의 이동

1. **복사.** '복사'는 태양 에너지가 지구로 전달되는 열전달 과정이다. 이 열에너지는 보이지 않는 파동의 형태로 공간을 통해 방사되는 과정에서 우리에게 전달된다. 적외선이라 불리는 열의 파동은 전자기 스펙트럼의 일종이다. 여기에는 라디오파, 가시광선, 자외선, X선, 감마선, 우주선 등 많은 에너지의 파동이 포함된다. 이들은 모두 광속으로 전파된다.

   열전달의 형태인 복사는 아주 위험한 방사선 방출 등의 다른 방사 형태와 혼동해서는 안 된다. 고에너지 핵반응로에서 나오는 방사의 형태는 아주 위험하다.

2. **전도.** 우리가 삼발이를 사용하거나 뜨거운 해변에서 신발을 신는 것은 '전도'의 과정에서 화상을 입는 것을 막기 위한 것이다. 어느 물체가 열을 얻으면 그 분자들은 점점 빨리 움직이며 서로 충돌한다. 이 입자들은 공기나 피부와 같은 다른 물체의 입자들과 충돌할 수 있다. 열에너지는 한 분자에

생각해보기 **시스템**

화학적 변화와 물리적 변화

우리는 일상생활에서 늘 물리적 변화와 화학적 변화를 경험한다. 예를 들어 못이 녹스는 것은 그 성분이 변하는 것으로서 화학적 변화이다. 새로운 성분이 형성되는데, 흔히 녹이라고 부르는 산화철이다.

다음 사례들이 물리적 변화인지 화학적 변화인지, 아니면 둘 다인지 생각해보자. 과학은 매우 광범위하지만, 범주를 잘 설정하면 이를 피할 수 있다.

1. 상한 우유
2. 탄 식빵
3. 찢어진 옷
4. 깎인 잔디
5. 더러워진 셔츠
6. 넘치는 강물
7. 풍화된 암석 조각
8. 오래된 건물
9. 음식물의 소화

다음 질문들을 스스로에게 해보자.

- 새로운 물질이 형성되었는가?
- 내용물이 아닌 형태의 변화가 있는가?
- 이 변화는 어떻게 일어나는가?

그 답은 아래에 있다.

서 다른 분자로 '전도' 되는 것이다.

분자 수준의 열전달

열이 전도를 통해서 움직이기 위해서는 서로 다른 온도의 두 물체가 서로 맞닿아야 한다. 열을 잘 전달시키는 물질은 양도체이다. 금속은 좋은 열전도

1. 화학적 변화. 우유의 성분이 변한다.
2. 화학적 변화와 물리적 변화. 빵은 구워질 때 수분을 상실하며 색이 변한다.
3. 물리적 변화. 물질이 갈라진다.
4. 물리적 변화. 잔디가 짧아진다.
5. 오염의 종류에 따라 다르다. 오염물이 산이면 성분을 변화시킬 수 있다. 그렇지 않으면 섬유 조직의 물리적 변화이다.
6. 물리적 변화. 물은 움직이지만 여전히 물이다.
7. 물리적 변화. 바위 조작은 동일하며, 작아질 뿐이다.
8. 물리적 변화와 화학적 변화. 표면의 성분이 변화되며, 색깔도 변한다.
9. 물리적 변화와 화학적 변화. 음식은 크기와 성분이 모두 소화과정에서 변하게 된다.

생각해보기 **시스템**

상호작용과 시스템의 연계성

상호작용과 시스템은 서로 연계되어 있다. 시스템을 생각할 때, 우리는 다음과 같은 질문을 할 수 있다. "작동하는 상호작용은 무엇인가?"

상호작용을 생각할 때는 다음과 같은 질문을 할 수 있다. "어떤 시스템이 이 상호작용을 포함하고 있는가?"

예를 들어 대류 현상에 대해 공부할 때 유체와 열에너지의 상호작용이 무엇인지 생각한다. 시스템의 작용을 기술할 때에는 오븐을 생각할 수도 있다. 모든 시스템은 물질과 에너지 사이의 상호작용에 의존한다.

체이다. 열을 잘 전달시키지 않는 물질은 부도체이다. 양모, 털 점퍼, 나무, 플라스틱, 고무 등이 좋은 부도체이다.

3. **대류.** 유체 속에서 일어나는 열전달은 '대류'이다. '유체'란 흐르는 물질을 말한다. 액체도 유체이고 공기와 같은 기체도 유체이다.

기체나 액체가 가열되면, 분자들은 빨리 움직이면서 서로 떨어져 퍼지기 시작한다. 그 간격들이 점점 더 벌어지면 유체가 차지하는 부피가 증가하고 밀도가 감소한다(8장 참조). 예를 들어 공기나 물은 가열되면 팽창하여 밀도가 작아진다.

유체의 열전달

난로 위에서 가열되는 냄비를 생각해보자(그림 12.5). 솥의 바닥에 있는 물은 열을 흡수하고 밀도가 작아진다. 냄비 윗부분의 물은 더 차갑고 밀도가 작다. 밀도가 높은 물은 가라앉으면서 따뜻한 물을 밀어 올린다. 대류는 따뜻해진 기체나 액체가 차갑고 밀도가 높은 유체에 밀리면서 위로 상승하는 현상이다. 유체 내의 이러한 지속적 순환을 '대류 흐름'이라고 한다.

열이 상승할까?

많은 사람들은 '열이 상승한다'고 말한다. 실제로 상승하는 것은 기체든 액체든 어떤 물체이다. 대류는 3장의 '병과 풍선'의 이야기에서 다루었다. 여기서 뜨거운 냄비 속에 있는 병의 풍선이 팽창한 것을 보았다. 집 안에 방열기가 있다면 그 주변에서 공기가 상승하면서 대류 흐름을 만들어 방 전체를 데우는 것을 볼 수 있다. 어떤 오븐들은 대류 흐름의 장점을 이용하여 만들어진다.

대류는 사실 지구 시스템에서 대기와 물의 순환을 만드는 기초이다. 곡면인

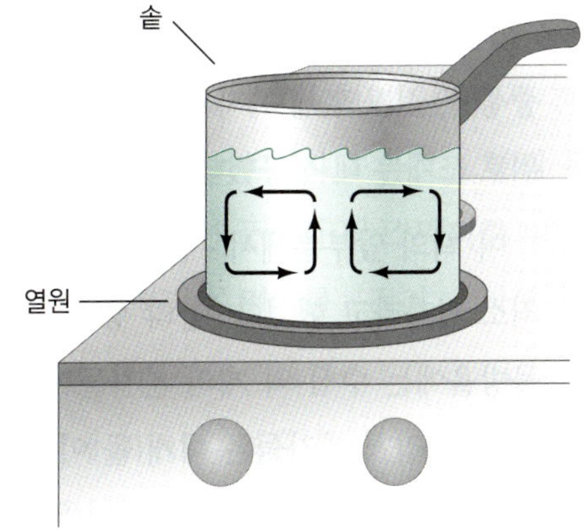

그림 12.5
화덕에서 가열되고 있는 솥 안의 대류
차갑고 밀도가 큰 물은 가라앉으면서 따뜻하고 밀도가 작은 물을 밀어 올린다.

지구 표면의 부등가열은 어느 지역의 해양이 일정하지 않은 비율로 가열되고 냉각되게 하는 원인이다. 결과적으로 대류 흐름은 다양한 기상 형태와 해양을 설명한다. 지표 아래의 유체암반인 마그마도 부등가열 된다. 이 결과는 산악의 형성, 지진, 화산, 해양판의 형성 등과 관련된 대류 흐름을 일으킨다.

전기

앞 장에서 전기 회로에 대해 탐구하는 선생님들의 이야기 두 편을 보았다. '**전기**(electricity)' 도 전자의 흐름이라는 점을 기억하자. 이 절에서는 이 점들을 좀 더 자세히 살펴볼 것이다.

전기에 대한 질문

- 전자란 무엇인가?
- 전기 에너지는 어떻게 물질-에너지 상호작용을 형성하는가?
- 전기는 어떻게 다른 형태의 에너지를 형성하는가?
- 발전기는 어떻게 작동하는가?

원자

물질과 전자의 구조 과학사의 대부분은 물질의 구조에 대한 탐구와 관련되어 있다. 앞 장에서 다루었듯이, 물질은 원자라는 작은 입자들로 구성되어 있다. '원자' 는 물질의 기본 구조의 단위로서, 어느 원소의 성질을 유지하는 최소

사이에서 도선 코일을 움직여서 전기를 발생시킨다. 전형적인 발전소는 열을 에너지 원천으로 하여 물을 끓인다. 여기서 나온 뜨거운 증기는 터빈이라 불리는 큰 바퀴를 돌리게 되는데, 이 바퀴가 다시 도선 코일이나 발전소의 거대한 자석을 회전시킨다.

전기 발전소는 물질과 여러 형태의 에너지가 상호작용한 결과로 전기 에너지를 얻는 시스템이라는 점에 주목해야 한다. 터빈의 역학적 에너지는 전기를 생산하는 데 필요하다. 증기의 열에너지는 역학적 에너지를 만든다. 발전소는 여러 형태의 열을 물에 공급하는데, 석유나 석탄 같은 화석연료를 쓰기도 하고 핵에너지를 쓰기도 한다. 흐르는 물의 역학적 에너지를 이용하여 터빈을 돌리는 경우도 있다. 자신의 마을 주변의 발전소를 방문하여 어떤 방법으로 작동하는지 알아보는 것도 좋다.

환경적 고려

발전소를 작동시키는 데 따른 환경적 문제도 고려해야 한다. 화석 연료를 사용하면 대량의 온실 기체를 방출하게 된다. 원자력 발전소는 위험한 방사선을 배출하는 사고를 내는 경우도 있다. 이러한 문제를 일반 시민들이 충분히 이해하지는 못하지만, 삶의 질에 영향을 미치거나 지구 온난화에 영향을 주는 문제들에 대해 의견을 제시할 수 있다.

빛

빛은 태양이나 다른 광원에서 파동의 형태로 방출된 에너지를 말한다. 이러한 광파들을 복사 에너지라고 부르기도 한다. 열에너지처럼 빛도 전자기 스펙트럼이라 불리는 복사 에너지 파동의 일부이다. 이러한 파동 중에서 우리가 유일하게 볼 수 있는 것은 빛이다.

빛의 속도

빛을 포함한 모든 전자기파는 대략 300,000 km/s의 속도로 이동한다. 이 장의 앞부분에서 물질-에너지 보존을 다룰 때 이 값을 다룬 것을 떠올려보자. 빛이 너무 빠르기 때문에 지구를 거의 순간적으로 통과할 수도 있다. 이 때문에 빛은 거의 시차 없이 우리가 주변의 물체를 볼 수 있게 한다.

그러나 우주의 광대함에 비하면 빛의 속도도 그렇게 빠른 것은 아니다. 심지어 태양 빛이 지구에 도달하는 데에도 8분 이상이나 걸린다. 이러한 점은 우리가 우주의 규모를 상상하는 데 도움이 된다. 만일 태양이 갑자기 빛나지 않는다고 해도 8분 동안은 지구가 깜깜하지 않을 것이다.

1년 동안 빛이 이동하는 거리를 '광년' 이라고 부르는데, 약 9.5조 km 정도 된다. 광년은 우주와 같은 큰 범위에서 거리를 측정할 때 사용한다.

물속과 같은 곳에서는 빛이 더 빠르거나 느리게 진행할 수도 있다. 그러나 빛은 진공과 같은 아무런 매질이 없는 곳에서도 진행할 수 있다. 빛은 파동적 성질뿐 아니라 입자의 흐름으로도 생각할 수 있다. 이러한 입자들을 과학에서는 '광자' 라고 부르는데, 이 입자들은 단지 작은 에너지 덩어리는 아닌 것으로 알려졌다.

광원 태양은 자연적인 광원이다. 여기서는 원자핵들이 변화되면서 빛을 생산한다. 이러한 '핵융합' 과정에서는 엄청난 양의 태양 에너지가 만들어진다. 이 에너지가 빛과 다른 전자기파 형태로 주변에 방출되는 것이다.

태양은 불타는가?

태양에 대한 일반적인 대체 개념은 '불타고 있다' 는 것이다. 그러나 거기에는 엄청난 열(5,538 ℃ 정도)과 폭발 활동은 있지만 불은 없다. 태양은 다른 별

생각해보기 **상호작용**

연관성 생각하기: 전기 에너지를 열과 빛으로

오늘날 많은 가사 제품들은 전기를 열로 변환시켜 작동한다. 예를 들면 전기 헤어드라이어, 토스터, 커피 메이커, 다리미, 전자레인지, 전열기 등이 있다.

이 제품들을 사용할 때 전선을 만지면 따뜻해지는 것을 느낄 수 있다. 이러한 현상은 전선이 가늘수록 더 심해서 심지어 달아오르기까지 한다. 이 현상에 관련된 것은 무엇일까? 일상에서 보통 사용되는 백열등은 바로 이 원리를 사용한 것으로, 전기를 열과 빛으로 변환시킨다.

백열등의 필라멘트는 텅스텐으로 만들어져 있어서 고온에서도 녹지 않고 빛을 방출하게 된다. 따라서 백열등 시스템에서는 전기와 열에너지, 전선 간의 빛 에너지 생성을 위한 상호작용이 존재하게 된다.

공기 중의 산소는 금속과 반응하여 녹을 만든다. 이 과정이 백열등의 텅스텐에서도 일어난다면 전등의 수명이 아주 단축될 것이다. 따라서 백열등의 내부는 공기를 제거하고, 텅스텐과 반응하지 않는 아르곤과 같은 기체로 채운다. 백열등에 대해서는 10장을 참고하자.

들과 마찬가지로 플라즈마 상태로 되어 있어서 별과 같은 방법으로 에너지가 만들어진다. 달과 행성들은 스스로 빛을 생산하지 못한다. 단지 그 표면에서 태양 빛을 반사하는 과정으로 빛을 내는 것이다.

태양광 말고도 양초, 석유등, 전등과 같은 다양한 인공 광원들이 있다.

물질과 빛 에너지 스스로 빛을 내지 못하는 물체를 우리가 볼 수 있는 이유는, 주변에 광원이 있어서 그 빛을 물체가 반사하고, 그 반사된 빛이 다시 우리 눈까지 도달하기 때문이다.

'불투명한' 물질들은 빛이 통과하는 것을 허용하지 않는 대신에 대부분을 반사시킨다. '투명' 또는 '반투명'의 물질들은 대부분의 빛을 통과시킨다. 이 경우에도 일부의 빛은 반사되거나 물질에서 흡수된다.

반사

빛은 직진하며, 모서리에서 휘지 않는다. 빛이 반사되는 경우에도 방향은 변하지만 여전히 직진하는 것이다.

거울은 반짝이는 반사면에 빛을 비추는 실험을 통해 반사 방향을 관찰할 수 있는 좋은 예이다. 거울에 빛을 비추고 반사 방법을 관찰해보자(그림 12.6a). 대부분의 이런 실험을 통해서 거울에 비치는 입사광의 각은 반사광의 각과 동일함을 알 수 있을 것이다. 이러한 현상은 매끈하게 다듬어진 표면에서만 일어난다. 거친 표면은 빛을 불규칙하게 반사하므로 빛이 산란된다.

굴절

빛이 투명한 공기에서 물과 같은 매질로 비스듬하게 입사하면, 그 경로가 꺾이는 것을 볼 수 있다. 이를 '굴절'이라 한다. 투명 유리잔 속에 든 물에 빛을 비스듬하게 비추면(그림 12.6b), 유리와 물속을 지나면서 경로가 바뀐다. 이를 잘 관찰해보면 경로가 바뀌는 지점은 물의 표면이라는 것을 알 수 있다.

빛의 굴절을 통해 상을 확대하거나 더 가까이 보이게 할 수 있거나, 또는 더 작거나 멀리 보이게 할 수 있다. 이러한 원리는 눈의 수정체, 망원경, 현미경, 쌍안경 등에 사용된다. 적절한 방법으로 빛을 굴절시키면 렌즈를 통해 멀리 있는 물체나 희미한 물체를 선명하게 볼 수 있다.

색 얇은 유리판이나 프리즘에 빛을 쪼여본 경험이 있는가? 이 관찰을 해보면 '**스펙트럼**(spectrum)'이라는 색띠를 볼 수 있다. 가시광의 스펙트럼은 빨강,

그림 12.6
빛의 반사와 굴절
(a) 빛이 거울 면에 닿으면 반사되는 각은 입사하는 각과 같다.
(b) 빛은 밀도가 다른 매질을 지날 때 굴절된다.

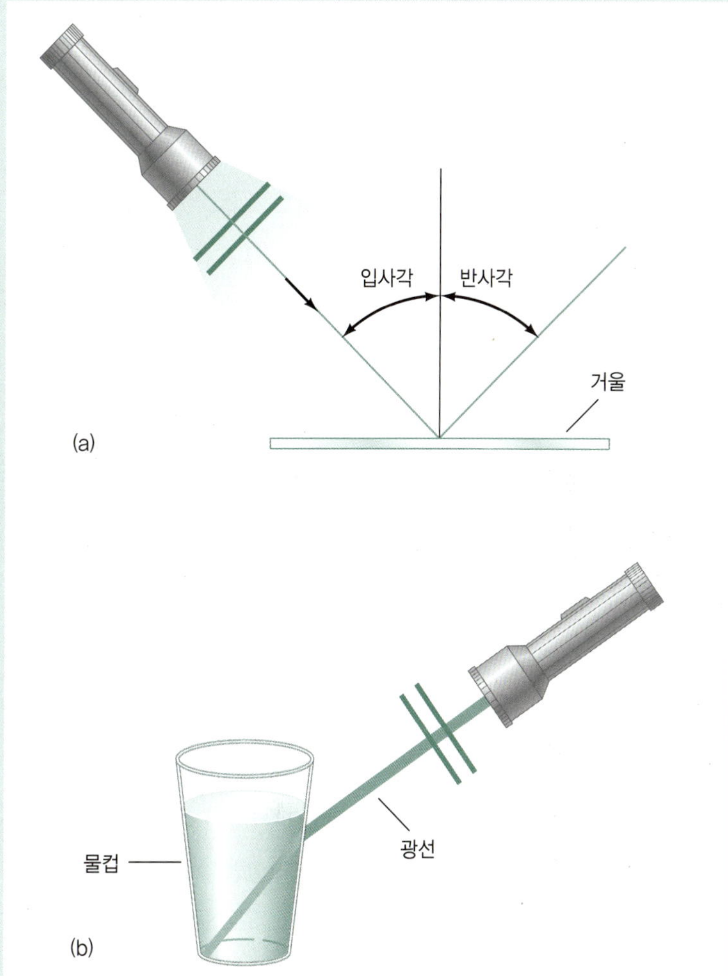

주황, 노랑, 초록, 파랑, 쪽빛, 보라 등의 색으로 이루어진다. 백색광은 사실 이런 색 스펙트럼의 모둠이다.

색과 파장의 관계

스펙트럼을 구성하는 색들은 다른 파장들이다. '파장'이란 연속되는 광파에서 동일 모양이 반복되는 거리를 말한다(그림 12.7a). 보라색은 가장 파장이 작고 빨간색은 가장 크다. 백색광이 프리즘을 통과하면 작은 파장은 큰 파장보다 많이 굴절된다(그림 12.7b). 백색광의 7색은 프리즘을 지나면서 얼마나

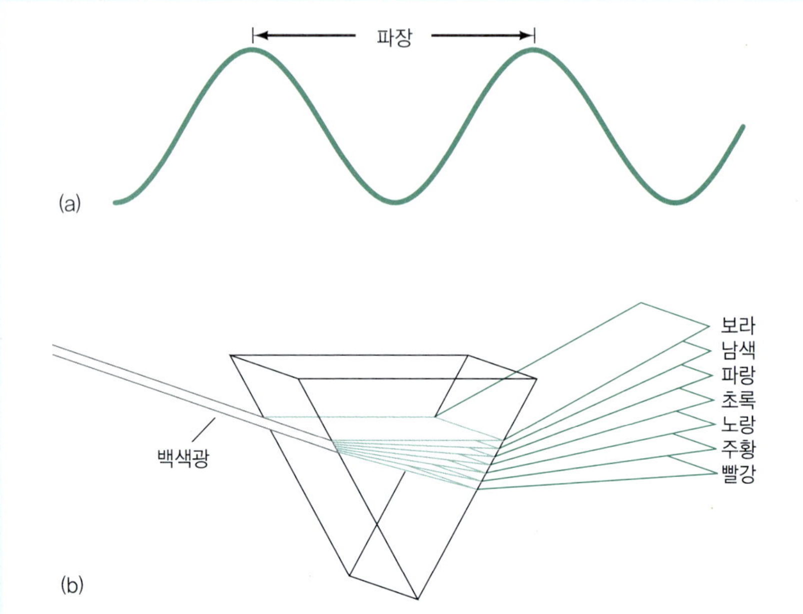

그림12.7
빛의 색깔
(a) 파장의 뜻
(b) 파장이 다르면 굴절각이 달라지므로, 프리즘은 백색광을 여러 색으로 분리시킨다.

굴절되느냐에 따라 분리된다.

무지개는 소나기가 내린 직후에 나타나는 스펙트럼이다. 공기 중의 물방울들이 작은 프리즘 역할을 하여 태양빛을 아름다운 아치 형태의 스펙트럼으로 분해한다. 정원의 호스로 물을 뿌리면서 태양을 등지고 있으면 인공적인 무지개를 볼 수 있다.

소리

소리는 앞뒤로 움직이거나 진동하는 물체에 의해 만들어지는 에너지 전파의 한 형태이다. 진동하는 물체는 소리를 만들고, 진동이 멈추면 소리도 멈춘다. 여기서도 물질과 에너지의 상호작용을 볼 수 있다.

빛과 마찬가지로 소리도 진행하는 파동이다. 빛과 다른 점은 소리가 진공 상태에서 전파되지 못한다는 점이다. 방에서 시계의 경보음을 울리면 경보 장치의 진동이 주변의 공기 분자를 진동하게 한다. 이 공기 분자들이 에너지를 인접한 지역에 파동으로 전파하고, 다시 그 파동은 우리 귀에 닿을 때까지 계속 퍼져 나간다. 음파도 빨리 전파되므로, 거의 시간차 없이 경보음을 들을 수 있다.

소리의 속도는?

소리의 속도 소리는 대개 공기를 통해서 우리에게 전파되지만, 액체나 고체 속에서도 전파된다. 소리는 밀도가 높은, 빽빽하게 입자들이 채워진 매질에서 가장 잘 전달된다. 소리는 대략 340 m/s의 속도로 전파된다. 바닷물에서는 음파의 속도가 공기보다 4배 이상 크다. 강철에서는 공기보다 15배나 크다!

진공 상태에서는 진동을 전달한 분자들이 전혀 없기 때문에 소리가 전파되지 못하는 것이다. 공기 중에서 소리와 빛의 속도차가 엄청나다는 것에 주목할 필요가 있다. 이 차이는 천둥이 칠 때 관찰된다. 번개가 칠 때 만들어지는 천둥소리는 공기 중으로 전파된다. 번개가 공기를 뜨겁게 하여 팽창시키면 여기서 강력한 공기 진동이 만들어져서 파동으로 전파된다. 번개와 천둥이 거의 동시에 만들어져도, 우리는 멀리 떨어진 지점에서 이를 관측하는 경우가 많다. 이때 빛은 소리보다 훨씬 빠르게 퍼져 나간다.

소리의 특성 매질의 특성에 따라 다른 종류의 소리가 만들어지는 것은 실험을

생각해보기 **상호작용**

소리 에너지와 악기

관악기에서는 소리를 만들기 위하여 어떤 상호작용을 할까? 기본적으로 이 악기는 공기 기둥의 한쪽을 불어서 진동을 만드는데, 길이 방향으로 부는 색소폰이나 클라리넷도 있고, 옆으로 부는 플루트나 피콜로도 있다.

클라리넷과 같은 목관 악기에서는 리드라는 얇은 나무나 플라스틱 조각을 부는데, 이것이 떨면서 관의 공기 진동을 만든다. 키를 누르거나 구멍을 막으면 공기 기둥의 길이 변화가 생겨서 초당 진동수와 음정이 달라지게 된다. 공기 기둥이 짧아지면 진동은 더 빨라지므로, 더 높은 음정이 만들어진다.

클라리넷의 소리는 어떻게 하면 커질까? 마우스피스를 더 강하게 불면 리드의 진폭이 커져서 더 큰 소리를 만들게 된다.

드럼, 실로폰, 트라이앵글, 심벌즈 같은 타악기는 두드리면 소리가 난다. 실로폰의 경우에는 판의 길이가 짧은 것을 두드릴수록 높은 진동수의 음정이 만들어진다. 드럼은 표면을 더 조일수록 진동수가 증가하여 높은 소리가 난다. 드럼 연주자는 조이지 않으면서도 드럼의 음정을 바꿀 수 있을까? (힌트: 드럼의 표면은 항상 같은 정도로 조여져 있을까?)

통해 알 수 있다. 예를 들면 다음과 같다.

음정 변화를 일으키는 것?

- 진폭 또는 세기. 큰 소리나 부드러운 소리는 모두 소리의 진폭이나 세기를 말하는데, 이는 진동하는 물체의 세기에 따라 달라진다.
- 음정. 소리의 높낮이를 음정이라고 부르는데, 이는 진동의 비율에 따라 달라진다. 진동수가 커지면 소리의 음정이 올라가고 진동수가 낮아지면 음정이 내려간다. 1초당 진동하는 횟수를 '진동수'라 한다. 인간이 들을 수 있는 소리의 진동수는 20~20,000 Hz이다. 개는 더 높은 진동수를 들을 수 있는데, 20,000 Hz 이상도 듣는다.
- 음색. 물체가 진동하면 대개 여러 진동수가 복합된 소리를 내는데, 그때의 특정한 복합을 음색이라고 한다. 이 때문에 트럼펫 소리와 바이올린 소리가 같은 음정을 내도 다르게 들린다. 각 악기들은 중심 진동수 말고도 여러 개의 배음이나 다른 진동수를 만들어 내는데, 이것의 조합이 음색을 결정한다.

인간의 목소리 인간은 기도의 위쪽에 붙어있는 후두 또는 성대를 이용하여 소리를 낸다. 후두 상부의 팽창된 두 개의 가늘고 강한 피부를 성대라고 한다. 허파에서 나온 공기가 성대 사이의 좁은 틈을 통과하면 성대는 진동하면서 소리를 만든다.

성대가 음정을 어떻게 조절하는가

성대에 붙어있는 근육은 성대를 더 조이거나 풀면서 목소리의 음정을 조절한다. 성대가 더 조여질수록 더 빨리 진동하므로, 목소리의 음정은 높아진다. 이는 바이올린 줄에서도 마찬가지이다. 높은 진동수에서 더 높은 음정이 나온다.

남자의 성대는 길고 굵기 때문에 여성의 성대처럼 빠르게 진동하지 못한다. 그래서 남성의 목소리가 여성보다 더 굵은 것이다.

자기력

이 장의 첫 부분에서 힘이란 기본적으로 밀거나 당기는 것이라고 말했다. 힘은 대개 물체의 모양이나 운동, 위치를 변화시킨다. 예를 들어 중력은 우주에 있는 물체들 사이에 서로 당기는 힘이다. 두 물체 사이의 중력은 태양 주위의 행성들이 운동을 유지하는 운동 에너지의 원인이다.

자기력(magnetism)도 힘의 한 형태이다. 이는 쇠, 강철, 코발트, 니켈 같은 특정한 금속이 포함된 물질에서 만들어지는 인력이나 척력이다. 이러한 금속을 '자성 물질'이라고 한다. 자석에는 천연과 인공의 두 종류가 있다.

- 지면에서 발견된다. 이 자석에는 대개 불규칙한 암석 모양으로 보이는 자철석이라는 광물이 포함되어 있다.
- 인공 자석은 철, 강철, 코발트, 니켈에서 만들어지며, 모양에 따라서 막대자석, 말굽자석 등으로 불린다.

자석의 힘은 양 끝에서 가장 강한데, 이 부분을 자석의 '극'이라고 한다. 자석을 자유롭게 흔들리게 매달아 두면 극들은 지구의 북극이나 남극 쪽을 향하게 되므로 이를 N극, 또는 S극이라 한다. 두 자석의 극을 가까이 하면 같은 극끼리는 서로 밀고, 다른 극끼리는 당기게 된다. 이는 전하가 같으면 밀고, 다르면 당기는 현상과 유사하다. 사실 전기와 자기는 밀접하게 연관되어 있다.

전기에서 자기로

전자석 전류가 도선을 따라 흐르면 그 주변에는 '자기장'이 생긴다. 이는 전

이 학생은 종이를 투과하는 자기장의 효과를 관찰하고 있다.

Tony Freeman/PhotoEdit

선 주위의 공간이 자석처럼 행동한다는 의미이다. 이러한 효과는 전류를 흐르게 하는 전선을 감아서 코일을 만들면 더 강해진다. 이 코일 안에 쇠 도막을 넣으면 그 세기를 더 강하게 할 수 있는데, 이를 '전자석'이라 한다. 그 세기는 코일의 감은 수와 전류의 세기를 증가시키면 점점 더 커진다.

전자석도 다른 자석과 마찬가지로 두 개의 극이 있으며, 쇠나 강철 같은 자성 물질을 잡아당긴다. 그러나 전자석은 일시적인 자석이어서 전류를 끊으면 더 이상 자석이 아니게 된다.

전자석으로 자기력을 만드는 능력은 여러 곳에 활용할 수 있다. 전자석이 활용되는 곳은 전화기, 라디오, TV, 컴퓨터, 전동기, 기중기, 발전기 등 아주 다양하다.

자기력을 만드는 원인은? 자기력이 생선되는 원인은 무엇일까? 이 신비한 인력은 어디서 발생하는 것일까? 확실하지는 않지만 과학자들은 자성 물질 안의 원자에 있는 전자의 움직임에 답이 있는 것으로 생각하고 있다.

자기력의 신비

원자핵 주위를 돌고 있는 전자는 '스핀'이라는 자전을 한다. 이 자전하는 전자는 하나의 작은 자석이다. 비자성체에서는 한 방향으로 스핀을 가진 전자의 수와 반대 스핀을 가진 전자의 수가 같아서 전자의 자성을 상쇄시킨다. 자성체에서는 한쪽의 수가 다른 쪽보다 더 많기 때문에 자성을 증가시킨다. 이 때문에 자성을 가지는 물질은 많지 않다.

과학자에 물어보기

과학 개념이 복잡하게 느껴지고 좀 더 잘 알고 싶다면 책, 백과사전, 웹사이트 등과 같은 여러 자료들을 참고할 수 있다. '과학자에게 물어보기'라는 웹사이트는 추천할 만한 곳이다. 이러한 사이트에서는 질문을 하면 일선의 과학 연구자들이 직접 대답을 해준다. 이와 같은 사이트 몇 가지를 추천한다.

Ask a scientist. 이 사이트에서는 하워드 휴즈 의학연구소의 과학자들과 연결시켜 준다.

Mad Sci Network. 이 사이트는 과학자가 제공하는 대답을 찾을 수 있는 곳이다.

NEWTON's Ask a Scientist Service. 이 사이트는 정부에서 K-12학생들과 선생님들을 위하여 운영한다. 접속자의 질문은 자원 봉사하는 과학자에게 이메일로 전해져서 답장이 질문자에게 직접 이메일로 오게 된다. 물론 이 질문은 게시판에 올려져서 다른 사람도 볼 수 있다.

지구는 왜 자석일까?

자석으로서 지구 지구는 마치 거대한 자석처럼 움직이며 북극과 남극의 두 극이 있다. 이는 내핵으로 알려진 지구의 내부가 철과 니켈로 이루어져 있기 때문이다. 지구의 자기장은 주변의 우주 공간까지 퍼져 있다.

우리가 방향을 잡기 위하여 나침반을 사용하는 것은 지구 자기장 때문에 가능하다. 나침반의 바늘이 자기화 되어 있으므로, 한 방향은 항상 지구의 북극을 향한다. 지구 자기장의 북극과 남극이 지리학적 방향과 정확히 일치하지는 않지만 깊은 산중에서 방향을 찾을 때와 같은 실용적인 목적으로는 충분하다.

내용에서 교육과정으로

이 단원에서 알아본 과학 학습 내용들을 간추리면서 학생들이 탐구할 주제들이 풍부하다는 것을 알았을 것이고, 이 주제들 속에 담긴 '빅 아이디어'의 중요성도 깨달았을 것이다. 그러나 어떻게 학교와 선생님들은 이러한 주제와 개념들을 학생들의 요구와 일치하는 특정한 교육과정 속에 맞출 수 있을까?

교육과정이란?

'교육과정'이란 용어는 "달리기 코스"라는 라틴 어에서 유래한 말이다. 과학 교육에서 '**교육과정**(curriculum)'이란 대개 과학 학습 내용이 연령에 맞게 조직화되고 제시되는 방법에 대한 계획을 뜻한다. 이는 단지 주제를 나열하는 것만을 의미하는 것이 아니라, 내용 제시를 적절하게 만들기 위한 활동을 기술하는 조직화 도식을 뜻한다. 가끔 여러 학교에서는 학습 주제의 목록을 교육과정의 '요약'으로 사용하기도 한다.

형식적 교육과정과 비형식적 교육과정의 통합

훌륭한 교사는 '형식적' 교육과정뿐만 아니라 학생의 일상생활에서 비롯되는 '비형식적 교육과정'도 사용할 줄 안다(5장 참조). 비형식적 교육과정은 살고 있는 지리적 환경이나 시사적인 과학 주제 등에서 도출된 예상하지 못하던 일상적 주제들을 포함한다. 형식적 교육과정과 비형식적 교육과정은 통합되는 경우가 자주 있다. 예를 들어, 바닷가 마을의 학교에서 해양에 대한 단원을 공부하고 있다면, 교사와 학생들은 일상생활에서 경험하는 여러 가지 내용들을 교과 내용에 쉽게 편입시킬 수 있다.

몇 년 전에 나는 뉴욕 롱아일랜드의 해안가 마을에 있는 학교에서 지질학 관련 교육과정을 설계하는 것을 보았다. 해당 단원은 사하라 사막에 대한 읽기 내용을 포함하여 모래에 대한 많은 내용이 담겨있었다. 이 읽기 내용은 해당 학교가 구입한 교과서에 실린 내용이었다. 그러나 사하라 사막이 세상에서 가장 큰 사막이기 때문에 흥미 있는 주제였지만, 학생들이 직접 탐구할 수 있는 대상은 아니었다. 반면 그 교육과정은 학교 부근에 직접 가까이 가서 대면할 수 있는 넓은 해변이 있음에도 불구하고 그에 대한 연관성은 전혀 없었다.

이 내용은 교육과정을 설계하기 위한 다양한 준거를 사용하는 것의 중요성을 보여준다. "우리 학생들은 누구인가?" 라는 핵심 질문을 기억하자. 형식적 교육과정이 무엇을 지시하든, 이 질문에 대답하는 것이 학생들의 일상적 경험과 관련성을 만드는 데 도움을 줄 것이다.

누가 교육과정을 만드는가? 국가 교육과정과 분권화

국가적 관심의 증가

미국의 공교육에서 교육과정 문제는 전통적으로 지역 교육청 관할이었다. 그러나 지난 30년간 학생들의 학업 성취도 및 경쟁력과 관련된 많은 국가적 고려사항들이 존재하였다. '국가의 위기' 나 '21세기를 위한 미국 교육' 등과 같은 1980년대의 보고서들이 출판되어 미국 공교육의 수준 향상을 위한 필요성을 지각하라고 일반 시민들에게 경고하였다. 이에 따른 "기준화 운동"은 과학을 포함한 여러 교육 분야의 국가적 기준을 만들게 했다. 최근에도 '폭풍을 넘어서기: 더 밝은 미래 경제를 위한 미국 교육의 증대와 역동화(National Academy of Science, 2007)' 등 유사한 보고서들이 K-12의 수학 및 과학의 개선을 요구하였고, 이에 따라서 K-12의 교육과정 자료들과 학습 주제들을 재검토해서 학생들이 좀 더 최신 주제에 대하여 과학적 탐구를 수행하게 할 것을 제안하였다.

기준

'The Benchmark'와 'National Standards' 1장에서 본 바와 같이, 과학교육은 두 가지 주요한 국가적 개혁 요구에 영향을 받아왔다. 이들은 과학교육과정의 내용을 결정하는 유용한 도구인 두 문서에 제시되어 있다. 그중 하나는 미국과학진흥협회(AAAS)에 의해 1993년에 출판된 〈the Benchmarks for Science Literacy(과학 소양을 위한 기준)〉과 국립연구위원회(National Research Council)에서 1996년에 발간한 〈National Science Education Standards(국가과학교육기준)〉이다.

과학적 소양의 정의

이 두 문서들은 어디에서나 교사, 과학자, 교육 연구자들이 할 일을 나타내고 있다. 그 목표는 교육자들이 현대 세계에서 과학적 소양의 중요성을 고려할 수 있게 하려는 것이다. '**과학적 소양**(scientific literacy)'은 개인이 과학적 정보들을 사용하여 '공공적 토론에 합리적으로 참여하거나 과학 기술에 관련된 중요한 문제에 대해 논쟁하고(NRC, 1996)' 의사 결정하는 능력을 의미한다. 이 문서들은 과학적 소양이 과학 교육의 주요한 목적이 되어야 한다고 주장한다. 다음과 같은 가장 중요한 주제들에 대해서도 이 문서들의 입장은 동일하다.

공유된 주제들

- 건전한 과학 프로그램은 학생들의 탐구 활동 참여를 요구한다. 즉, 실제적인 문제 해결, 실험 설계 등을 통하여 학생들이 경험에서부터 의미를 형성할 수 있도록 도와야 한다.
- 학생들은 전통적 교육과정에서 하던 것보다는 더 적은 수의 개념 학습을 하며, 이 개념들은 간학문적인 통합적 관점이어야 한다.

'벤치마크'에서는 학생들이 2, 5, 8, 12학년에서 학습해야 할 과학, 수학, 기술에 대한 학습 내용에 대해 제시하고 있다. 마찬가지로, '기준(NSES)'에서는 K-4, 5-8, 9-12학년에 걸친 내용 기준을 제시하고 있다. 여기에는 이에 해당하는 교수 방법과 평가 방법, 과학 교육 프로그램에 대한 일반 기준 등도 제시되고 있다.

기준

교육과정 구조

주정부와 지역의 해석 개별적인 주정부도 과학교육과정 결정에 관련되어 있다. 어떤 주에서는 자체의 교육과정 문서를 가지고 있는 경우가 있는데, 이를 '**교육과정 구조**(frameworks)'라고 한다. 여기서는 초·중등의 과학교육과정을 안내하는 원칙을 담고 있다. 최근의 주 교육과정 구조는 대개 국가과학교육기준(NSES)의 내용을 따르고 있다. 이러한 주정부의 교육과정들은 각 학년 수준에서 제시되어야 할 과학 주제들에 대해 내용 기준을 지시하는 경향이 있다.

'기준' 과 주정부의 교육과정이 모두 과학교육과정의 필요한 형태를 제시한다고 해도, 지역의 학교나 교육청들이 여전히 최종적인 교육과정의 명시적 규정을 하게 된다. 표준화 운동은 교육과정 개발에 영향을 주기 위한 안내 자료로 여겨져 왔다. '기준' 이나 '교육과정 구조' 의 어느 부분도 그 자체로서 교육과정은 아니다.

주제를 선택하는 것은 교육과정 구성의 일부라는 점을 항상 기억해야 한다. 교육과정을 개발하기 위해서는 교육자들이 문학, 수학, 기술, 사회와 같은 여러 교과들 간의 상호 연관성, 연계 활동 등을 탐구할 필요가 있다.

STEM 교육과정

수학, 과학, 기술의 융합

최근에 과학, 수학, 기술 교과 간의 연계성을 만들고자 하는 의미 있는 운동이 진행되었다. 기술 연계는 공학과 컴퓨터 기술 양쪽을 모두 강조한다. 이러한 간학문적 작업을 표현하는 약어가 바로 과학, 기술, 공학, 수학의 합성어인 STEM이다. 이 '**STEM initiative**' 는 수학, 과학, 기술을 교육과정 계획에서 진정하게 통합하려는 주장이다. STEM은 수학, 과학, 공학, 기술이 인간의 상호 의존적인 작업물이라는 점을 강조한다. 이러한 통합을 촉진하기 위해서 STEM에서는 컴퓨터 기술을 착상과 연구 진행, 정보 수집 등의 도구로 활용하는 방법을 사용한다.

'가장 중요한 일은 질문을 멈추지 않는 것이다.'
–ALBERT EINSTEIN

STEM과 소집단 과제 STEM 활동에 참여하는 학생들은 과제 중심 학습을 통하여 과학적, 수학적 사고들을 문제 풀이에 활용하게 되는 경향이 있다. 이러한 문제들은 '도전 설계' 와도 관련이 있는데, 이는 10장에 머레이 선생님의 학급에서 학생들이 원자 모형을 구성하고 설계하는 과제를 수행했던 사례와 유사한 것이다. 공학적 설계는 학생들이 자신의 생각을 수행하게 하고 학습한 바를 실천하도록 기회를 제공하는 특별한 방법이다. STEM의 핵심은 학생들이 극적인 학습자로서 유의미한 상황과 관련된 경험에 참여하게 하는 것이다. 이를 통하여 학습 욕구를 자극하고 문제 해결을 위한 기술을 획득하도록 격려하는 더 큰 목표를 달성하게 하려는 것이다.

협동 학습에 대한 강조

학생들은 협동 학습 소집단에서 작업하면서 브레인스토밍에 참여하고 자신들의 설계를 구현하기 위한 기초 연구를 수행한다. 이 소집단 활동은 STEM 학습에서 매우 중요하다. 여기에는 학생들이 자신들의 도전 설계에 대한 최고의 해결책에 도달하기 위하여 협동 작업이 요구된다.

STEM의 영향 STEM 학습을 위한 운동의 한 사례는 뉴욕 주의 수학, 과학, 기술(MST) 교육과정 구조이다. 여기서는 다음과 같은 준거에 따른 문제 해결 학습을 강조한다.

STEM 기준의 요약

- 과학에서 문제 해결 활동의 본성은 무엇인가?
- 이 활동에서 수학은 어떻게 제시되는가?
- 학생들은 자신의 탐구 활동으로서 과정을 설계하는가? 아니면 산물을 설계하는가?
- 학생들의 탐구 활동 중에 컴퓨터 정보 처리에는 어떻게 접근하는가?
- 과학적 사고들은 수학, 기술적 사고와 어떻게 연계되는가?

이 책의 2부에서 STEM 탐구 활동의 여러 예들을 보았을 것이다. 8장에서는 드레셔 선생님의 학생들이 3종류 액체의 밀도 차이를 이용하여 장난감을 만드는 사례가 있었는데, 여기서는 수학, 과학, 공학적 설계, 기술 등의 STEM 4요소가 모두 역할을 하고 있다. 9장에서는 학생들이 태양계 모형을 설계하는데, 이를 위하여 행성의 상대적 크기와 거리를 태양과 비교하여 정확하게 구현해야 한다. 이 과정에서 학생들은 여러 가지 형태의 기술을 사용하여 망원경도 제작해야 한다. 10장의 트레비스 선생님의 학생들은 반짝이는 집을 설계했다. 이들은 전구의 직렬 연결과 병렬 연결이라는 과학적 사고를 활용하였고, 여러 단면도들의 축척을 구하기 위하여 수학을 사용하였다.

여러 간학문적 경향들

주제적, 통합적 단원

STEM이 아니더라도, 많은 학교들은 과학, 사회, 문학 등 여러 교과들을 연계시키기 위한 간학문적 단원들을 사용하는 추세를 보이고 있다. '주제적' 또는 '통합적' 단원이라 불리는 이러한 교육과정 분야들은 과학에만 국한되지 않은 주요한 주제들을 강조하고 있다.

예를 들어, 아메리카 원주민에 대한 사회 교과 단원은 이들이 어떻게 천막, 공동 주택, 원형 회관 등을 설계했는지 탐구하게 한다. 이 설계는 아메리카 원주민들의 대류와 단열에 대한 이해를 보여주는데, 이는 과학적 주제이다. 수학, 예술, 기타 등 다른 교과들도 한 단원에 통합되면서 학생들이 아메리카 원주민에 대한 이해를 통하여 다양한 분야의 지식을 계발하게 할 수 있다.

탐구 활동의 강조

탐구 활동적 학습을 위해서는 학생들이 스스로 질문을 제시하고 그에 대한 답을 찾게 해야 한다는 것을 기억해야 한다. 학생들이 학습하는 내용에 관련된 현상을 질문하고 왜 그렇게 작동되는지 설명하는 이론을 고안하도록 격려하는 것은 중요하다. 예를 들어 아메리카 원주민의 천막 사례에서, 학생들은 천막의 윗부분이 열려 있는 설계를 보면서 열의 대류를 모의 실험하는 활동도 할 수 있다.

다른 예로서, 브라질 음악에 대한 중학교의 통합 교과 활동에서는 학생들이 '쿠이카' 라는 브라질의 전통 악기를 만들어 볼 수 있다. 쿠이카는 드럼과 비슷한 악기인데, 금속 원통 한쪽을 가죽으로 덮어서 만든 것이다. 이 악기는 드럼과 달리 스틱이 가죽의 중앙에 고정되어 있고 금속 원통 쪽으로 뻗어 있다. 이것을 젖은 천이나 가죽으로 비빌 때 소리가 난다. 이 소리는 얼마나 빨리 문지르느냐에 따라 달라진다. 쿠이카는 아주 재미있는 주제이지만, 이를 이해하기 위해 반드시 과학적 탐구를 수행할 필요는 없다. 이를 과학적 탐구 주제로 만들기 위해서는, 다음과 같은 도전 주제를 학생들에게 제시해야 한다.

- 소리는 어떻게 만들어지는가?
- 쿠이카는 특별히 어떻게 소리를 만드는가?
- 왜 비비는 속도가 달라지면 다른 음정과 음색이 만들어지는가?
- 음정과 음색은 무엇인가?

요약하면, 통합적 또는 주제적 단원을 계획할 때, 다음과 같은 점들을 질문할 필요가 있다.

주제적 단원을 위한 질문

- 이 단원에서 과학적 주제는 무엇인가?
- 이 주제 뒤에 숨겨진 과학적 사고는 무엇인가?
- 여기서 학생들에게 필요한 과학적 경험은 어떤 유형인가?
- 과학의 본성이 여기에 제시되어 있는가? 바꾸어 말하면, 학생들은 이 과학 활동에서 무엇이 '증거' 인지 이해하는가?

교육과정 단원 개발

'기준', '교육과정 구조', '교육과정 개발' 등의 내용을 읽고 나서도 여전히 어떻게 학교와 교사들이 이런 기대되는 학습 내용에 대한 폭넓은 정의에서 교실 수업을 위한 특정 계획을 이끌어 낼 수 있을지 의문스러울 수 있다. 이러한 일들은 대개 교육과정 단원을 개발할 때 이루어지게 된다.

학습 계획을 다루는 이 장에서는 수업과 단원을 대개 구별했었다. **'학습 단원**(unit of study)' 이란 것은 대체로 중심 주제나 내용과 관련되어 설계된 복수의 수업을 일컫는 용어이다. 예를 들어 지렁이에 대한 개별 수업은 척추동물과 무척추동물을 분류하는 3학년 단원에 적합할 것이다.

단원 계획은 대체로 다음과 같이 이루어진다.

단원 계획에 대한 요소

- 단원의 배경이 되는 과학적 사고
- 단원에 포함되는 활동
- 단원에 대한 수업 계획

때때로 단원 계획은 해당 단원의 평가 방략에 대한 기술도 포함한다. 다음 장에서는 여러 형태의 평가 방법에 대해 논의할 것이다.

'기준'에 맞춘 학습 단원

교사들이 수업할 단원을 '기준' 의 특정 내용과 연관시키는 일이 점점 많아질 것이다. 이 과정은 다음과 같이 이루어진다.

단원 개발을 위한 단계

1. 주제를 판별하여 기준과 연관성 찾기
2. 주제의 배경이 되는 과학적 사고 판별하기
3. 주제에 연관되는 자료나 활동 안내의 책자를 탐색하기
4. 학생들이 자신의 생각들을 탐구하고 교사들이 필요한 활동 수행을 허가할 수 있도록 수업을 설계하기
5. 수학, 기술, 문학, 사회 교과 등에 대한 연관성을 표시하기

활동의 선택

단원에 필요한 활동을 선택할 때, 이 책 전반에 걸쳐서 개별 수업에 대해 기술한 기준을 따르자. 그리고 스스로에게 다음과 같이 질문해보자.

단원 활동 선택을 위한 질문

- 활동은 개인적인 생각이나 문제 풀이에 적합한가?
- 활동은 단원에 표현된 과학적 사고와 일치하는가?
- 자료들은 쉽게 구할 수 있는가?
- 활동은 학생 중심인가 아니면 교사 중심인가?

우리는 현상에 대해 학생 개개인의 탐구를 북돋우기 위한 과학 활동을 탐색하고 있다. 상업적으로 제작된 자료집이나 도구 모음들도 학생들이 자신의 탐구 활동에 필요한 의사 결정에 도움을 줄 수 있도록 설계된 수업에서는 유용할 것이다.

이 단원의 마무리에서 제시된 '자료 모음'은 활동을 선택하기 위한 출발점들을 제공할 수 있다. 여기에 제시된 활동 안내들은 생명과학, 물상과학, 지구과학 등 모든 분야를 탐구할 수 있는 주제들을 포함하고 있다. 이에 대한 경험이 있다면 인터넷 자료 말고도 자신만의 고유한 활동 자료집을 확보하게 될 것이다.

빠진 것은 무엇인가?

학교 과학 수업의 교육과정을 위하여 국가적 기준에만 의존한다면 학생들의 과학적 경험에 기여할 수 있는 지역적 특성을 놓칠 수 있다. 내 학생들은 누

구인가? 이들은 어떻게 자연을 경험하는가? 어디에 거주하는가? 우리 학교는 지역의 어디에 위치하는가 등 여러 내용들을 모두 수업 계획을 위해 고려해야 한다.

지역과 개인의 연결

내 학생들의 생활 방식은 어떠한지 알고 있는 것도 중요하다는 것을 기억하자. 경제적으로 풍족한가? 가난한가? 제 멋대로 방임되었는가? 장애가 있는가? 중산층인가? 학생들이 자신의 과학 학습을 삶에서 의미 있게 만들도록 교육과정을 어떻게 활용할 것인가 등은 과학 교육과정의 주요한 역할이다. 학생들이 스스로 학습에 참여하고, 과학을 삶의 경험과 연관시키고, 스스로 탐구하고 결론을 내릴 수 있게 해야 한다. 국가나 주의 교육과정은 적절한 사고나 주제들의 범위를 이해시키는 데 도움을 주어야 하는 것이 분명하다. 그러나 자신의 학생들에 대한 최선은 지역적 특성에 맞는 결정이다.

어떤 교육과정이든 생명이 없는 문서일 뿐이다. 교사들은 이를 통해 학생들의 경험을 안내할 때 비로소 생명을 부여할 수 있다.

과학교육과정을 위한 점검 목록

다음의 점검 목록은 과학교육과정을 평가할 때 적절한 질문을 할 수 있도록 도와줄 것이다.

교육과정 평가를 위한 질문

- 교육과정에서 과학 탐구의 역할은 무엇인가?
- 각 학년에 필요한 지구과학, 생명과학, 물상과학의 주제들이 있는가?
- 과학 단원은 인간이 어떻게 환경과 상호작용해야 하는지 녹색 과학에 대한 시사점이 포함되어 있는가?
- 기술, 수학, 도전 설계 등이 과학 활동에 결합되어 있는가?
- 주제들이 저학년부터 고학년으로 나선형으로 되어 있는가?
- 주제들이 지역의 지리적 연관성, 학생의 개인적 삶과 연관되어 있는가?
- 주제들이 심층적으로 탐구되는가?
- 비형식적 과학 경험을 위한 여지가 있는가?

자신이 교육과정 개발에 참여하고 있다면, 스스로 이 질문들이 수업 계획으로 반영되고 있는지 점검해보아야 한다. 만약 다른 사람들이 만든 교육과정을 사용하고 있다면, 이 질문들은 그 내용에 대한 강점들을 판별할 수 있게 하고, 형식적 교육과정 안에 비형식적 교육과정을 언제 어떻게 부가해야 할지 알 수 있도록 도울 것이다.

심화 탐색을 위한 자료

전자 미디어 자료

How Stuff Work. 이 인터넷 사이트는 일상생활의 여러 물건들이 작동하는 방법에 대한 질문에 실제적인 대답을 제공한다. 특히 과학을 전문적으로 다루는 부분도 있기 때문에, 검색창에서 필요한 주제를 입력하여 검색할 수 있다.

Internet Public Library Kidspace. '수학과 과학'을 클릭하면 지구과학, 동물, 기타 다양한 주제와 관련된 기초 정보를 얻을 수 있다. 또한 많은 영상뿐 아니라 광범위한 링크들도 볼 수 있다. 이 사이트를 활용하면 과학적 지식을 확장시킬 수 있을 뿐만 아니라, 3학년 이상의 학생들을 위한 수업에 활용할 수도 있다.

NASA Science: Focus Areas for Earth. 이 웹사이트는 지구를 하나의 시스템으로 기술하는 여섯 가지 중점 분야를 탐색하게 한다.

National Science Education Standards. 이 웹사이트는 기준 교육과정에 대한 온라인 정보를 제공한다.

Project 2061: Online Tools. 과학적 소양에 대한 '벤치마크'의 온라인 판을 볼 수 있다.

Science NetLinks. 미국과학진흥협회(AAAS)와 다른 기관에 의해 개발된 사이트이다. 여기서는 국가과학교육기준과 과학적 소양을 위한 벤치마크에 제시된 학습 주제와 활동을 제공한다.

Simple Machines. 이 사이트는 빗면, 쐐기, 나사, 지렛대, 바퀴와 축 등 단순기계에 대한 다양한 설명을 제공한다. 이와 관련된 다른 사이트가 링크되어 있다.

출판 자료

American Association for the Advancement of Science.(1993). Benchmarks for Science Literacy. Washington, DC: AAAS.

Bazin, M., Tamez, M.,&Exploratorium Teacher Institute.(2002). Math and Science Across Cultures. New York: The New Press.

Kolbert, E.(2006). Field Notes from a catastrophe: Man, Nature, and Climate Change. New York: Bloomsbury Press.

National Research Council.(1996). The National Science Education Standards. Washington, DC: National Academy Press.

Curriculum Activity Books and Guides for Science

Bosak, Susan V.(2000). Science Is…: A Source Book of Fascinating Facts, Projects and Activities, 2d ed. Markham, Ontario, Canada: Scholastic Canada.

Great Explorations in Mathematics and Science: The GEMS Series. Available from the Lawrence Hall of Science, University of California, Berkeley, CA 95720-5200; (510)642-7771.

Insights. A series of curriculum modules avaliable from Education Development Center, 55 Chapel Street, Newton, MA 02458; (800)225-4276.

Science and Technology for Children: The STC Series. Developed by the National Sciences Resources center. Avaliable from Carolina Biological Supply Co., 2700 York Road, Burlington, NC 27215; (800)334-5551.

13

수업과 평가 연결하기

> **초점 질문**
> - 학생들이 과학 지식을 습득했다는 것을 어떻게 알 수 있는가?
> - 수업과 평가를 연결한다는 것은 무엇을 의미하는가?
> - "수행"을 어떻게 평가할 수 있는가?
> - 평가에서 기술의 역할은 무엇인가?
> - 형성 평가와 총괄 평가의 차이점은 무엇인가?

내가 남부 텍사스에서 초등학교 3~4학년 학생들을 가르칠 때의 일이다. 나는 학생들이 과학에 대해 어떻게 생각하는지 관심을 가지고 있었다. 예를 들면, 과학을 어떻게 정의하며, 학교에서 과학을 배우는 것을 어떻게 생각하는지 궁금했다. 어느 날, 나는 학생들이 과학에 대해 어떻게 생각하는지 면담을 하였다. 다음은 그 면담 내용의 일부이다.

나: 너희들은 Science에 대해 뭘 공부하니?

학생: Scienzz, scienzz, scienzz에 대해 배우는 것…
정지 scienzz, 일방통행 scienzz, 그리고 양보 scienzz가 있어요!

나의 억양이 분명하지 않아 학생들은 내가 "signs"에 대해 물어보는 것으로 생각한 것이다. 이 이야기는 우리가 학생들이 알고 있으나 질문이나 물음을 잘못 이해한 경우에 종종 인용된다.

선생님으로서 우리는 학생들이 과학에 대해 아는 것과 할 수 있는 것을 어떤 방식으로 이해할 수 있을까? 이것이 이 장의 핵심적인 주제이다. 교사들은 학생들의 이해 정도를 파악하기 위해 평가(assessment)와 검사(testing)를 선호하는데, 이론 및 실제적 측면에서 이 두 용어의 의미를 알아보자.

평가와 검사

평가는 선생님뿐만 아니라 모든 사람들이 관여하는 활동이다. 우리는 끊임없이 스스로와 타인을 평가한다. 하지만 교육에서는 평가라는 용어가 보다 특수한 방법으로 사용된다.

평가는 정보를 수집하는 활동

과학 평가(science assessment)는 과학 학습에서 학생 개인 또는 집단 수행의 질과 특성을 알아내는 데 이용되는 정보를 수집하는 과정이다. 짐작하겠지만, 학생들이 아는 것과 할 수 있는 것에 대한 정보를 수집하는 이 과정에는 다양한 많은 기법(techniques)들이 사용된다. 이에 두 전문가는 다음과 같이 말한다.

"학생들을 평가할 때, 우리는 다양한 맥락에서 다양한 과제들을 학생들이 수행하는 방식과 각 개인의 전체적 역할로서의 수행의 의미, 그리고 이들 수행에 대한 그럴듯한 설명을 고려한다(Salvia & Ysseldyke, 2004, P. 6)."

형성 평가 vs 총괄 평가

형성 평가(formative assessment)는 학생들의 진전을 판단하고 남은 수업을 조정하기 위해 각 단원에서 특정 주제에 대한 학생들의 이해를 계량하기 위해 이용된다. 반면, 단원의 끝에 실시되는 **총괄 평가**(summative assessment)는 학생의 성취를 기록할 목적으로 이용된다. 기말고사가 전형적인 총괄 평가의 예이다(Ravitch, 2007).

> 현행 과학 성취도 검사는 잘 구조화된 "동적인(active)"인 지식보다는 분절된 "정적인(inert)"인 지식을 측정한다.
> – 미국 국가과학교육기준

검사(testing)는 협의를 나타내는 용어로, 교육 기관에서 개발된 것뿐만 아니라 교사에 의해 만들어진 모두를 포함한다. 그러므로 검사에는 거의 무한한 다양성이 존재한다. 지필 검사(paper-pencil test)라는 말은 일반적으로 단답형(short-answer)과 선다형(multiple-choice)을 의미한다. 이와는 달리 서술형 검사(essay test)는 학생들의 반성적 사고에 관련된 긴 답을 요구한다. 비록 서술형 검사에는 종이와 연필을 사용하지만, 지필 검사에는 서술형을 포함시키지 않는 것이 일반적이다.

단답형과 선다형 검사는 학습 단원과 관련된 용어나 사실들을 기억하도록 질문하면서 지식의 조각들을 평가하는 경향이 있다. 전형적으로, 이들 검사는 학생의 학습 맥락에서가 아닌 파편화된 지식을 평가한다. 앞 장에서도 언급하였지만 용어나 지식의 조각을 기억하는 것은 의미를 구성하는 것과는 전혀 다르다. 그러므로 지필 검사는 심화되고 맥락적인 과학 학습을 평가하는 최적의 수단이 되지 못한다. 보다 심화된 수준을 평가하기 위해서는 **수행 평가**(performance assessment)가 필요하다.

수행 평가: "알 필요가 있는 것"을 이용하는 것

참평가(authentic assessment)라고도 불리는 수행 평가에서는 학생들이 실생활 맥락에서 문제를 해결하면서 자신들이 얼마나 이해했는지 그 정도를 보여준다. 과학은 언제나 어떤 맥락에서 행해진다. 수행 평가의 예로는 포트폴리오, 시연(demonstration), 실험하여 결론 도출하기 등이 있다(Ravitch, 2007). 학생들이 문제나 질문을 통해 사고하도록 서술형 검사가 설계된다면 수행 평가에 포함될 수 있다.

과학은 관찰하기, 추리하기, 비교하기, 또는 기록하기와 같은 분절적인 것이 아니다. 알 필요가 있는 것(need-to-know)에 의해 이러한 기능(skills)들이 사용되는 맥락적 전체(contextual whole)이다. 기능들은 독자적으로는 그리 중요하지 않다. 수행 평가는 학생들이 알 필요가 있는 것을 위해 이러한 기능들을 사용하도록 한다.

수업에 부합되는 평가

수행 평가는 다양한 형식이 있을 수 있으나, 그 어떤 형식을 사용하더라도 수업 맥락에 부합되는 것이어야 한다. 다시 말해, 수업과 연결되어야 한다는 것이다. 사실, 좋은 평가는 항상 좋은 수업 과제처럼 보인다. 예를 들어, 과학 수업 시간에 과학 노트(notebook)를 쓰게 하는데, 이 노트는 평가에도 활용 가능하다.

마지막으로, 학생 성취에 대한 **평가**(assessment) 결과를 토대로 하는 가치 판단 과정으로서의 평가(evaluation)가 있다(Doran, Lawrence & Helgeson, 1993). 선생님들은 학생들의 진전을 평가(evaluation)하고자 할 때, 그들의 평가(assessment) 결과를 분석하여 개념을 잘 이해하였는지 그리고 과학 기능들을 잘 활용하였는지를 판단한다. 전형적으로 평가는 한 학생의 이전 수행과 비교하거나 또는 같은 반의 동료들의 수행과 비교하여 이루어진다.

오늘날 많은 교육자들은 평가(evaluation)를 평가(assessment)의 한 부분으로 정의한다. 사실, 평가라는 용어에는 학생들의 정보 수집 후에 가치 판단을 내리는 결정을 포함된다. 예를 들어, 학생이나 학급이 다음 단원으로 넘어갈지를 결정하는 것은 평가(assessment)의 마지막 단계로 간주된다. 실제로, 평가는 다면적인(multi−faceted) 과정이며, 사람에 따라 의미가 달라질 수 있다.

평가는 수업과 분리되지 않으며, 수업 상황에서 자연스럽게 융화된다. 그럼, 과학에서 학생들이 아는 것과 할 수 있는 것을 어떻게 알아낼 수 있을까?

평가와 수업 맥락

가족 관계

평가는 수업과 분리된 것이 아니라 수업 맥락 속에서 자연스럽게 합쳐지는 것이다. 학생들과 과학 활동을 할 때마다 우리는 평가를 한다. "학생들이 어떻게 하고 있는가? 협동은 잘하는가? 어떤 과학 기능들을 사용하는가? 문제를 해결하고 있는가? 과학적 개념을 가지고 있는가? 어떤 모형을 구성하는가?" 등을 궁금해한다. 그래서 수업과 평가는 형제지간과 같다. 이들은 같은 교실에서 "살며", 부모(선생님)가 같으며, 매일매일 같은 사람들과 어울린다. 평가는 수업의 주요 부분이다.

과학 개념을 이해하는 데는 시간이 걸리며, 이 과정에서 대체(alternative) 개념들이 발생한다. 여러분은 학생들이 어떤 개념에 대해 어떻게 생각하고 있는지 알아야 한다. 그러므로 유의미한 과학 경험을 창출하는 자연스러운 부분으로서 여러분은 평가를 하는 것이다.

만약, 여러분이 수업에 대한 구성주의적 입장이라면, 문제를 해결하기 위해 지식을 활용하는 능력으로 학생들의 이해 정도를 파악할 수 있다. 다시 말해, 그들이 어떤 지식을 "소유"하고 있는지보다는 그들의 학습을 맥락적으로 바라볼 것이다.

다음 절에서는 몇 가지 유용한 평가 방법에 대해 논의할 것이다. 예를 들면 과학 노트, 포트폴리오, 대화, 그림, 기타 수행 유형 등이다. 또한 평가에서 기술의 활용 방법에 대해서도 알아볼 것이다.

평가 도구로서의 과학 글쓰기

학생 과학 노트

학생들의 과학적 생각이나 활동을 서술하게 하는 많은 방법이 있지만, 과학 경험에 대한 개인적 이야기로서 과학 노트를 활용하는 것이 좋다. 학생들의 **과학 노트**(science notebook)는 선생님들이 사용하는 과학 노트와는 달리 보다 특수한 구조이다. 이러한 구조는 학생들이 어떤 정보를 가져와야 하는지 안내한다. 하지만 이러한 구조에서도 과학 경험에 대한 학생들의 개인적인 생각들이 발현될 여지는 충분하다. 그러므로 과학 노트는 특정 과학 개념에 대한 학생의 이해를 들여다볼 수 있는 창이 된다.

과학 노트의 구조

과학 노트를 구조화하는 방법 중의 하나는 질문 목록을 이용하는 것이다. 학생들은 이 질문들에 대해 글로 쓰거나 그림을 그리게 된다. 다음은 질문 목록의 예이다.

선지식 표현하기

1. 내가 __________에 대해 아는 것은?

특정 수업에서 여러분은 "달팽이", "전기", "씨"와 같은 단어들로 빈칸을 채우게 될 것이다. 이 질문은 학생들이 특정 탐구나 실험을 시작하기 전에 답하게 되는 것으로, 이 단계에서 학생들은 자신의 선지식(prior knowledge)을 표출하게 된다.

예를 들면, 4학년 달팽이 수업에서 학생들은 다음과 같이 쓰게 될 것이다:

달팽이는 껍질을 가지고 있다. 느리게 움직이며, 진흙 속에 산다.

문제 정의하기

2. 내가 알아내고자 하는 것은 무엇인가?

노트를 쓸 때 이 단계에서 학생들은 탐구와 관련된 하나 이상의 문제를 인식하게 된다. 학생들은 해결하고자 하는 주된 문제를 표현하며, 다른 질문들을 만들어 내고, 기초 활동의 확장을 생각한다. 예를 들면 학생들은 다음과 같

자신이 관찰한 것을 과학 노트에 기록하는 모습. 이 단계는 자신이 수행한 탐구에서 결론을 도출하는 데 중요한 과정이다.

Mary Kate Denny/PhotoEdit, Inc.

이 쓸 것이다:

달팽이는 어떻게 움직이는가? 달팽이에게 빛을 비추면 어떻게 행동하는가? 달팽이 주변에 물을 갖다 놓으면 어떤 일이 일어나는가? 달팽이 주변에 먹이를 갖다 놓으면 어떻게 되는가?

재료 목록화하기

3. 어떤 재료가 필요한가?

여기에서는 필요한 재료를 적는다. 달팽이 수업에서는 빛에 대한 반응을 알아보기 위한 전등과 먹이에 대한 반응을 시험하기 위한 상추 등을 적게 될 것이다.

활동 기록하기

4. 무엇을 하였는가?

일단 위 세 가지 질문에 답하고 나면, 학생들은 자신의 탐구를 수행한다. 네 번째 질문에 대해 학생들은 자신이 수행한 활동을 기술한다. 이것은 수행 단계에 따라 기록하거나 담화체(narrative) 형식으로 기술할 수 있다.

결과 기록하기

5. 어떤 일이 일어났는가?

이 단계에서 학생들은 관찰한 것을 적는다. 초등 고학년이나 중학생의 경우, 이 단계는 형식을 갖춘 결과 기록이며, 학생들은 자료를 표나 그래프 형태로 작성하게 된다. 초등 저학년의 경우는 교사의 시범 실험(demonstration)에서 "일어난 것(what happened)"을 적게 된다.

시범 실험이라고 하더라도 학생들은 과학 노트에 이에 대해 개인적으로 경험한 것으로 표현해야 하며, 관찰한 것에 대해 그리거나 글로 쓴다.

추리 및 이해하기

6. 무엇을 알아내었는가?

이 단계에서 학생들은 탐구의 결과에서 알아낸 추리와 이해를 표현하게 된다. 예를 들어 달팽이 노트에 학생들은 다음과 같이 적을 것이다:

- 달팽이는 빛을 좋아하지 않는다.
- 달팽이는 먹는 것을 좋아한다.
- 달팽이는 매우 느리게 움직인다.

의견 말하기

7. 이 실험이나 탐구에 대해 어떻게 생각하는가?

이 단계에서 학생들은 자신이 수행한 탐구에 대한 의견을 기록한다. 때로는 실생활과 연관 짓기도 한다. 예를 들면,

나는 이 실험을 좋아한다. 이 실험은 나에게 달팽이처럼 느리게 움직인다고 말했던 엄마를 떠올리게 한다.

수정 계획하기

8. 이 탐구를 한 번 더 하게 된다면, 나는 어떻게 변형할 것인가?

이 단계에서 학생들은 탐구를 분석하고 수정 계획을 세운다. 이러한 작업 과정에서 가끔 중요한 것을 발견할 수 있다. 예를 들어 달팽이 수업 후에 학생들은 다음과 같이 기록할 수도 있다:

다음 실험을 할 때 나는 테이블 위에 물방울을 떨어뜨려 볼 것이다. 이번 실험에서 접시에 물을 담아 놓았을 때 달팽이는 아무런 반응을 보이지 않았기 때문이다.

다른 유형의 질문

위와 같은 구조는 학생들의 글쓰기뿐만 아니라 사고를 안내하는 역할을 한다. 하지만 노트에 포함되는 목록이 항상 같을 필요는 없다. 학생들이 자신의 지식을 다른 상황이나 문제에서 어떻게 적용하는지 알아보기 위해 질문을 선택할 수 있다. 예를 들어, 전기 단원을 공부할 때 "어떻게 하면 금속이 25개의 클립을 들어 올릴 수 있는 자석이 되도록 만들 수 있을까?"와 같은 주제에 대해 기록하도록 할 수 있다. 학생들에게 노트에 자신의 생각을 검증하는 과정, 예상, 결과 등을 기록하도록 한다. 결론 부분에 한 학생이 다음과 같이 적을 수 있다.

"내 예상은 빗나갔다. 나는 코일을 40번 감으면 25개의 클립을 들어 올릴 수 있을 것으로 예상했는데 겨우 4개를 들어 올렸다."

심화 사고를 위한 자극

과학자들은 자신의 연구에 중요한 원천이 되는 노트를 기록한다. 건축가, 예술가, 발명가, 작가들 또한 노트와 스케치북에 자신의 생각과 관찰들을 기록하면서 발견에 대한 영감을 얻는다. 마찬가지로 과학 노트 또한 학생들이 떠오르는 과학적 생각을 기록하는 것 말고도 추가적인 사고나 탐구를 자극하는 역할을 할 수 있다. 또한, 노트를 통해 자신의 과학적 경험을 반추해봄으로써 학생들은 상당한 자부심을 느끼게 된다. 교사는 과학 노트를 특정 개념에 대한 학생의 이해를 평가하는 것뿐만 아니라 자신의 학생들이 창의적이고 비판적인 사고를 하게 되었는지를 알아내는 데도 활용할 수 있다.

과학 노트와 기술의 통합

컴퓨터를 이용한 과학 노트의 장점

과학 노트를 손으로 작성하게 되면 항상 가지고 다녀야 하는 불편함이 있다. 이에 대한 대안으로 워드 프로세서를 이용하여 과학 노트를 작성하는 방법이 있다. 학생들은 USB 메모리와 같은 휴대용 저장 장치를 가지고 다니면서 언제라도 쉽게 내용을 추가하고, 수정하고, 업데이트 할 수 있다. 또한, 인터넷 접속이 가능한 환경일 경우 그림 이미지를 자신의 과학 노트에 삽입할 수도 있다. 선생님이 평가를 원할 경우 해당 페이지를 간단하게 인쇄해서 제출하면 된다.

그림 그리기와 스토리텔링

비언어적 표현의 중요성

학생들은 자신이 관찰한 것을 글이 아닌 그림으로 표현할 수 있다. 가끔 나는 학생들에게 과학 활동 중에 관찰하거나 경험한 것을 과학 노트에 그리도록 한다. 그리기는 학생들에게 언어적-분석적이 아닌 방식으로 자신을 표현할 기회를 제공한다. 또한 이는 교실 내 다양한 학습자를 고려한 것이기도 하다.

이러한 평가 방식이 저학년에만 한정되지는 않는다. 고학년 학생들도 자신의 관찰과 경험을 그림으로 표현하는 것을 좋아한다. 고학년 학생들은 그림에 캡션(caption)을 달기도 하고, 글로 자신의 그림을 설명하기도 한다.

구체적 준거의 필요성

중요한 것은 학생들이 '무엇을' 그리는가에 있는 것이 아니라 자신의 생각을 그림으로 표현할 수 있는 기회를 부여하는 것이다. 그럼에도 불구하고 우리는 '왜' 학생들에게 그림을 그리게 하는지, 자신의 이해 정도를 보여주기 위해 그림에 무엇을 담길 기대하는지 알아야 한다. 다시 말해, 학생들의 그리기 수행을 평가하기 위한 준거(criteria)를 마련할 필요가 있다는 것이다.

빗나간 예상

예를 들어, 한 선생님이 저학년 학생들에게 '숲 속 걷기'를 한 후 나무를 그린 다음 중요한 부분에 이름을 붙이게 했다고 하자. 그 선생님은 최소한 학생들이 줄기, 껍질, 잎, 뿌리를 그릴 것이라고 기대했을 것이다. 하지만 대부분의 학생들은 '숲 속 걷기'에서 땅속에 있는 뿌리를 관찰하지 못했기 때문에 그리지 않았다. 이러한 기대의 불일치는 선생님이 학생들의 경험 상황에 일치되는 평가 체크리스트를 작성하면 피해 갈 수 있다.

그림에 대한 이야기

어린 학생들에게는 자신의 그림에 대해 스토리텔링을 하게 하는 것이 유용하다. 학생들이 자신의 그림에 대해 정교화하고 평가하는 것을 통해 선생님은 학생들이 얼마만큼 이해하고 있는지를 알 수 있다. 그림 그리기와 스토리텔링의 결합은 저학년 과학 교육에서 매우 훌륭한 평가 도구가 될 수 있다.

과학 노트의 평가

채점표 이용하기

여러분은 과학 노트를 바탕으로 학생들의 이해 정도를 평가하기 위한 **채점표**(rubrics)를 이용할 수 있다. 다음 체크리스트는 이러한 채점표의 예이다(Shepardson & Britsch, 1997).

개념 이해 평가하기

1. 개념 이해의 증거: 학생들이 개념을 이해하였는지 어떻게 알 수 있는가?
2. 정보, 사실, 적절한 단어의 사용: 학생들은 자신의 생각을 명료하게 표현하는가?
3. 이해 변화의 증거: 학생들이 이전 개념과 배운 개념을 인지하는 부분이 있는가?
4. 실제적 모형을 나타내는 그림 그리기: 그림을 알아볼 수 있으며, 정확한가?

과학 과정 평가하기

1. 문제 명확하게 진술하기
2. 탐구 절차 나타내기
3. 관찰 기록하기
4. 변인 규명하기
5. 관찰 및 자료를 토대로 추리하기
6. 변화의 가능성을 가지고 탐구 분석하기

위의 항목들을 이용하여 다양한 유형의 채점을 할 수 있다. 예를 들면, 위의 목록에 제시된 10개의 항목에 각 10점을 부여하여 최대 점수를 100점으로 하면, 선생님들은 각 학생들에게 수치화된 점수를 부여할 수 있다. 한편, 수치화된 점수에 따라 "부족", "보통", "우수"와 같은 질적 등급을 부여하기도 한다. 저학년의 경우는 "새싹 과학자", "과학자", "슈퍼 과학자" 등의 칭호도 유용하다.

채점 체계

어떤 체계를 사용하여 과학 노트를 평가하든지, 여러분은 학생들의 의미 구성에 대한 많은 것을 통찰할 수 있다. 학생들이 무엇을 어떻게 이해하게 되었는지에 대한 것을 볼 수 있으며, 대체 개념 또한 발견할 수 있다는 말이다. 과학 노트는 학생의 사고를 들여다볼 수 있는 창을 제공하는 평가 기법 중의 대표적인 예이다.

다른 유형의 글쓰기 과제

과학 노트가 가치는 있지만, 그것이 과학 글쓰기의 유일한 형태는 아니다. 다른 많은 종류의 글쓰기 과제들이 수업 활동과 평가의 역할을 할 수 있다. 예를 들어, 한 중학교 지구과학 선생님이 학생들에게 현재 사용하는 교과서 저자에게 왜 다음에 출판될 교과서에는 판구조론에 대해 더 많은 내용을 포함해야 하는지 편지를 쓰도록 하는 과제를 부여했다. 그 과제는 다음과 같다.

창의적 과제

> 이 교과서의 저자는 판구조론에 대해 거의 언급하지 않았다. 그 이유는 아마도 저자들이 판구조론에 대해 잘 알지 못하기 때문일 것이다. 여러분이 이 이론의 전문가라고 가정하고 저자들에게 설명해보자. 여러분은 지질학자이고, 교과서 저자들에게 판구조론에 대해 가르치는 글을 써보자. 판구조론의 각 부분과 이를 지지하는 증거들을 얼마나 잘 설명하는지에 따라 점수가 매겨질 것이다.

영어 사용 학습자에 적응하기

학생들이 작성한 편지를 평가하기 위해서는 선생님은 채점표(scoring rubric)를 작성하고 이를 학생들과 공유해야 한다. 이 채점표는 학생들이 스스로 모니터링 할 수 있는 도구로서의 역할을 하며, 개인적인 점검표(checklist)가 된다.

이러한 방식의 평가는 단답형 평가에 비해 시간이 많이 소요되므로 매 단원마다 포함시키기는 어렵다. 그럼에도 불구하고 단답형 평가와 비교할 때 이러한 평가는 과학 개념에 대한 학생들의 생각을 깊이 있게 이해할 수 있도록 해준다.

블로그

한편, 과학 글쓰기의 다른 종류로 **블로그**(blogs) 이용을 들 수 있다. 블로그는 소프트웨어를 이용한 온라인 일지(journal)로서 사용자가 쉽게 방문 목록을 만들고, 방문객이 글을 남길 수 있도록 되어 있다. 블로그는 선생님과 학생 간

중학생들이 자신의 블로그에 글을 작성하고 있는 모습.
나중에 이들은 동료의 글에 대해 의견을 달고, 서로의 관찰과 생각에 대해 개방적인 토론에 참여하게 된다.

Jupiter Images/Creates/Alamy

또는 학생들 간 의사소통의 공간을 제공해주기 때문에 과학 선생님들에 의한 활용도가 점점 증가하고 있는 추세이다. 블로그는 다음과 같은 구조화된 과제를 수행할 때에도 매우 개방적이고 창의적이라는 장점이 있다.

과 학 이 야 기

블로그를 활용한 중학생들의 세포내 소기관 탐구

중학교에서 과학을 가르치는 플레처(Fletcher) 선생님은 학생들의 이해 정도를 평가하는 데 블로그를 자주 활용한다. 플레처 선생님은 '세포의

구조' 단원을 학습하면서 다음과 같은 과제에 대해 학생들이 자신의 블로그에 자신의 생각을 올리도록 하였다:

과제

당신은 해고야!! 여러분은 세포내 소기관 중의 하나라고 가정하고, 해고 당할 위기에 처하였다. 여러분은 스스로를 방어해야 하고 해고하는 것이 왜 큰 실수인지 설명해야 한다.

의견 쓰기 안내

플레처 선생님은 각각의 학생들이 자신의 블로그에 외부에서 접속이 가능하도록 하고, 또 친구들의 블로그에 글을 남기도록 과제를 부여하였다:

학급 친구들의 블로그 목록 중 하나를 선택하여, 지난번 과제에서 친구들이 올린 질문에 대해 답하시오.

각 학생들은 자신이 선택한 특정 세포내 소기관에 대해 블로그 목록을 작성해야 하며, 학급 친구의 블로그를 방문하여 그들의 질문에 답해주어야 한다. 학생들은 이러한 글쓰기를 통해 학습을 하게 된다.

블로그에 대한 채점표에는 글쓰기 표현에 대한 항목이 포함된다. 학생들은 자신의 블로그가 공공의 대상이 되며, 친구들뿐만 아니라 외부인들에 의해서도 읽힐 수 있음을 이해하게 된다. 이와 같은 블로그 과제는 유용한 형성 평가의 도구가 되며 학생들이 스스로 또는 동료들로부터 학습할 수 있도록 돕는다.

과학 포트폴리오를 이용한 평가

학생 작업의 선택

과**학 포트폴리오**(science portfolio)는 학기 또는 한 단원 동안 만들어진 학생들의 작업을 선택하여 모은 것이다. 이 작업에는 다양한 형식이 포함된다. 예를 들면 보고서, 그림, 시, 편지 등 특정 기간 동안 학생들이 학습한 것을 보여줄 수 있는 것들이다. 포트폴리오에서 중요한 것은 학생 스스로 내용을 선정하며 선정한 이유에 대해 반성한다는 것이다.

포트폴리오는 맥락적으로 학생들의 이해 정도를 보여주는 다양한 서류들이 있어 참된 평가로 여겨지고 있다. 포트폴리오를 작성하는 과정에서 학생들은 지속적으로 자신의 작업을 평가하게 되므로 자신의 학습에 보다 책임감을 갖게 된다(Gitomer & Duschl, 1995).

포트폴리오는 과학 교과보다는 쓰기, 미술, 수학 등의 교과에서 보다 널리 활용되고 있지만, 더 많은 교사가 그 효용성을 이해한다면 과학 교과에서도 더 많이 활용될 수 있을 것이다. 포트폴리오에 포함될 수 있는 평가 활동으로는 10장의 전기 수업에서 트레비스(Trevis) 선생님이 학생들에게 제시한 다음과 같은 과제(assignment)가 있다.

포트폴리오 과제의 예

- 친척들에게 단순 회로가 어떻게 작동하는지 설명하는 편지 쓰기
- 숨겨진 전기 회로를 사용하여 5개의 질문 게임 카드 만들기(이 게임 카드는 알루미늄 포일, 마닐라 폴더(manila folder), 그리고 전지, 전선, 전구로 구성된 회로 검사기와 같은 재료를 이용하여 만든다. 학생 포트폴리오에는 카드만 포함된다.)
- 집에서 사용되는 전선이 병렬 회로인 이유 설명하기
- 회로 차단기가 중요한 이유 설명하기
- 일렉트릭(electric)의 각 철자를 이용하여 이야기를 만드는 짧은 글짓기
- 정전기를 가지고 수행한 활동과 무엇을 알아내었는지 기술하기

각 학생들은 위 과제 중 3개를 골라 수행하고 포트폴리오에 포함시킨다. 포트폴리오에 대해서 학생들은 자신이 선택한 이유를 설명한다. 물론, 추가적인 자료를 포함시킬 수 있다. 이와 같은 평가 기법으로 학생들은 선생님에게 자신의 이해 정도를 보여주는 데 능동적으로 참여하게 된다. 어떤 교사들은 포트폴리오에 다음과 같은 안내지를 포함시키기도 한다.

안내지와 표지

선택 설명　　　나는 왜 이 항목을 과학 포트폴리오에 포함시켰는가?

이 안내지와 함께 다음과 같은 진술들이 적힌 표지를 각 선택 과제에 제시한다:

이 과제를 수행하면서 나는 어떤 도움을 받았는가:

____

이 과제에서 내가 가장 좋아하는 부분은 무엇인가:

____

이 과제를 통해 내가 알게 된 것은 무엇인가:

____

학생 포트폴리오 평가

과학 노트와 마찬가지로 포트폴리오의 채점 방식 또한 선생님에 따라 달라진다. 어떤 선생님들은 점수 체계(point system)를, 또 다른 선생님들은 질적인 비율 척도(rating scale)를 사용한다.

채점을 위한 협력

초등학교 고학년이나 중학교의 경우, 포트폴리오 채점 방식은 대개 학생들과 선생님이 협력해서 개발한다. 선생님은 과학 포트폴리오에서 무엇을 보아야 할 것인가를 학생들이 토의하도록 한다. 다음은 선생님과 학생들이 채택한 채점 항목의 예이다.

나의 과학 포트폴리오 체크 리스트

- 요구하는 모든 항목이 포함되어 있는가?
- 이 단원의 과학 개념을 내가 얼마나 이해했는지 보여주는가?
- 나의 과학 경험에 대한 반성이 포함되어 있는가?
- 과학 탐구 기능에 대한 능력을 보여주는가?

과학 대화를 이용한 평가

모든 학생들이 말하는 만큼 자신이 아는 것을 글쓰기를 통해 모두 보여줄 수 있는 것은 아니다. **과학 면접**(science interview)이라고 불리는 **과학 대화**(science conversation)는 개별 학생과 선생님과의 직접적인 의사소통을 의미한다. 과학 대화는 글쓰기만을 통해서 학생들을 평가하는 데에서 발생하는 문제점을 해결해줄 수 있다.

개별화된 의사소통

11장에서 '학생들에게 질문을 어떻게 할 것인가'의 중요성을 강조하였다. 하지만 "여기에 대해 어떻게 생각하나요?" 또는 "이런 현상이 왜 일어났다고 생각하나요?"와 같은 간단하고 일상적인 질문 과정에서는 학급의 몇몇 학생들이 배제될 수 있다. 개별화된 의사소통에서 특정 학생을 개별로 참여시키게 되면 각 학생들의 생각을 알 수 있고, 문제되는 용어에 대해 협상하는 과정을 거칠 수도 있다.

과학 대화의 예

이 장의 첫 부분에서 발음 문제로 혼동이 있었던 남부 텍사스 학생들의 이야기를 떠올려보자. 학생들과 나는 도로 표지판이 아니라 과학을 의미한다는 것을 이해하고 난 후에 다음과 같은 대화를 나누었다.

저자: 너희들은 과학을 할 때 무엇을 하니?

학생: 실험을 해요.

저자: 어떤 실험을 말하는 거죠?

학생: 음, 예전에 옥수수 한 컵을 튀기면 얼마나 많은 팝콘이 만들어지는지 측정해보았어요.

저자: 그것을 어떻게 측정했어요?

학생: 튀긴 팝콘을 다른 플라스틱 컵에 담은 후 몇 개가 되는지 컵의 개수를 세었어요.

저자: 그래서 무엇을 알아내었나요?

학생: 옥수수 한 컵으로 20컵의 팝콘이 만들어진다는 것을 알았어요.

저자: 와, 많은 팝콘이 만들어졌구나.

학생: 네, 학급 친구들과 팝콘을 함께 먹었어요.

저자: 왜 그렇게 많은 팝콘이 생겼다고 생각하나요?

학생: 확실하지는 않지만, 각각의 낱알들이 튀겨질 때 커진 것 같아요.

과학 대화에서는 선생님이 학생에게 자신의 진술을 정교화 하도록 요구하고, 이를 통해 학생들의 이해 정도를 알아낼 수 있다. 이와 같은 구두 면접(oral interviews)은 선생님과 학생이 의사소통할 수 있는 효과적인 방법이다(Dana et al., 1991; Gallas, 1995). 과학 대화를 통해 선생님은 학생들이 의미를 어떻게 구성하는지에 대한 실마리를 얻고, 이것을 추후 수업에 반영할 수 있다.

기술을 이용한 평가

다양한 형식의 표현 가능

기술이 풍부한(technology-rich) 환경에서는 학생들이 자신의 이해한 정도를 보다 많은 방법으로 나타낼 수 있다. 예를 들면, 과학 노트를 컴퓨터로 관리하면 글과 함께 이미지를 넣을 수 있으며, 웹사이트에 쉽게 접속하여 과학적 설명을 심화시켜줄 수 있는 그림이나 다른 여러 그래픽 자료들을 복사하여 노트에 포함할 수도 있다.

기술은 특정 주제에 대한 학생들의 이해 정도를 보여줄 수 있는 산출물을 학생들이 설계할 수 있는 기회를 제공한다. 거의 매일 새로운 소프트웨어들이 출시된다. 기존의 전통적 시험 형태나 말 또는 글쓰기를 통해 자신을 표현하는 데 어려움을 겪는 학생들은 이러한 기술에 기초한 평가를 환영한다. 또한, 이러한 활동은 영재 학생들이 창의성을 신장시키는 좋은 방법이 될 수 있다.

전자 포트폴리오

기술을 이용한 평가의 산출물은 인쇄하여 학생 포트폴리오에 포함시킬 수 있다. 대부분의 경우 학생들은 모든 내용물들이 디지털 형태로 저장되는 **전자 포트폴리오**(electronic portfolio)를 작성할 수도 있다. 전자 포트폴리오는 워드 문서뿐만 아니라 사진, 스프레드시트, 스캔 그림 등을 포함할 수 있다(Garthwait & Verrill, 2003).

기술을 이용한 평가의 가능성은 무한하다. 하지만, 이 절에서는 3가지 도구인 개념도(concept map), 개념 만화(concept cartoon), 그리고 전자 프레젠테이션(electronic presentation)에 대해 살펴볼 것이다.

개념도

달 단원에 대한 개념도

기억하겠지만, 3장에서 파커 선생님은 개념도를 활용하여 표면 장력이라는 복잡한 개념에 대해 학생들이 이해할 수 있도록 비계(scaffolding)를 설정하였

그림 13.1
6학년 달 단원의 개념도 예시

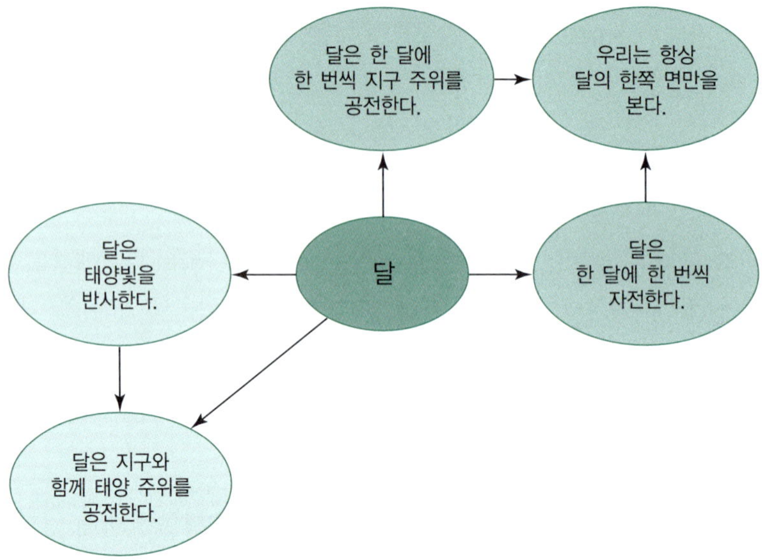

다. 이러한 개념도는 평가를 위한 목적으로도 활용할 수 있다.

9장의 6학년 달 단원에서 개념도를 어떻게 사용하였는지 떠올려보자. 여러분은 학생들에게 다음과 같은 과제를 부여할 수 있다:

"달을 개념도의 중심에 놓고, 달이 어떻게 빛나고 움직이는지에 대한 여러분의 생각을 개념도로 나타내어 보세요. 공전, 자전, 반사와 같은 용어가 포함되도록 하되 용어의 제한은 없습니다."

소프트웨어 활용하기

개념도는 간단한 저작 도구(authoring tool)를 통해서도 쉽게 작성할 수 있다. 저작 도구를 활용하면 학생들은 그림 13.1과 같은 개념도를 쉽게 작성할 수 있다. 이러한 구조화된 표상은 학생들에게 의미를 표현하는 또 다른 방법을 제공한다. 학생들에게 더 많은 방법으로 자신의 이해 정도를 나타내게 할수록, 학생들은 하나의 개념에 대해 더 깊이 있게 사고할 수 있는 가능성이 높아진다.

저작 도구를 사용하여 작성된 개념도는 저장되어 차후 학습 과정에서 수정 보완될 수 있다. 개념도 작성은 다음과 같이 개방형 과제로 부여될 수도 있다.

"여러분이 달에 대해 배운 모든 것을 개념도로 작성하시오."

학생들이 작성한 개념도에서 연결이 적절하지 않은 것은 그 개념을 제대로 이해하지 못한 것으로 해석된다. 그러므로 개념도를 이용하여 평가할 때는 연결의 정확성, 설명의 수준, 개념의 복잡성 등을 제대로 평가할 수 있는 채점 기준표가 상세하게 작성되어야 한다(Stoddart et al., 2000).

개념 만화

학생들의 사고를 촉진하는 개념 만화

개념 만화는 학생들 사이에 토론을 자극하고 과학적 사고를 촉진할 목적으로 만들어졌다. 이것은 특정 상황에서 서로 다른 캐릭터가 만화 형식의 그림

그림 13.2
열에너지에 관한 개념 만화
Source: Reprinted from Concept Cartoons, http://www.conceptcartoons.com/.

을 빌어 논증하는 형태인데, 학생들은 여기에서 "여러분은 뭐라고 생각하세요?"라는 질문을 받게 된다. 개념 만화는 꼭 하나의 정답만 있는 것이 아니며 대화 형식으로 표현된다. 각 캐릭터들은 동일한 상황에 대해 서로 다른 관점을 제시하는데, 이 중 하나가 과학적 관점에 해당되는 것이 일반적이다. 개념 만화는 단원의 시작 부분이나 중간에 학생들의 토론을 자극하는 매우 유용한 방법 중의 하나이다(Naylor et al., 2001). 그림 13.2는 가열과 냉각에 대한 오개념과 관련된 개념 만화의 예시이다.

3장에서 소금쟁이에 대한 학생들의 의문에서 시작된 표면 장력을 어떻게 탐구하였는지 기억할 것이다. 그림 13.3은 소프트웨어를 활용하여 작성된 개념 만화로 학생들의 이해 정도를 평가하는 데 활용될 수 있다. 학생들은 이 만화를 보고 글쓰기로 답할 수 있다. 이것은 자신이 학습한 주제에 대하여 정리 단계에서 사용할 수 있는 좋은 평가 도구이다. 많은 개념 만화들이 작성되어 있어 쉽게 활용 가능하며, 여러분 스스로도 손으로 또는 소프트웨어를 활용하여 직접 제작할 수 있다.

전자 프레젠테이션

파워포인트 이용하기

학생들이 자신의 이해를 표현할 수 있는 또 하나의 소프트웨어로 파워포인트(PowerPoint)를 들 수 있다. 이 소프트웨어로는 텍스트를 그래픽, 비디오, 오디오와 결합하여 하나의 프레젠테이션에 포함할 수 있다. 파워포인트 발표는 여러 개의 "슬라이드"를 차례대로 스크린과 컴퓨터 화면에 동시에 나타내도록 한다. 교사는 발표에 대한 채점 기준표를 작성하여 설명해주고, 이에 따라 학생들이 자신의 프레젠테이션을 만들도록 할 수 있다.

예를 들어, 지렁이는 어떻게 움직이며, 무엇을 먹고, 어디에 사는지, 자극에 대해 어떻게 반응하는지에 대한 프레젠테이션을 4장의 슬라이드로 작성하는 과제가 있다고 하자. 하나의 슬라이드에는 지렁이에 대한 그림이 간략한 설명과 함께 보여질 수 있을 것이다. 어떤 학생들은 이 슬라이드를 마우스로 클릭했을 때 지렁이가 천천히 기어 나오도록 하고 이에 대한 설명이 목소리로 나오도록 만들 수 있다. 이렇게 학생들이 직접 설계하도록 하고 이를 학급 전체

그림 13.3
물의 표면 장력에 관한 개념 만화

를 대상으로 발표하게 하는 것은 기술을 이용하여 평가하는 훌륭한 도구가 될 수 있다.

비전통적인 수행 기반의 다른 과제들과 마찬가지로 기술을 이용한 평가 또한 채점 기준표에 따라 평가되어야 한다. 4학년 학생들에게 직렬과 병렬 회로를 비교하는 프레젠테이션을 준비하도록 하였을 경우 다음과 같은 평가 점검표가 제시될 수 있다:

- 과제의 목표를 진술하고 있는가?
- 전기 회로를 만든 재료가 포함되어 있는가?
- 두 종류의 회로도를 보여주고 있는가?
- 일상생활에서 두 종류의 회로가 활용되는 예를 제시하는가?
- 두 종류의 회로가 가지는 장점을 비교 분석하고 있는가?

어떤 형태의 발표를 하든지 학생들의 수행을 바탕으로 이해도를 평가하는 경우에는 학생들이 성공의 준거를 알도록 해야 한다. 다양한 평가를 하면 할수록 학생의 이해에 대한 실제적인 정보를 더 많이 얻을 수 있다는 것을 기억하자.

수행의 다양한 유형

지금까지 과학 글쓰기, 과학 노트, 포트폴리오, 프레젠테이션 등 유용한 수행평가에 대해 알아보았다. 이들 평가들은 모두 학생들이 수업 상황에 적합한 평가 과제를 수행하도록 하는 것이었다. 하지만, 이러한 방법들만 있는 것은 아니다. 다음의 이야기는 수행을 통해 학생들이 얼마만큼 이해했는지를 보여줄 수 있는 다양한 방법들을 제시하고 있다.

과 학 이 야 기

물의 순환을 대상으로 한 3학년 학생들의 수행

학생의 경험

3학년 교실에서 학생들이 물의 순환과 날씨에 대해 공부하고 있다. 며칠 동안 학생들은 밖에 나가 하늘을 관찰하고 여러 가지 구름들을 스케치하였다. 또한 물을 가열하였을 때 어떤 일이 일어나는지도 보았다. 하루는 얼음덩어리를 넣은 냄비를 김(steam)이 올라오는 주전자 위에 놓고, 학생들은 냄비의 밑바닥에서 물방울이 맺히는 것을 관찰하였으며, 물방울이 점점 커지면서 무거워지자 다시 주전자 안으로 떨어지는 것을 보았다.

물이 가열되면 어떻게 되는가? 김이 냉각되면 어떻게 되는가? 교실 모형과 실제 바깥 날씨와 어떻게 연관되는가를 탐구하는 과정에서 학생들의 많은 생각들이 표출되었다:

표출된 생각들

물이 가열되면 김으로 변한다.

김은 연기가 올라가는 것처럼 주전자 위로 올라간다.

김이 냉각되면 다시 물로 되돌아온다.

물은 다시 주전자 속으로 돌아와 그 속을 채운다.

그 물이 가열되면 다시 김으로 변한다.

겨울철 입김은 구름과 비슷하다.

김은 수증기라고 불리는 기체이다.

새로운 용어 고려

탐구의 마지막 단계에서 선생님은 증발, 응결, 강수라는 용어를 도입하였다. 선생님은 이 세 용어가 탐구 과정에서 나온 위의 생각들을 어떻게 설명할 수 있는지 물었다.

학생들은 증발이란 용어를 자주 들어왔으며, 물이 사라지는 것임을 알고 있었다. 또한 강수라는 용어를 일기예보를 통해 익히 들어왔기 때문에 물이 주전자 속으로 떨어지는 것과 연관 지을 수 있었다. 하지만 학생들은 응결이란 용어에 대해서는 확실하게 알지 못했다.

이즈음에서 선생님은 화살표를 이용하여 물이 증발하여 구름이 되고, 강수가 되어 지표면으로 다시 돌아오는 것을 보여주는 차트를 그렸다. 학생들은 응결은 기체가 물방울이 되는 것임을 짐작하게 되었다.

얼마 후에 선생님은 물의 순환과 날씨에 관해 우리가 알고 있는 것을 어떻게 표현할 수 있을지 질문을 하였고, 학생들은 다양한 아이디어를 내놓았다:

프로젝트 평가를 위한 학생들의 아이디어

시 쓰기 **노래 짓기**
춤추기 **이야기 만들기**

또 선생님은 물의 순환과 날씨에 관한 우리의 프로젝트들이 공통적으로 갖추어야 할 것은 무엇인지 질문을 했다. 학생들은 모든 프로젝트들이 물의 순환과 날씨에 관한 자신들의 이해를 설명하는 것이어야 함을 공유하였다.

그룹 만들기

이제 선생님은 학생들이 재능과 관심에 따라 그룹을 만들도록 하고, 수업 시간을 그룹 모임 시간으로 할애하여 가용한 자원들을 제공했다. 예를 들어, 춤추는 그룹은 녹음기가 필요하고, 미술 그룹은 종이, 연필, 물감 등을 준비한다.

춤 그룹의 해석

결국, 모든 그룹들은 자신들의 프로젝트를 학급에서 발표했다. 노래 그룹은 물의 순환에 대해 작곡한 노래를 기타와 같은 악기를 동원하여 부르고 춤 그룹의 각 멤버들은 물의 순환 과정에서 물방울 역할의 몸짓을 보여주었다. 이들은 물방울처럼 교실 바닥에 웅크리고 있다가, 기체처럼 하늘로 올라가고, 떨면서 뭉쳐 구름을 형성하고, 비가 되어 우아하게 땅으로 떨어졌다. 이때 배경 음악으로는 'Raindrops Keep Falling on My Head'가 잘 어울렸다. 어떤 학생들은 개인적인 물의 순환 이야기를 만들어 학급에서 낭송하였다. 자신을 물방울이라 가정하고 증발, 응결, 강수 과정을 통해 자신이 여행하는 이야기를 친구들에게 들려주었다.

학생들의 적극적인 참여

이 교실에서는 모든 학생들이 체험 활동에 참여하면서, 그것에 대해 깊이 생각하고, 개인적 선택을 통해 물의 순환에 대한 자신의 고차원적인 이해를 성찰하였다. 이러한 평가 유형은 학생들이 다양한 재능과 방법을 이용하여 자신이 알고 있는 것을 표현할 수 있도록 했다. 이것은 브룩스와 브룩스(Brooks

& Brooks)(2001)가 제안한 "학습자에 대한 서비스로서의 평가"를 실행하는 하나의 방법이다.

과 학 이 야 기

물질 단원을 대상으로 한 2학년 학생들의 스테이션 평가

도전 과제를 제시하는 스테이션

4장에 서술된 것과 유사하게 교실 여기저기에 **스테이션 평가**(station assessment)를 만들어 놓는 것도 단원 평가의 한 방법이다. 학생들은 각 스테이션마다 답안지를 활용하여 묻는 질문에 답하게 된다. 이러한 스테이션은 학생들이 과제를 수행하는 진짜 상황을 만들어 준다. 각 스테이션은 학생들이 이전 학습을 통해 얻은 선지식과 경험을 토대로 의미를 구성하도록 해야 한다.

2학년 물질 단원을 대상으로 개발된 스테이션 평가의 예를 들어보자.

스테이션 1: 비교, 대조, 묘사

스테이션 1에서 학생들은 공기, 물, 얼음이 담긴 비닐 주머니 3개를 발견하게 된다. 학생들은 이 3개의 비닐 주머니를 검사할 수는 있지만 열어볼 수는 없다. 테이블에 놓인 카드에는 다음과 같이 적혀있다.

> **공기, 물, 얼음이 담긴 3개의 비닐 주머니를 살펴보자. 이들의 공통점과 차이점은 각각 무엇인가?**

스테이션 2: 예상

스테이션 2에는 두 개의 동일한 유리컵에 물이 담겨있다. 하나는 뚜껑으로 덮여 있고, 다른 하나는 뚜껑이 없다. 테이블에 놓인 카드에는 다음과 같이 적혀있다:

> **뚜껑이 없는 유리컵을 햇빛이 좋은 맑은 날 밖에 놓아두면 어떻게 되겠는가?**

스테이션 3: 배열, 묘사

스테이션 3에서 학생들은 3개의 그림이 그려진 활동지를 받는다. 3개의 그림은 각각 눈사람이 녹는 단계를 나타낸다. 테이블에 놓인 카드에는 다음과 같이 적혀 있다:

> **활동지의 3개 그림을 가위로 오린 후, 시간 순서대로 배열해보자. 각 그림에서는 어떤 일이 일어나는가?**

스테이션별 채점 기준표 개발

2학년 담당 선생님이 이러한 스테이션을 계획할 경우 그림 13.4와 같은 평가 점검표나 채점 기준표가 필요하다는 것을 알아야 한다. 이러한 스테이션 평가는 학생들에게 중요한 경험을 제공하며, 교사에게는 자신의 과학 수업을 유용하게 평가할 수 있는 학급 수행 기록표가 된다.

스테이션 평가 개발 단계

스테이션 평가를 개발하기 위해서, 다음과 같이 해야 한다.

1. 평가의 목표를 진술한다.

2. 수업 활동과 연결될 수 있는 평가 과제 형식을 정한다.

3. 학생들의 능력을 측정할 수 있도록 채점 기준표를 작성한다.

4. 체험에 대한 학생들의 반응을 평가한다.

평가와 과학교육기준

기준

> 평가와 수업은 동전의 양면과 같다.
> – 미국 국가과학교육기준

국가과학교육기준(NSES)은 평가가 실세계 상황에 부합되도록 작성되어야 함을 강조하고 있다. 이러한 형태의 참(authentic)평가는 참 수업의 거울이 된다. 만약, 학생들을 실세계 상황과 관련된 유의미한 과학 경험에 참여하도록 하였다면, 평가 또한 실세계 상황에 맞게 이루어져야 한다. 다시 말

그림 13.4
스테이션 평가를 위한 체크 리스트와 채점 기준표

2학년 물질 단원에 대한 다음의 해보기 평가는 물질 단원 체험의 결과로 학생들이 아는 것과 할 수 있는 것에 대한 더 나은 이해를 제공한다.

1. 스테이션 1과 2는 관찰, 비교, 분류, 그리고 묘사를 요구한다.
2. 스테이션 2는 관찰할 수 없는 결과를 예상하도록 한다.
3. 스테이션 3은 각 사건들을 시간 순서대로 배열하고 각각의 그림들을 묘사하도록 한다.

채점 기준표

	예	아니오
1. 고체, 액체, 기체, 증발과 같은 과학적 용어를 사용하는가?		
2. 물을 정확하게 묘사하는가?		
3. 얼음을 정확하게 묘사하는가?		
4. 공기를 정확하게 묘사하는가?		
5. 다음과 같이 합리적으로 예상하는가? 뚜껑이 없는 유리컵의 물은 데워져서 사라질 것이다.		
6. 사건들을 순서대로 옳게 배열하는가?		
7. 각 그림들을 정확히 묘사하는가?		

"예"로 체크된 것을 이용하여 학생들의 능력을 다음과 같은 범주로 구분한다:

새싹 과학자	과학자	슈퍼 과학자
2~3	4~6	7

해, 우리가 학생들을 자신의 학습에 능동적으로 참여하게 했다면, 학생들 자신이 아는 것과 할 수 있는 것을 능동적으로 보여줄 수 있는 과제로 평가해야 한다는 말이다. 즉, 평가 과제는 수업과 연결되어야 한다.

참평가를 위한 NSES 준거

NSES는 평가 과제가 학생들이 자신의 지식을 "교실 밖에서 만날 수 있는 상황과 과학자들이 수행하는 것과 근사한 상황"에 적용할 수 있어야만 참될 수 있다고 말한다. 이 장에서는 문제 해결, 창의적 글쓰기, 그림 그리기, 드라마, 기술 적용, 프레젠테이션 등 확장적이고 다양한 방법의 수행 평가를 강조하였다.

NET-S 기준

기술을 활용한 평가는 국가교육기술기준(NET-S)의 수행 지표에 도달할 수 있도록 학생들을 돕는다. 예를 들면, 8학년을 마칠 때까지 학생들은 "모델, 시뮬레이션, 또는 개념도 소프트웨어를 사용한 내용 관련 개념 또는 과정을 보여줄 수 있어야 한다."

그림 13.5
탐구 기능을 평가하는 지필 검사 문항

다음 학생들을 유심히 관찰하고 물음에 답하시오.

4. 위 학생들에 대한 다음 진술 중 옳은 것은?
   A. 학생 1, 2, 3은 모두 긴 머리이다.
   B. 학생 2, 3, 4는 모두 긴 바지를 입었다.
   C. 학생 1, 2, 4는 모두 웃고 있다
   *D. A, B, C 모두 정답이다.

5. A. 한 학생은 머리카락이 짧다.
   B. 한 학생이 드레스를 입고 있다.
   C. 한 학생이 웃지 않고 있다.
   *D. A, B, C 모두 정답이다.

그림 13.5
탐구 기능을 평가하는 지필 검사 문항(계속)

〈수조1〉
열대어가 헤엄치는 수조에 탄산 알약을
넣는다. 기포는 이산화탄소임.

〈수조2〉
1분 후 열대어는 헤엄을 멈추고
숨쉬기 힘들어한다.

〈수조3〉
열대어가 담수에서 헤엄치고 있다.

〈수조4〉
1분 후 열대어는 여전히 헤엄치고 있다.

8. 다음 중 탄산이 열대어에 미치는 효과를 가장 잘 진술한 것은?
 * A. 물속에 이산화탄소가 있으면 열대어는 오래 살 수 없을 것이다.
 B. 물속에 이산화탄소가 생기면 열대어는 더 활발해진다.
 C. 이산화탄소가 있으나 없으나 열대어의 행동은 별다른 차이가 없다.
 D. A, B, C 모두 정답이다.

지필 평가는 언제 사용하는가

지금까지 수행 기반의 첨단 평가 방법들에 대해 알아보았는데, 그렇다면 전통적인 지필 검사는 유용하지 않은 것인가?

우리는 용어에 대한 친숙도와 특정 과학 지식의 기억을 평가하기 위해 선다형 또는 완성형과 같은 지필 검사를 사용한다. 또한, 탐구 기능을 평가하기 위해서도 사용되어져 왔다(Smith & Welliver, 1990). 그림 13.5와 같은 예를 보자. 이 문항은 4학년 학생들을 대상으로 개발되었는데 특정 과학 탐구 기능을

동료들과 모임을 갖고 토의를 하는 것은 교사 전문성 개발에 주된 역할을 한다.

Bill Aron/PhotoEdit, Inc.

관찰, 수업 실행에 관한 선생님 그룹 토론에 참여하기 등도 이러한 활동에 포함된다.

학교와 학회에서 이러한 기회를 찾고, 과학 수업 워크숍에 참여하는 기회를 가지자. 이러한 모임에 참가하도록 학교나 지역 교육청에서 지원해주는지도 알아보자. 전국적 또는 지역 기반의 교사 조직의 회원이 되는 것은 이러한 네트워크를 위한 첫 발걸음이 될 수 있을 것이다.

승진과 자격 취득

미국의 경우, 승진을 하거나 자격 갱신을 위해서 교사는 자신의 전문성 개발 증거를 보여주어야 한다. 이를 위해 요구되는 사항은 주에 따라 다르기 때문에 자신이 속한 지역의 기준을 잘 알아보아야 한다.

NBPTS에 의한 미국의 선생님 자격

국가 수준에서 미국의 교사 자격은 NBPTS(National Board for Professional Teaching Standards)에 의해 주어진다. 1987년에 설립된 NBPTS는 비영리 기관으로, 현장 선생님, 학교 지도자, 전직 정부 관료, 기업 및 지역 사회 지도자로 구성된 관리자들에 의해 운영된다. NBPTS의 임무는 선생님이 알아야 하는 것과 할 수 있어야 하는 것 등에 대해 높고 엄격한 기준을 마련하고, 이러한 기준에 맞는 선생님을 평가하고 자격을 부여하는 국가적 지원 시스템을 운영하는 것이다. 2008년까지 55,000명이 넘는 선생님들이 NBPTS로부터 자격을 부여받았다. 초등 및 중등 선생님에게는 유아(3~8세)와 아동(7~12세)을 가르치기 위한 일반적인 자격 기준이 있다. 특히 과학 선생님에게는 11~15세의 학생과 14~18세의 학생들을 가르치기 위한 자격 기준이 있다. 몇몇 초등학교 선생님들은 학생들에게 과학을 가르치는 데 매우 관심이 많아서 더욱 높은 수준의 자격을 갖추기 위해서 과학과정(science courses)을 이수하기도 한다.

기준 NBPTS가 제시하는 5개의 주된 자격 기준은 다음과 같다.

- 선생님은 학생 및 학생의 학습을 위해 노력해야 한다.
- 선생님은 자신이 가르치는 교과와 그 교과를 학생들에게 어떻게 가르칠 것인지를 알아야 한다.
- 선생님은 학생의 학습을 관리하고 모니터링 해야 할 책임이 있다.
- 선생님은 자신의 실행에 대해 체계적으로 생각하고 경험을 통해 배워야 한다.
- 선생님은 학습 공동체의 일원이다.

NBPTS 자격을 얻기 위해서는 최소한 3년 동안 가르쳐야 하며, 일련의 자격시험에 응시하기 위해 필요한 학사 학위를 취득해야 한다. NBPTS의 옹호자들은 선생님에 대해 전문적 자격증을 부여하는 것이 교사라는 직업에 대한 신망을 가져다준다고 믿는다. 또한 NBPTS 자격증을 가치 있는 교수 능력으로 학교에서 인정해주길 바란다.

전문성 개발을 위한 추가적인 방법

동료와 네트워킹을 하고 해당 분야에서 승진을 위한 요구 사항을 이행하는 것 이외에도, 초등 및 중등 과학 선생님으로서 전문성을 개발하기 위한 다른 많은 방법들이 있다.

자신만의 과학 연구 수행하기

- 과학 주제에 대한 연구를 하자. 여러분이 더 알고 싶어 하는 주제가 있다면, 이를 연구하기 위해 도서관, 인터넷, 과학 서적에 눈을 돌리자. 여러분이 학생들과 함께 탐구할 과학 내용 분야에 대한 자신감을 갖게 될 것이다.
- 본보기가 되는 과학 수업 자료를 얻기 위해 12장에서 제시한 교육과정 안내와 여러 자료들을 참고하자.
- 여러분 자신의 판단을 믿자. 자신이 끌리지 않는 과학 탐구는 여러분의 학생들에게도 끌리지 않는 경우가 대부분이다.
- 교실 내뿐만 아니라 교실 외의 과학 활동에 대해서도 일지를 기록하자.

가르치는 것에 대한 자신만의 연구 수행하기

- 여러분의 교실 안에서 일어나는 것들에 대한 연구를 수행하자. **교사 연구**(teacher research)라고도 불리는 **현장 연구**(action research)는 교사 자신이 가르치는 것의 일부나 학생들이 학습하는 몇 가지 측면에 대해 교실에서 탐구하는 것을 말한다. 예를 들어, 학생들이 어떻게 과학 단원, 수업, 활동들을 경험하고 있는지 연구하는 것을 들 수 있다. 때때로 설문지를 학생들에게 나누어 주어 탐구나 단원에 대해 학생들이 어떻게 생각하는지를 알아보는 현장 연구도 할 수 있다. 여러분 자신의 교실에서 연구를 수행하는 것은 복잡한 일이 아니다. 이 장의 마지막 부분에서 제공하는 관련 자료들은 여러분이 현장 연구를 시작하는 데 도움을 줄 것이다.

채팅룸과 블로그

- 과학 교사 채팅룸이나 블로그를 활용하여 대화를 나누는 것도 좋은 방법 중의 하나이다. 다른 교사의 이야기와 의견을 듣는 것은 공동체 의식뿐만 아니라 새로운 아이디어를 얻는 데도 도움이 된다.
- 온라인에서 과학 수업을 찾아 11장의 가이드라인("과학 수업 계획 짜기 가이드라인", "수업 계획 체크 리스트")에 따라 그것을 평가해보자. 단, 모든 과학 수업이 동일하지 않다는 것을 기억하자.

나는 어떻게 하고 있는가? 자기 평가를 위한 안내

다른 과목을 가르치는 것과 마찬가지로 과학을 가르치는 것 또한 평생 학습자가 되기 위한 노력이다. 그림 14.5와 같은 체크 리스트는 무엇을 학습해왔고 어떻게 가르치는지에 대한 반성을 통해 여러분의 전문성 성장을 평가할 수 있도록 도움을 줄 것이다.

자신의 진전을 알아보기 위해 비디오 활용하기

그림 14.5에 제시된 영역들 중 여러분의 진전에 자신이 없다면, 동료에게 여러분의 수업을 비디오로 녹화해달라고 부탁하자. 때로는 비디오가 전문성

그림 14.5
자기 평가를 위한 체크 리스트

1. 나는 학생들이 자연 현상을 탐구할 수 있는 기회를 어떤 방식으로 제공하는가?

____

____

2. 나는 학생들이 탐구를 끝마칠 수 있도록 충분한 시간을 주었는가?

____

____

3. 나는 학생들이 수업에 참여하여 자신의 생각을 말할 수 있도록 얼마나 많은 시간을 주었는가?

____

____

4. 나는 학생들이 질문을 하도록 어떻게 독려하는가?

____

____

5. 나는 학생들이 자신의 답을 찾고자 할 때 코치와 촉진자로서 어떤 방식으로 행동하는가?

____

____

그림 14.5
자기 평가를 위한 체크 리스트(계속)

6. 만약, 학생들이 특정한 날에 알아볼 시간이 없는 질문을 해올 경우, 나는 이들에게 나중에 이 질문들에 대한 답을 찾는 기회를 가질 것이라고 어떻게 확신시켜 주는가?

____

____

7. 나는 과학 탐구에 연구, 의사소통, 발표를 위한 기술들을 어떻게 결합시키는가?

____

____

8. 나는 준비된 계획에 대하여 어느 정도 학생들의 생각을 반영하여 수정하는가?

____

____

9. 나는 어떤 평가 기법을 사용하는가? 또 기법들이 학생들의 이해 정도를 잘 파악하게 해줄 수 있다는 것을 어떻게 아는가?

____

____

10. 나는 학생들과 과학 수업을 하면서 좋은 시간을 가졌는가? 그중에서 가장 좋은 것은 무엇인가?

____

____

개발에 유용한 가이드 역할을 해준다. 제시된 체크 리스트를 이용하여 녹화된 수업 비디오를 검토하고 여러분의 진전을 평가하여 보자.

그러나 체크 리스트에 너무 압박받지 말고 처음에는 쉽게 시작하자. 여러분은 지도에 나오지 않는 지역을 여행하고 있는 것과 같다. 그러므로 용기를 잃지 말자. 과학은 시간이 걸린다.

앞을 보기 위한 뒤돌아보기: 과학 자서전

> 모든 이들은 자연 세계의 이해와 학습에서 오는 즐거움과 성취감을 공유할 자격이 있다
> – 국가과학교육기준

이 책에서는 과학 교수와 학습에 대해 과학 학습자이자 선생님인 여러분 자신과 대화를 시도하였다. 이 책의 목적 중의 하나로 나는 여러분이 함께 또는 따로 과학을 배우는 실제 학생과 실제 선생님으로서 참여하길 희망하였다. 나는 또한 여러분의 전문성 개발을 격려하기 위하여 학생과 과학하기에 영향을 준 몇몇 연구들을 연결시키고자 하였다.

나는 과학을 교수하는 것은 과학이 진정 모든 이를 위한 것이라는 신호를 보내는 횃불처럼 빛나야 한다고 말하는 것을 좋아한다. 과학 교수는 학생들의 생생한 경험과 연결시킬 수 있으며, 이들이 자신의 세계를 이해하는 방법의 하나로 자연 현상에 대한 자신만의 질문을 형성하도록 돕는다. 나는 항상 학생들이 자기의 지식에 대해 주인의식을 갖고, 자신만의 답을 찾는 과정에서 자율성이 증진되길 바란다. 내가 학생에게 기대하는 모든 것을 그들의 선생님인 여러분에게도 기대한다.

자신을 그려보기

신임 선생님으로서 눈코 뜰 새 없는 한 달을 보낸 후, "전형적인" 과학 수업을 하는 모습을 그림으로 그려보자.

그림 그리는 기능은 별로 중요하지 않다. 풍경을 그리듯 그려보자. 그림에 캡션을 달아 그것을 관찰해보자. 그림을 보면서 다음과 같은 질문을 해보자.

- 나는 무엇을 하고 있는가?
- 학생들은 무엇을 하고 있는가?
- 교실에서 나의 역할은 무엇인가?
- 나는 과학 교수에 얼마나 자신이 있는가?

이러한 연습은 과학 선생님으로서 계속적인 발전을 할 수 있도록 도와줄 것이다.

새로운 시작

바로 지금, 과학 선생님을 향한 여행의 결과로 여러분은 과학 자서전의 다음 장을 시작할 준비가 되었다. 여러분은 자신의 과학 이야기를 쓰면서 시작하고 싶을 수도 있다. 어떤 한 선생님이 학생들과 과학을 하는 것에 대한 자신

의 느낌을 시로 표현하였다.

탐구하라,
그러면 어떤 것에 대한 새로운 정보를 찾을 것이요,
관찰하는 모든 것에 의문을 품어라,
설명을 통해 이해하고,
발견한 것을 통합하라,
밝혀낸 것들을 반성하고 공유하라,
여러분은 과학을 하고 있다!
(Carol Federico, 2002)

심화 탐색을 위한 자료

전자 미디어 자료

AAAS Science NetLinks. 이 웹사이트는 K-12 과학 교사들에게 수업, 도구 등의 방대한 자료들을 제공한다.

National Academic Press. 교사의 전문성 개발에 적합한 많은 출판물들의 출처를 알 수 있다.

National Board for Professional Teaching Standards. 이 웹사이트는 교사-평가 과정과 그 과정과 관련된 기준에 대해 안내해준다.

National Science Teachers Association. 미국과학교사협회로, 이 웹사이트에서는 회원 가입과 관련된 정보와 회원들에게 제공되는 자료 샘플을 얻을 수 있다.

Teacher. Net. 이 웹사이트에서는 수업과 관련된 많은 자료를 얻을 수 있다.

Teacher. Net for Science. 과학 교사를 위한 섹션으로, 과학 수업과 관련된 질문, 채팅룸 등이 제공된다.

출판 자료

Campoy, R. (2005). Case Study Analysis in the Classroom: Becoming a Reflective Teacher. Thousand Oaks, CA: Sage Publications.

Chiseri–Starater, E., & Sunstein, B. (2006). What Works? A Practical Guide for Teather Reasearch. Portsmouth, NH: Heinemann.

Darling–Hommond, L. (1998). Teacher Learnig that supports student learnig. Educational Leadership, 55 (5):6–11

Darling–Hammond, L. (1999). Reshaping Teaching Policy, Preparation, and Practice: Influences of the National Board for Professional Teaching Standards. Washington, DC: AACTE Publications.

Johnson, A.(2007). A Short Guide to Action Research. 3d ed. Boston: Pearson Education.

Kochendorfer, L. (1994). Becoming a Reflective Teacher. Washington, DC: National Education Association.

참고문헌

Abbott, G., Bievenue, L., Damarin, S., & Kramarae, C. (2007). Gender equity in the use of educational technology. In Susan Klein, ed., *Handbook for Achieving Gender Equity Through Education*. Mahwah, NJ: Lawrence Erlbaum Associates.

Abder, P. (1990). Elementary science process circus. Paper presented at the National Science Teachers Association Regional Meeting, San Juan, Puerto Rico.

Abu–Hilal, M. M. (2000). A structural model of attitudes towards school subjects, academic aspiration and achievement. *Educational Psychology*, 20, 70–84.

Adams, B. (2006). Science shorts: All that matters. *Science and Children*, 44(1):53–55.

American Association for the Advancement of Science. (1993). *Benchmarks for Science Literacy*. Washington, DC: American Association for the Advancement of Science.

American Association for the Advancement of Science. (2001). *Designs for Science Literary*. New York: Oxford University Press.

Ashbrook, P. (2006). The matter of melting. *Science and Children*, 43(4), 19–21.

Australian Academy of Sciences (1996). *Primary Investigations: The Science Program for Primary Schools*. Canberra, ACT: Australian Academy of Sciences.

Barba, R. H. (1998). *Science in the Multicultural Classroom: A Guide to Teaching and Learning*. (2nd ed.) Needham Heights, MA: Allyn and Bacon.

Barber, J., Buegler, M., Lowell, L., & Willard, C. (2001). *Discovering Density*. GEMS series. Berkeley, CA: Lawrence Hall of Science.

Barman, C. (1999). Students' views about scientists and school science: Engaging K–8 teachers in a national study. *Journal of Science Teacher Education*, 10(1):43 – 54.

Barman, C., Barman, N., Berglund, K., & Goldston, M. (1999). Assessing students' ideas about animals. *Science and Children*, 37(1):44–49.

Barman, C., Barman, N., Cox, M., Berglund, K., & Goldston, M. (2000). Students' ideas about animals: Results of a national study. *Science and Children*, 38(1):42–47.

Barrett, K. (1986). *Animals in Action*. Berkeley, CA: Lawrence Hall of Science.

Barton, A. C. (1998). Teaching science with homeless children: Pedagogy, representation, and identity. *Journal of Research in Science Teaching*, 35(4): 379–394.

Bazin, M., Tamez, M., & Exploratorium Teacher Institute. (2002). *Math and Science Across Cultures*. New York: The New Press.

Beals, K., & Bergman, L. (2004). Oobleck: *What Do Scientists Do?* GEMS series. Berkeley, CA: Lawrence Hall of Science.

Bell, B. (2007). Classroom assessment of science learning. In Abell, S., and Lederman, N. (Eds.), *Handbook of Research on Science Education*. Mahwah, NJ: Lawrence Erlbaum Associates.

Bendick, J. (1995). *Archimedes and the Door of Science*. Bathgate, ND: Bethlehem Books.

Berkes, M. (2002). *Seashells by the Seashore*. Nevada City, CA: Dawn Publications.

Berry, T. (1996). *Creative Energy: Bearing Witness for the Earth*. New York: Random House.

Biological Sciences Curriculum Study. (1996). *Primary Investigations*. Dubuque, IA: Kendall/Hunt.

Bosak, S. V. (2000). *Science Is…: A Source Book of Fascinating Facts, Projects and Activities*, 2d ed. Markham, Ontario, Canada: Scholastic Canada.

Brainard, A., & Wrubel, D. (1993). *Literature-Based Science Activities: An Integrated Approach*. New York: Scholastic Professional Books.

Brooks, J. G. (2002). *Schooling for Life: Reclaiming the Essence of Learning*. Reston, VA: Association for Supervision and Curriculum Development.

Brooks, J. G., & Brooks, M. (2001). *In Search of Understanding: The Case for Constructivist Classrooms*. Upper Saddle River, NJ: Prentice Hall.

Bruner, J. S. (1960). *The Process of Education*. Cambridge, MA: Harvard University Press.

Brunsell, E., & Hug, J. W. (2007). Plants and pollution. *Science and Children*

44(8):37–41.

Bunting, E. (1997). *Ducky*. New York: Clarion Books.

Burger, C., Abbot, G., Tobias, S., Koch, J., Vogt, C., Sosa, T., Carlito, D., & Strawn, C. (2007). Gender equity in science, engineering and technology. In S. Klein (ed.), *Achieving Gender Equity Through Education*, 2nd edition. Mahwah, NJ: Lawrence Erlbaum Associates.

Burgstahler, S., ed. (2006). *Making Math, Science, and Technology Instruction Accessible to Students with Disabilities: A Resource for Teachers and Teacher Educators*. Seattle: University of Washington.

Burnie, D., and Juniper, T. (2007) *Endangered Planet*. Boston: Houghton Mifflin.

Campbell, B., & Fulton, L. (2003). *Science Notebooks: Writing About Inquiry*. Portsmouth, NH: Heinemann.

Campbell, P. B., & Clewell, B. C. (1999). Science, math, and girls. *Education Week*, 19(2):50:53.

Campoy, R. (2005). *Case Study Analysis in the Classroom: Becoming a Reflective Teacher*. Thousand Oaks, CA: Sage Publications.

Carle, E. (2001). *The Tiny Seed*. New York: Aladdin.

Challoner, J. (1998). *Floating and Sinking*. Austin, TX: Raintree Steck–Vaughn.

Chiseri–Strater, E., & Sunstein, B. (2006). *What Works? A Practical Guide for Teacher Research*. Portsmouth, NH: Heinemann.

Chuska, K. R. (2003). *Improving Classroom Questions*, 2d ed. Bloomington, IN: Phi Delta Kappa.

Cobb, V. (1994). *Science Experiments You Can Eat*, revised and updated. New York: HarperTrophy.

Cohen, E. G. (1994). *Designing Groupwork: Strategies for the Heterogeneous Classroom*. 2d ed. New York: Teachers College Press.

Conant, J. B. (1966). *Science and Common Sense*. New Haven: Yale University Press.

Dana, T. M., Lorsbach, A.W., Hook, K., & Briscoe, C. (1991). Students showing what they know: A look at alternative assessments. In G. Kulm & S. M. Malcom (Eds.), *Science Assessment in Service to Reform*. Washington, DC: American Association for the

Advancement of Science.

Darling–Hammond, L. (1998). Teacher learning that supports student learning. *Educational Leadership*, 55(5):6–11.

Darling–Hammond, L. (1999). *Reshaping Teaching Policy, Preparation, and Practice: Influences of the National Board for Professional Teaching Standards*. Washington, DC: AACTE Publications.

Dead Zones on the Rise: Baltic Sea. (2006). *Science Bulletins*, American Museum of Natural History, http://sciencebulletins.amnh.org/?sid=b.s.dead_zones.20061113.

DeBell, M., & Chapman, C. (2003). *Computer and Internet Use by Children and Adolescents in 2001*. NCES 2004–014. Washington, DC: U.S. Department of Education.

Denner, J., Werner, L., Bean, S., & Campe, S. (2005). The girls creating games program: Strategies for engaging middle school girls in information technology. *Frontiers: A Journal of Women Studies*, 26(1):90–98.

Dewey, J. (1904). The relation of theory to practice in education. In C. Mc–Murray (Ed.), *The Relation of Theory to Practice in the Education of Teachers: Third Yearbook for the National Society of the Scientific Study of Education*. Chicago: University of Chicago Press.

Dewey, J. (1933; reissued 1998). *How We Think: A Restatement of the Relation of Reflective Thinking to the Educative Process*. Boston: Houghton Mifflin.

Diamantes, T. (2002). Improving instruction in multicultural classes by using classroom learning environment. *Journal of Instructional Psychology* 29, 277–282.

Donovan, M. S., & Bransford, J. D., eds. (2005). *How Students Learn: Science in the Classroom*. Washington, D.C.: National Academies Press.

Driver R., Asoko, H., Leach, J., Mortimer, E., & Scott, P. (1994). Constructing scientific knowledge in the classroom. *Educational Researcher*, 23(7):5–12.

Duckworth, E. (1991). Twenty–four, forty–two, and I love you: Keeping it complex. *Harvard Educational Review*, 61(1):1–24.

Duckworth, E. (2006). *The Having of Wonderful Ideas and Other Essays on Teaching and Learning*, 3d ed. New York: Teachers College Press.

Duschl, R. A., Schweingruber, H. A., &. Shouse, A.W., eds. (2007). *Taking Science to School: Learning and Teaching Science in Grades K–8*. Washington, DC: National

Academies Press.

Dyasi, H. (1995). Is there room for children's ideas in the elementary school curriculum? In William Ayers (ed.), *To Become a Teacher: Make a Difference in Children's Lives*. New York: Teachers College Press.

Eidietis, L., Gray, S., Riggs, L. West, B., & Coffman, M. (2007). Goodbye critter jitters. *Science and Children*, 45(1):37-41.

Eltgeest, J. (1985). The right question at the right time. In W. Harlen (Ed.), *Primary Science: Taking the Plunge*. Portsmouth, NH: Heinemann.

Farinelli, J. (2002). *Simple Chemistry*. Monterey, CA: Evan-Moor Educational Publishers.

Fleischman, P. (2004). *Seedfolks*, revised edition. New York: Joanna Cotler Books.

Fletcher, S. (2008). You are fired. Blog entry at http://classblogmeister.com/blog.php?blogger_id=84725; retrieved July 6, 2008.

Fort, D., & Varney, H. (1989). How students see scientists: Mostly male, mostly white and mostly benevolent. *Science and Children*, 26:8-13.

Fredericks, A. D. (2001). *Under One Rock: Bugs, Slugs and Other Ughs*. Nevada City, CA: Dawn Publications.

Freedman, R. L. H. (1994). *Open-Ended Questioning: A Handbook for Educators*. Menlo Park, CA: Addison-Wesley.

Freeman, C. E. (2004). *Trends in Educational Equity of Girls & Women: 2004* (NCES 2005-016). U.S. Department of Education, National Center for Education Statistics. Washington, DC: U.S. Government Printing Office.

Friedman, T. L. (2007a, Dec. 16). It's too late for later. *New York Times*.

Friedman, T. L. (2007b). *The World Is Flat: A Brief History of the Twenty-First Century, Release 3.0*. New York: Farrar, Straus and Giroux.

Furtak, E. M., & Ruiz-Primo, M. A. (2005). Questioning cycle: Making students' thinking explicit during scientific inquiry. *Science Scope*, 29(5): 22-25.

Gallas, K. (1995). *Talking Their Way into Science: Hearing Children's Questions and Theories, Responding with Curricula*. New York: Teachers College Press.

Ganley, B. (2006). Centering, connecting and creating: Transformations in blogging

classrooms. Videoconference presentation.
http://bgblogging.wordpress.com/2006/06/08/videoconferencing-with-james-farmer-and-the-technology-school-of-the-future-in-adelaide-australia/; accessed May 19, 2008.

Gardiner, J. R. (1995). *Top Secret*. New York: Little, Brown.

Gardner, H. (1999). *Intelligence Reframed: Multiple Intelligences for the 21st Century*. New York: Basic Books.

Gardner, R., & Webster, D. (1987). *Science in Your Backyard*. New York: Simon & Schuster.

Garthwait, A., & Verrill, J. (2003). E-portfolios: Documenting student progress. *Science and Children*, 41(6):22-27.

Gibbons, G. (1993). *From Seed to Plant*. New York: Holiday House.

Gitomer, D. H., & Duschl, R. (1995). Moving toward a portfolio culture in science education. In R. Duit (Ed.), *Learning Science in Schools: Research Reforming Practice*. Mahwah, NJ: Lawrence Erlbaum Associates.

Gould, S. J. (1981). *Hen's Teeth and Horse's Toes*. New York: Norton.

Grabe, M., & Grabe, C. (2007). *Integrating Technology for Meaningful Learning*. (5th ed.). Boston: Houghton Mifflin.

Hardman, M. L., Drew, C. J., & Egan, M. W. (2008). *Human Exceptionality: Society, School, and Family*. 9th ed. Boston: Cengage.

Harter, S. (1992). The relationship between perceived competence, affect, and motivational orientation within the classroom: Processes and patterns of change. In A. K. Boggiano & T. S. Pittman (eds.), *Achievement and Motivation: A Social-Developmental Perspective* (pp. 77-114). New York: Cambridge University Press.

Heid, C., Biglan, B., and Ritson, M. (2008). The fish kill mystery: Using case studies in the middle school classroom. *Science Scope*, vol. 31, no. 6, 16-21.

Heller, R. (1999a). *Chickens Aren't the Only Ones*. New York: Penguin Putnam Books for Young Readers.

Heller, R. (1999b). *The Reason for a Flower*. New York: Penguin.

Hembree, R. (1988). Correlates, causes, and treatment of test anxiety. *Review of Educa-*

tional Research, 58:47–77.

Howe, E. (2002). *Connecting Girls and Science: Constructivism, Feminism, and Science Education Reform*. New York: Teachers College Press.

Hubbard, R., & Wald, E. (1993). *Exploding the Gene Myth*. Boston: Beacon Press.

Hurst, A., & Gurton, S. (2007). What to do about Pluto? *Science Scope* 30(9):51–53.

International Society for Technology in Education. (2007). *National Educational Technology Standards for Students*, 2d ed. Washington, D.C.

International Society for Technology in Education. (2008). *National Educational Technology Standards for Teachers*, 2d ed. Washington, D.C.

Irvine Belson, S. (2003). *Technology for Exceptional Learners*: Choosing Instructional Tools to Meet Students' Needs. Boston: Houghton Mifflin.

Jeanpierre, B., & Babyak, J. (2006). Inquiry with earthworms. *Science Scope* 29(6):36–37.

Jenkins, S. (1998). *Hottest, Coldest, Highest, Deepest*. Boston: Houghton Mifflin.

Johnson, A. (2007). *A Short Guide to Action Research*. 3d ed. Boston: Pearson Education.

Johnson, D. W., & Johnson, R. T. (1999). *Learning Together and Alone: Cooperative, Competitive, and Individualistic Learning*. 5th ed. Boston: Allyn and Bacon.

Jones, C., & Levin, J. (1994). Primary/elementary teachers' attitudes toward science in four areas related to gender differences in students' –science performance. *Journal of Elementary Science Education*, 6(1):46–65.

Jones, L. (2008). Are you nature deprived? *Mind, Body and Spirit Fitness*. April, pp. 79–82.

http://www.fitnessmagazine.com/health/stress-relief/get-happy/are-you-nature-deprived/

Jones, M. G., Falvo, M. R., Taylor, A. R., & Broadwell, B. P. (2007). *Nanoscale Science: Activities for Grades 6–12*. Arlington, VA: NSTA Press.

Kagan, S. (1997). *Cooperative Learning*. San Clemente, CA: Kagan Cooperative Books.

Kahle, J. B., & Meece, J. (1994). Research on girls and science: Lessons and applications. In D. Gabel (Ed.), *Handbook of Research in Science Teaching and Learning*. Washington, DC: National Science Teachers Association.

Kaushal, S. S., Groffman, P. M., Likens, G. E., Belt, K. T., Stack, W. P., Kelly, V. R., Band, L. E., & Fisher, G. T. (2005, Sept. 20). Increased salinization of fresh water in the northeastern United States. *PNAS* (http://www.pnas.org/), vol. 102, no. 38, 13517-13520.

Keogh, B., & Naylor, S. (1999). Concept Cartoons, teaching and learning in science: An evaluation. *International Journal of Science Education*, 21(4):431-446.

Klentschy, M. (2008). *Using Science Notebooks in Elementary Classrooms*. Arlington, VA: NSTA Press.

Kline, S. (1998). *Horrible Harry and the Green Slime*. New York: Puffin Books.

Koballa, T. R., & Crawley, F. E. (1985). The influence of attitude on science teaching and learning. *School Science and Mathematics*, 85(3):222-232.

Kober, N. (1993). *Edtalk: What We Know About Science Teaching and Learning*. Washington, DC: Council for Educational Development and Research.

Koch, J. (1990). The science autobiography project. *Science and Children*, 28(3):42-44.

Koch, J. (1993). Face to face with science misconceptions. *Science and Children*, 31(3):39-41.

Koch, J. (2002). Gender issues in the classroom. In W. R. Reynolds & G. E. Miller (eds.), *Educational Psychology. Volume 7 of the Comprehensive Handbook of Psychology*, Editor-in-Chief: I. B. Weiner. New York: Wiley.

Koch, J. (2002). Who eats the mango? In D. Tippins, T. Koballa, & B. Payne (eds.), *Learning from cases: Unraveling the complexities of elementary science teaching*. Needham Heights, MA: Allyn & Bacon.

Kochendorfer, L. (1994). *Becoming a Reflective Teacher*. Washington, DC: National Education Association.

Kolbert, E. (2006). *Field Notes from a Catastrophe*: Man, Nature, and Climate Change. New York: Bloomsbury Press.

Konicek-Moran, R. (2008). *Everyday Science Mysteries: Stories for Inquiry-Based Science Teaching*. Arlington, VA: NSTA Press.

Kraus, R. (1945). *The Carrot Seed*. New York: Harper.

Kwan, T., & Texley, J. (2002). *Exploring Safely: A Guide for Elementary Teachers*. Arlington, VA: NSTA Press.

Kwan, T., & Texley, J. (2003). *Inquiring Safely: A Guide for Middle School Teachers*. Arlington, VA: NSTA Press.

Lazarowitz, R., & Hertz-Lazarowitz, R. (1998). Cooperative learning in the science curriculum. In. K. G. Tobin (ed.), *International Handbook of Science Education*. Dordrecht, The Netherlands: Kluwer.

Lehn, B. (1999). *What Is a Scientist*? Minneapolis, MN: Millbrook Press.

Linn, M., and Hsi, S. (2000). *Computers, Teachers, Peers: Science Learning Partners*. Mahwah, NJ: Erlbaum.

Lionni, L. (2005). *Fish Is Fish*. New York: Dragonfly Books.

Logan, J. (1997). *Teaching Stories*. New York: Kodansha International.

Louv, R. (2008). *Last Child in the Woods: Saving Our Children from Nature-Deficit Disorder*. Chapel Hill, NC: Algonquin Books.

Margulis, L., & Schwartz, K. V. (1982). *Five Kingdoms: An Illustrated Guide to Phyla of Life on Earth*. New York: Freeman.

Margulis, L., Schwartz, K. V., Dolan, M., & Delisle, K. (1999). *Diversity of Life: The Illustrated Guide to the Five Kingdoms*. 2d ed. Sudbury, MA: Jones & Bartlett.

Markle, S. (1989). *Power Up: Experiments, Puzzles and Games Exploring Electricity*. New York: Atheneum.

McGinnis, J. R., and Stefanich, G. P. (2007). Special needs and talents in science learning, In S. K. Abell & N. G. Lederman (eds.), *Handbook of Research in Science Education*. Mahwah, NJ: Erlbaum.

McIntosh, M. (1983). *Interactive Phases of Curricular Re-Vision: A Feminist Perspective*. (Working Paper No. 124.) Wellesley, MA: Wellesley College Center for Research on Women.

Miller, J. G, & Miller, J. L. (2000). The Earth as a system. Paper contributed to The First International Electronic Seminar on Wholeness, http://www.newciv.org/ISSS_Primer/asem22jm.html; accessed June 22, 2008.

Minnich, J. (1977). *The Earthworm Book*. Emmaus, PA: Rodale.

Minstrell, J., & van Zee, E. (2003). Using questioning to assess and foster student thinking. In Atkin, J. M., & Coffey, J. E. (eds.), *Everyday Assessment in the Science Classroom*. Arlington, VA: NSTA Press.

Mintzes, J., Wandersee, J., & Novak, J., eds. (1998). *Teaching Science for Understanding: A Human Constructivist View*. San Diego, CA: Academic Press.

Moore, R. C., & Hong, H. H. (1997). Natural spaces and materials stimulate children's limitless imaginations. In *Natural learning: The life history of an environmental schoolyard*. Berkeley, CA: MIG Communications.

Morrell, P. D., & Lederman, N. G. (1998). Students' attitudes toward school and classroom science: Are they independent? *School Science and Mathematics*, 98: 76–82.

Munck, M. (2007). Science pedagogy, teacher attitudes, and student success. *Journal of Elementary Science Education*, 19(2):13–24.

National Academy of Sciences. (2007). *Rising Above the Gathering Storm: Energizing and Employing America for a Brighter Economic Future*. Washington, DC: National Academies Press.

National Academy of Sciences and Institute of Medicine. (2008). *Science, Evolution, and Creationism*. Washington, DC: National Academies Press.

National Commission on Excellence in Education. (1983). *A Nation at Risk*. Washington, DC: U.S. Government Printing Office.

National Research Council. (1996). *National Science Education Standards*. Washington, DC: National Academies Press.

National Science Board. (1983). *Educating Americans for the 21st Century*. Washington, DC: National Science Foundation.

National Science Resources Center. (1991). *Plant Growth and Development*. Burlington, NC: Carolina Biological Supply Company.

National Science Resources Center. (1992). *Experiments with Plants*. Burlington, NC: Carolina Biological Supply Company.

National Science Resources Center (2004). *Floating and Sinking: Science and Technology for Children*. Washington, DC: National Academies Press.

National Science Teachers Association. (2002). *Safety in the Elementary Science Classroom*. Arlington, VA: NSTA Press.

National Science Teachers Association. (2004). *Safety in the Middle School Science Classroom*. Arlington, VA: NSTA Press.

Naylor, S., Keogh, B., de Boo, M., & Feasey, R. (2001). Formative assessment using Concept Cartoons: Initial teacher training in the UK. In R. Duit (Ed.), *Research in Science Education: Past, Present and Future*, pp. 137–142. Dordrecht: Kluwer.

Noddings, N. (1990). Constructivism in mathematics education. *Journal for Research in Mathematics Education*, no. 4.

Olson, S., & Loucks–Horsley, S., eds. (2000). *Inquiry and the National Science Education Standards: A Guide for Teaching and Learning*. Washington, DC: National Academies Press.

Parker, S. (2000). *Eyewitness: Electricity*. New York: DK Publishing.

Parker, S. (2004). *Seashore*. New York: Dorling Kindersley. Using actual photographs, this book provides a wonderful seashell reference.

Pascoe, E. (1996). *Seeds and Seedlings: Nature Close–Up*. Chicago, IL: Blackbirch Press.

Perkes, V. A. (1975). Relationship between a teacher's background to sensed adequacy to teach elementary science. *Journal of Research in Science Teaching*, 12(1):85–88.

Perkins, D. (1993). Teaching for understanding. *American Educator*, 17(3):8:28–35.

Perkins, D. (1999). The many faces of constructivism. *Educational Leadership*, 57(3):6–11.

Phillips, D. C. (1995). The good, the bad, and the ugly: The many faces of constructivism. *Educational Researcher*, 24(7):5–12.

Rajagopal, I. & Bojin, N. (2003). A gendered world: Students and ins –tructional technologies. http://www.firstmonday.org/issues/issue8_1/rajagopal/index.html; retrieved April 16, 2008.

Ravitch, D. (2007). *EdSpeak: A Glossary of Education Terms, Phrases, Buzzwords, and Jargon*. Alexandria, VA: Association for Supervision and Curriculum Development.

Recesso, A., & Orrill, C. (2008). *Integrating Technology into Teaching: The Technology and Learning Continuum*. Boston: Houghton Mifflin.

Reynolds, K., & Barba, R. (1996). *Technology for the Teaching and Learning of Science*. Needham Heights, MA: Allyn and Bacon.

Ridpath, I., & Tirion, W. (2001). *Stars and Planets*, 3rd ed. Princeton, NJ: Princeton University Press.

Robertson, B. (2006). Science 101: Why does air expand when you heat it? *Science and Children*, 44(1):60-62.

Robertson, W. C., Kralik, M. S., & Diskin, B. (2007). *Stop Faking It! Chemistry Basics*. Arlington, VA: NSTA Press.

Rockow, M. (2008). This isn't English class! *Science Scope* 31(5):23-26.

Rogers, E., and Kostigan, T. (2007). *The Green Book*. New York: Three Rivers Press.

Roth, C., Cervoni, C., Wellnitz, T., & Arms, E. (1991). *Beyond the Classroom: Exploration of Schoolground and Backyard*. Lincoln, MA: Massachusetts Audubon Society.

Rowe, M. B. (1974). Wait-time and rewards as instructional variables: Their influence on language, logic and fate control: Part One? Wait-time. *Journal of Research in Science Teaching*, 11(2):81-94.

Rowe, M. B. (1987). Wait-time: Slowing down may be a way of speeding up. *American Educator*, 11(1):38-47.

Roy, K. R. (2007). *The NSTA Ready-Reference Guide to Safer Science*. Arlington, VA: NSTA Press.

Rylant, C. (1988). *Every Living Thing*. New York: Aladdin Library.

Sadker, M., & Sadker, D. (1994). *Failing at Fairness: How America's Schools Cheat Girls*. New York: Charles Scribner's Sons.

Salvia, J., & Ysseldyke, J. E. (2004). *Assessment: In Special and Inclusive Education*. 9th ed. Boston: Houghton Mifflin.

Sanders, J., Koch, J., & Urso, J. (1997). *Gender Equity Right from the Start: Instructional Activities for Teacher Educators in Mathematics, Science and Technology*. Hillsdale, NJ: Lawrence Erlbaum Associates.

Schon, D. A. (1983). *The Reflective Practitioner: How Professionals Think in Action*. New York: Basic Books.

Seidel, D. (2007). It's a big, busy solar system. *Science Scope* 30(9):12–15.

Shepardson, D. P., & Britsch, S. J. (1997). Children's science journals: Tools for teaching, learning, and assessing. *Science and Children*, 34(2):13–17, 46–47.

Shrigley, R. (1983). The attitude concept and science teaching. *Science Education*, 67(2):425–442.

Shrigley, R. (1990). Attitude and behavior are correlates. *Journal of Research in Science Teaching*, 27(2):97–113.

Siegler, R. S., & Alibali, M. W. (2005). *Children's Thinking*, 4th ed. Upper Saddle River, NJ: Prentice Hall.

Simon, S. (2003). *The Moon*. New York: Simon and Schuster.

Simon, S., Fauteux, N., & Cushman, D. (2001). *Let's Try It Out in the Water*. New York: Aladdin Paperbacks.

Slavin, R. E. (1995). *Cooperative Learning: Theory, Research and Practice*. 2d ed. Boston: Allyn and Bacon.

Slavin, R. E. (2009). *Educational Psychology: Theory and Practice*. 9th ed. Upper Saddle River, NJ: Prentice Hall.

Smith, K., & Welliver, P. (1990). The development of a science process assessment for fourth-grade students. *Journal of Research in Science Teaching*, 27(8):727–738.

Smith, L. K., & Gess-Newsome, J. (2004). Elementary science methods courses and the National Science Education Standards: Are we adequately preparing teachers? *Journal of Science Education*, 15(2):91–110.

Smolan, R., & Erwitt, J. (2007). *Blue Planet Run: The Race to Provide Safe Drinking Water to the World*. San Rafael, CA: Earth Aware Editions.

Snowman, J., & McCown, R. (2009). *Psychology Applied to Teaching*, 12th ed. Boston: Houghton Mifflin.

Stefanich, G. P., ed. (2007). *Inclusive Science Strategies*. Dubuque, IA: Kendall/Hunt.

Stewart, M. (2007). *Giraffe Graphs*. New York: Scholastic.

Stickelmaier, K. (2007, Dec. 3). Attitude towards science class found to shape performance outcomes. *The Daily Vidette*. Illinois State University.

Stoddart, T., Abrams, R., Gasper, E., & Canaday, D. (2000). Concept maps as assessment in science inquiry learning. *International Journal of Science Education* 22(12): 1221–1246.

Taylor, B. (1998). *Exploring Energy with Toys: Complete Lessons for Grades 4–8*. Middletown, OH: Terrific Science Press.

Tobin, K. (1986). Effects of teacher wait time on discourse characteristics in mathematics and language arts classes. *American Educational Research Journal*, 23: 191–200.

Tobin, K., Tippins, D., & Gallard, A. (1994). Research on instructional strategies for teaching science. In D. L. Gabel (ed.), *Handbook of Research on Science Teaching and Learning*. New York: Macmillan.

Tomlinson, C. A. (1999). *The Differentiated Classroom: Responding to the Needs of All Learners*. Reston, VA: Association for Supervision and Curriculum Development.

Tosun, T. (2000). The beliefs of preservice elementary teachers toward science and science teaching. *School Science and Mathematics*, 100(7): 374–379.

Treagust, D. (2007). General instructional methods and strategies. In S. K. Abell & N. G. Lederman (eds.), *Handbook of Research on Science Education*. Mahwah, NJ: Erlbaum.

Trefil, J. (2008). *Why Science?* New York: Teachers College Press.

Trolley, K. (1994a). *The Art and Science Connection: Hands–on Activities for Intermediate Students*. Menlo Park, CA: Addison–Wesley.

Trolley, K. (1994b). *The Art and Science Connection: Hands–on Activities for Primary Students*. Menlo Park, CA: Addison–Wesley.

Trundle, K. C., & Troland, T. (2005). The moon in children's literature. *Science and Children*, 43(2): 40–43.

Urban Heat Island Effect. (2004). *Science Bulletins*, American Museum of Natural History, http://www.amnh.org/sciencebulletins/bio/s/atlanta.20040827/.

Van Allsburg, C. (1990). *Just a Dream*. Boston: Houghton Mifflin.

Vincent, D., Cassel, D., & Milligan, J. (2008). Will it float? *Science and Children* 45(6): 36–39.

Walberg, H. J. (1969). Social environment as a mediator of classroom learning. *Journal of Educational Psychology*, 60:443–448.

WestEd Eisenhower Regional Consortium for Mathematics and Science Education. (2008). *What Is Earth Systems Science? Utah 9th Grade Science Core: Earth System Science*. http://www.wested.org/werc/earthsystems/, accessed June 18, 2008.

Whitney, D. (1995). The case of the misplaced planets. *Science and Children*, 32(5):12–14.

Wilen, W. W. (1991). *Questioning Skills for Teachers*. 3d ed. Washington, DC: National Education Association.

Winter Roads Make Salty Streams. (2006). *Science Bulletins*, American Museum of Natural History, http://www.amnh.org/sciencebulletins/bio/s/salty_roads.20060116/.

Yager, R. (1991). The constructivist learning model: Towards real reform in science education. *Science Teacher*, 58(6):52–56.

Zolotow, C. (1992). *The Seashore Book*. New York: HarperCollins.

찾아보기

예비교사와 현장교사를 위한
과학교육 이야기

지은이 • Janice Koch
옮긴이 • 김용진, 박현주, 백성혜, 손정우,
오원근, 오필석, 윤혜경, 이기영,
이봉우, 정정인, 한재영
펴낸이 • 조승식
펴낸곳 • (주)도서출판 북스힐
등록 • 제22-457호
주소 • 142-877 서울시 강북구 수유2동 240-225
www.bookshill.com
E-mail • bookswin@unitel.co.kr
전화 • 02-994-0071(代)
팩스 • 02-994-0073

2011년 10월 1일 1판 1쇄 인쇄
2011년 10월 5일 1판 1쇄 발행

값 30,000원
ISBN 978-89-5526-797-6

*잘못된 책은 구입하신 서점에서 바꿔드립니다.